dtv

Nicht was schön sei, sondern was das Schöne sei, läßt Platon in seinem Dialog ›Hippias‹ den Sokrates fragen. Schöne Dinge gibt es zuhauf, doch wodurch diese sich auszeichnen, worin der Grund für ihre Schönheit liegt, bleibt die Frage der Philosophie bis auf den heutigen Tag. Platons Dialog endet aporetisch, Sokrates muß die Unbeantwortbarkeit der Frage eingestehen. So wird sie durch die Geschichte weitergereicht, und mit dem philosophischen Denken wandeln sich auch die Versuche, Schönheit zu bestimmen. Der Begriff der objektiven Schönheit, die den Dingen innewohne, etwa aufgrund der Teilhabe an der Idee des Schönen, aufgrund der Form oder Proportion in der Antike oder als Emanation oder Abglanz der göttlichen Schönheit in Spätantike und Mittelalter, wird aufgegeben zugunsten eines in Beziehung zum erkennenden Subjekt stehenden Begriffes von Schönheit. Damit wird das Schöne aus der Sphäre der Metaphysik herausgelöst, wird zum Gegenstand interesselosen Wohlgefallens, zu einer bestimmten Art der Anschauung, und begründet als Mittel zur Wahrheitsfindung die Ästhetik als eigene philosophische Disziplin.

Michael Hauskeller, Studium der Philosophie, Germanistik und Anglistik in Bonn und Dublin, Magister 1990, Promotion in Darmstadt 1994, seit 1996 Wissenschaftlicher Mitarbeiter am Institut für Philosophie der TU Darmstadt. 1997 Schopenhauer-Preis. Zahlreiche Veröffentlichungen zur Naturphilosophie, Ethik, Ästhetik und Geschichte der Philosophie, zuletzt ›Was ist Kunst?‹ (1998), ›Vom Jammer des Lebens‹ (1998), ›Auf der Suche nach dem Guten‹ (1999).

Was das Schöne sei

Klassische Texte von Platon bis Adorno

Herausgegeben von Michael Hauskeller

Deutscher Taschenbuch Verlag

Von Michael Hauskeller ebenfalls bei dtv:
Geschichte der Ethik: Antike (dtv 30634)
Geschichte der Ethik: Mittelalter (dtv 30727)
Geschichte der Ethik: Neuzeit (i. Vorb.)
Geschichte der Ethik: 20. Jahrhundert (i. Vorb.)

Originalausgabe
Juli 1994
3. Auflage August 1999

Umschlagkonzept: Balk & Brumshagen
Umschlagbild: Ausschnitt aus dem Gemälde ›Primavera‹ (um 1482)
von Sandro Botticelli
Gesamtherstellung: C. H. Beck'sche Buchdruckerei,
Nördlingen
Gedruckt auf säurefreiem, chlorfrei gebleichtem Papier
Printed in Germany · ISBN 3-423-30150-3

Inhalt

Vorwort

Das Thema der vorliegenden Sammlung philosophischer Texte ist die Schönheit. Dies mag befremdlich erscheinen in einer Zeit, in der man selbst in vielen Texten zur Ästhetik den Begriff des Schönen vergeblich sucht. Von der klassischen Wertetrias des Wahren, Guten und Schönen spielt heute das Schöne so gut wie keine Rolle mehr als Gegenstand fragender Erörterung, obwohl es unserer alltäglichen Erfahrungswelt im größten Umfang zugehört. Im Unterschied zum Guten und Wahren bietet sich das Schöne unmittelbar der Anschauung dar. Was wahr und was falsch, gut oder böse sei, sind offene Fragen, deren Beantwortung für jeden einzelnen zum Problem werden kann, wohingegen die Frage, was schön sei, sich gewöhnlich gar nicht erst stellt. Das Schöne begegnet uns überall in den verschiedensten Formen, und wir können mit dem Finger darauf zeigen. Auch wenn das Urteil darüber, was schön sei und was nicht, selten bei mehreren Menschen übereinstimmt, so vermag doch jeder für sich selbst zu sagen, *was* er schön findet und *daß* er es schön findet. Was das Schöne aber eigentlich ausmacht, worin sein Wesen und seine Wirklichkeit besteht, wissen wir weder zu sagen noch kümmert es uns sonderlich. Gewöhnlich interessiert uns die Frage, was *das* Schöne sei, fast noch weniger als die Frage, was *das* Gute und *das* Wahre sei, weil Schönheit keine unmittelbare Relevanz für unsere Lebensorientierung zu haben scheint. Gerade in der alltäglichen Kommunikation aber gebrauchen wir häufig Formulierungen, in denen auf die eine oder andere Weise von Schönheit die Rede ist. Alles Sichtbare, mit dem wir uns umgeben, wird ständig dem Kriterium der Schönheit unterworfen, angefangen mit uns selbst, unserer körperlichen Erscheinung, unseren Kleidern, über die schöne Wohnung und das schöne Auto bis hin zum schönen Kugelschreiber und (neuerdings auch) schönen Telefon. Nicht nur bedenken wir die sogenannte Natur – den strahlenden Sonnenuntergang, die schöne Landschaft –, die Gegenstände der Kunst und die des Kunsthandwerks mit dem Prädikat der Schönheit, sondern auch all die Gebrauchsgegenstände, deren Äußeres überhaupt verschiedenartig gestaltet werden kann. Gerade in der Welt des Konsums ist niemals ausschließlich die Funktionalität für die Wahl eines Gegenstandes ausschlaggebend, immer spielt auch seine sinnliche Wohlgefälligkeit eine Rolle. Vollends dort, wo die Funktionalität zweier Gegenstände sich scheinbar oder wirklich nicht mehr unterscheidet, kommt ihrem Aussehen entscheidende Bedeutung zu. Niemand will einen häßlichen Couchtisch, wenn er eine Wahl hat, niemand einen häßlichen Mantel. Allenfalls unauffällig darf er sein, d.h. wenn schon nicht schön, so doch wenigstens nicht häßlich. Doch geht die Anwendung des Schönheitsbegriffs weit über das Sichtbare hinaus. So sind wir stolz, eine Sache schön gemacht zu haben, und finden es schön, daß jemand gekommen, und zuweilen ebenso schön, daß jemand wieder gegangen ist. Wir haben Freude an einem schönen Buch oder einem schönen Film, und wir bewundern einen schönen Charakterzug an einem Menschen. Die Verwendung des Wortes ist uns so natürlich, daß wir uns wohl nur schwer in einer Sprache zurechtfinden könnten, in der es kein Wort mit gleicher Funktion und Anwendungsbreite gäbe. Wir hätten Mühe, unser Verhältnis zur Welt angemessen, d.h. aus der Fülle ihrer sinnlichen Erfahrbarkeit heraus, zu beschreiben. So ist die Welt, in der wir leben, wenigstens was den sprachlichen Umgang mit ihr betrifft, voll von Schönheit. Dabei wird das Wort »schön« in so vielfältiger Weise und auf so unterschiedliche Aspekte der Wirklichkeit angewendet, daß man meinen könnte, die Häufigkeit seiner Verwendung gründe gerade in seiner Unbestimmtheit. Frei von Bedeutungsprägnanz wäre der Begriff des Schönen dann der ideale Passepartout-Begriff, dessen Beliebtheit nur die individuelle Armut oder die allgemeine Verarmung der sprachlichen Ausdrucksfähigkeit belegte. Wenn diese Vermutung auch zum Teil zutreffen mag, so schließt doch die reine Möglichkeit einer stärkeren sprachlichen Differenzierung in der Weltbeschreibung nicht aus, daß auch die alle Lebensbereiche umfassende Verwendung des Prädikats »schön« gerade in ihrer Allgemeinheit ihren Grund in der Wirklichkeit der Phänomene haben könnte. Der Begriff des Schönen würde dann als Oberbegriff einen gemeinsamen Charakter einer unüberschaubaren Vielzahl von Phänomenen bezeichnen und so auf einen Grundzug von begegnender Wirklichkeit überhaupt verweisen. So wäre es auch verfehlt, eine mögliche Schönheitstheorie ausschließlich auf den Bereich der Kunst zu begrenzen. Kunsttheorie und Schönheitstheorie fallen weder zusammen noch stehen sie überhaupt in enger Beziehung zueinander. Auf der einen Seite erfahren die meisten Menschen Schönheit außerhalb der Kunst, auf der anderen hat die moderne Kunsttheorie gezeigt, daß sie auch ohne den Begriff der Schönheit auszukommen vermag.

Die für die vorliegende Sammlung ausgewählten philosophischen Texte beschäftigen sich daher nicht mit der Kunst, sondern mit der Schönheit im umfassenden Sinne. Wenn dabei auch zuweilen die Sprache auf die Kunst kommt, so steht im Vordergrund doch immer die Frage, was jeweils unter Schönheit verstanden wird. Ausgewählt wurden die Texte nach ihrer ideengeschichtlichen Bedeutung. Die Zusammenstellung soll einerseits einen möglichst repräsentativen Überblick über die Entwicklung der Schönheitstheorien vermitteln, andererseits das Studium und den Vergleich der wesentlichen Originaltexte erleichtern. Die meisten Texte sind aus umfangreicheren Abhandlungen entnommen und entsprechend gekürzt (Kürzungen im Text werden durch [...] kenntlich gemacht), wobei darauf geachtet wurde, die Argumentationsstruktur deutlich hervortreten zu lassen und die einheitliche Gestalt zu wahren. Die einzelnen Texte werden von einem Kommentar begleitet und eingerahmt, der sie in größere Zusammenhänge setzt und auf die Verflechtungen mit anderen Texten aufmerksam macht. Um nicht willkürlich dort Grenzen zu setzen, wo gerade die Übergänge entscheidend sind, wurde auf eine strenge Kapiteleinteilung verzichtet. Der Kommentar kann so auch durchgehend unabhängig von den Texten gelesen werden. Erst in der Kombination aber erfüllen Texte und Kommentar ihre eigentliche Funktion, indem sie sich gegenseitig ergänzen und so gemeinsam eine Geschichte der Schönheitstheorie schreiben.

1. Von den Anfängen bis Platon

Soweit es sich für die westliche Kultur zurückverfolgen läßt, entwickelten sich die ersten Ansätze zu einer Theorie der Künste und der Schönheit im archaischen Griechenland des 6. vorchristlichen Jahrhunderts. Doch sind es nur verstreute und unsystematische kurze Bemerkungen, vor allem über die Dichtkunst, die uns aus dieser Zeit überliefert sind. Erst im 5. und 4. Jahrhundert, der klassischen Epoche Griechenlands und der Blütezeit Athens, wurden weitgehend unabhängig voneinander auch die anderen Künste sowie der Begriff des Schönen selbst zu Gegenständen systematischer Betrachtung. Die Stadt Athen war nach ihrem Sieg über das persische Großreich zu einem ungemein fruchtbaren kulturellen und geistigen Zentrum geworden. In den kaum hundert Jahren von der Regierungszeit des Perikles und der kurzen Zeit danach bis zu den Eroberungszügen Alexanders des Großen wurde dort für die Ästhetik und die Theorie des Schönen so viel geleistet, daß in den nächsten fünfhundert Jahren keine neuen Einsichten gewonnen werden konnten.

Von den jüngeren *Pythagoreern* des 5. Jahrhunderts stammt eine Bestimmung der Schönheit, die im gesamten Altertum Verbreitung finden sollte. Nach dem Zeugnis des Aristoteles vertraten die Pythagoreer die Ansicht, daß alles Seiende durch Zahl und Maß bestimmt sei[1]. Die Welt wurde ihnen dementsprechend zum *kosmós,* zu einer durchgehenden und von der Vernunft erfaßbaren Ordnungsstruktur, die als solche gefalle und Anerkennung fordere. Das meint aber nichts anderes, als daß sie schön ist, denn das griechische Wort *kalós,* das üblicherweise als schön übersetzt wird, bezeichnet eben dieses Anerkennungswürdige. Für die Pythagoreer ist Schönheit die erscheinende (und darum nicht nur scheinbare, sondern wesenhafte) Ordnung, eine *objektive* Eigenschaft der Dinge also, die sich in der Form als *harmonia* (d.h. als eine gewisse Ordnung und Übereinstimmung der Teile) und, enger gefaßt, als *symmetria* (d.h. eine gute, maßentsprechende Proportion) zeige[2]. Breite Zustimmung erhielt vor allem die etwas offenere Bestimmung der Schönheit als Harmonie. Für die verschiedenen Künste, zuerst für die Musik und die Architektur, dann aber auch für die

[1] Metaphysik A 5, 985 b 23.

[2] »Ordnung und Proportion sind schön und nutzbringend, Unordnung aber und das Fehlen der Proportion sind häßlich und unnütz.« (Stobaios IV 1, 40 H., Frg. D 4 Diels).

Malerei und die Plastik, wurden Maß und Proportion zur Richtschnur. Mit der für die griechische Klassik typischen Vorliebe für die Darstellung organischer Formen verband sich die harmonische Integration allgemeingültiger Proportionen. Diese sollten der Natur aber nicht aufgezwungen, sondern als deren Wahrheit und Wirklichkeit erkannt werden. Der menschliche Leib, bevorzugter Gegenstand der darstellenden Künste, konnte so in seiner Gliederung dem »goldenen Schnitt« folgen, ohne daß die organische Form mit dem festen Maßverhältnis in Widerspruch geriet.

In deutlicher Abgrenzung von der *objektivistischen* Harmoniebestimmung der Pythagoreer vertraten die *Sophisten,* die als erste die philosophische Fragestellung von der Natur auf den Menschen und seine Angelegenheiten verlagert hatten, einen *relativistischen* Standpunkt bezüglich der Schönheit. Ihre Haltung wird treffend charakterisiert durch den bekannten Satz des Protagoras, daß der Mensch, und das heißt jeder *einzelne* Mensch, das Maß aller Dinge sei[3]. Dies gelte auch für die Schönheit, denn was die Menschen für schön hielten, sei so unterschiedlich, daß sich nichts Bestimmtes darüber sagen lasse: »Ich glaube, wenn jemand allen Menschen beföhle, alles Häßliche, was jeder dafür hält, auf einen Haufen zusammenzutragen, und wenn sie dann aufgefordert würden, von diesem Haufen das Schöne zu nehmen, was jedem gefalle – ich glaube, daß kein Stück zurückbliebe, sondern daß alles wieder einen Besitzer bekäme. Denn nicht alle meinen über alles dasselbe«, heißt es in den ›Unterredungen‹ (Dialéxeis) eines unbekannten Sophisten[4]. So bestritten die Sophisten die objektive Geltung der Schönheit. Allein die subjektive Wahrnehmung, der persönliche Geschmack des einzelnen, entscheide darüber, was jemand schön nenne. Schön sei schlicht das, was für Auge und Ohr angenehm sei[5]. Doch blieb die sophistische Subjektivierung des Schönen zunächst nur eine Episode. Von *Platon* (427–347) und dann auch von Aristoteles diskutiert und verworfen, konnte sie nur wenig Einfluß[6] gewinnen und wurde erst im englischen Sensualismus des 18. Jahrhunderts von *David Hume* wieder aufgenommen.

Von dauerhafterer Wirkung war hingegen die Philosophie Platons. Die verschiedensten Ansätze zur Begriffsbestimmung des

[3] Platon, Theaitetos 152 a.

[4] Dialéxeis 2, 8.

[5] Aristoteles, Topik 146 a.

[6] Eine gewisse Nähe zu den Sophisten zeigt sich bei den Epikureern und Skeptikern.

Schönen, alte und neue, werden in seinen Dialogen durchgespielt und in ihrer möglichen Geltung abgewogen. Vieles von dem, was später zur Bestimmung der Schönheit verwendet wurde, findet sich hier in aporetischer Form: nicht nur die sophistische Identifikation des Schönen mit dem sinnlich Angenehmen und der pythagoreische Harmoniebegriff, auch die vermutlich sokratische Bestimmung des Schönen als das Zweckmäßige und Brauchbare[7], die für die mittelalterliche Ästhetik bedeutsam werdende Bestimmung als Licht und Glanz und die rationalistische der Vollkommenheit. Durch die kritische Befragung der verschiedenen Ansätze werden zum ersten Mal die Schwierigkeiten offenbar, die der Versuch einer Begriffsbestimmung der Schönheit mit sich bringt. So wird eigentlich erst durch Platon das Schöne überhaupt zum philosophischen Problem. Im dem als ›Hippias maior‹[8] bekannten Dialog fragt Sokrates den sich seines Wissens rühmenden Sophisten Hippias, was dieser denn glaube, daß das Schöne sei. Das sei leicht zu beantworten, sagt Hippias, und zählt nach sophistischer Art eine Reihe schöner Dinge auf: ein schönes Mädchen, ein schönes Roß, eine Leier, dies alles sei schön. Aber zur großen Verwirrung des Hippias entgegnet Sokrates, daß er nicht wissen wolle, was schön sei, sondern »was das Schöne sei«. Das Schöne nämlich könne nicht ein einzelnes schönes Ding sein, sondern müsse im *Gemeinsamen* der schönen Dinge gesucht werden, in dem, was sie alle gleichermaßen schön mache, dem, an dem sie alle *teilhätten*[9]. Dieses Gemeinsame zu finden, ist bis heute das Hauptproblem der Schönheitsdiskussion geblieben. Platon selbst führte diese Präzisierung der Fragestellung dazu, die Ebene der konkreten sinnlichen Erscheinung zugunsten der sich in der erscheinenden Vielfalt äußernden und durch sie hindurchscheinenden *Idee* zu verlassen. Das Gemeinsame der sinnlichen Erscheinungen des Schönen könne nicht selbst wie-

[7] Xenophon berichtet in den Memorabilien über Sokrates, daß ein Mistkorb schön, ein goldener Schild aber häßlich sein könne, wenn der eine für seinen Zweck geeignet sei, der andere hingegen nicht. Alles sei schön, insoweit es in einer bestimmten Situation *passe*, so daß dasselbe, was hier schön sei, dort häßlich sein könne (III, 8, 4).

[8] Die Echtheit dieses Dialogs ist nicht gesichert, aber sehr wahrscheinlich. Da er aber bis zu Schleiermachers Einwänden zum festen Bestandteil des Platonischen Textkorpus' zählte, ist die Frage, ob der Dialog von Platon selbst oder einem seiner Schüler stammt, hier unerheblich.

[9] Der Begriff der *Teilhabe* (koinonía, méthexis) ist ein Schlüsselbegriff der platonischen Philosophie. Er bezeichnet das sein- und formstiftende Wirken der Ideen im Reich der Erscheinungen. Ein Ding, sofern es schön ist, ist schön aufgrund seiner Teilhabe an der Idee der Schönheit. Es ist überhaupt nur seiend, indem es teilhat an den Ideen.

der etwas Sinnliches sein. Der Idee des Schönen müsse daher ein von den einzelnen Erscheinungen unabhängiges Sein zuerkannt werden. Damit erweitert Platon den für unser heutiges Verständnis ohnehin schon weitgefaßten griechischen Schönheitsbegriff noch einmal ins Transzendente und verläßt dabei den Boden der Tradition. Bezog sich der Schönheitsbegriff zuvor nur auf das sinnlich Erfahrbare, wurde der sinnlichen Schönheit nun eine *höhere*, nichtsinnliche Schönheit entgegengesetzt. Platons eigentliche Metaphysik des Schönen, die in den Dialogen der mittleren Schaffensperiode, im ›Phaidros‹ und im ›Symposion‹, ausgeführt wird, setzt hier an. Die Schönheit der sinnlichen Erscheinung sei nur ein Abglanz jener wahren und einzigen Schönheit, die der Mensch einmal als körperlose Seele geschaut habe, bevor ihn seine Schwäche auf die Erde und in die Leiblichkeit hinein habe fallen lassen. Durch den Anblick schöner Dinge werde der Mensch an die Schau jener Schönheit erinnert, so daß er sie aufs Neue ersehne und sich bemühe, von der sinnlichen Schönheit stufenweise hinaufzusteigen über die Schönheit der Seelen, die Schönheit eines aufrechten Lebenswandels, die Schönheit des Wissens, bis zu jener unwandelbaren und einen Erkenntnis, der Schau der höchsten Schönheit, die zugleich die höchste Wahrheit und die Idee des Guten sei. So erwecke das sinnlich Schöne die suchende Liebe zur Erkenntnis, die allein das Leben lebenswert mache und die man Philosophie[10] nennt. Gerade weil die Schönheit in der Platonischen Erkenntnistheorie einen so zentralen Platz einnimmt, wird sie auch noch nicht mit der Kunst zusammengesehen, denn Kunstwerke sind nach der Lehre der ›Politeia‹ nur Abbilder von Abbildern und so weit von der Wahrheit entfernt wie nur möglich[11].

[10] Philosophia meint wörtlich das Streben oder die Begier nach dem höchsten Wissen. Der Philosoph ist also nicht derjenige, der bereits im Besitz des Wissens ist, sondern der, den es nach Wissen verlangt und der den Weg zum Wissen beschreitet.

[11] Politeia X, 598a–d, 601c–602b; Sophistes 235e–236a.

Platon
Hippias maior (nach 399 v. Chr.)

Sokrates bittet den Sophisten Hippias, der sich seines Erfolges als Weisheitslehrer rühmt, ihm doch zu erklären, was das Schöne sei, da er selbst es leider nicht wisse und kürzlich einem Fremden gegenüber verschämt seine Ratlosigkeit habe eingestehen müssen. Sokrates schlüpft in die Rolle dieses Fremden und fragt den Hippias:

Sokrates: O Fremdling aus Elis, sind nicht die Gerechten durch die Gerechtigkeit gerecht? Antworte also, Hippias, als ob jener dich fragte.
Hippias: Ich werde antworten: Allerdings durch die Gerechtigkeit.
Sokrates: Also ist dieses doch etwas, die Gerechtigkeit?
Hippias: Freilich.
Sokrates: Und die Weisen sind durch die Weisheit weise und alles Gute durch das Gute gut?
Hippias: Wie anders?
Sokrates: So nämlich, daß dieses alles etwas ist und keineswegs doch, daß es nichts wäre?
Hippias: Freilich, daß es etwas ist!
Sokrates: Ist also nicht auch alles Schöne durch das Schöne schön?
Hippias: Ja, durch das Schöne.
Sokrates: Welches also doch auch etwas ist?
Hippias: Allerdings etwas. Aber was will er nur?
Sokrates: So sage mir denn, Fremdling, wird er sprechen, was ist denn dieses, das Schöne?
Hippias: Will der nun nicht wissen, wer dieses fragt, Sokrates, was schön ist?
Sokrates: Nein, dünkt mich; sondern was das Schöne ist, Hippias.
Hippias: Und wie ist denn dies verschieden von jenem?
Sokrates: Dünkt es dich etwa gar nicht verschieden?
Hippias: Nein, gar nicht.
Sokrates: Du weißt es freilich gewiß besser. Indes sieh nur,

Guter, er fragt dich ja nicht, was schön ist, sondern was das Schöne ist.

Hippias: Ich verstehe, Guter, und ich will ihm beantworten, was das Schöne ist, und er soll gewiß nichts dagegen haben. Nämlich wisse nur, Sokrates, wenn ich dir die Wahrheit sagen soll, ein schönes Mädchen ist schön.

Sokrates: Herrlich, o Hippias, beim Zeus, und sehr annehmlich hast du geantwortet. Also nicht wahr, wenn ich dies antworte, werde ich die Frage beantwortet haben, und zwar richtig, und werde nicht widerlegt werden?

Hippias: Wie sollte dir wohl widerlegt werden, o Sokrates, was alle ebenso meinen und wovon dir alle, die es hören, bezeugen werden, daß es recht ist?

Sokrates: Wohl! Freilich auch! Aber laß mich doch, Hippias, noch einmal für mich selbst überdenken, was du sagst. Jener wird mich so ungefähr fragen: Komm, Sokrates, und antworte mir. Was doch muß das Schöne selbst sein, damit alles das, was du schön nennst, schön wird? Und darauf werde ich antworten: Wenn eine schöne Jungfrau schön ist, so ist das etwas, wodurch alles jenes schön ist.

Hippias: Glaubst du also, er werde wagen, dich zu widerlegen, daß das nicht schön ist, was du anführst, oder wenn er es wagte, werde er sich nicht lächerlich machen?

Sokrates: Daß er es wagen wird, Bester, weiß ich gewiß, ob er sich aber, wenn er es wagt, lächerlich machen wird, das muß die Sache zeigen. Was er indes sprechen wird, will ich dir wohl sagen.

Hippias: So sage es denn.

Sokrates: Wie sinnreich du bist, Sokrates, wird er sagen. Eine schöne Stute aber, ist die nicht etwas Schönes, die doch der Gott selbst im Orakel gelobt hat? Was sollen wir sagen, Hippias? Müssen wir nicht sagen, auch eine Stute sei etwas Schönes, eine schöne nämlich? Denn wie wollten wir es wagen zu leugnen, daß das Schöne nicht schön sei?

Hippias: Du hast recht, Sokrates, und ganz richtig hat auch der Gott dieses gesagt. Denn sehr schöne Stuten gibt es bei uns.

Sokrates: Wohl, wird er also sagen. Aber wie, eine schöne

Leier, ist die nicht etwas Schönes? Sollen wir es bejahen, Hippias?

Hippias: Ja.

Sokrates: Darauf, ich kann es mir recht denken, denn ich kenne seine Weise, wird er sagen: Aber du Bester, wie? Eine schöne Kanne, ist die nicht etwas Schönes?

Hippias: O Sokrates, wer ist der Mensch? Wie ungeschliffen muß er sein, daß er so lächerliche Dinge vorzubringen wagt bei einer ernsthaften Sache?

Sokrates: Es ist eben so einer, Hippias, gar kein feiner Mann, sondern so aus dem Haufen, der sich um nichts kümmert als um das Wahre[1]. Aber antworten müssen wir dem Manne doch schon, und also trage ich vor: Wenn die Kanne von einem guten Töpfer gedreht ist, hübsch glatt und rund und dann schön gebrannt, wie es solche schönen Kannen gibt, zweihenklige, von denen, die sechs Maß halten, welche sehr schön sind: Wenn er eine solche Kanne meint, werden wir wohl gestehen müssen, daß sie schön ist. Denn wie sollten wir sagen, daß etwas Schönes nicht schön sei?

Hippias: Das wollen wir auch nicht, Sokrates.

Sokrates: Also, wird er sagen, auch eine schöne Kanne ist etwas Schönes? Antworte.

Hippias: Allein, o Sokrates, es verhält sich, glaube ich, so: Auch ein solches Gefäß ist freilich schön, wenn es schön gearbeitet ist; aber die ganze Sache verdient nicht mitgerechnet zu werden als etwas Schönes im Vergleich mit Pferden, Mädchen und allem sonstigen Schönen.

Sokrates: Wohl! Nun verstehe ich, Hippias, daß wir dem, welcher dergleichen fragt, so entgegnen müssen: Weißt du denn nicht, Mensch, daß Herakleitos recht hat, daß der schönste Affe häßlich ist, mit dem menschlichen Geschlecht verglichen? Und so ist auch die schönste Kanne häßlich, mit Mädchen verglichen, wie der weise Hippias sagt. Nicht so, Hippias?

Hippias: Ganz vortrefflich, o Sokrates, hast du da geantwortet.

[1] Ganz wie Sokrates selbst.

Sokrates: Höre nur. Hierauf nämlich, weiß ich gewiß, wird er sagen: Wie aber, Sokrates, wenn jemand nun die Mädchen im allgemeinen mit den Göttinnen vergliche, wird es ihnen nicht ebenso ergehen wie den Kannen im Vergleich mit den Mädchen? Wird nicht das schönste Mädchen häßlich erscheinen? Oder sagt nicht Herakleitos, den du selbst angeführt hast, ganz dasselbige, daß der weiseste Mensch gegen Gott nur als ein Affe erscheinen wird, sowohl an Weisheit als Schönheit und allem übrigen? Sollen wir das zugeben, Hippias, daß das schönste Mädchen, mit Göttinnen verglichen, häßlich ist?

Hippias: Wer könnte dem wohl widersprechen, Sokrates?

Sokrates: Wenn wir ihm nun das zugeben, wird er lachen und sagen: Besinnst du dich wohl, Sokrates, was du bist gefragt worden? – Freilich, werde ich sagen, was nämlich das Schöne selbst eigentlich ist. – Und also, wird er sagen, nach dem Schönen gefragt, antwortest du etwas, was, wie du selbst sagst, um nichts mehr schön ist als häßlich? – Das scheint freilich, werde ich sagen. Oder was rätst du mir, Lieber, daß ich sagen soll?

Hippias: Dasselbe, rate ich. Denn daß das menschliche Geschlecht im Vergleich mit den Göttern nicht schön ist, darin wird er die Wahrheit sagen.

Sokrates: Wenn ich dich nun von Anfang an gefragt hätte, wird er sagen, was ist wohl schön und auch häßlich, und du hättest mir so wie eben geantwortet, dann hättest du recht geantwortet. Und dünkt dich noch immer das Schöne selbst, wodurch alles andere geschmückt wird und als schön erscheint, wenn jene Gestalt ihm zukommt, dünkt dich das noch immer ein Mädchen zu sein oder ein Pferd oder eine Leier?

Hippias: Aber Sokrates, wenn er danach fragt, das ist ja am allerleichtesten zu beantworten, was das Schöne ist, wodurch alles andere geschmückt wird und, wenn jenes ihm zukommt, als schön erscheint. Der Mensch ist gewiß ganz einfältig und versteht nichts von schönen Sachen. Denn wenn du ihm antwortest: Dieses Schöne, wonach du fragst, ist nichts anderes als das Gold, so wird er in die

Enge gebracht sein und nicht weiter versuchen, dich zu widerlegen. Denn das wissen wir ja alle, daß, wo dieses nur hinkommt, alles, wenn es auch vorher noch so häßlich war, schön erscheint, wenn es durch Gold geschmückt ist.

Sokrates: Du kennst den Mann nicht, Hippias, wie unartig er ist und nicht leicht etwas annimmt.

Hippias: Wieso das, Sokrates? Denn was richtig gesagt ist, muß er doch annehmen, oder wenn er es nicht annimmt, macht er sich lächerlich.

Sokrates: Doch aber wird er gewiß diese Antwort, o Bester, nicht nur nicht annehmen, sondern mich gar durchziehen und sagen: Du ganz Vernagelter, hältst du etwa den Pheidias für einen schlechten Meister? – Da werde ich, denke ich, sagen, das täte ich keineswegs.

Hippias: Und daran wirst du ganz recht sagen, o Sokrates.

Sokrates: Ganz recht freilich. Aber wenn ich dann zugegeben habe, daß Pheidias ein trefflicher Künstler ist, wird jener sagen: Und du glaubst also, daß Pheidias das Schöne, was du mir nennst, nicht gekannt habe? – Da werde ich fragen: Wieso? – Weil er, so wird er antworten, seiner Athene die Augen nicht golden gemacht hat, auch sonst weder das Angesicht noch Hände und Füße, wenn es doch golden am schönsten würde erschienen sein, sondern elfenbeinern. Offenbar hat er das aus Einfalt verfehlt, weil er nicht wußte, daß Gold das ist, was alles schön macht, wo es hinkommt. Wenn er nun das sagt, was sollen wir ihm antworten, Hippias?

Hippias: Das ist nicht schwer. Wir wollen sagen, er hätte recht getan. Denn Elfenbeinernes, denke ich, ist auch schön.

Sokrates: Weshalb aber, wird er dann sagen, hat er nicht das Innere der Augen auch elfenbeinern gemacht, sondern steinern und einen, soviel nur möglich, dem Elfenbein ähnlichen Stein dazu aufgefunden? Ist etwa auch ein schöner Stein schön? Sollen wir das bejahen, Hippias?

Hippias: Wir wollen es bejahen, wenn er nämlich schicklich ist.

Sokrates: Wenn aber nicht schicklich, dann häßlich? Soll ich das zugeben oder nicht?

Hippias: Gib es zu, wenn er nicht schicklich ist.

Sokrates: Wie aber, das Elfenbein und das Gold, wird er sagen, du Weiser, werden nicht auch diese nur, wenn sie sich schicken, machen, daß etwas schön erscheint, wenn aber nicht, häßlich? – Wollen wir das leugnen, oder wollen wir gestehen, daran habe er recht?

Hippias: Das können wir ja zugeben, daß, was sich für jedes schickt, das macht jedes schön.

Sokrates: Wenn nun aber jemand, wird er sagen, in der schönen Kanne, von der wir vorher sprachen, schönen Hirsebrei kocht, schickt sich dann ein goldener Quirl hinein oder einer von Feigenholz?

Hippias: Herakles, was für ein Mensch ist das, Sokrates! Willst du mir nicht sagen, wer er ist?

Sokrates: Du kennst ihn ja doch nicht, wenn ich dir auch den Namen sage.

Hippias: Dafür kenne ich ihn doch nun schon, daß es ein dummer Mensch ist.

Sokrates: Krittlich ist er gar sehr, Hippias. Aber doch, welcher Quirl, wollen wir sagen, schicke sich für den Hirsebrei und die Kanne? Offenbar doch der von Feigenholz? Denn er gibt nicht nur dem Hirsebrei einen besseren Geruch, Freund, sondern zugleich sind wir auch sicher, daß er uns nicht die Kanne zerschlägt und den Hirsebrei verschüttet und das Feuer auslöscht und die, welche bewirtet werden sollen, um ein gar schönes Gemüse bringt. Der goldene aber könnte das alles tun; so daß mich dünkt, wir müssen sagen, der Quirl von Feigenholz schicke sich besser als der goldene, wenn du nicht etwas anderes meinst.

Hippias: Freilich schickt sich der besser, Sokrates; aber ich möchte doch mit einem Menschen kein Gespräch führen, der nach solchen Dingen fragt.

Sokrates: Da hast du auch recht, Lieber. Denn für dich schickt es sich wohl nicht, dich mit solchen Wörtern zu befassen, der du so schön bekleidet bist und so schön beschuht und berühmt in jeder Art von Weisheit unter allen Hellenen, mir aber macht es nichts aus, mich mit dem Menschen abzugeben. Lehre du mich also nur ein und antworte mir zuliebe. – Wenn also der von Feigenholz sich besser schickt als der goldene, wird der Mensch sagen, so muß er ja wohl auch schöner sein, da du ja einmal zugegeben hast, o Sokrates, daß das Schickliche schöner ist als das nicht Schickliche? Also wollen wir zugeben, Hippias, der von Feigenholz sei schöner als der goldene? (287c – 291b)

Hippias versucht sich im folgenden an einer weiteren Definition, die von Sokrates in ähnlicher Weise ad absurdum geführt wird. Hierauf bemüht sich Sokrates selbst, eine bessere zu finden. Das Schickliche, das Brauchbare und das Auge und Ohr Erfreuende werden der Reihe nach auf ihre Tauglichkeit hin geprüft und verworfen.

Sokrates: Sollen wir nun von dem Schicklichen sagen, es sei das, was alles und jedes, bei dem es sich findet, schön scheinen macht oder auch schön sein oder keines von beiden?
Hippias: Mich dünkt –
Sokrates: Was doch?
Hippias: Das was schön scheinen macht. Wie zum Beispiel, wenn einer passende Kleider und Schuhe anzöge, dann würde er, wenn er auch sonst lächerlich aussieht, doch schöner erscheinen.
Sokrates: Und nicht wahr, wenn das Schickliche etwas schöner scheinen macht, als es ist, so wäre das Schickliche eine Täuschung in bezug auf das Schöne und nicht das, was wir suchen, Hippias? Denn wir suchen ja wohl jenes, wodurch alle schönen Sachen schön sind, so wie alle großen Dinge groß sind durch Überragung. Denn dadurch ist alles groß, auch wenn es nicht so erscheint, ragt aber über anderes, so ist es notwendig groß. Dasselbe wollen wir nun auch von dem Schönen sagen, wodurch alles schön ist, es mag nun so erscheinen oder nicht, was das wohl sein mag. Denn das Schickliche kann es nicht sein, da ja dies nach deiner Rede etwas schöner erscheinen macht, als es ist, und es nicht so,

wie es ist, auch erscheinen läßt. Sondern das Schön-sein-Machende, wie ich eben sagte, mag etwas nun so erscheinen oder nicht, das wollen wir versuchen zu beschreiben, was es wohl ist. Denn dies suchen wir, wenn wir das Schöne suchen.

Hippias: Aber das Schickliche, Sokrates, macht, wo es ist, sowohl schön sein als schön scheinen.

Sokrates: Also wäre es unmöglich, daß etwas, was in der Tat schön ist, nicht auch schön zu sein scheine, wenn es doch das Scheinen-Machende an sich hat?

Hippias: Unmöglich.

Sokrates: Wollen wir das also zugeben, Hippias, daß alle in Wahrheit schönen Einrichtungen und Handlungsweisen auch immer von allen für schön gehalten werden und so erscheinen? Oder vielmehr ganz im Gegenteil, daß sie verkannt werden und daß mehr als über irgend etwas über sie Streit und Zank ist, sowohl zwischen den einzelnen als auch öffentlich zwischen den Staaten?

Hippias: Das letztere vielmehr, Sokrates, daß sie verkannt werden.

Sokrates: Das könnten sie aber nicht, wenn sie auch das Scheinen an sich hätten, und das hätten sie, wenn das Schickliche das Schöne wäre und nicht nur schön sein machte, sondern auch scheinen. So daß das Schickliche, wenn es das Schön-sein-Machende ist, allerdings das Schöne sein wird, was wir suchen, dann jedoch nicht zugleich auch das Schön-scheinen-Machende. Wenn aber wiederum das Schickliche das Schön-scheinen-Machende ist, so wird es nicht das Schöne sein, welches wir suchen; denn das soll Schön-sein machen. Beides aber, das Scheinen und das Sein zugleich, kann weder, wenn vom Schönen die Rede ist, eins und dasselbe bewirken, noch auch, wenn von irgend etwas anderem. So laß uns demnach wählen, welches von beiden das Schickliche uns zu sein dünkt, das Schön-scheinen-Machende oder das Schön-sein.

Hippias: Das Scheinen-Machende, wie mich dünkt, Sokrates.

Sokrates: O weh! So ist es uns ja schon wieder entschlüpft, Hippias, zu erfahren, was das Schöne ist, nun sich ja gezeigt hat, daß das Schickliche etwas anderes ist als das Schöne. (294 a – 294 e)

Sokrates: Nun betrachte also einmal dieses, ob du meinst, es sei das Schöne. Ich behaupte also, es sei – aber überlege es ja und gib sehr wohl Achtung, daß ich nicht etwas Törichtes vorbringe. Nämlich das soll uns das Schöne sein, was brauchbar ist. Ich sagte das aber hierauf sehend: Schön sind doch, sagen wir, nicht die Augen, die uns so aussehen, als ob sie nicht sehen könnten, sondern die, welche es können und brauchbar sind zum Sehen. Nicht wahr?

Hippias: Ja.

Sokrates: Nicht auch vom ganzen Leibe sagen wir so, daß er schön sei, der eine im Laufen, der andere im Ringen, und so auch alle Tiere nennen wir schön, Pferde und Hühner und Wachteln, und alle Gefäße und Fahrzeuge zu Lande und zur See, Frachtschiffe und Kriegsschiffe, und alle Werkzeuge, die für die Tonkunst und die für andere Künste, ja wenn du willst, auch alle Beschäftigungen und Einrichtungen, dies eben alles nennen wir schön in demselben Sinne; darauf sehend bei jedem, wie es geartet, wie es ausgearbeitet ist, in welchem Zustande es sich befindet, sagen wir, das Brauchbare, inwiefern es brauchbar ist und wozu brauchbar und wann brauchbar, sei schön; was aber so überall unbrauchbar ist, auch häßlich. Dünkt dich das nun nicht auch so, Hippias?

Hippias: O ja.

Sokrates: Richtig also erklären wir es nun, daß ganz gewiß das Brauchbare das Schöne ist.

Hippias: Ganz richtig sicherlich, Sokrates.

Sokrates: Und nicht wahr, was etwas zu verrichten vermag, das ist dazu, was es vermag, auch brauchbar, das Unvermögende aber unbrauchbar?

Hippias: Freilich.

Sokrates: Vermögen also ist etwas Schönes, Unvermögen aber etwas Häßliches.

Hippias: Gar sehr; es beweisen uns nun auch die anderen Dinge, Sokrates, daß sich dies so verhält, aber besonders auch die Politik. Denn in öffentlichen Dingen in seinem eigenen Staat vermögend sein, das ist das Schönste von allem, unvermögend aber, bei weitem das Schlechteste.

Sokrates: Wohl gesprochen. Ist also etwa auch bei den Göttern, Hippias, eben deshalb die Weisheit bei weitem das Schönste und die Torheit das Häßlichste?

Hippias: Wie wolltest du anders meinen, Sokrates?

Sokrates: Halt nur stille, lieber Freund, denn mir wird bange, was wir schon wieder vorbringen.

Hippias: Wieso ist dir wieder bange, Sokrates, da dir ja jetzt die Rede herrlich vorwärts geht?

Sokrates: Ich wünschte es wohl; aber überlege nur das mit mir: Könnte einer wohl etwas tun, was er weder verstände noch überall vermöchte?

Hippias: Keineswegs! Denn wie sollte er tun, was er nicht vermöchte?

Sokrates: Die also Fehler begehen und Schlechtes wider Willen verrichten und tun, nicht wahr, die würden doch dies nicht getan haben, wenn sie es nicht vermocht hätten?

Hippias: Offenbar.

Sokrates: Und nicht wahr, wer etwas vermag, vermag es durch ein Vermögen? Denn durch ein Unvermögen doch gewiß nicht!

Hippias: Freilich nicht.

Sokrates: Es vermögen also doch alle, welche etwas tun, das zu tun, was sie tun.

Hippias: Ja.

Sokrates: Nun aber tun alle Menschen weit mehr Schlechtes als Gutes von Kindheit an und fehlen immer wider Willen.

Hippias: So ist es.

Sokrates: Wie also? Dieses Vermögen und dieses Brauchbare, was brauchbar ist, um etwas Schlechtes zu verrichten, sollen wir sagen, das sei schön, oder nichts weniger?

Hippias: Nichts weniger freilich, dünkt mich.

Sokrates: Also nicht das Vermögende, Hippias, und das Brauchbare ist uns das Schöne, wie es scheint.

Hippias: Doch, Sokrates, wenn es Gutes vermag und dazu brauchbar ist.

Sokrates: Das ist also doch fort, daß das Vermögende und Brauchbare schlechthin schön ist; sondern das war es wohl eigentlich, Hippias, was unsere Seele sagen wollte, daß das Brauchbare und Vermögende, um Gutes zu verrichten, das Schöne sei.

Hippias: Das glaube ich auch.

Sokrates: Das ist aber doch das Nützliche. Oder nicht?

Hippias: Freilich.

Sokrates: So sind wohl auch die schönen Körper und die schönen Einrichtungen und die Weisheit und alles, was wir jetzt erwähnten, schön, weil nützlich?

Hippias: Offenbar.

Sokrates: Das Nützliche also zeigt sich uns nun das Schöne zu sein, o Hippias.

Hippias: Auf alle Weise, Sokrates.

Sokrates: Aber das Nützliche ist doch das Gutes Hervorbringende.

Hippias: Das ist es.

Sokrates: Das Hervorbringende aber ist doch wohl nichts anderes als die Ursache. Nicht wahr?

Hippias: Richtig.

Sokrates: Die Ursache des Guten also ist das Schöne.

Hippias: So ist es.

Sokrates: Aber die Ursache, Hippias, und dasjenige, wovon eine Ursache Ursache ist, sind zweierlei. Denn die Ursache ist doch wohl nicht der Ursache Ursache. Überlege es so. Zeigte sich die Ursache nicht offenbar als ein Wirkendes?

Hippias: Allerdings.

Sokrates: Von dem Wirkenden wird aber doch offenbar das Werdende bewirkt, nicht aber das Wirkende?

Hippias: So ist es.

Sokrates: Also ein anderes ist das Werdende, ein anderes das Wirkende?

Hippias: Ja.

Sokrates: Also ist die Ursache nicht der Ursache Ursache, sondern des durch sie Werdenden.

Hippias: Freilich.

Sokrates: Wenn also das Schöne die Ursache des Guten ist, so entstände aus dem Schönen das Gute, und wir bemühen uns deshalb, wie es scheint, um Einsicht und um alles andere Schöne, weil desselben Werk und Erzeugnis, nämlich das Gute, der Mühe wert ist, und so mag am Ende nach dem, was wir gefunden haben, das Schöne gleichsam den Vater des Guten vorstellen.

Hippias: Allerdings sehr richtig, Sokrates.

Sokrates: So ist auch wohl das sehr richtig, daß der Vater nicht Sohn ist noch auch der Sohn Vater?

Hippias: Richtig freilich.

Sokrates: Ebensowenig also ist auch die Ursache Bewirktes noch das Bewirkte die Ursache.

Hippias: Wahr gesprochen.

Sokrates: Beim Zeus, Bester, so ist also auch das Schöne nicht gut noch das Gute schön. Oder dünkt es dich möglich zufolge des Gesagten?

Hippias: Nein, beim Zeus, mir scheint es nicht.

Sokrates: Kann uns nun wohl das gefallen, und möchten wir es behaupten, daß das Schöne nicht gut ist noch auch das Gute schön?

Hippias: Nein, beim Zeus, mir gefällt es gar nicht.

Sokrates: Wahrlich, beim Zeus, Hippias, mir gefällt es am wenigsten unter allem, was wir gesagt haben.

Hippias: So scheint es freilich.

Sokrates: Also mag wohl keineswegs, wie uns eben dies die schönste Erklärung schien, daß das Nützliche und das um etwas Gutes zu bewirken Brauchbare und Vermögende das Schöne sei, keineswegs mag es sich so verhalten, sondern diese noch lächerlicher sein womöglich als die vorigen, da wir glaubten, ein Mädchen wäre das Schöne, und was wir vorher nacheinander gesagt haben.

Hippias: So scheint es.

Sokrates: Und ich meinesteils weiß nicht mehr, Hippias, wohin ich mich wenden soll, sondern bin ratlos. Hast du aber etwas zu sagen?

Hippias: Jetzt im Augenblick wohl nicht; aber wie ich eben sagte, wenn ich darüber nachdenke, weiß ich wohl, daß ich es finden werde.

Sokrates: Ich aber glaube, daß ich, aus Begierde es zu wissen, gar nicht imstande bin, dein Zaudern abzuwarten. So glaube ich jetzt gleich auch schon wieder etwas ausgesonnen zu haben. Sieh nur, wenn wir sagten, das, was uns Vergnügen macht, nicht jede Art von Lust meine ich, sondern vermöge des Gehörs und des Gesichtes, das wäre das Schöne; wie würden wir dann wohl kämpfen? Weil doch schöne Menschen, o Hippias, und so auch alle Kunstwerke, Gemälde und Plastiken, wenn sie schön sind, uns ergötzen, wenn wir sie sehen; so auch schöne Töne, die gesamte Musik und Reden und Dichtungen bewirken ebendasselbe. So daß, wenn wir jenem verwegenen Menschen antworten: Teuerster, das Schöne ist das durch Augen und Ohren uns zukommende Angenehme, meinst du nicht, daß wir dann seiner Verwegenheit etwas Einhalt tun würden?

Hippias: Mir wenigstens, Sokrates, scheint jetzt das Schöne ganz vortrefflich erklärt zu sein, was es ist.

(295 c – 298 b)

Sokrates: Aber wenn uns nun, sei es dieser, den ich meine, oder irgendein anderer fragte: Woher aber, o Hippias und Sokrates, habt ihr doch von dem Angenehmen überhaupt diese bestimmte Weise des Angenehmen abgesondert, welche euch nun das Schöne sein soll, was aber durch andere Empfindungen entsteht bei Speise und Trank und der Geschlechtslust und alles andere dieser Art, sagt ihr, soll nicht schön sein? Sagt ihr denn auch, daß dies nicht angenehm ist und daß überall keine Lust in dergleichen ist und überhaupt in nichts anderm als dem Sehen und Hören? Was sollen wir sagen, Hippias?

Hippias: Auf alle Weise müssen wir sagen, Sokrates, daß es auch in diesem andern sehr große Lust gibt.

Sokrates: Warum also, wird er sagen, wenn sie ebensogut Lust sind als jene, beraubt ihr sie dieses Namens und sprecht ihnen ab, daß sie nicht schön sind? – Weil uns, wollen wir sagen, jedermann ohne Ausnahme auslachen würde, wenn wir sagten, Essen wäre nicht angenehm, sondern schön, und angenehmes Duften wäre nicht angenehm, sondern schön. Was aber die Liebessachen betrifft, so würden alle dafür streiten, daß dieses das Allerangenehmste sei, wenn aber jemand dergleichen tut, muß er es doch so tun, daß es niemand sieht, weil es das Schändlichste ist, dabei gesehen zu werden. – Wenn wir dies sagen, Hippias, wird er vielleicht sprechen: Ich merke wohl, daß ihr euch schon lange schämt zu sagen, solche Genüsse wären schön, weil die Menschen es nicht dafür halten; aber ich fragte danach gar nicht, was die meisten Menschen für schön halten, sondern was schön ist. – Dann werden wir wohl sagen, meine ich, was wir schon aufgestellt haben, daß wir behaupten, dieser Teil des Angenehmen, welcher durch Gesicht und Gehör entsteht, sei das Schöne. Aber weißt du hiermit etwas zu machen, oder sollen wir etwa auch sonst etwas sagen, Hippias?

Hippias: Wir dürfen, wenigstens dem Bisherigen gemäß, Sokrates, nichts anderes reden als dieses.

Sokrates: Schön! wird er dann sagen, wenn also das durch Gesicht und Gehör entstehende Angenehme schön ist, so muß das nicht hierzu gehörige Angenehme offenbar nicht schön sein. Wollen wir das zugeben?

Hippias: Ja.

Sokrates: Ist also wohl das dem Gesicht zugehörige Angenehme durch das Gesicht und Gehör zugleich angenehm? Oder das dem Gehör zugehörige durch das Gehör und Gesicht zugleich? – Wir werden sagen, keineswegs entstehe ja das, was aus dem einen entsteht, aus beiden, denn das scheinst du zu sagen; sondern wir sagten, daß jedes einzelne von diesen für sich schön sei und also auch beide. Wollen wir nicht so antworten?

Hippias: Freilich.

Sokrates: Dann wird er sagen: Ist denn ein Angenehmes vom andern dadurch unterschieden, daß es angenehm ist? Ich frage nicht, ob eine Lust wohl größer oder kleiner, stärker oder schwächer ist als die andere, sondern ob eine eben dadurch von der andern unterschieden ist, daß die eine Lust Lust ist, die andere aber nicht Lust? – Das dünkt uns wohl nicht, nicht wahr?

Hippias: Nein, das dünkt mich freilich nicht.

Sokrates: Also, wird er sagen, habt ihr aus einem andern Grunde, als weil sie Lust sind, diese Arten der Lust aus den andern herausgehoben, weil ihr etwas an beiden entdeckt habt, was sie Unterscheidendes von den übrigen an sich haben, in Beziehung worauf ihr eben sagt, sie wären schön. Denn nicht deshalb ist die durch das Gesicht entstehende Lust schön, wie sie durch das Gesicht entsteht. Denn wenn dies die Ursache wäre, weshalb sie schön ist, so wäre ja die andere aus dem Gehör entstehende nicht schön; denn die ist ja nicht mehr die Lust durch das Gesicht. – Da hast du recht, werden wir sagen müssen.

Hippias: Das werden wir müssen.

Sokrates: Ebenso ist auch die Lust durch das Gehör nicht deshalb, weil sie durch das Gehör entsteht, schön; denn sonst wäre die durch das Gesicht nicht schön, weil diese doch nicht mehr die Lust durch das Gehör ist. Sollen wir nun sagen, Hippias, der Mann habe recht, wenn er dies sagt?

Hippias: Gewiß.

Sokrates: Aber beide sind doch schön, wie ihr sagt? Denn das sagen wir doch.

Hippias: Ja.

Sokrates: Es ist also etwas Identisches in beiden, was eben macht, daß sie schön sind, dies Gemeinsame, was ihnen beiden gemeinschaftlich zukommt und jeder einzelnen für sich. Denn sonst wären sie nicht beide schön und auch jede einzeln. (298d – 300b)

Der Dialog endet aporetisch. Eine gültige Definition des Schönen kann auch Sokrates nicht geben.

Platon
Phaidros (nach 399 v. Chr.)

Im Gespräch mit Sokrates liest Phaidros eine Rede des Lysias vor, in welcher das Wesen der Liebe in dem Nutzen gesucht wird, den Liebende voneinander haben. Sokrates zeigt daraufhin zunächst das scheinbar Unvernünftige der Liebe auf, um sie dann aber als einen göttlich inspirierten Wahnsinn zu preisen, der den Menschen Glückseligkeit bringe. Dies soll, im Anschluß an einen Nachweis, daß die menschliche Seele unsterblich sei, durch ein in den Mythos übergehendes Gleichnis erläutert werden. Das Wesen der Seele

[...] gleiche daher der zusammengewachsenen Kraft eines befiederten Gespannes und seines Führers. Der Götter Rosse und Führer nun sind alle selbst gut und guter Abkunft, die anderen aber vermischt. Zuerst nun zügelt bei uns der Führer das Gespann, demnächst ist von den Rossen das eine gut und edel und solchen Ursprungs, das andere aber entgegengesetzter Abstammung und Beschaffenheit. Schwierig und mühsam ist daher natürlich bei uns die Lenkung. Woher ferner die Benennungen der Lebewesen als sterblich und unsterblich kommen, müssen wir auch versuchen zu erklären. Alles, was Seele ist, waltet über alles Unbeseelte und durchzieht den ganzen Himmel, verschiedentlich in verschiedenen Gestalten sich zeigend. Die vollkommene nun und befiederte schwebt in den höheren Gegenden und waltet durch die ganze Welt; die entfiederte aber schwebt umher, bis sie auf ein Starres trifft, wo sie nun wohnhaft wird, einen erdigen Leib annimmt, der nun durch ihre Kraft sich selbst zu bewegen scheint, und dieses Ganze, Seele und Leib zusammengefügt, wird dann ein Lebewesen genannt und bekommt den Beinamen sterblich; unsterblich aber nicht aus irgend erwiesenen Gründen, sondern wir bilden uns, ohne Gott weder gesehen zu haben noch hinlänglich zu erkennen, ein unsterbliches Lebewesen, das auch eine Seele hat und einen Leib hat, aber auf ewige Zeit beide zusammen vereinigt. Doch dieses verhalte sich, wie es Gott gefällt, und auch nur so sei hiermit davon geredet. Nun laßt uns die Ursache von dem Verlust des Gefieders, warum es der Seele ausfällt, betrachten. Es ist aber diese:

Die Kraft des Gefieders besteht darin, das Schwere emporhebend hinaufzuführen, wo das Geschlecht der Götter wohnt. Auch hat es am meisten unter allem Körperlichen mit dem Göttlichen gemeinsam. Das Göttliche nämlich ist das Schöne, Weise, Gute und was dem ähnlich ist. Hiervon also nährt sich und wächst vornehmlich das Gefieder der Seele, durch das Mißgestaltete aber, das Böse und was sonst jenem entgegengesetzt ist, nimmt es ab und vergeht. Der große Herrscher im Himmel, Zeus, seinen geflügelten Wagen lenkend, zieht nun als der erste aus, alles anordnend und versorgend, und ihm folgt die Schar der Götter und Geister, in elf Zügen geordnet. Denn Hestia bleibt in der Götter Hause allein. Alle anderen aber, welche zu der Zahl der zwölf als herrschende Götter geordnet sind, führen an in der Ordnung, die jedem angewiesen ist. Viel Herrliches nun gibt es zu schauen und zu begehen innerhalb des Himmels, wozu der seligen Götter Geschlecht sich hinwendet, jeder das Seinige verrichtend. Es folgt aber, wer jedesmal will und kann: denn Mißgunst ist verbannt aus dem göttlichen Chor. Wenn sie aber zum Fest und zum Mahle gehen und gegen die äußerste unterhimmlische Wölbung schon ganz steil aufsteigen, dann gehen zwar der Götter Wagen mit gleichem wohlgezügeltem Gespann immer leicht, die anderen aber nur mit Mühe. Denn das vom Schlechten etwas an sich habende Roß, wenn es nicht sehr gut erzogen ist von seinem Führer, beugt sich zum Boden hinunter und drückt mit seiner ganzen Schwere, woraus viel Beschwerde und der äußerste Kampf der Seele entsteht. Denn die unsterblich genannten zwar, wenn sie an den äußersten Rand gekommen sind, wenden sich hinauswärts und stehen so auf dem Rücken des Himmels, und hier stehend reißt sie der Umschwung mit fort, und sie schauen, was außerhalb des Himmels ist.

Den überhimmlischen Ort aber hat noch nie einer von den Dichtern hier besungen, noch wird ihn je einer nach Würden besingen. Er ist aber so beschaffen, denn ich muß es wagen, ihn nach der Wahrheit zu beschreiben, besonders auch da ich von der Wahrheit zu reden habe: Das farblose, gestaltlose, stofflose, wahrhaft seiende Wesen, das nur der Seele Führer, die Vernunft, zum Beschauer hat und um das das Geschlecht der wahrhaften Wissenschaft ist, nimmt jenen Ort ein. Da nun Gottes Verstand sich von unvermischter Vernunft und Wissenschaft nährt, wie auch der jeder Seele, die, was ihr gebührt, aufnehmen soll – so freuen sie sich, das wahrhaft Seiende wieder einmal zu erblicken, und nähren sich an Beschauung des Wahren, und lassen es sich wohl sein, bis der Umschwung sie wieder an die vorige Stelle zurückgebracht. In diesem Umlauf nun erblicken sie die Gerechtigkeit selbst, die Besonnenheit und die Wissenschaft, nicht die, welche eine Entstehung hat, noch welche wieder eine andere ist für jedes andere von den Dingen, die wir wirklich nennen, sondern die in dem, was wahrhaft ist, befindliche wahrhafte Wissenschaft. Und so auch von dem anderen erblickt die Seele das wahrhaft Seiende, und wenn sie sich daran erquickt hat, taucht sie wieder in das Innere des Himmels und kehrt nach Hause zurück. Ist sie dort angekommen, so stellt der Führer die Rosse zur Krippe, wirft ihnen Ambrosia vor und tränkt sie dazu mit Nektar.

Dieses nun ist der Götter Lebensweise. Von den anderen Seelen aber konnten einige, die am besten dem Gotte folgten und nachahmten, das Haupt des Führers hinausstrecken in den äußeren Ort und so den Umschwung mit vollenden, geängstigt jedoch von den Rossen und kaum das Seiende erblickend; andere erhoben sich bisweilen und tauchten dann wieder unter, so daß sie im gewaltigen Sträuben der Rosse einiges sahen, anderes aber nicht. Die übrigen allesamt folgen zwar auch, dem droben nachstrebend, unvermögend aber werden sie im unteren Raume mit herumgetrieben, nur einander tretend und stoßend, indem jede der anderen zuvorzukommen sucht. Getümmel entsteht nun, Streit und Angstschweiß, wobei durch Schuld schlechter Führer viele verstümmelt werden, vielen vieles Gefieder beschädigt; alle aber gehen nach viel erlittenen Beschwerden unteilhaft der Anschauung des Seienden davon, und so davongegangen halten sie sich an scheinbare Nahrung. Weshalb aber so großer Eifer, der Wahrheit Feld zu schauen, wo es ist: Die dem Edelsten der Seele angemessene Weide stammt nämlich her aus jenen Wiesen, und des Gefieders Kraft, durch welches die Seele gehoben wird, nährt sich hiervon.

Und dieses ist das Gesetz der Adrasteia[2], daß, welche Seele, als des Gottes Begleiterin, etwas erblickt hat von dem Wahrhaften, diese bis zum nächsten Auszuge keinen Schaden erleide, und wenn sie dies immer bewirken kann, auch immer unverletzt bleibe. Wenn sie aber, unvermögend, es zu erreichen, nichts sieht, sondern ihr ein Unfall begegnet, und sie dabei, von Vergessenheit und Trägheit angefüllt, niedergedrückt wird und so das Gefieder verliert und zur Erde fällt: dann ist ihr gesetzt, in der ersten Zeugung noch in keine tierische Natur eingepflanzt zu werden, sondern, die am meisten geschaut hat, in den Keim eines Mannes, der ein Freund der Weisheit oder des Schönen werden wird oder ein den Musen und der Liebe dienender; die zweite in den eines verfassungsmäßigen Königs oder eines Kriegerischen und Herrschenden; die dritte eines Staatsmannes oder der ein Hauswesen regiert und ein gewerbetreibendes Leben führt; die vierte in einen Freund ausbildender Leibesübungen oder der sich mit der Heilung des Körpers beschäftigen wird; die fünfte wird ein wahrsagendes und den Geheimnissen gewidmetes Leben führen; der sechsten wird ein dichterisches oder sonst mit der Nachahmung sich beschäftigendes gemäß sein; der siebten ein ländliches oder handarbeitendes; der achten ein sophistisches oder volksschmeichelndes; der neunten ein tyrannisches.

Unter allen diesen nun erhält, wer gerecht gelebt, ein besseres Teil, wer ungerecht, ein schlechteres. Denn dorthin, woher jede Seele kommt, kehrt sie nicht zurück unter zehntausend Jahren, denn sie wird nicht befiedert eher als in solcher Zeit, ausgenommen die Seele dessen, der ohne Falsch philosophiert oder nicht unphilosophisch die Knaben geliebt hat. Diese können im dritten tausendjährigen Zeitraum,

[2] »Die Unentrinnbare«, eine Göttin des Schicksals.

wenn sie dreimal nacheinander dasselbe Leben gewählt, also nach dreitausend Jahren, befiedert heimkehren. Die übrigen aber, wenn sie ihr erstes Leben vollbracht, kommen vor Gericht. Und nach diesem Gericht gehen einige in die unterirdischen Zuchtörter, wo sie ihr Unrecht büßen; andere aber, in einen Ort des Himmels enthoben durch das Recht, leben dort dem Leben gemäß, das sie in menschlicher Gestalt geführt haben. Im tausendsten Jahre aber gelangen beiderlei Seelen zur Verlosung und Wahl des zweiten Lebens, welches jede wählt, wie sie will. Dann kann auch eine menschliche Seele in ein tierisches Leben übergehen und ein Tier, das ehedem Mensch war, wieder zum Menschen. Denn eine, die niemals die Wahrheit erblickt hat, kann auch niemals diese Gestalt annehmen.

Denn der Mensch muß nach Gattungen Ausgedrücktes begreifen, welches als eines hervorgeht aus vielen durch den Verstand zusammengefaßten Wahrnehmungen. Und dieses ist Erinnerung an jenes, was einst unsere Seele gesehen, Gott nachwandelnd und das übersehend, was wir jetzt für das Wirkliche halten, und zu dem wahrhaft Seienden das Haupt emporgerichtet. Daher auch wird mit Recht nur des Philosophen Seele befiedert: Denn sie ist immer mit der Erinnerung soviel wie möglich bei jenen Dingen, bei denen Gott sich befindet und eben deshalb göttlich ist. Solche Erinnerung also recht gebrauchend, mit vollkommener Weihung immer geweiht, kann ein Mann allein wahrhaft vollkommen werden. Indem er nun menschlicher Bestrebungen sich enthält und mit dem Göttlichen umgeht, wird er von den Leuten wohl gescholten als ein Verwirrter; daß er aber begeistert[3] ist, merken die Leute nicht.

Und hier ist nun die ganze Rede angekommen von jener vierten Art des Wahnsinns, an welchem derjenige, der bei dem Anblick der hiesigen Schönheit jener wahren sich erinnernd, neubefiedert wird, und mit dem wachsenden Gefieder aufzufliegen zwar versucht, unvermögend aber und nur wie ein Vogel hinaufwärts schauend, und, was drunten ist,

[3] Gr.: *enthousiazón*, in Gott sein.

gering achtend, beschuldigt wird, seelenkrank zu sein: daß nämlich diese unter allen Begeisterungen als die edelste und des edelsten Ursprungs sich erweist an dem sowohl, der sie hat, als auch an dem, dem sie sich mitteilt, und daß, wer dieses Wahnsinns teilhaftig wird, die Schönen liebt, ein Liebhaber genannt wird. Nämlich, wie bereits gesagt, jede Seele eines Menschen muß zwar ihrer Natur nach das Seiende geschaut haben, oder sie wäre in dieses Gebilde nicht gekommen; sich aber bei dem Hiesigen an jenes zu erinnern, ist nicht jeder leicht, weder denen, die das Dortige nur kümmerlich sahen, noch denen, welche, nachdem sie hierher gefallen, ein Unglück betroffen, daß sie irgendwie durch Umgang zum Unrecht verleitet, das ehedem geschaute Heilige in Vergessenheit gestellt; ja, wenige bleiben übrig, denen die Erinnerung stark genug beiwohnt. Diese nun, wenn sie ein Ebenbild des Dortigen sehen, werden sie entzückt und sind nicht mehr ihrer selbst mächtig, was ihnen aber eigentlich begegnet, wissen sie nicht, weil sie es nicht genug durchschauen.

Denn der Gerechtigkeit, Besonnenheit und, was sonst den Seelen köstlich ist, hiesige Abbilder haben keinen Glanz, sondern mit trüben Werkzeugen können auch nur wenige von ihnen mit Mühe, jenen Bildern sich nahend, des Abgebildeten Geschlecht erkennen. Die Schönheit aber war damals glänzend zu schauen, als mit dem seligen Chore wir dem Zeus, andere einem anderen Gotte folgend, des herrlichsten Anblicks und Schauspiels genossen und in ein Geheimnis geweiht waren, welches man wohl das allerseligste nennen kann, und welches wir feierten, untadelig selbst und unbetroffen von den Übeln, die unserer für die künftige Zeit warteten, und so auch zu untadeligen, unverfälschten, unwandelbaren, seligen Gesichten vorbereitet und geweiht in reinem Glanze, rein und unbelastet von diesem unserem Leibe, wie wir ihn nennen, den wir jetzt, eingekerkert wie ein Schaltier, mit uns herumtragen. Dieses möge der Erinnerung geschenkt sein, um deretwillen es aus Sehnsucht nach dem Damaligen jetzt ausführlicher geredet worden ist. Was nun die Schönheit betrifft, so glänzte sie, wie gesagt, schon, als sie unter jenen war, und auch da wir hierhergekommen, haben wir sie aufgefaßt durch den hellsten unserer Sinne, aufs hellste uns entgegenschimmernd. Denn das Gesicht ist der schärfste aller körperlichen Sinne, mittels dessen aber die Weisheit nicht geschaut wird, denn zu heftige Liebe würde entstehen, wenn uns von ihr ein so helles Ebenbild dargeboten würde durch das Gesicht, noch auch das andere Liebenswürdige; nur der Schönheit aber ist dieses zuteil geworden, daß dies uns das Hervorleuchtendste ist und das Liebreizendste.

Wer nun nicht noch frischen Andenkens ist oder schon verdorben, der wird auch nicht heftig von hier dorthin gezogen zu der Schönheit selbst, indem er, was hier ihren Namen trägt, erblickt; so daß er es auch nicht anschauend verehrt, sondern, der Lust ergeben, gedenkt er sich auf tierische Art zu vermischen und roher Weise sich ihm nahend, fürchtet er sich nicht, noch scheut er sich, widernatürlich der Lust nachzugehen. Wer aber noch frische Weihung an sich hat und das Damalige vielfältig geschaut, wenn der ein gottähnliches Angesicht erblickt oder eine Gestalt des Körpers, welche die Schönheit vollkommen darstellen: so schaudert er zuerst, und es wandelt ihn etwas an von den damaligen Ängsten, hernach aber betet er sie anschauend an wie einen Gott, und fürchtete er nicht den Ruf eines übertriebenen Wahnsinnes, so opferte er auch wie einem heiligen Bilde oder einem Gotte dem Liebling. Und hat er ihn gesehen, so überfällt ihn, wie nach dem Schauder des Fiebers, ein Wechsel und Schweiß und ungewohnte Hitze. Durchwärmt nämlich wird er, indem er durch die Augen den Ausfluß der Schönheit aufnimmt, durch welchen sein Gefieder gleichsam begossen wird. Ist er nun durchwärmt, so schmilzt um die Keime des Gefieders hinweg, was schon seit langem verhärtet sie verschloß und sie hinderte hervorzutreiben. Fließt aber Nahrung zu, so schwillt der Kiel des Gefieders und treibt, hervorzutreten aus der Wurzel überall an der Seele, denn sie war ehedem ganz befiedert. Hierbei also gärt alles an ihr und sprudelt auf und, was die Zahnenden an ihren Zähnen empfinden, wenn sie eben ausbrechen, Jucken und Reiz im

Zahnfleisch, ebendas empfindet auch die Seele dessen, dem das Gefieder hervorzubrechen anfängt: Es gärt in ihr und juckt und kitzelt sie, wenn sie das Gefieder heraustreibt.

Wenn sie also auch, die Schönheit des Knaben sehend und die entgegenkommenden und fließenden Teile, die deshalb *Reize* heißen, in sich aufnehmend den Reiz, befeuchtet und erwärmt wird, so hat sie Linderung der Schmerzen und ist froh. Ist sie aber getrennt von ihm und wird trocken, so hemmen wieder die Mündungen jener Auswege, wo das Gefieder durchbricht, indem sie sich zusammenschrumpfend schließen, den Trieb des Gefieders. Dieser also, mit dem Reiz eingeschlossen, hüpft wie die schlagenden Adern und sticht überall gegen die ihm bestimmten Öffnungen, so daß die ganze Seele von allen Seiten gestachelt umherwütet und sich ängstigt; hat sie aber wieder Erinnerung des Schönen, so frohlockt sie. Da nun beides so miteinander vermischt ist, bangt sie sich über einen so widersinnigen Zustand, und aus dieser Unruhe gerät sie in Geistesverwirrung, und bei diesem Wahnsinn kann sie weder des Nachts schlafen noch bei Tage irgendwo aushalten, sondern sehnsüchtig eilt sie immer dahin, wo sie den, der die Schönheit besitzt, zu erblicken hofft. Hat sie ihn nun gesehen und sich neuen Reiz zugeführt, so löst sich wieder auf, was vorher verstopft war; sie erholt sich, indem Stiche und Schmerzen aufhören, und kostet wieder für den Augenblick jene süßeste Lust. Daher verläßt sie auch gutwillig den Schönen nicht noch achtet sie irgend jemand besser als ihn, sondern Mutter, Brüder und Freunde sämtlich vergißt sie, achtet den fahrlässigerweise zerrütteten Wohlstand für nichts, und selbst das Anständige und Sittliche, womit sie es sonst am genauesten nahm, gänzlich hintansetzend, ist sie bereit, wie nahe es nur sein kann, dem Gegenstande ihres Verlangens zu dienen und bei ihm zu ruhen. Denn zu dieser Verehrung hat sie auch in dem Besitzer der Schönheit den einzigen Arzt gefunden für die unerträglichsten Schmerzen. Diesen Zustand nun, o schöner Knabe, zu dem ich rede, nennen die Menschen Liebe. [...]

Wie ich am Anfang dieser Erzählung dreifach jede Seele zerteilt habe, in zwei roßgestaltige Teile und drittens in den dem Führer ähnlichen, so bleibe es uns auch jetzt noch angenommen. Von den beiden Rossen, sagten wir weiter, sei eins gut, eins aber nicht. Welches aber die Vortrefflichkeit des guten und des schlechten Schlechtigkeit ist, haben wir nicht erklärt, jetzt aber müssen wir es sagen. Das nun von beiden, das die bessere Stelle einnimmt, von geradem Wuchse, leicht gegliedert, hochhalsig, mit gebogener Nase, weiß von Haar, schwarzäugig, ehrliebend mit Besonnenheit und Scham, wahrhafter Meinung Freund, wird ohne Schläge nur durch Befehl und Worte gelenkt. Das andere aber ist senkrückig, plump, schlecht gebaut, hartmäulig, kurzhalsig, mit aufgeworfener Nase, schwarz von Haut, glasäugig, heißblütig, aller Wildheit und Starrsinnigkeit Freund, rauh um die Ohren, taub, der Peitsche und dem Stachel kaum gehorchend. Wenn nun der Führer beim Anblick der liebreizenden Gestalt, die ganze Seele von Empfindung durchglüht, bald überall den Stachel des Kitzels und Verlangens spürt, so hält das dem Führer leicht gehorchende Roß, der Scham wie immer, so auch dann nachgebend, sich selbst zurück, den Geliebten nicht anzuspringen; das andere aber scheut nun nicht länger Stachel noch Peitsche des Führers, sondern springend strebt es mit Gewalt vorwärts und, auf alle Weise dem Spanngenossen und dem Führer zusetzend, nötigt es sie, hinzugehen zu dem Liebling und der Gaben der Lust gegen ihn zu gedenken. Jene beiden widerstreben zwar anfangs unwillig als einer argen und ruchlosen Zunötigung, zuletzt aber, wenn des Ungemachs kein Ende ist, gehen sie dann, von jenem fortgerissen, nachgebend und versprechend, das Gebotene zu tun.

Und so kommen sie hin und schauen des Lieblings glänzende Gestalt. Indem nun der Führer sie erblickt, wird seine Erinnerung hingetragen zum Wesen der Schönheit, und wiederum sieht er sie mit der Besonnenheit auf heiligem Boden stehen. Dieses erblickend fürchtet er sich und, von Ehrfurcht durchdrungen, beugt er sich zurück und kann sogleich nicht anders, als so gewaltig die Zügel rückwärts zu ziehen, daß beide Rosse sich auf die Hüften setzen, das eine gutwillig, weil es nie widerstrebt, das wilde aber höchst ungern. Indem sie nun weiter zurückgehen, benetzt das eine vor Scham und Bewunderung die ganze Seele mit Schweiß, das andere aber, ist nur erst der Schmerz vom Gebiß und dem Falle vorüber, hat sich kaum erholt, so bricht es zornig in Schmähungen aus, vielfach beide, den Führer und den Spanngenossen beschimpfend, daß sie aus Feigheit und Unmännlichkeit Pflicht und Versprechen verlassen hätten; und aufs neue sie wider ihren Willen vorwärts zu gehen zwingend, gibt es kaum nach, wenn sie bitten, es bis weiterhin aufzuschieben. Kommt nun die festgesetzte Zeit, so erinnert es jene, die daran nicht zu gedenken sich anstellen, braucht Gewalt, wiehert, zieht sie mit sich fort und zwingt sie wieder in derselben Absicht dem Geliebten zu nahen. Und wenn sie nicht mehr fern sind, beugt es sich vornüber, streckt den Schweif in die Höhe, verbeißt sich in das Gebiß und zieht sie schamlos weiter. Dem Führer aber begegnet nur noch mehr dasselbe wie zuvor, und wie sie an den Schranken zu tun pflegen, beugt er sich hinterwärts, zieht noch gewaltsamer dem wilden Rosse das Gebiß aus den Zähnen, daß ihm die schmähsüchtige Zunge und die Backen bluten, und, Schenkel und Hüften am Boden festhaltend, *läßt er es büßen.* Hat nun das böse Roß mehrmals dasselbe erlitten und die Wildheit abgelegt, so folgt es gedemütigt des Führers Überlegung und ist beim Anblick des Schönen von Furcht übermannt. Daher es dann endlich dahin kommt, daß des Liebhabers Seele dem Liebling verschämt und schüchtern nachgeht.

Da nun dieser einem Gotte gleich mit jeder Art von Verehrung geehrt wird und sich der Verliebte nicht etwa nur so anstellt, sondern sich wahrhaft in diesem Zustande befindet, und er auch selbst von Natur zur Freundschaft gegenüber einem Verehrer geneigt ist, wenn er auch ehedem von einigen Spielgefährten oder anderen fälschlich überredet worden wäre, die sagten, es sei schändlich, sich einem Liebenden zu nahen, und er deshalb den Liebenden abgewiesen, so haben doch nun im Verlauf der Zeit die Jugend und das Unvermeidliche herbeigeführt, ihn zuzulassen zu seinem Umgange. Denn niemals ist dies bestimmt, daß ein Böser einem Bösen Freund oder ein Guter einem Guten nicht Freund werde. Läßt er ihn aber zu und verstattet ihm Gespräch und Umgang, so wird das nahe erscheinende Wohlwollen des Liebenden den Geliebten entzücken, der bald inne wird, daß seine anderen Freunde und Angehörigen auch allesamt ihm so gut wie nichts von Freundschaft erweisen im Vergleich mit dem begeisterten Freunde. Läßt er ihn nun so eine Zeitlang gewähren und ist ihm nahe, dann ergießt sich bei den Berührungen auf den Übungsplätzen, und wo sie sonst zusammenkommen, die Quelle jenes Stromes, den Zeus, als er den Ganymedes liebte, *Liebreiz* nannte, reichlich gegen den Liebhaber, und teils strömt sie in ihn ein, teils von ihm, dem Angefüllten, wieder heraus; und wie ein Wind oder ein Schall von glatten und starren Körpern abprallend wieder dahin, woher er kam, zurückgetrieben wird, so geht auch die Ausströmung der Schönheit wieder in den Schönen durch die Augen, wo der Weg in die Seele geht, zurück und, wenn sie dort angekommen ist und angefüllt hat, befeuchtet sie reichlich die dem Gefieder bestimmten Ausgänge, treibt so dessen Wachstum und erfüllt auch des Geliebten Seele mit Liebe.

Er liebt also, wen aber, weiß er nicht, ja überhaupt nicht, was ihm begegnet, weiß er oder kann es sagen, sondern wie einer, der sich von einem anderen Augenschmerzen geholt, hat er keine Ursache anzugeben; denn daß er wie in einem Spiegel in dem Liebenden sich selbst beschaut, weiß er nicht. Und wenn nun jener gegenwärtig ist, so hat auch er gleichwie jener Befreiung von den Schmerzen, ist er aber abwesend, so schmachtet auch er, wie nach ihm geschmachtet wird, mit der Liebe Schattenbilde, der Gegenliebe, behaftet. Er nennt es aber nicht Liebe und glaubt es auch nicht, daß sie es sei, sondern Freundschaft, wünscht aber doch eben wie jener, nur minder heftig, ihn zu sehen, zu berühren, zu umarmen, neben ihm zu liegen. Und also, wie zu erwarten, tut er hierauf bald alles dieses. Bei diesem Zusammenliegen nun hat das unbändige Roß des Liebhabers vieles dem Führer zu sagen und fordert für die vielen Mühseligkeiten einen kleinen Genuß. Das des Lieblings hat zwar nichts zu sagen, aber voll brünstigen unbekannten Verlangens umarmt es den

Liebhaber und küßt ihn und liebkost ihn als den besten Freund und, wenn sie zusammenliegen, wäre es wohl geneigt, sich nicht zu weigern, ihm an seinem Teile gefällig zu sein, wenn er es zu erlangen wünschte. Der Spanngenoß hingegen mit dem Führer sträuben sich hiergegen mit Scham und Vernunft.

Wenn nun die besseren Teile der Seele, welche zu einem wohlgeordneten Leben und zur Liebe der Weisheit hinleiten, den Sieg erlangen, so führen sie hier schon ein seliges und einträchtiges Leben, sich selbst beherrschend und sittsam, dasjenige besiegt habend in ihrer Seele, dem Schlechtes, und das befreit, dem Vortreffliches innewohnt; sterben sie aber, so haben sie, fast schon befiedert und leicht geworden, von den drei wahrhaft olympischen Kampfgängen schon in einem gesiegt, über welches Gut ein noch größeres weder menschliche Besonnenheit dem Menschen verschaffen kann noch göttlicher Wahnsinn. Wenn sie aber ein minder edles nicht philosophisches, doch aber ehrliebendes Leben führen, so finden wohl leicht einmal beim Trunk oder in einem anderen unbesorgten Augenblick die beiden unbändigen Rosse die Seelen unbewacht und führen sie zusammen, daß sie das, was die Menge für das seligste hält, wählen und vollbringen. Und haben sie es einmal vollbracht, so werden sie es nun auch in der Folge genießen, aber selten, weil nicht des ganzen Gemütes Zustimmung hat, was sie tun. Als Freunde also werden auch diese, obgleich nicht ganz so wie jene, miteinander während ihrer Liebe und auch, wenn sie darüber hinaus sind, leben, überzeugt, daß sie die größten Pfänder einander gegeben und angenommen haben, die jemals wieder ungültig zu machen und in Feindschaft zu geraten, frevelhaft wäre. Am Ende aber gehen sie, unbefiedert zwar, doch schon mit dem Triebe, sich zu befiedern, aus dem Körper, so daß auch sie nicht geringen Lohn für den Wahnsinn der Liebe davontragen. Denn in die Finsternis und den unterirdischen Pfad zu geraten ist denen nicht bestimmt, die schon eingeschritten waren in den himmlischen Pfad, sondern ein lichtes Leben führend miteinander wandelnd glücklich zu sein, und wenn sie wieder befiedert werden, es der Liebe wegen zu gleicher Zeit zu werden. (246a–256e)

Platon
Symposion (347 v. Chr.)

Bei einem Gastmahl, zu dem der Tragödiendichter Agathon eingeladen hat und bei dem auch Sokrates zugegen ist, beschließen die Anwesenden zur gegenseitigen Unterhaltung, daß jeder eine Lobrede auf den Gott Eros (die Liebe) halten solle. Phaidros spricht zuerst, indem er Eros die Ehre des ältesten Gottes zuerkennt, und ihn dafür lobt, daß er gutes Handeln inspiriere, denn der Liebende wolle sich vor dem Geliebten auszeichnen. Der nächste Redner Pausanias schränkt ein, man müsse zunächst entscheiden, welcher Eros überhaupt gemeint sei, denn es gebe mindestens zwei wie es auch zwei Aphroditen gebe, denen sie zur Seite stünden, eine himmlische und eine gemeinere irdische, von denen nicht beide gleichermaßen zu ehren seien. Wer schön liebe, liebe nicht den vergänglichen Leib, sondern das Wesen des Geliebten:

Mit jeder Handlung nämlich verhält es sich so: an und für sich selbst ist, sie zu verrichten, weder schön noch häßlich. Wie was wir jetzt tun: trinken, singen, sprechen, davon ist nichts an und für sich schön; sondern wie es in der Ausübung gerät, so wird es. Denn schön und recht gemacht wird es schön; unrecht aber, wird es schlecht. So auch das Lieben und der Eros: nicht jeder ist schön und wert, verherrlicht zu werden, sondern nur der uns anreizt, schön zu lieben.

Der der gemeinen Aphrodite also ist auch in Wahrheit gemein und bewirkt, was sich eben trifft, und dieser ist es, nach welchem die schlechten unter den Menschen lieben.
(180e–181b)

Schändlich nämlich ist es, einem Schlechten und auf schlechte Art gefällig zu werden; schön aber, einem Guten und auf schöne Art. Und schlecht ist eben jener gemeine Liebhaber, der den Leib mehr liebt als die Seele; wie er auch nicht einmal beständig ist, da er ja keinen beständigen Gegenstand liebt. Denn mit der entfliehenden Blüte des Leibes, den er liebte, verschwindet auch er und flattert davon, viele Reden und Versprechungen zuschanden machend. Der Liebhaber eines Gemütes aber, welches gut ist, bleibt zeitlebens, denn mit dem Bleibenden hat er sich verschmolzen. (183 d–e)

Nachdem die beiden nächsten Redner Eryximachos und Aristophanes dem Eros auf ihre Weise gehuldigt haben, ohne die Schönheit zu erwähnen, beginnt der Gastgeber Agathon seine Rede mit dem Tadel, daß man bisher den Gott allein um seiner Wirkungen willen gepriesen habe, nicht aber um seines eigenen Wesens willen. Dies wolle er nun nachholen:

Eros sei der beste und schönste der Götter, denn er sei nicht nur der jüngste unter ihnen, sondern auch zart, geschmeidig und wohlanständig, von vollkommener Tugend, Vater aller Künste, Hüter der Ordnung und Garant des Guten: »aus der Liebe zum Schönen (entstand) alles Gute bei Göttern und Menschen.« (197 b)

Als nächster ergreift Sokrates das Wort und bedauert vorgeblich, den Eros nicht so loben zu können wie Agathon, denn der Eros sei weder schön noch gut:

Also, lieber Agathon, sehr gut scheinst du mir deine Rede eingeleitet zu haben, als du sagtest, zuerst müsse man den Eros selbst darstellen, wie geartet er ist, und hernach seine Werke. Dieser Anfang ist mir gar recht. Wohlan, da du auch das übrige so schön und herrlich vorgetragen hast von dem Eros, welcher Art er ist, so sage mir doch auch dieses, ob Eros auch ein solcher ist, daß er jemandes Liebe ist oder niemandes? Ich frage aber nicht etwa, ob er von einem Vater oder einer Mutter ist; denn lächerlich wäre die Frage, ob Eros eines Vaters oder einer Mutter Liebe ist. Sondern, wie wenn ich eben nach einem Vater selbst fragte, ob ein Vater jemandes Vater ist oder nicht, du gewiß doch sagen würdest, wenn du ordentlich antworten wolltest, allerdings wäre ein Vater Vater eines Sohnes oder einer Tochter, oder nicht? – Freilich, hätte Agathon geantwortet. – Nicht auch ebenso die Mutter? – Auch das hätte er zugegeben. – Wohl, hätte Sokrates gesagt, antworte nur noch ein weniges mehr, damit du besser verstehst, was ich will. Wenn ich nun fragte: Wie, ein Bruder, ist der auch das, was er ist, ein Bruder, von jemand oder nicht? – Allerdings, habe er gesagt. Doch von einem Bruder oder einer Schwester? – Das habe er bejaht. – Versuche denn dasselbe auch von der Liebe zu sagen, ist sie Liebe von nichts oder etwas? – Freilich von etwas.

– Dieses nun, habe Sokrates gesagt, halte noch bei dir fest in Gedanken, wovon sie Liebe ist, und sage mir nur soviel, ob die Liebe das, dessen Liebe sie ist, begehrt oder nicht? – Allerdings, habe er gesagt. – Und ob sie wohl schon habend, was sie begehrt und liebt, es begehrt und liebt oder es nicht habend? – Nicht habend, wie es ja scheint, habe er gesagt. – Überlege nur, habe Sokrates gesagt, ob es nicht, statt zu scheinen, vielmehr notwendig so ist, daß das Begehrende begehrt, wessen es bedürftig ist, ober nicht begehrt, wenn es nicht bedürftig ist. Mir wenigstens, Agathon, schwebt es gar wunderbar vor, daß dies notwendig so ist. Und dir wie? – Auch mir, habe er gesagt. – Wohl gesprochen. Wünscht also wohl jemand, der groß ist, groß zu sein, und der stark ist, stark zu sein? – Unmöglich nach dem Eingestandenen. – Denn der es schon ist, wäre ja dessen nicht bedürftig. – Richtig gesprochen. – Denn wenn ein Starker stark sein will, oder ein Schneller schnell oder ein Gesunder gesund – denn vielleicht könnte jemand hiervon und von allem dergleichen meinen, daß auch, die schon solche sind und dies schon haben, doch dieses, was sie haben, auch begehren. Damit wir nun nicht irre werden, deshalb eben sage ich, daß doch diese, o Agathon, wenn du acht hast, jegliches von diesen Dingen für jetzt notwendig haben, was sie haben, sie mögen es nun wollen oder nicht. Und wer könnte das nun wohl noch begehren? Sondern wenn einer sagt, ich, der ich gesund bin, will gesund sein, und ich, der ich reich bin, will reich sein und begehre also das, was ich habe, so würden wir ihm sagen: Du, der du Reichtum besitzt und Gesundheit und Stärke, willst eben dies auch in der folgenden Zeit besitzen; denn in der jetzt gegenwärtigen, magst du es nun wollen oder nicht, hast du es schon. Überlege also, wenn du sagst, ich begehre das Vorhandene, ob du etwas anderes meinst als dieses: ich will, daß das jetzt Vorhandene mir auch in künftiger Zeit vorhanden sei. Nicht wahr, das würde er zugeben? – Das habe Agathon bejaht. – Darauf habe Sokrates gesagt: Also auch dies heißt dasjenige lieben, was noch nicht bereit ist und man nicht hat, wenn einer wünscht, daß ihm auch für die künftige Zeit das behalten bleibe, was er jetzt besitzt. – Freilich, habe er gesagt. – Also auch dieser und jeder andere Begehrende begehrt das noch nicht Vorhandene und nicht Fertige, und was er nicht hat und nicht selbst ist und wessen er bedürftig ist; solcherlei also sind die Dinge, wonach es eine Begierde gibt und eine Liebe. – Freilich, habe er gesagt.

– Wohlan denn, habe Sokrates gesprochen, laß uns das Gesagte zusammenrechnen. Nicht wahr, Liebe ist zuerst Liebe zu etwas und dann Liebe zu dem, wonach jemand ein Bedürfnis hat? – Ja, habe er gesagt. – Hierzu nun erinnere dich dessen, worauf du in deiner Rede sagtest, daß Eros ginge. Oder wenn du willst, will ich dich erinnern. Ich glaube nämlich, du sagtest so ungefähr, daß die Angelegenheiten der Götter sich geordnet haben durch die Liebe zum Schönen, denn zum Häßlichen gebe es keine Liebe. Sagtest du nicht ungefähr so? – Das sagte ich freilich, habe Agathon gesagt. – Und ganz annehmlich war das gesprochen, Freund, habe Sokrates gesagt. Und wenn sich dies so verhält, wäre dann die Liebe nicht Liebe zur Schönheit, zur Häßlichkeit aber nicht? – Das gestand er. – Und eingestanden ist doch, das, wessen man bedürftig ist und es nicht hat, liebe man? – Ja, habe er gesagt. – Bedürftig also ist Eros der Schönheit und hat sie nicht? – Notwendig, habe er gesagt. – Und wie? das der Schönheit bedürftige und sie keineswegs Besitzende, sagst du etwa, sei schön? – Nicht füglich. – Behauptest du also noch, daß Eros schön sei, wenn sich dies so verhält? – Darauf habe Agathon gesagt: Ich mag am Ende wohl nichts von dem verstehen, o Sokrates, was ich damals sagte. – Gar recht magst du daran wohl haben, o Agathon, habe er gesagt. Aber die Kleinigkeit sage mir noch, dünkt dich nicht das Gute auch schön zu sein? – Mich dünkt es so. – Wenn also Eros des Schönen bedürftig ist und das Gute schön ist, so wäre er ja auch des Guten bedürftig? – Ich, habe er gesagt, o Sokrates, weiß dir wenigstens nicht zu widersprechen, sondern es soll so sein, wie du sagtest. – Freilich wohl der Wahrheit, habe er gesagt, o geliebter Agathon, vermagst du nicht zu widersprechen. Denn dem Sokrates, das ist gar nichts Schweres. (199c–201c)

Nun sei Sokrates selbst einmal von der Mantineerin Diotima über die Natur des Eros folgendermaßen belehrt worden. Auch wenn er selbst nicht schön sein könne, so sei der Eros darum nicht häßlich und schlecht, sondern weder das eine noch das andere, ein Mittler sei er zwischen dem Irdischen und dem Göttlichen. Am Geburtsfest der Aphrodite sei er von Poros, dem Weg und Ausweg, und Penia, der Armut, gezeugt worden.

Als nämlich Aphrodite geboren war, schmausten die Götter, und unter den übrigen auch Poros, der Sohn der Metis. Als sie nun gespeist, kam, um sich etwas zu erbetteln, da es doch festlich herging, auch Penia und stand an der Türe. Poros nun, berauscht vom Nektar, denn Wein gab es noch nicht, ging in den Garten des Zeus hinaus, und schwer und müde wie er war, schlief er ein. Penia nun, die ihrer Dürftigkeit wegen den Anschlag faßte, ein Kind mit Poros zu erzeugen, legte sich zu ihm und empfing den Eros. Deshalb ist auch Eros der Aphrodite Begleiter und Diener geworden, wegen seiner Empfängnis an ihrem Geburtsfest und weil er von Natur ein Liebhaber des Schönen ist und Aphrodite schön ist.

Als des Poros und der Penia Sohn aber befindet sich Eros in solcherlei Umständen. Zuerst ist er immer arm und bei weitem nicht fein und schön, wie die meisten glauben, vielmehr rauh, unansehnlich, unbeschuht, ohne Behausung, auf dem Boden immer umherliegend und unbedeckt schläft er vor den Türen und auf den Straßen im Freien und ist der Natur seiner Mutter gemäß immer der Dürftigkeit Genosse. Und nach seinem Vater wiederum stellt er dem Guten und Schönen nach, ist tapfer, keck und rüstig, ein gewaltiger Jäger, allezeit irgendwelche Ränke schmiedend, nach Einsicht strebend, sinnreich, sein ganzes Leben lang philosophierend, ein arger Zauberer, Giftmischer und Sophist und weder wie ein Unsterblicher geartet noch wie ein Sterblicher, bald an demselben Tage blühend und gedeihend, wenn es ihm gut geht, bald auch hinsterbend, doch aber wieder auflebend nach seines Vaters Natur. Was er sich aber schafft, geht ihm immer wieder fort, so daß Eros nie weder arm ist noch reich.

Und auch zwischen Weisheit und Unverstand steht er immer in der Mitte. Dies verhält sich nämlich so. Kein Gott philosophiert oder begehrt weise zu werden, sondern ist es, noch auch, wenn sonst jemand weise ist, philosophiert dieser. Ebensowenig philosophieren auch die Unverständigen oder streben, weise zu werden. Denn das ist eben das Arge am Unverstande, daß er, ohne schön und gut und vernünftig zu sein, doch sich selbst ganz genug zu sein dünkt. Wer nun nicht glaubt, bedürftig zu sein, der begehrt auch das nicht, dessen er nicht zu bedürfen glaubt. – Wer also, sprach ich, Diotima, sind denn die Philosophierenden, wenn es weder die Weisen sind noch die Unverständigen? – Das muß ja schon, sagte sie, jedem Kinde deutlich sein, daß es die zwischen beiden sind, zu denen auch Eros gehören wird. Denn die Weisheit gehört zu dem Schönsten, und Eros ist Liebe zu dem Schönen; so daß Eros notwendig weisheitliebend ist und also, als philosophisch, zwischen den Weisen und Unverständigen mitteninne steht. Und auch davon ist seine Herkunft Ursache; denn er ist von einem weisen und wohlbegabten Vater, aber von einer unverständigen und dürftigen Mutter. Dies also, lieber Sokrates, ist die Natur dieses Dämons. (203–204 c)

Auf Sokrates' Frage, welchen Nutzen der Eros dem Menschen bringe, habe Diotima geantwortet:

So beschaffen also und so entstanden ist Eros. Er geht aber auf das Schöne, wie du sagst. Wenn uns aber jemand fragte: Was hat denn Eros vom Schönen, o Sokrates und Diotima? Oder ich will es noch deutlicher so fragen: Wer das Schöne begehrt, was begehrt der? – Da sprach ich: Daß es ihm zuteil werde. – Aber, sagte sie, diese Antwort verlangt nach noch einer Frage, etwa dieser: Was geschieht denn jenem, dem das Schöne zuteil wird? – Da sagte ich: Auf diese Frage hätte ich nicht mehr sogleich eine Antwort bereit. – Aber, sprach sie, wenn nun jemand tauschend statt des Schönen das Gute setzte und fragte: Sprich, Sokrates, wer das Gute begehrt, was begehrt der? – Daß es ihm zuteil werde, sagte ich. – Und was geschieht jenem, dem das Gute zuteil wird? – Das kann ich schon leichter beantworten, sagte ich, er wird glückselig. – Denn durch den Besitz des Guten, fügte sie hinzu, sind die Glückseligen glückselig. Und hier bedarf es nun keiner weiteren Frage mehr, weshalb doch der glückselig sein will, der es will, sondern die Antwort scheint vollendet zu sein. – Richtig gesprochen, sagte ich.

– Dieser Wille nun und diese Liebe, glaubst du, daß sie allen Menschen gemein sind und daß alle immer das Gute haben wollen? Oder wie meinst du? – So, sprach ich, daß dies allen gemein ist. – Warum aber, sprach sie, sagen wir nicht, daß alle lieben, wenn doch alle dasselbe lieben und immer, sondern sagen von einigen, daß sie lieben, von anderen aber nicht? – Das wundert mich selbst, sagte ich. – Laß es dich nur nicht wundern, sagte sie. Denn wir nehmen nur eine gewisse Art der Liebe heraus, die wir mit dem Namen des ganzen belegen und Liebe nennen, für die anderen brauchen wir andere Namen. – Wie doch etwa? sprach ich. – So etwa, sagte sie. Du weißt doch, daß Dichtung[4] etwas gar Vielfältiges ist. Denn was nun für irgend etwas Ursache wird, aus dem Nichtsein in das Sein zu treten, ist insgesamt Dichtung. Daher liegt auch bei den Hervorbringungen aller Künste Dichtung zugrunde, und die Meister darin sind

[4] Das griechische Wort *poiesis* bezeichnet jede schaffende Tätigkeit und erst in zweiter Linie die Dichtung.

sämtlich Dichter. – Ganz richtig. – Aber doch weißt du schon, daß sie nicht Dichter genannt werden, sondern andere Benennungen haben, und von der gesamten Dichtung wird nur ein Teil ausgesondert, der es mit der Tonkunst und den Silbenmaßen zu tun hat, und dieser mit dem Namen des Ganzen benannt. Denn dies allein wird Dichtung genannt und, die diesen Teil der Dichtung innehaben, Dichter. – Richtig gesprochen, sagte ich. – So auch, was die Liebe betrifft, ist im allgemeinen jedes Begehren des Guten und der Glückseligkeit die größte und heftigste Liebe für jeden. Allein die übrigen, die sich anderswohin damit wenden, entweder zum Gewerbe oder zu den Leibesübungen oder zur Erkenntnis, von denen sagen wir nicht, daß sie lieben und Liebhaber sind; sondern nur, die auf eine gewisse Art ausgehen und sich der befleißigen, erhalten den Namen des Ganzen, Liebe und Lieben und Liebhaber. – Das magst du wohl richtig erklären, sagte ich. – Und so geht zwar eine Rede, sagte sie, daß, die ihre Hälfte suchen, lieben. Meine Rede aber sagt, die Liebe gehe weder auf die Hälfte, Freund, noch auf das Ganze, wenn es nicht ein Gutes ist. Denn die Menschen lassen sich ja gern ihre eigenen Hände und Füße wegschneiden, wenn sie, obgleich ihr eigen, ihnen böse und gefährlich scheinen. Denn nicht an dem Seinigen hängt jeder, glaube ich, es müßte denn einer das Gute das Angehörige nennen und das Seinige, das Schlechte aber Fremdes. So daß es nichts gibt, was die Menschen lieben, als das Gute. Oder scheinen sie dir doch etwa? – Beim Zeus, mir nicht, sprach ich. – Können wir aber nun schon so schlechthin sagen, daß die Menschen das Gute lieben? – Ja, sagte ich. – Wie? Müssen wir nicht hinzusetzen, daß sie lieben, das Gute zu haben? – Das müssen wir hinzusetzen. – Und, sagte sie, nicht nur es zu haben, sondern auch es immer zu haben? – Auch das ist hinzuzusetzen. – So geht denn, alles zusammengenommen, die Liebe darauf, daß man selbst das Gute immer haben will. – Vollkommen richtig erklärt, sagte ich. – Wenn nun die Liebe immer dieses ist, auf welche Art und in welcher Handlungsweise gehen ihm nun diejenigen nach, deren Betrieb und Anstrengung man eigentlich Liebe zu nennen pflegt? Weißt du wohl zu sagen, was für ein Werk dieses ist? – Dann würde ich ja, sprach ich, dich, o Diotima, nicht so bewundern deiner Weisheit wegen und zu dir gehen, um eben dieses zu lernen. – So will ich es dir sagen, sprach sie. Es ist nämlich eine Ausgeburt in dem Schönen, sowohl dem Leibe als der Seele nach. – Man muß weissagen können, sprach ich, um zu wissen, was du wohl meinst, und ich verstehe es nicht. – So will ich es dir denn deutlicher sagen. Alle Menschen nämlich, o Sokrates, sprach sie, sind fruchtbar, sowohl dem Leibe als der Seele nach, und wenn sie zu einem gewissen Alter gelangt sind, so strebt unsere Natur zu erzeugen. Erzeugen aber kann sie in dem Häßlichen nicht, sondern nur in dem Schönen. Des Mannes und Weibes Gemeinschaft nämlich ist Erzeugung. Es ist aber dies eine göttliche Sache und in dem sterblichen Lebenden etwas Unsterbliches, die Empfängnis und die Erzeugung. In dem Unangemessenen aber kann dieses unmöglich erfolgen; und unangemessen ist das Häßliche allem Göttlichen, das Schöne aber angemessen. Eine einführende und geburtshelfende Göttin also ist die Schönheit für die Erzeugung. Deshalb, wenn das Zeugungslustige dem Schönen naht, wird es heiter und von Freude durchströmt und erzeugt und befruchtet; wenn aber Häßlichem, so zieht es sich finster und traurig in sich zusammen und wendet sich ab und schrumpft ein und erzeugt nicht, sondern trägt mit Beschwerde seine Bürde weiter. Darum beeifert sich, wer von Zeugungsstoff und Lust erfüllt ist, so sehr um das Schöne, weil es ihn großer Wehen entledigt. Denn die Liebe, o Sokrates, geht gar nicht auf das Schöne, wie du meinst. – Sondern worauf denn? – Auf die Erzeugung und Ausgeburt im Schönen. – Mag sein, sprach ich. – Ganz gewiß, sagte sie. Warum aber auf die Erzeugung? Weil eben die Erzeugung das Ewige ist und das Unsterbliche, wie es im Sterblichen sein kann. Nach der Unsterblichkeit aber zu streben mit dem Guten, ist notwendig zufolge des schon Eingestandenen, wenn doch die Liebe darauf geht, das Gute immer zu haben. Notwendig also geht nach dieser Rede die Liebe auch auf die Unsterblichkeit.

(204 d–207 a)

Die nun, fuhr sie fort, dem Leibe nach zeugungslustig sind, wenden sich mehr zu den Weibern und sind auf diese Art verliebt, indem sie durch Kindererzeugen Unsterblichkeit und Nachgedenken und Glückseligkeit, wie sie meinen, für alle künftige Zeit sich verschaffen. Die aber der Seele nach ... denn es gibt solche, sagte sie, die auch in der Seele Zeugungskraft haben viel mehr als im Leibe, für das nämlich, was der Seele ziemt zu erzeugen und erzeugen zu wollen: Und was ziemt ihr denn? Weisheit und jede andere Tugend, deren Erzeuger auch alle Dichter sind und alle Künstler, denen man zuschreibt, erfinderisch zu sein. Die größte aber und bei weitem schönste Weisheit, sagte sie, ist die, welche in der Staaten und des Hauswesens Anordnung sich zeigte, deren Name Besonnenheit ist und Gerechtigkeit. Wer nun diese als ein Göttlicher schon von Jugend an in seiner Seele trägt, der wird auch, wenn die Zeit herankommt, Lust haben, zu befruchten und zu erzeugen. Daher geht auch, meine ich, ein solcher umher, das Schöne zu suchen, worin er erzeugen könne. Denn in dem Häßlichen wird er nie erzeugen. Daher erfreut er sich sowohl an schönen Leibern mehr als an häßlichen, weil er nämlich erzeugen will, als auch, wenn er eine schöne, edle und wohlgebildete Seele antrifft, vorzüglich aber erfreut er sich an beidem vereinigt und hat für einen solchen Menschen gleich eine Fülle von Reden über die Tugend und darüber, wie ein trefflicher Mann sein müsse und wonach streben; und gleich unternimmt er, ihn zu unterweisen. Nämlich indem er den Schönen berührt, meine ich, und mit ihm sich unterhält, erzeugt und gebiert er, was er schon lange zeugungslustig in sich trug, und indem er anwesend und abwesend seiner gedenkt, erzieht er auch mit jenem gemeinschaftlich das Erzeugte. So daß diese eine weit bedeutendere Gemeinschaft miteinander haben als die eheliche und eine festere Freundschaft, wie sie auch schönere und unsterblichere Kinder gemeinschaftlich besitzen. Und jeder sollte lieber solche Kinder haben wollen als die menschlichen, wenn er auf Homeros sieht und Hesiodos und die anderen trefflichen Dichter, nicht ohne Neid, was für Geburten sie zurücklassen, die ihnen unsterblichen

Ruhm und Angedenken sichern, wie sie auch selbst unsterblich sind. Oder wenn du willst, sagte sie, was für Kinder Lykurgos in Lakedaimon zurückgelassen hat, Retter von Lakedaimon, und, um es gerade zu sagen, von ganz Hellas. Geehrt ist bei euch auch Solon, weil er Gesetze erzeugt, und viele andere anderwärts unter Hellenen und Barbaren, und viele und schöne Werke dargestellt haben und vielfältige Tugenden erzeugt, denen auch schon viele Heiligtümer errichtet worden sind um solcher Kinder willen, der menschlichen Kinder wegen aber nie jemandem. So weit nun, o Sokrates, vermagst du wohl auch in die Geheimnisse der Liebe eingeweiht zu werden; ob aber, wenn jemand die höchsten und heiligsten, auf welche sich auch jene beziehen, recht vortrüge, du es auch vermöchtest, weiß ich nicht. Indes, sprach sie, will ich sie vortragen und es an mir nicht fehlen lassen. Versuche nur zu folgen, wenn du es vermagst.

Wer nämlich auf die rechte Art diese Sache angreifen will, der muß in der Jugend zwar damit anfangen, schönen Gestalten nachzugehen, und wird zuerst freilich, wenn er richtig beginnt, nur einen solchen lieben und diesen mit schönen Reden befruchten, hernach aber von selbst inne werden, daß die Schönheit in irgendeinem Leibe der in jedem anderen verschwistert ist und es also, wenn er dem in der Idee Schönen nachgehen soll, großer Unverstand wäre, nicht die Schönheit in allen Leibern für eine und dieselbe zu halten, und, wenn er dies inne geworden, sich als Liebhaber aller schönen Leiber darstellen und von der gewaltigen Heftigkeit für einen nachlassen, indem er dies für klein und geringfügig hält. Nächstdem aber muß er die Schönheit in den Seelen für weit herrlicher halten als die in den Leibern, so daß, wenn einer, dessen Seele zu loben ist, auch nur wenig von jener Blüte zeigt, ihm das doch genug ist und er ihn liebt und pflegt, indem er solche Reden erzeugt und aufsucht, welche die Jünglinge besser zu machen vermögen, damit er selbst so dahin gebracht werde, das Schöne in den Bestrebungen und in den Sitten anzuschauen, um auch von diesem zu sehen, daß es sich überall verwandt ist, und so die Schönheit des

Leibes für etwas Geringes zu halten. Von den Bestrebungen aber muß er weiter zu den Erkenntnissen gehen, damit er auch die Schönheit der Erkenntnisse schaue und, vielfältiges Schönes schon im Auge habend, nicht mehr das bei einem einzelnen in knechtischer Weise liebt, die Schönheit eines Knäbleins oder irgendeines Mannes oder einer einzelnen Bestrebung, und damit dienend sich schlecht und kleingeistig zeige, sondern auf die hohe See des Schönen sich begebend und dort umschauend viel schöne und herrliche Reden und Gedanken erzeuge in ungemessenem Streben nach Weisheit, bis er, hierdurch gestärkt und vervollkommnet, eine einzige solche Erkenntnis erblicke, welche auf ein Schönes folgender Art geht.

Hier aber, sprach sie, bemühe dich nur aufzumerken, so sehr du kannst. Wer nämlich bis hierher in der Liebe erzogen ist, das mancherlei Schöne in solcher Ordnung und richtig schauend, der wird, indem er nun der Vollendung in der Liebeskunst entgegengeht, plötzlich ein von Natur wunderbar Schönes erblicken, nämlich jenes selbst, o Sokrates, um dessen willen er alle bisherigen Anstrengungen gemacht hat, welches zuerst immer ist und weder entsteht noch vergeht, weder wächst noch schwindet, ferner auch nicht etwa nur insofern schön, insofern aber häßlich ist, noch auch jetzt schön und dann nicht, noch in Vergleich hiermit schön, damit aber häßlich, noch auch hier schön, dort aber häßlich, als ob es nur für einige schön, für andere aber häßlich wäre. Noch auch wird ihm dieses Schöne unter einer Gestalt erscheinen, wie ein Gesicht oder Hände oder sonst etwas, was der Leib an sich hat, noch wie eine Rede oder eine Erkenntnis, noch irgendwo an einem anderen seiend, weder an einem einzelnen Lebenden noch an der Erde, noch am Himmel; sondern an und für und in sich selbst ewig überall dasselbe seiend, alles andere Schöne aber an jenem auf irgendeine solche Weise Anteil habend, daß, wenn auch das andere entsteht und vergeht, jenes doch nie irgendeinen Gewinn oder Schaden davon hat noch ihm sonst etwas begegnet. Wenn also jemand mittels der echten Knabenliebe, von dort an aufgestiegen, jenes Schöne anfängt zu erblicken, der kann beinahe zur Vollendung gelangen. Denn dies ist die rechte Art, sich auf die Liebe zu legen oder von einem anderen dazu angeführt zu werden, daß man von diesem einzelnen Schönen beginnend jenes einen Schönen wegen immer höher hinaufsteige, gleichsam stufenweise von einem zu zweien und von zweien zu allen schönen Gestalten, und von den schönen Gestalten zu den schönen Sitten und Handlungsweisen, und von den schönen Sitten zu den schönen Kenntnissen, bis man von den Kenntnissen endlich zu jener Kenntnis gelangt, welche von nichts anderem als eben von jenem Schönen selbst die Kenntnis ist, und man also zuletzt jenes selbst, was schön ist, erkenne.

Und an dieser Stelle des Lebens, so lieber Sokrates, sagte die Mantineische Fremde, wenn irgendwo, ist es dem Menschen erst lebenswert, wo er das Schöne selbst schaut, welches, wenn du es je erblickst, du nicht wirst vergleichen wollen mit köstlichem Gerät oder Schmuck oder mit schönen Knaben und Jünglingen, bei deren Anblick du jetzt entzückt bist und wohl gern, du wie viele andere, um nur den Liebling zu sehen und immer mit ihm vereinigt zu sein, wenn es möglich wäre, weder essen noch trinken möchtest, sondern nur anschauen und mit ihm verbunden sein. Was also, sprach sie, sollen wir erst glauben, wenn einer dazu gelangte, jenes Schöne selbst rein, lauter und unvermischt zu sehen, das nicht erst voll menschlichen Fleisches ist und Farben und anderen sterblichen Flitterkrams, sondern das göttliche Schöne selbst in seiner Einartigkeit zu schauen? Meinst du wohl, daß das ein schlechtes Leben sei, wenn einer dorthin sieht und jenes erblickt, womit man es erblicken muß, und damit umgeht? Oder glaubst du nicht, daß dort allein ihm begegnen kann, indem er schaut, womit man das Schöne schauen muß; nicht Abbilder der Tugend zu erzeugen, weil er nämlich auch nicht ein Abbild berührt, sondern Wahres, weil er das Wahre berührt? Wer aber wahre Tugend erzeugt und aufzieht, dem gebührt, von den Göttern geliebt zu werden, und, wenn irgendeinem anderen Menschen, dann gewiß ihm auch, unsterblich zu sein. (208 c–212 a)

2. Von Aristoteles bis Plotin

Im Gegensatz zu Platon stellt *Aristoteles* (384–322) den moralischen Nutzen der Kunst heraus, indem er darauf verweist, daß die Kunst gar nicht die Natur abbilde, sondern vielmehr ein Ideal, denn sie zeige das Allgemeine und Notwendige auf, nicht das Besondere und Zufällige[1]. Darum ist fürAristoteles die Idee in der Kunst vollkommener präsent als in der Natur. Diese Haltung gegenüber der Kunst bleibt für die nächsten Jahrhunderte bestimmend. Von *Cicero* (106–43)[2] aufgegriffen, begründet sie eine allgemeine und ganz und gar unplatonische Wertschätzung der künstlerischen Tätigkeit, die bis ins 3. nachchristliche Jahrhundert anhält. Die Schönheit selbst wird bei Aristoteles wieder zu einer Eigenschaft, die gleichermaßen Kunstwerken wie natürlichen Gegenständen in objektiver Weise zukommt. Ihre Hauptformen seien (gemäß pythagoreischer Tradition) Ordnung, Ebenmaß und Bestimmtheit, wie sie die mathematischen Wissenschaften demonstrierten (Metaphysik 1078b). An anderen Stellen heißt es, daß die angemessene Ordnung und Größe für die (äußere) Schönheit entscheidend sei (Poetik 1451a) und – in Anlehnung an die Sokratische Ansicht – daß die Schönheit nach der Eignung einer Sache für den ihr angemessenen Zweck bemessen werden müsse (Rhetorik 1361b). Doch indem sich Aristoteles vom metaphysischen Idealismus Platons trennt, verliert die Schönheit in seiner Philosophie die zentrale Stellung, die sie bei Platon einnahm. Ein anagogischer[3] Sinn kommt ihr nun nicht mehr zu. So liegt die Bedeutung der Aristotelischen Ästhetik auch weniger in der Schönheits- als in der Kunsttheorie, wo sie auch ihre größte Wirkung gezeigt hat.

Erst im Neuplatonismus des 3. nachchristlichen Jahrhunderts wird die platonische Schönheitslehre wieder aufgegriffen und durch *Plotin* (203/4–269/70) unter Einbeziehung aristotelischer Vorstellungen charakteristisch umgeformt. Die Abhandlung ›Über das Schöne‹ ist nicht nur die bekannteste, sondern auch die erste uns erhalten gebliebene Schrift Plotins. Die wesentlichen Züge Plotinischen Philosophierens sind in ihr schon enthalten. Der statische Dualismus der platonischen Ontologie in ihrer Zweiteilung von

[1] Poetik 1451b.

[2] Orator ad Brutum II, 7ff.

[3] Von gr. *anágo:* hinaufführen, emporheben. Der anagogische Sinn der Schönheit meint die Platonische Vorstellung einer Stufenleiter der Erkenntnis vom Anblick der sinnlichen Erscheinung bis zur unvermischten Schau der Idee.

flüchtiger Erscheinungsvielfalt auf der einen und dem unwandelbaren Sein der Ideen auf der anderen Seite wird durch ein vom aristotelischen Entwicklungsbegriff angeregtes dynamisches Modell des Hervorgehens aller Mannigfaltigkeit aus dem schlechthin *Einen* (pántos hén), in dem alles Sein seinen Grund habe, ersetzt und dem Ansatz nach überwunden. Nach Plotin ist die Welt stufenweise durch *Ausstrahlung* (lat.: emanatio)[4] aus dem Einen entstanden. Jedoch verändert oder erschöpft sich das Eine nicht durch die Ausstrahlung, sondern bleibt wie die Sonne unwandelbar in sich selbst bestehen und wahrt so die platonische Transzendenz. Der Geist hingegen, der von allen Dingen zuerst aus dem Einen entstanden sei, indem sich dieses sich selbst zugewendet habe, ist nun anders als bei Platon ebenso wie die vom Geist gedachten Ideen (dem in platonischer Tradition allein wahrhaft Seienden) der Welt immanent. Aus dem Geist entstehe durch weitere Ausstrahlung die Weltseele[5], hieraus die Vielzahl der Einzelseelen mit ihren Tätigkeiten und schließlich die Körperwelt. Das entfernteste Abbild des Einen sei die formlose, chaotische Materie, die aber durch die Seele an den Ideen teilhaben könne und so Form und Sein erhalte. Die platonische Teilhabe der sinnlichen Erscheinungen an den Ideen wird von Plotin aristotelisch als Bewältigung des Stoffes durch die Form gedeutet. Die Schönheit bemißt sich genau wie der Seinsgehalt eines Dinges danach, wie sehr der Stoff von der Form durchdrungen ist. Alles Seiende ist darum, sofern es ist, schön. Alle Dinge der körperlichen Welt seien schön, weil und insofern sie an der Formung durch die Ideen teilhätten. Obwohl die Bestimmung der Schönheit als Bewältigung des Stoffes durch die Form in der neuzeitlichen Schönheitstheorie aufgegriffen werden wird, um die ästhetische Höherwertigkeit der Kunst daraus abzuleiten, schätzt Plotin wie Platon den Wert der Kunst*werke* zunächst gering ein. Nur »schwache, trübe Nachbilder, Possen ohne Wert« seien die Werke der Kunst[6] und größer sei die Teilhabe an der Idee bei natürlichen Objekten. Doch so wie das Kunstwerk hinsichtlich seines Wahrheitsgehalts dem natürlichen Gegenstand unterlegen ist, ist der natürliche Gegenstand dem Vorstellungsbild im Geist des Künstlers unterlegen, denn hier ist die Idee in ungleich reine-

[4] Das heißt, ohne daß das Eine selbst tätig geworden wäre.

[5] Begriff und Vorstellung der Weltseele übernimmt Plotin aus Platons ›Timaios‹, wo Weltseele die durch den Demiurgen gestiftete Einheit kosmischen Werdens bezeichnet Timaios 34b–37c.

[6] Enneade IV.3, 10, 17–19.

rem Maße präsent als in der Natur[7]. Nur vermag der Künstler die von ihm geschauten Urbilder der Materie nur unvollkommen einzugeben, da diese ihrem Wesen nach der Formung widerstrebt. So ist für Plotin die Kunst von durchaus zwiespältigem Charakter und der größte Künstler eigentlich der, der nur in seinem Geiste schafft. Auch die äußere Schönheit weise über sich selbst hinaus auf die Schönheit der Idee und beziehe eben daraus ihren Wert[8]. Im Schönen der äußeren Welt erkenne die Seele das Wirken der Ideen, und weil sie selbst durch ihre Abkunft aus dem Geist der Ideen teilhaftig sei, erkenne sie in der Schönheit ihr eigenes Wesen wieder und werde so auf die ihr eigene Schönheit verwiesen. Die stufenweise Heranführung an die höchste Schönheit, die bei Platon stets als Erkenntnis der objektiven Welt gedeutet wurde, vollzieht sich bei Plotin durch eine Umwendung des Blicks in den Betrachter hinein[9]. Die Betrachtung der äußeren Schönheit solle zu einem Gewahrwerden der inneren Schönheit in der betrachtenden Seele führen, so daß die Seele nun danach trachte, diese anstelle der äußeren Schönheit ganz in ihren Besitz zu bringen. Die philosophische Suche nach Wahrheit wird so zu einem Weg der Selbsterkenntnis, auf dem die Seele durch die Vertiefung in ihr eigenes Wesen und ihre völlige Loslösung von der Erscheinung und ihren eigenen Begierden sich reinigt und so dem gleich wird, was sie zu finden erstrebt. Auf diese Weise kann sie in ihre Urheimat zurückkehren, in der Schau (theoria) des Einen, des zugleich Guten[10] und ersten Schönen[11], in mystischer Ekstase mit ihm verschmelzen.

[7] Enneade V, 8, 1.

[8] Gegen die gnostische Verdammung der Sinnes- und Körperwelt verteidigt Plotin deren inhärente Schönheit, durch welche die Körperwelt ihre Herkunft aus der Seele bestätige. Enneade II.9.: Gegen die Gnostiker 17, 18.

[9] Auch der platonische Phaidros-Mythos wird in diesem Sinne umgeändert. Enneade V.8, 10, 35–43.

[10] Da das Eine als Eines für Plotin bar jeglicher positiver Bestimmung sein muß, in jeder Beziehung ein *epékeina* (ein Darüberhinaus), ist die Bezeichnung des Einen als Gutes kein positives Prädikat des Einen, wie es an sich selbst ist. Das Gute ist das Eine nur in bezug auf die zu ihm hinstrebende Seele, die es als das höchste Gut begehrt. Darum nennt Plotin das Eine auch das Übergute. Enneade VI.9, 6.

[11] Die Gleichsetzung des Schönen mit dem Guten ist eine Eigentümlichkeit der Schrift ›Über das Schöne‹ und wird später aufgegeben.

Plotin
Das Schöne

Das Schöne findet sich die Fülle im Bereich des Gesichts; es findet sich auch im Bereich des Gehörs, bei der Fügung der Wörter und in der gesamten Musik (denn Melodie und Rhythmus ist auch etwas Schönes); es finden sich aber auch, wenn wir von dem Wahrnehmungsbereich nach oben fortschreiten, schöne Beschäftigungen, Handlungen, Zustände, Wissenschaften und endlich die Schönheit der Tugenden; und ob sich über all diesem noch etwas Schönes findet, wird sich herausstellen. Was ist denn nun dasjenige, welches bewirkt, daß die Leiber dem Blick schön erscheinen und daß das Gehör die Töne als schöne bejaht, und wie kommt weiterhin die Schönheit alles dessen zustande, was mit der Seele zusammenhängt? Sind alle diese Dinge vermöge Ein- und desselben schön, oder ist die Schönheit etwas anderes wo sie am Leibe, etwas anderes wo sie an einem andern ist? Und was ist die Eine oder die verschiedenen? Gewisse Dinge sind nämlich nicht bereits von ihrer Substanz her schön, sondern erst durch Teilhabe[1], wie die Leiber; andere sind an sich Schönheit, wie es das Wesen der Tugend ist. Denn dieselben Leiber erscheinen bald als schön bald als nicht schön; Leib sein muß also unterschieden sein von schön sein. Was ist nun das was hier den Leibern beiwohnt? Das soll der erste Gegenstand unserer Untersuchung sein.

Was ist es, das den Blick des Beschauers erregt, auf sich wendet und mitzieht und im Schauen sich ergötzen läßt? Wenn wir das finden, kann es uns vielleicht auch als Stufe dienen zur Betrachtung der sonstigen Schönheit. Ziemlich allgemein wird behauptet, daß ein Wohlverhältnis der Teile zueinander und zum Ganzen, und zusätzlich das Moment der schönen Färbung, die sichtbare Schönheit ausmacht; schön sein bedeute, für die sichtbaren Dinge und überhaupt

[1] Die platonische *méthexis,* die Teilhabe der Erscheinung an der Idee.

für alles andere, symmetrisch[2] sein, Maß in sich haben. Für die Verfechter dieser Lehre[3] kann es also kein einfaches sondern notwendig nur ein zusammengesetztes Schönes geben; das Ganze ferner kann schön sein, seine einzelnen Teile aber können von sich aus nicht schön sein, sondern nur sofern sie zur Schönheit des Ganzen beitragen. Aber wenn denn das Ganze schön ist, müssen es auch die Teile sein; denn ein Schönes kann doch nicht aus häßlichen Bestandteilen bestehen, sondern die Schönheit muß alle Teile durchsetzen. Die schönen Farben ferner, wie auch das Licht der Sonne, da sie einfach sind und ihre Schönheit also nicht auf Symmetrie beruhen kann, bleiben für sie vom schön sein ausgeschlossen. Und das Gold, wie kann es dann noch schön sein, und das Funkeln der Nacht ...(?). Und bei den Tönen müßte ebenso das Einfache fortfallen; dabei ist doch vielfach der einzelne Ton unter denen die in dem schönen Ganzen sind auch seinerseits schön. Da nun ferner das nämliche Antlitz, ohne daß sich die Symmetrie seiner Teile ändert, bald schön erscheint bald nicht[4], so muß man zweifellos das Schöne als etwas anderes ansehen das erst über das Symmetrische kommt, und das Symmetrische muß seine Schönheit erst durch ein anderes erhalten.

Wenn sie dann aber etwa weiterschreiten zu den schönen Beschäftigungen und den schönen Gedanken und auch hier die Symmetrie als Grund der Schönheit angeben wollten – was kann man unter Symmetrie bei schönen Beschäftigungen Gesetzen Kenntnissen Wissenschaften denn überhaupt noch verstehen? Wie können Lehrsätze symmetrisch zueinander sein? Sofern sie zueinander stimmen? Nun, auch die

[2] Im Griechischen meint *symmetria* nicht Spiegelbildlichkeit, sondern schlicht: Ebenmaß.

[3] In diesem Fall die Stoiker: »Die Schönheit des Leibes ist die Proportion der Glieder untereinander und hinsichtlich des Ganzen, und so ist auch die Schönheit der Seele die Proportion des Intellekts und seiner Teile hinsichtlich ihres Ganzen und untereinander.« Stobaios, Ecl. II 77, 16.

[4] Schön wird es erst durch den Ausdruck des Lebendigen und das Durchscheinen der schönen Seele, die nach Aristoteles die *Form* des Körpers ist. Vgl. Plotins spätere Ansicht, daß das Lebendige immer schöner sei als ein bloßes Bild (Enneade VI, 7, 22) und die grundsätzliche Geringschätzung der künstlerischen Form (IV, 3, 10).

schlechten Sätze stimmen und passen zueinander; die beiden Sätze »Selbstbeherrschung ist Torheit« und »Gerechtigkeit ist Einfältigkeit« passen und stimmen völlig zueinander. Jede Tugend ist Schönheit der Seele, und zwar eine wahrere Schönheit als die vorher genannten Dinge. Aber in welchem Sinne sollen die Tugenden symmetrisch sein? Auch wenn die Seele mehrere Teile hat, können sie nicht wie Größen und wie Zahlen symmetrisch sein; denn nach welcher Proportion sollte eine Zusammensetzung oder Vermischung der Seelenteile statthaben? Und der Geist, worin sollte dann seine Schönheit bestehen, wenn er für sich allein ist?

So heben wir nochmals an und wollen zuerst bestimmen, was denn nun das Schöne an den Leibern ist. Es gibt nämlich etwas Schönes, das schon beim ersten Hinblicken wahrgenommen wird; dessen wird die Seele gewissermaßen inne und spricht es an; indem sie es wiedererkennt, billigt sie es und paßt sich ihm sozusagen an; wenn ihr Blick dagegen auf das Häßliche trifft, so zieht sie sich zurück, weigert sich ihm und lehnt es ab, denn es stimmt nicht zu ihr und ist ihr fremd. Wir behaupten nun, wenn die Seele das ist was ihr wahres Wesen ist, und das heißt: auf der Seite der Wesenheit steht die in der Welt die obere ist[5], so ist es das Verwandte oder auch nur die Spur des Verwandten, dessen Anblick sie erfreut und erschüttert; sie bezieht das auf sich selbst und erinnert sich ihres eigensten Wesens, dessen was sie in sich trägt. Aber wie kann denn eine Ähnlichkeit der hiesigen schönen Dinge mit den jenseitigen bestehen? Und mögen sie auch, da es eine Ähnlichkeit gibt, irgendwie ähnlich sein – wieso kann aber das Irdische ebensowohl schön sein wie das Jenseitige? Das geschieht, so lehren wir, durch Teilhaben an der Gestalt *(Idee)*. Denn alles Formlose ist bestimmt Form und Gestalt anzunehmen; solange es daher keinen Teil hat

[5] Nach der Plotinischen Emanationslehre geht die Welt aus dem Ur-Einen nach Art einer Ausstrahlung hervor. Das erste Abbild des Ur-Einen ist der Geist, dem die Ideen zugehören. Aus dem Geist wiederum geht die Seele als sein Abbild hervor und aus der Seele die Körperwelt. Die Seele steht so in der Mitte zwischen Geist und Körper und kann sich mehr dem einen oder dem anderen zuneigen. Ihrem Wesen nach ist die Seele aber mehr dem immateriellen Geist verwandt.

an rationaler Form und Gestalt, ist es häßlich und ausgeschlossen von der göttlichen Formkraft; das ist das schlechthin Häßliche[6]; häßlich ist aber auch das was von der Form und dem Begriff nicht voll bewältigt wird, weil die Materie eine gänzlich der Idee entsprechende Formung nicht zuließ. Die Idee tritt also hinzu; das was durch Zusammensetzung aus vielen Teilen zu einer Einheit werden soll, das ordnet sie zusammen, bringt es in ein einheitliches Gefüge und macht es mit sich eins und übereinstimmend, da ja sie selbst einheitlich ist und das Gestaltete, soweit es ihm, das aus Vielem besteht, möglich ist, auch einheitlich sein soll; ist es dann zur Einheit gebracht, so thront die Schönheit über ihm und teilt sich den Teilen so gut mit wie dem Ganzen; trifft aber die Idee auf ein Einheitliches, aus gleichartigen Teilen Bestehendes, so teilt sie die Schönheit dem Ganzen mit; so als wenn die Schönheit bald, durch die Kunst, einem ganzen Hause mit seinen Teilen gegeben wird, bald, durch eine Naturkraft, einem einzelnen Stein.

Der schöne Körper also entsteht durch Gemeinschaft mit der von den Göttern kommenden Formkraft. Die Erkenntnis dieses Schönen nun vollzieht dasjenige Vermögen der Seele, welches ihm vorgeordnet ist[7]; es ist vor allen berufen zu urteilen über die Dinge seines Bereiches, da ja überdies auch die übrige Seele nachprüfend mitwirkt; vielleicht aber spricht auch dies Vermögen allein schon das Schöne an, indem es an der ihm zugänglichen Idee abmißt und diese Idee bei ihrem Urteil benutzt wie man an der Richtschnur das Gerade mißt. Aber wie kann denn die Idee, die am Leibe ist, mit jener die vor und über dem Leibe ist, übereinstimmen? Und wie kann der Baumeister das Haus draußen nach der Idee des Hauses in seinem Innern abstimmen und es dann als schön ansprechen[8]? Nun, weil das äußere Haus, wenn man

[6] Die Materie, die hier noch gemäß der antiken Vorstellung als formloses Chaos verstanden wird.

[7] Der *nóus.* Nicht die Sinne also, sondern der Intellekt erkennt die Schönheit.

[8] Das Beispiel des Hauses findet sich schon bei Aristoteles, Metaph. VII, 7–8, und wird von späteren Autoren immer wieder aufgegriffen.

die Steine ausscheidet, eine Teilung der inneren Idee vermöge der äußeren Masse der Materie bedeutet, eine Sichtbarwerdung des Unteilbaren in der Vielheit. Erblickt nun die Wahrnehmung die Idee an den Körpern, welche die ihr entgegengesetzte, gestaltlose Wesenheit zusammenbindet und überwältigt, diese Form, welche hervorleuchtend über den anderen Formen thront, so faßt eben dies das Vielfältige geschlossen zusammen, hebt es hinauf, bringt es ein in das Innere als ein nunmehr Unteilbares, und überliefert es ihm als ein Übereinstimmendes, zu ihm Passendes, Verwandtes; so wie einen edlen Mann schon die aufleuchtende Spur der Tugend an einem Jüngling freundlich berührt, welche übereinstimmt mit dem wahren Urbild in seinem[9] eigenen Innern.

Die Schönheit ferner der Farbe ist ein Einfaches vermöge der Form, indem das Dunkel in der Materie bewältigt wird durch die Anwesenheit des Lichts, welches unkörperlich ist, rationale Form und Gestalt. Daher denn auch das Feuer als solches vor den andern Körpern schön ist; denn es hat den Rang der Idee im Verhältnis zu den andern Elementen, es ist das oberste seiner räumlichen Stellung nach und der feinste von allen Körpern wie es seiner Nähe zum Unkörperlichen entspricht; es nimmt allein die anderen Körper nicht in sich auf, während die andern es aufnehmen (die andern Körper können erwärmt, das Feuer aber nicht abgekühlt werden): so ist dem Feuer denn auch primär die Farbe eigen, und die andern Körper entnehmen erst von ihm die Idee der Farbe; daher leuchtet und glänzt es, wie es einer Idee zukommt. Was aber nicht mehr obsiegt, dessen Leuchten verblaßt und es gehört nicht mehr zum Schönen, da es nicht voll an der Idee der Farbe teil hat. Was ferner die an den Tönen vorfindlichen Harmonien angeht, so lassen sie, indem die verborgenen Harmonien die sinnlichen erzeugen, auch auf diesem Gebiet die Seele des Schönen innewerden, indem sie ihr an einem andern das ihr Gleiche zeigen. Den sinnlichen Harmonien ist es eigentümlich dem Maß unterworfen zu sein

[9] Das heißt des Mannes.

nicht in jedem beliebigen Zahlenverhältnis, sondern nur in demjenigen welches dienlich ist zur Erzeugung der Idee, zur Bewältigung.

Damit genug von den sinnlich schönen Dingen; Abbilder, gleichsam entsprungene Schatten die in die Materie hinabgehen, verursachen es daß sie wohlgeformt sind und ihr Anblick erschüttert.

Das weiter hinauf liegende Schöne, das zu erblicken der Wahrnehmung nicht mehr vergönnt ist, sondern ohne die Handhabe der Sinne sieht es die Seele und spricht es an: zu seiner Betrachtung muß man hinaufsteigen und die Wahrnehmung unten bleiben lassen. Wie über das sinnlich Schöne nicht sprechen kann, wer es nicht gesehen oder nicht als schön begriffen hat, also etwa ein Blindgeborener, so kann auch über die Schönheit geistiger Tätigkeiten nicht sprechen, wer nicht diese Schönheit geistiger Tätigkeiten und Wissenschaften und ähnlicher Dinge in sich aufgenommen hat, nicht über das Leuchten der Tugend, wer sich nie vor Augen gehalten, wie schön das Antlitz der Gerechtigkeit und Mäßigkeit ist – ›nicht Morgen- und nicht Abendstern ist so schön‹; vielmehr muß man sehend sein mit dem Vermögen mit dem die Seele derartige Dinge schaut, und wenn man sie erblickt, weit mehr als bei dem sinnlich Schönen sich freuen, entzückt und gepackt sein, denn nun rührt man an das eigentliche Schöne. Betroffenheit, süße Erschütterung, Verlangen, Liebe, lustvolles Beben, das sind Empfindungen die gegen jegliches Schöne eintreten müssen. Auch gegen das nicht sichtbare kann man sie erleben, es erleben sie auch eigentlich alle Seelen, aber stärker die liebebewegteren unter ihnen, so wie die leibliche Schönheit alle sehen, aber nicht alle in gleicher Stärke von ihr gestachelt werden, sondern einige in besonders starkem Maß, von denen man spricht sie lieben.

Die nun also liebebewegt sind auch gegen das Nichtsinnliche, die muß man fragen: »was empfindet ihr gegenüber dem was man schöne Tätigkeiten nennt, gegenüber den schönen Sitten, dem zuchtvollen Charakter, überhaupt bei tugendhafter Leistung und Gesinnung und bei der Schönheit der Seelen? Und wenn ihr euch selbst erblickt in eurer eigenen inneren Schönheit, was empfindet ihr, warum seid ihr dabei in Schwärmerei und Erregung und sehnt euch nach dem Zusammensein mit eurem Selbst, dem Selbst, das ihr aus den Leibern versammelt?« Das nämlich sind die Empfindungen dieser echten Liebebewegten. Und was ist es, woran sie solches empfinden? Nicht Gestalt und Farbe nicht irgendeine Größe, sondern die Seele, selbst unfarbig, in sich tragend die unfarbige Selbstzucht und den Glanz der andern Tugenden: in euch selbst wahrzunehmen oder beim andern zu schauen Großherzigkeit, gerechten Sinn, lautere Selbstzucht, die Tapferkeit mit ihrem grimmigernsten Antlitz, die Würde und darüber erschimmernd die Ehrfurcht, alle das in einem ruhigen, von keiner Wallung und keiner Leidenschaft erregten Seelenzustand, und über ihm leuchtend den Geist, den gottgleichen – das ist es was wir bewundern und lieben; aber wieso nennen wir das schön? Nun, es ist seinsmäßig seiend und stellt sich so dar, und wer es gesehen hat, kann es nicht anders nennen als das seinsmäßig Seiende. Was aber ist es seinsmäßig? Eben schön. Aber damit ist noch nicht aufgewiesen, durch welchen Zug seines Wesens es die Seele liebreizend macht. Was ist es das aus alle den Tugenden gleich wie ihr Licht hervorleuchtet? Laß uns denn einmal das Gegenteil ins Auge fassen, das Häßliche in der Seele, und es dem Schönen gegenüberstellen; denn es könnte wohl zu unserer Untersuchung beitragen, wenn klar wird, was das Wesen des Häßlichen ist und weshalb. Nehmen wir also eine häßliche Seele, zuchtlos und ungerecht, voll von vielen Begierden, von vieler Wirrnis, in Ängsten aus Feigheit, in Neid aus Kleinlichkeit, all ihre Gedanken, soweit sie überhaupt denkt, sind irdisch und niedrig, verzerrt in allen Stücken, unreinen Lüsten verfallen und so lebend, daß sie das Häßliche an allem, das ihr vom Körper widerfährt, als etwas Lustvolles empfindet. Eben dies Häßliche nun, müssen wir von ihm nicht sagen, daß es ihr hinzutritt als ein eingeschlepptes Übel? Denn es entstellt sie, macht sie unrein und durchsetzt sie mit viel Schlimmem, daß ihr Leben und ihr Wahrnehmen nicht mehr rein ist, sondern durch die Beimischung des Übeln verdunkelt und reichlich mit Tod durchsetzt, daß sie nicht mehr sehen kann was eine Seele sehen soll, und nicht mehr die Ruhe hat in sich selbst zu verweilen, da sie immer nach außen, zum Niedern, Dunkeln hingezerrt wird. Da sie also, meine ich, verunreinigt ist, hin- und hergerissen wird durch die Anziehung der Wahrnehmungsgegenstände, reichlich mit der leiblichen Beimischung versetzt ist, reichlich mit dem Stofflichen umgeht und es in sich einläßt, so hat sie durch die Vermischung mit dem Niederen eine fremde Gestalt angenommen. So tritt, wenn einer in Lehm oder Schlamm eintaucht, seine vorige Schönheit nicht mehr in Erscheinung, sondern man sieht nur das was von Schlamm oder Lehm an ihm haftet; für den ist doch das Häßliche ein fremder Zusatz, und es ist nun seine Aufgabe, wenn er wieder schön sein will, sich abzuwaschen und zu reinigen, dann ist er wieder was er war. So dürfen wir wohl mit Recht die Häßlichkeit der Seele als eine fremde Beimischung, eine Hinwendung zum Leib und Stoff bezeichnen, und es bedeutet also häßlich sein für die Seele nicht rein und ungetrübt sein wie Gold, sondern mit Schlacke verunreinigt; entfernt man nur die Schlacke, so bleibt das Gold zurück und ist schön, sobald es vom Fremden losgelöst nur mit sich selbst zusammen ist; so ergeht es auch der Seele: löst sie sich von den Begierden die sie durch zu innige Gemeinschaft mit dem Leib erfüllen, befreit sie sich von den andern Leidenschaften und reinigt sich von Schlacken der Verkörperung und verweilt allein mit sich, dann hat sie das Häßliche, das ihr aus einem fremden Sein kommt, sämtlich abgelegt.

So ist denn also, wie es die Lehre der Alten sagt, die Züchtigkeit und Tapferkeit und jegliche Tugend und auch die Weisheit selber eine Reinigung. Darauf deutet denn auch richtig die verhüllte Lehre der Mysterien, die vom nicht Gereinigten sagen, daß er ›im Hades im Schlamm liegen werde‹: das Unreine nämlich ist wegen seiner Niedrigkeit begierig nach dem Schlamm, so wie die Säue, da sie unrein am Leibe sind, am Unreinen ihre Lust haben. Was ist denn auch wahre

Selbstzucht anderes als keine Gemeinschaft pflegen mit den Lüsten des Leibes, sie fliehen da sie unrein und des Reinen unwürdig sind? Tapferkeit ferner heißt den Tod nicht fürchten, der Tod aber ist die Getrenntheit der Seele vom Leibe: davor fürchtet sich der nicht, der es liebt allein *(mit seiner Seele)* zu sein; und Seelengröße bedeutet ja doch Verachtung der Erdendinge; und Weisheit ist Denken in Abneigung gegen das Untere, und führt die Seele zum Oberen hinauf.

Durch solche Reinigung wird die Seele Gestalt und Form, völlig frei vom Leibe, geisthaft und ganz dem Göttlichen angehörig, aus welchem der Quell des Schönen kommt, und von wo alles ihm Verwandte schön wird. Wird so die Seele hinaufgeführt zum *Geist,* so ist sie in noch höherem Grade schön. Der Geist aber und was von ihm kommt, das ist für sie die Schönheit, und zwar keine fremde sondern die wesenseigene, weil sie dann allein wahrhaft Seele ist. Deshalb heißt es denn auch mit Recht, daß für die Seele gut und schön werden Gott ähnlich werden bedeutet, denn von ihm stammt das Schöne und überhaupt die eine Hälfte des Seienden; oder vielmehr ist das wahrhaft Seiende das Schöne, das nicht wahrhaft Seiende aber das Häßliche, und das ist zugleich das ursprünglich Böse; so ist auch andererseits Gutes und Schönes, Gutheit und Schönheit identisch. Schön und gut, häßlich und böse ist also auf dem gleichen Wege zu untersuchen. Als das Erste ist anzusetzen die Schönheit, welche zugleich das Gute ist; von daher wird der Geist unmittelbar zum Schönen, und durch den Geist ist die Seele schön; und das weitere Schöne dann, in den Handlungen und Tätigkeiten, kommt von der gestaltenden Seele her; und die Leiber schließlich, welche man schön nennt, macht die Seele dazu; denn da sie ein Göttliches ist und gleichsam ein Stück des Schönen, so macht sie das was sie anrührt und bewältigt, schön, soweit es an der Schönheit Teil haben kann.

Steigen wir also wieder hinauf zum Guten, nach welchem jede Seele strebt. Wenn einer dies gesehen hat, so weiß er was ich meine, in welchem Sinne es zugleich schön ist. Erstrebt wird es sofern es gut ist, und unser Streben richtet sich auf es als ein Gutes; wir erlangen es nun, indem wir hinaufschreiten nach oben, uns hinaufwenden und das Kleid ausziehen, das wir beim Abstieg angetan haben (so wie beim Hinaufschreiten zum Allerheiligsten des Tempels die Reinigungen, die Ablegung der bisherigen Kleider, die Nacktheit); bis man dann, beim Aufstieg an allem was Gott fremd ist, vorübergehend, mit seinem reinen Selbst jenes Obere rein erblickt, ungetrübt, einfach, lauter, es von dem alles abhängt, zu dem aufblickend alles ist, lebt und denkt, denn es ist Ursache von Leben, Denken und Sein; wenn man dieses also erblickt – von welcher Liebe, welcher Sehnsucht wird man da ergriffen in dem Wunsch, sich mit ihm zu vereinigen, und wie lustvoll ist die Erschütterung! Wer es nämlich noch nicht gesehen hat, strebt zu ihm als zum *Guten;* wer es aber erblickte, der darf ob seiner *Schönheit* staunen, er ist voll freudigen Verwunderns, einer Erschütterung, die ohne Schaden ist, er liebt wahre Liebe, er lacht des peinigenden Begehrens, überhaupt aller anderen Liebe und verachtet, was er früher für schön hielt. So geht es denen, welchen die Erscheinung eines Gottes oder Daimons begegnet ist, sie können die Schönheit anderer Leiber nicht mehr wie sonst bejahen; was aber erlebt erst der, welcher das Schöne selbst schaut, an und für sich und in seiner Reinheit, nicht mit Fleisch und Körper befleckt, nicht auf Erden, nicht im Himmel, sonst wäre es nicht rein, denn das alles ist fremde Zutat und Mischung und nicht ursprünglich, sondern stammt erst eben von jenem Oberen. Sieht er nun also Jenes, welches allen Dingen die Schönheit spendet, sie ihnen mitteilt, so daß es dabei in sich verharrt und seinerseits nichts empfängt, und verweilt er in der Schau dieses Hohen und genießt seiner und wird ihm ähnlich, was für eines Schönen bedarf er da noch? Denn dies selber, da es in höchstem Maße Schönheit ist und ursprüngliche Schönheit, macht die, welche es lieben schön und macht sie liebenswert. Darum denn auch der größte, höchste Wettkampf der Seelen geht, um dessentwillen ja die ganze Anstrengung geschah, nicht verlustig zu gehen dieser herrlichsten Schau, welche den der sie erlangt selig macht, da er seligen Anblicks genießt. Wem es aber nicht glückt, der ist wahrhaft unglücklich; denn nicht wer schöne Farben und schöne Leiber, nicht wer Macht, Ämter, den Königsthron nicht erlangt, ist unglücklich, sondern allein wer dies eine nicht erlangt, dessen habhaft zu werden einer Königsthron und Herrschaft über die ganze Erde, über das Meer und den Himmel fahren lassen soll, ob er vielleicht, wenn er das alles hinten läßt und gering achtet und sich jenem Einen zuwendet, es erblicken könnte.

Aber welches ist nun der Weg, welches das *Mittel*? Wie kann man eine überwältigende Schönheit erschauen, die gleichsam drinnen bleibt im heiligen Tempel und nicht nach außen hinaustritt, daß sie auch ein Ungeweihter sehen könnte? So mache sich denn auf und folge ihr ins Innere wers vermag, und lasse das mit Augen Gesehene draußen und drehe sich nicht um nach der Pracht der Leiber wie einst. Denn wenn man Schönheit an Leibern erblickt, so darf man ja nicht sich ihr nähern, man muß erkennen, daß sie nur Abbild, Abdruck, Schatten ist, und fliehen zu jenem, von dem sie das Abbild ist. Denn wenn einer zu ihr eilen wollte und sie ergreifen, als sei sie ein Wirkliches, so geht es ihm wie Jenem – irgendeine Sage, dünkt mich, deutet es geheimnisvoll an: Der wollte ein schönes Abbild, das auf dem Wasser schwebte, greifen, stürzte aber in die Tiefe der Flut und ward nicht mehr gesehen[10]: Ganz ebenso wird auch, wer sich an die schönen Leiber klammert und nicht von ihnen läßt, hinabsinken, nicht leiblich, aber mit der Seele in dunkle Tiefen, die dem Geiste zuwider sind; so bleibt er als Blinder im Hades *(im Dunkel)* und lebt schon hier wie einst dort nur mit Schatten zusammen. »So laßt uns fliehen in die geliebte Heimat« – so könnte man mit mehr Recht mahnen. Und worin besteht diese Flucht und wie geht sie vor sich? Wir werden in See stechen wie Odysseus von der Zauberin Kirke oder von Kalypso, wie der Dichter sagt, und verbindet da-

[10] Wahrscheinlich Narziß, der sich der Sage nach in sein eigenes Spiegelbild verliebte und vor Kummer zugrunde ging.

mit, meine ich, einen geheimen Sinn: er wars nicht zufrieden zu bleiben, obgleich er die Lust hatte, die man mit Augen sieht und der Fülle wahrnehmbarer Schönheit genoß. Dort nämlich ist unser Vaterland, von wo wir gekommen sind, und dort ist unser Vater. Was ist es denn für eine Reise, diese Flucht? Nicht mit Füßen sollst du sie vollbringen, denn die Füße tragen überall nur von einem Land in ein anderes, du brauchst auch kein Fahrzeug zuzurüsten, das Pferde ziehen oder das auf dem Meer fährt, nein, du mußt dies alles dahinten lassen und nicht blicken, sondern nur gleichsam die Augen schließen und ein anderes Gesicht statt des alten in dir erwecken, welches jeder hat, aber wenige brauchens. Und was sieht dies innere Gesicht? Wenn es eben erweckt ist, kann es den Glanz noch nicht voll erblicken; so muß die Seele das Gesicht gewöhnen, daß es zuerst die schönen Tätigkeiten sieht, dann die schönen Werke, nicht welche die Künste schaffen, sondern die Männer, die man gut nennt. Und dann blick auf die Seele derer, die diese schönen Werke tun. Wie du der herrlichen Schönheit ansichtig werden magst, welche eine gute Seele hat? Kehre ein zu dir selbst und sieh dich an; und wenn du siehst, daß du noch nicht schön bist, so tu wie der Bildhauer, der von einer Büste, welche schön werden soll, hier etwas fortmeißelt, hier etwas ebnet, dies glättet, das klärt, bis er das schöne Antlitz an der Büste vollbracht hat: So meißle auch du fort, was unnütz und richte, was krumm ist, das Dunkle säubere und mach es hell und laß nicht ab an deinem Bild zu handwerken, bis dir hervorstrahlt der göttliche Glanz der Tugend, bis du die Zucht erblickst, thronend auf ihrem heiligreinen Postament. Bist du das geworden und hast es erschaut, bist du rein und allein mit dir selbst zusammen, und nichts hemmt dich auf diesem Wege eins zu werden, und keine fremde Beimischung hast du mehr in deinem Innern, sondern bist ganz und gar reines, wahres Licht, nicht durch Größe gemessen, nicht durch Gestalt umzirkt in engen Grenzen, auch nicht durch Unbegrenztheit zu Größe erweitert, sondern gänzlich unmeßbar, größer als jedes Maß und erhaben über jedes Wieviel: wenn du so geworden dich selbst erblickst, dann bist du selber Sehkraft, gewinnst Zutrauen zu dir, bist so hoch gestiegen und brauchst nun keine Weisung mehr, sondern blicke unverwandt, denn allein ein solches Auge schaut die große Schönheit. Wer aber die Schau unternimmt mit einem durch Schlechtigkeit getrübten Auge, nicht gereinigt, oder kraftlos, der ist nicht Manns genug das ganz Helle zu sehen, und sieht auch dann nichts, wenn einer ihm das, was man sehen kann, als anwesend zeigt. Man muß nämlich das Sehende dem Gesehenen verwandt und ähnlich machen, wenn man sich auf die Schau richtet; kein Auge könnte je die Sonne sehen, wäre es nicht sonnenhaft[11]; so sieht auch keine Seele das Schöne, welche nicht schön geworden ist. Es werde also einer zuerst ganz gottähnlich und ganz schön, wer Gott und das Schöne schauen will. Dann wird er im Emporsteigen zuerst zum Geist gelangen und wird dort alle schönen Formen sehen und sagen, das sei die Schönheit: die Ideen; denn durch sie ist alles schön, sie die Erzeugnisse des Geistes und der Seinsheit; die Weisheit aber jenseits des Geistes nennen wir das Gute, und sie hat das Schöne wie eine Decke um sich; sie ist also, ohne nähere Scheidung gesprochen, das Erste Schöne; trennt man das Geistige ab, so muß man den Ort der Ideen als das Geistige Schöne ansehen, als das Gute aber das Jenseitige, welches Quell und Urgrund des Schönen ist; oder man muß das Gute und das Erste Schöne gleichsetzen[12]: nur muß in jedem Falle das Schöne in den jenseitigen Bereich gehören.

[11] Ein Satz, den Goethe später in der Farbenlehre wieder aufnimmt: »Wär' nicht das Auge sonnenhaft, wie könnten wir das Licht erblicken? Lebt' nicht in uns des Gottes eigne Kraft, wie könnt' uns Göttliches entzücken?« Vgl. auch Platon, Politeia VI, 508 b.

[12] Die sich hier aussprechende Unsicherheit hinsichtlich der Unterscheidung zwischen dem Guten und dem Schönen findet sich in späteren Schriften Plotins nicht mehr. Das Schöne kommt dann der Ideenwelt zu, das Gute dem Urgrund. Enneade V, 8, 13.

3. Von Augustinus bis Pseudo-Dionysios

Den Versuch einer christlichen Ausdeutung erfuhr die Schönheitslehre Plotins durch *Aurelius Augustinus* (354–430). Auf der Suche nach einer Philosophie, die sich mit den christlichen Lehren vereinbaren ließe, stieß Augustinus schließlich auf den Neuplatonismus, der ihm in vieler Hinsicht richtige Einsichten zu vermitteln schien. Auch wenn ihn nicht alles befriedigte und er vor allem die Menschwerdung Gottes in der neuplatonischen Lehre vermißte, übernahm er doch wesentliche Gedanken. Während die Seele die Mittelstellung beibehielt, die sie bei Plotin zwischen dem Geist als erster Emanation des Ureinen und der körperlichen Welt einnahm, wird der Geist nun mit dem christlichen Schöpfergott identifiziert. Anders als bei Plotin geht die Welt für Augustinus nicht *aus* Gott hervor, sondern wird aus dem absoluten Nichts *von* ihm in einem freien Akt geschaffen. Der Aufstieg der Seele aber wird ähnlich gefaßt. Ihren Ausgang in der Gewißheit des eigenen Selbst nehmend soll sich nach Augustinus die Seele vom Äußeren zum Inneren wenden, sich selbst und der intelligiblen Welt der Ideen (mundus intelligibilis) zu, die sie in sich vorfindet. Da die Ideen aber wie bei Plotin (und anders als bei Platon) als dem Geist immanent gedacht werden, sind sie für Augustinus nichts anderes als die Gedanken Gottes, so daß die Einkehr in die Seele zugleich eine Hinwendung zu Gott ist und die (nur durch göttliche Gnade zu erwerbende) Erkenntnis der Seele mit der Erkenntnis Gottes in eins fällt. In sieben Stufen steigt die Seele zu Gott empor, ohne jedoch auf der höchsten Stufe wie bei Plotin mit ihm eins zu werden. Während jede Stufe eine ihr eigene Schönheit besitzt, ist die wahre Schönheit der höchsten Stufe vorbehalten. Alle anderen Schönheiten sind nur Abbilder dieser einen, mit der verglichen sie häßlich scheinen[1]. Auf der höchsten Stufe, wenn die Seele »bei Gott« (aber nicht *in* Gott) ist, ist die Seele »schön bei der Schönheit« (pulchre apud pulchritudinem), denn die höchste Schönheit ist Gott selbst[2]. Leider ist eine selbständige Schrift über das Schöne, die Augustinus nach eigener Aussage geschrieben hat, verloren gegangen[3]. Seine Bemerkungen an anderen Stellen sind so verstreut, daß hier auf einen Abdruck verzichtet werden mußte. Durchgängig aber zeugen diese Bemer-

[1] De ordine XIX. 51.

[2] De quantitate animae 70–80. Gott als höchste Schönheit auch Confessiones 3, 10; 10, 27.

[3] Confessiones IV.

kungen von einem starken neuplatonischen Einfluß. Wie Plotin betont Augustinus den Wert der sinnlichen Schönheit und verteidigt auch das scheinbar Häßliche als notwendigen Bestandteil übergeordneter Schönheit, denn wie das Eine und der formende Geist auch in seinen entferntesten Repräsentationen noch wirke, so wirke Gott noch im geringsten seiner Geschöpfe[4]. Auch die, freilich schon auf die Pythagoreer zurückgehende und durch Aristoteles vermittelte Ansicht, daß das Schöne nicht durch die Sinne, sondern durch den Intellekt erkannt werde, teilt Augustinus mit Plotin. Gleichheit und Maß seien die entscheidenden, vernünftigen Kriterien positiver sinnlicher Schönheit[5], und ohne Gleichheit und Maß sei nichts wirklich schön[6].

Etwa ein Jahrhundert, nachdem Augustinus mit zweifelhaftem Erfolg damit gerungen hatte, den Neuplatonismus mit dem Christentum zu versöhnen, tauchten die angeblichen Werke des mit dem Apostel Paulus in Verbindung stehenden Areopagiten Dionysios auf. Wie sich später herausstellen sollte, stammten die unter dem Namen des Dionysios eingeführten Werke aber nicht wie angenommen aus der Apostel-Zeit, sondern von einem Zeitgenossen, wahrscheinlich von Severus von Antiochia, der als erster das pseudo-dionysische Werk an die Öffentlichkeit gebracht und zitiert hatte. Obwohl schon zur Zeit ihrer Entdeckung Zweifel an der Echtheit der Schriften aufkamen, wurden sie schon bald offiziell als authentisch anerkannt und zur Autorität erklärt. Durch die lateinische Übersetzung des *Johannes Scotus Eriugena* (810–877) gewannen sie großen Einfluß auf die mittelalterliche Philosophie, bis die Humanisten erneut ihre Echtheit bestritten. Erst 1895 konnte schließlich gezeigt werden, daß »Dionysios« auf den Neuplatoniker Proklos zurückgegriffen haben mußte, so daß die Unechtheit der Schriften nicht mehr zu bezweifeln war. Merklich sind die Einflüsse des Neuplatonismus (und auch der Gnostik) im Werk des *Pseudo-Dionysios Areopagita* schon in der grundsätzlichen Scheidung der Theologie in eine positive, der biblischen Überlieferung und christlichen Dogmatik folgende, und eine negative, die auf dem

[4] De ordine 1, 7,. De quantitate animae 80. De Genesi contra Manichaeos I, 16, 25–26. Daß die Natur niemals ganz ohne Schönheit sei, ist eine Grundanschauung der Stoiker. Vgl. etwa Marc Aurel, Selbstbetrachtungen III, 2; Aetios, Placita philosophorum I, 6.

[5] De musica 6, 26; 6, XII, 38.

[6] De musica 6, XIV, 46. An anderer Stelle (Epistula 3) heißt es: »Worin besteht die körperliche Schönheit? Im richtigen Verhältnis der Teile zueinander in Verbindung mit einer gewissen Lieblichkeit der Farben.«

Weg der mystischen Versenkung zu einer erkenntnislosen Vereinigung mit einem namen- und prädikatslosen, »überunerkennbaren« (hyperágnoston)[7] Gott führt. Diese negative, mystische Theologie entwickelt aus der Plotinischen Rückwendung in das eigene Selbst und dem Aufstieg zum Einen einen alternativen Weg der Gottfindung. Freilich geschieht die Versenkung nun nicht mehr durch einen Rückzug in den Geist, sondern durch ein völliges Loslassen aller Selbstheit, auch des Erkenntnisstrebens, durch ein Aufgehen in Dunkelheit. Die Tradition verneinender Aussagen über Gott, der später Thomas v. Aquin und dann Nikolaus Cusanus mit der Lehre von der *docta ignorantia* folgen sollten, wird hier begründet. Der hier abgedruckte Abschnitt über *Das Gute, das Licht und das Schöne* aus dem um 500 entstandenen pseudo-dionysischen Werk ›Die Namen Gottes‹ zeigt deutlich platonische und neuplatonische Einflüsse. Alles Seiende existiere vermöge seiner Teilhabe am urbildlichen Sein des Guten, das wie das sichtbare Licht die Mannigfaltigkeit der Dinge zu sich hinwende und in eine geordnete Einheit zusammenschließe. Neu ist hier, daß nicht die Dinge sich dem Guten zuwenden, sondern vielmehr *das Gute sich die Dinge zuwendet,* also das Geschehen allein durch sein Dasein *notwendig* auf sich ausrichtet. Das Urbild des Lichts sei nun das Gute selbst, ein »überlichtes Licht«, ein Licht des Geistes[8]. Sein Anblick und die Liebe zu ihm eine die Seelen und stifte so Harmonie und Gemeinschaft zwischen ihnen. Weil das Gute ein Licht sei, sei es identisch mit dem Schönen, denn wie außen und innen verhielten sich das Schöne und das Gute. Weil das Schöne der Schein des Guten sei, müsse, wo das eine sei, auch das andere sein. Die Dinge seien schön und gut, weil sie teilhätten an dem einen wahrhaften Sein, dem Urbild der Schönheit und des Guten, das jeden Maßstab übersteige. Alle Schönheit in den Dingen beruhe auf der Anziehung durch das (gänzlich unerkennbare, überseiend überschöne) Urschöne und der damit verbundenen einigenden Beziehung zu anderen Dingen. Selbst das Unbelebte zeige diese Anziehung durch sein Beharrungsvermögen. Ohne selbst etwas Bestimmtes zu sein, erhaben

[7] De mystica theologia I.1.

[8] »Die Vorstellung von Gott als Licht kam aus weit zurückliegenden Traditionen. Das reicht vom semitischen Bel, vom ägyptischen Ra, vom iranischen Ahura Masda, die alle Personifizierungen entweder der Sonne oder der wohltätigen Wirkung des Lichtes sind, bis hin, natürlich, zur Platonischen Sonne der Ideen, dem Guten. Über die neuplatonische Strömung (insbesondere Proklos) gelangten diese Vorstellungen in die christliche Tradition zuerst über Augustinus und später über den Pseudo-Dionysius Areopagita.« Umberto Eco, Kunst und Schönheit im Mittelalter. München 1991.

über jede Bestimmung, sei die urbildliche Schönheit Ursprung und Halt und Vollendung, der Ermöglichungsgrund jedes Anfangs und. jedes Endes, der Bewegung wie der Ruhe. Indem die Seele, angetrieben von der durch das göttliche Licht eingegebenen Liebe, sich in sich selbst hoch zum Schönen wende, kehre sie zurück zum wahrhaften Sein.

Pseudo-Dionysios
Das Gute, das Licht und das Schöne

Und vollends, welche Worte möchte finden, wer versuchen wollte, das Wesen an sich eines Sonnenstrahls zu beschreiben! Denn das Licht stammt vom Guten und ist ein Bild der Güte. Und so wird das Gute auch mit dem Namen »Licht« gepriesen. Denn das Urbild offenbart sich in diesem Abbild. Gleichwie nämlich die alles übersteigende Güte der alles überragenden Gottheit von den höchsten und vollkommensten Wesen bis zu den untersten herabdringt und doch über allen ist – denn auch die oberen Wesen können die Überhoheit der Güte nicht überragen, und auch die unteren können aus der Umfassung nicht heraustreten – gleichwie die Güte alles erleuchtet, erschafft, belebt, zusammenhält und vollendet, gleichwie sie allen Wesen ihr Maß setzt, deren Aeon bestimmt, und deren Zahl, Ordnung, Umfassung, Ursache und Endziel ist: so erleuchtet auch das strahlende Abbild der göttlichen Güte alle Körper, die an ihr teilnehmen können. Und diese große, durch und durch lichte und immer flammende Sonne wirkt also wie ein vielgestaltetes Echo des Guten, sie hat von oben her ihr Licht ausgebreitet und läßt den Glanz ihrer unvergleichlichen Strahlen über die ganze sichtbare Welt dahinfluten, über ihre Höhen und über ihre Tiefen.

Wenn aber irgend ein Wesen nicht daran teilnimmt, so ist das nicht eine Folge kümmerlicher oder unzulänglicher Lichtspendung, sondern die Schuld jener Körper, welche wegen der Untauglichkeit zur vollen Lichtaufnahme den Segen der Güte und der Lichtstrahlen nicht für sich nützen können. Ohne Zweifel geht der Strahl durch viele Dinge dieser Art einfach hindurch und beleuchtet statt ihrer das hinter ihnen liegende. Denn es gibt nichts in der gesamten sichtbaren Welt, wohin er nicht dringen könnte, wie es der übergroßen Stärke seines ihm eigentümlichen Glanzes entspricht.

Auch zum Entstehen der sinnfälligen Körper trägt ja der Lichtstrahl bei: er bewegt sie, nährt sie, lockt und fördert sie zum Leben, vollendet, reinigt, und verjüngt sie. Das Licht ist Maß und Zahl der Jahreszeiten, der Tage und all unserer Zeit. Denn es ist gerade das Licht, von dem der göttliche Moses sagte, daß es – wenn es auch damals noch ungeformt war – auch jene erste Dreizahl unserer Tage unterschieden habe[1].

Und so wie die Güte alles zu sich hinwendet, weil sie als das Ureinheitliche und Einsmachende der Gottheit die Sammlerin aller Zerstreuten ist von Uranbeginn, so strebt auch alles nach ihr, als nach dem eigenen Ursprung und Anfang, nach seinem Halt, nach seiner Vollendung.

Das Gute ist es, daraus alles – wie die Schrift sagt – die eigene Gegenwart gewinnt: nur weil es von einer vollkommenen Ursache ins Dasein gerufen ist, kann es wirklich existieren. Das Gute ist es, auf welchem alles, was ist, zusammen gegründet bleibt – es wird dadurch, wie auf einem allgewaltig ausgreifenden Wurzelstock aufgepfropft, festgehalten, gestützt, genährt und bewahrt. Zum Guten kehrt sich alles hin, wie zum eigenen, eigentümlichen Ziel für jedes Ding, das existiert: zum Ziel, das doch alle unterschiedslos begehren, die mit Vernunft begabten geistigen Wesen durch Erkenntnis des Sinns, die mit Gefühl begabten Wesen auf den Wegen des Fühlens und der Sinne, die empfindungslosen Wesen durch die in sie eingesenkte Kraft des Lebenstriebes, endlich auch das Leblose und nur mit einfachem Sein Begabte durch seine einfache Tauglichkeit zur Teilnahme an schlicht beharrender Gegenwart.

[1] Genesis 1, 19.

In gleicher Weise als ein klares Abbild des Guten einigt und kehrt auch das Licht alles zu sich hin, zieht alles an, was sehen kann, was sich bewegen kann, was Licht in sich aufnehmen kann, was erwärmt werden oder überhaupt von Strahlen berührt werden kann. Daher auch der Name Helios, weil die Sonne alles versammelt hält[2] und auch das Zerstreute zusammenführt. Alle sinnfälligen Dinge streben zur Sonne hin, begehren in irgendeiner Weise nach ihrem Licht – sei es zur eigenen Erleuchtung oder Bewegung oder nur aus Sehnsucht, doch sehen zu können, sei es zur eigenen Erwärmung oder überhaupt zur Erhaltung der eigenen Gegenwart. [...]

[...] Es soll gezeigt werden, warum das Gute auch das Licht des Geistes genannt wird: Weil es nämlich aus allen Seelen die Unwissenheit und den Irrtum vertreibt, sowie das Gute in sie eindringt – und zugleich teilt es ihnen allen vom heiligen Lichte mit, klärt ihre geistigen Augen, löst die darüber lagernden Nebel des Irrtums in die Klarheit des Wissens auf, öffnet die Augen derer, denen die schwere Last der Finsternis die Lider zugedrückt hatte, und richtet sie auf. Auch teilt das Gute zuerst nur mäßigen Lichtglanz mit, und erst wenn die Augen gleichsam vom Lichte gekostet haben und stärker darnach verlangen, gewährt ihnen Gott auch stärkere Teilnahme und läßt die Kräfte des Guten in ihre Herzen strahlen, »weil sie viel geliebt haben«[3] und weil Gott sie immerdar ihrem Streben entsprechend nach oben zieht und die Erhobenen zu weiteren Aufschwüngen fähig macht.

Geistiges Licht wird darum dieses Gute genannt, das stärker als jedes Licht, alles Licht übertrifft: Es ist ein quellenhafter Strahl. Es ist eine alles überglänzende Lichtfülle. In ihrer schöpferischen Vollkommenheit überstrahlt sie alle, zuerst alle Geister, die über dieser Welt sind, denn sie bleibt immer

[2] Die dorische Form des Wortes ist *hálion*. Platon leitet im ›Kratylos‹ 409a diesen Namen von *halízo* mit der Bedeutung *versammeln, vereinigen* ab.

[3] Lukas 7, 47.

über alles ausgebreitet und über alles erhaben und übertrifft sie alle. Kurz: sie ist Urbild und Anfang und Leitstern des Lichtes.

Als überlichtes Licht birgt diese Quelle alle Gewalt der lichtspendenden Kräfte in sich, denn sie besitzt sie wesenhaft, seinshaft und über alles Wesen und alles Sein hinaus, eben als Quelle und im voraus. So hält sie auch alle geistigen und vernünftigen Wesen zusammen und verbindet sie mit sich und einander. Denn gleichwie Unwissenheit es mit sich bringt, daß die Irrenden sich voneinander trennen, so ist es das Eigentümliche des geistigen Lichtes, durch seine bloße Anwesenheit alle, die es erleuchtet, zu sammeln, einander ähnlich und einig zu machen, sie in Eines zu vereinigen und so zu vervollkommnen.

Das Licht des Guten hat die Kraft, alle Geister und alle Denkenden von den vielerlei verschiedenen Meinungen abzubringen und über alles Müßige hinweg zum wahrhaften Sein hinzukehren. Aus all den bunten Anschauungsbildern und halben Ähnlichkeiten – oder, besser gesagt, Phantasien – führt das Licht des Guten zu einer einzigen für alle gleichen Wahrheit, Reinheit, Erkenntnis: es sammelt die eingestaltig gewordenen in der Einhelligkeit seiner schöpferischen Strahlung.

Und nun wird eben dieses Gute, Lichte, von den Verfassern der Heiligen Schrift auch das Schöne genannt, als Schönheit bezeichnet, als das Liebste und das Liebenswerteste der Welt gefeiert – und wie immer noch die anderen geziemenden Gottesnamen lauten mögen, welche Schönheit bezeichnen, das Verleihen von Schönheit ausdrücken und deren Quelle preisen, die nur reinste, absoluteste, anmutvollste Schönheit sein kann.

Man muß aber das Schöne und die Schönheit voneinander zu unterscheiden versuchen, auch in den alles in Eins zusammenfassenden Ursachen. Denn bei allem, was ist, machen wir ja dieselbe Unterscheidung: Wir trennen in Gedanken die Teilnahme und das Teilnehmende. Wir nennen also schön, was an der Schönheit Anteil hat. Schönheit aber nennen wir die Teilnahme an jener Ursache, die alles Schöne eben zu einem Schönen macht. Das Schöne, das über allem Wesen ist, heißt aber Schönheit schlechthin. Diese ist es, die jedem Wesen nach seiner Art etwas von ihrer unerschöpflichen Urschönheit mitteilt[4], denn sie ist die Ursache der harmonischen Ordnung und des Glanzes aller Dinge.

Auch Schönheit strahlt in der Art des Lichtes über alle Wesen, umglänzt sie und dringt in sie ein, und das bloße Dasein des Strahlenquells bewirkt Mitteilung[5]. Denn es ruft und lockt immer alle zu sich, weshalb auch der Name Kalos, das Schöne, und Kallos, der Ruf, fast gleichlautend sind. Auch führt ja das Schöne stets alles in Eins zusammen. Schön wird es genannt, weil es durch und durch schön und überschön ist – weil es immer und in stets gleicher Beziehung und auf gleiche Weise schön ist (denn das Schöne ist eben durch Beziehen und Anziehen schön), und so scheint es kein Entstehen und kein Vergehen zu kennen, kein Zunehmen und kein Abnehmen, weil es nicht nach der einen Seite schön und nach der anderen Seite unschön sein kann, auch nicht bald schön, bald nicht schön, auch nicht für das eine Ding schön und für das andere häßlich, nicht an einem Orte schön und an einem anderen weniger schön, auch nicht für manche schön und für manche andere unschön: »es wird vielmehr schön genannt, weil es an und für sich selbst und in sich gleichgestaltet immer schön ist«[6] und weil es die Schönheit als Quelle von allem Schönen auf überragende Weise in sich selbst vorausbesitzt.

Im einfachen übernatürlichen Urwesen von allem Schönen hat jede Einzel-Schönheit und jedes Einzelschöne auf eingestaltige Weise sein ursächliches Vorausbestehen. Diesem Schönen verdanken alle Wesen, daß jedes in der ihm entsprechenden Weise schön ist: durch das Schöne bestehen die Harmonie des Alls, Freundschaften und Gemeinschaften.

[4] Die platonische Teilhabe der Erscheinung an der Idee.
[5] Psalm 104, 2.
[6] Symposion 211 b.

Nur durch das Schöne wird alles geeint. Urbeginn von allem ist das Schöne, wenn wir es so verstehen, weil es sich uns als die hervorbringende und alles bewegende Ursache offenbart, weil es alles durch die Liebe zur Schönheit zusammenhält.

Das Schöne ist auch ein Endabschluß von allem; auch als Endursache und als Endziel ist es liebenswert – denn alles wird um des Schönen willen.

Es ist ferner die vorbildliche Ursache: nach ihm ist alles bestimmt. Deshalb ist auch das Schöne mit dem Guten identisch: sie sind beide in Gott ein- und dasselbe. Nach jeder ursächlichen Hinsicht kann nämlich nun das Schöne und das Gute zugleich erstrebt werden – es gibt kein Wesen, das nicht an beiden zugleich seine gleichen Anteile hätte – beide sind zueinander wie außen und innen.

Ja sogar dies wird meine Rede zu sagen sich erkühnen müssen, daß auch das Nichtseiende am Schönen und Guten teilnimmt! Denn in dem ausgezeichneten Fall, in welchem Nichtsseiendes als das Nichts-Endliches-Seiende, als Verneinung aller Sondereigenschaften, also als stets über alle Wesen bleibende Gesamtheit aller Möglichkeiten verstanden und also in Gott gefeiert wird – als »Nichts-nicht« – ist es auch seinerseits schön und gut.

Dieses eine Gute und Schöne ist auf eigenartige und einartige Weise die Ursache von all dem vielen Schönen und Guten, das es gibt. Und von ihm stammen alle wesenhaften Existenzen der Dinge, die Einungen, die Unterscheidungen, die Gleichheiten, die Ähnlichkeiten, die Verschiedenheiten, die Unähnlichkeiten, die Gegensätze und Gemeinsamkeiten im Gegensatz, die Unvermischbarkeiten in der Einung und im Einen, die fürsorglichen Akte der Höherstehenden; von ihm stammt auch der wechselseitig innere Zusammenhang gleichstufiger Wesen, die Hinkehr der Tieferstehenden zu den Höheren, das unbewegliche Bleiben und das Festhalten aller Dinge an allen Dingen, die zu deren Selbsterhaltung dienen.

Und von eben daher haben schließlich auch die Gemeinschaften ihren Ursprung, wie sie jedem Wesen angemessen und allen Wesen eigentümlich sind, alle Gemeinschaften, alle harmonischen Aneinanderfügungen, alle unverwirrbaren Freundschaften und Einklänge innerhalb der gesamten Schöpfung, alle ausgleichenden Mischungen innerhalb des Ganzen der von Gott geschaffenen Welt.

Das Schöne bewirkt zuletzt auch die unaufhörbare Verbindung der Wesen, sichert alle niemals versiegende Abfolge der werdenden Dinge, alle irgendwie beständigen Verhältnisse, ja selbst alle Bewegungen der Geister, Seelen, Körper. Denn Stand und Bewegung ist für alle Wesen das Gute und Schöne, das über jedes Stehen und Bewegen erhaben ist und das jeglichem Ding seinen festen Stand anweist und alle ihm entsprechenden Bewegungsfähigkeiten ihm vereint, genau wie es seiner eigenen Art und seinem eigenen Verhältnis zu allen anderen gemäß ist.

Auch den göttlichen Geistern wird Bewegung zugeschrieben – nämlich eine kreisförmige, sofern diese Geister untereinander durch die Bande des Schönen und Guten geeint sind, und durch die unerschöpflichen Erleuchtungen, die ihnen allen daraus kommen, daß dieselbe Kraft sie beseelt. Und eine geradlinige Bewegung ist an ihnen zu erkennen, sofern sie in Fürsorge für die tieferstehenden Ordnungen immer weiter getrieben, in gerader Richtung alles durchdringen. Aber auch eine spiralförmige Bewegung: denn trotz ihrer Fürsorge für die schwächeren Wesen verbleiben sie ja stets in ihrer Selbstgleichheit, ohne aus sich jemals herauszugehen. Das ist nur möglich, weil sie die Ursache dieser ihrer Selbstgleichheit unaufhörlich umkreisen: das Schöne und Gute.

Auch die Seele bewegt sich. Für die Seele bedeutet die kreisförmige Bewegung ihr Eindringen gleichsam von außen tiefer in sich selbst, nämlich eine eigengestaltige Zusammenfassung ihrer eigenen geistigen Kräfte, die sie von Abschweifungen bewahrt, sie von der Vielheit aller äußeren Dinge hinwegwendet, zu sich selbst zurückwendet, so daß sie sich im eigenen Seelenbereich zu sammeln vermag, also zuerst im eigenen Seelengrund. Dann, da sie nunmehr eingestaltig geworden ist, strebt sie zu den durch Läuterung einartig gewordenen Mächten empor, zu den Engeln, und läßt sich von ihnen zum Schönen und Guten leiten, das über allen Wesen ist, stets Eines, stets Dasselbe, ohne Anfang und ohne Ende.

Spiralenförmig wird die Seele bewegt, insofern sie ihrer Natur gemäß von göttlicher Erkenntnis erleuchtet wird, und zwar nicht auf direkte geistige und geeinte Weise, sondern durch diskursive Schlußfolgerungen, gleichsam durch Gegensätze, die aufeinander abzustimmen sind, also durch gemischte und gegenständlich abwechselnde Tätigkeiten.

Die geradlinige Bewegung der Seele endlich ist jene, in welcher sie weder in sich selbst sich vertieft (denn das wäre, wie gesagt, die kreisförmige Bewegung) noch auch dialektisch aufnimmt und lernt (denn das wäre die spiralenförmige), sondern lehrend und wirkend in ihre Umgebung hinaustritt – aber auch da läßt sie sich von den Außendingen anregen, doch alle mannigfachen und vervielfältigenden Symbole führen sie dann wieder zu den einfachen und geeinten Begriffen des Guten und Schönen empor.

Ursache aller drei Bewegungsweisen ist also in diesem ganzen Universum immer nur das Schöne und Gute, das selbst über jedes Stehen, Ruhen, Kreisen und Bewegen erhaben ist. Es bewirkt alles dies sowohl in den Geistern und Seelen als auch in den nur mit Empfindungen begabten Wesen – und es ist noch viel mehr Ursache der Beharrlichkeiten, Stetigkeiten und Festigkeiten jedes Dinges. Das Schöne und Gute ist tatsächlich das Band, das immer alles zusammenhält und zusammenschließt, während alles in Bewegung ist und es selbst über aller Bewegung und auch über aller Stetigkeit erhaben ist. Das Schöne und Gute ist wahrhaftig dasjenige, durch welches, aus welchem, in welchem, zu welchem hin und um dessentwillen alle Stetigkeit und Bewegung in dieser Welt ist. Denn nur aus dem Schönen und Guten und nur durch das Schöne und Gute existiert alle Wesenheit, gibt es Sein und Wesen und Gegenwart und Leben – sowohl des Geistes als auch der Seele. Aus ihr stammen die kleinsten, die mittleren und die ungeheueren Größenverhältnisse der Gesamtnatur, alle Maße, alle Entsprechungen und Ähnlichkeiten und Ganzheiten, Teilbarkeiten, Vielfältigkeiten, Verknüpfungen und Beziehungen, das Allein und das Zusammen, die Einheit in der Vielheit, die Vollkommenheiten, Eigenschaften, Qualität und Quantität, die Abstände, die Vergleiche, die Unterscheidungen, Unendlichkeiten, überhaupt jedes Ende, jede Grenze, jede Ordnung, ebenso die Vorränge, Elemente, Gestalten, Wesenheiten und Mächte – das Prinzip selbst jeder Wirksamkeit, jedes Zustandes, jeder Empfindung, ja die Möglichkeit des Bedeutens von Worten, Erkenntnissen, Wissenschaften, Berührungen und Einungen: kurz alles, was ist, stammt aus dem Schönen und beruht auf dem Guten, wendet alle seine Wesensäußerungen bewußt oder unbewußt auf das Schöne und absichtlich oder unabsichtlich auf das Gute. Oder sagen wir: alles was ist und wird, ist und wird wegen des Schönen und Guten. Alles schaut nach ihm, wird von ihm bewegt, wird von ihm zusammengehalten. Um seinetwillen und durch dasselbe und in ihm hat sich jedes vorbildliche Prinzip gebildet, jede vollendende, bewirkende, gestaltende Kraft, jedes Elementare, einfach jede Grundkraft, ja das Prinzipielle überhaupt, sowie jeder Zusammenhalt und jeder Abschluß.

Mit einem Wort: die Dinge offenbaren immer nur *Möglichkeiten* des Schönen und Guten, jedes ist nur eine seiner vielen Formen – und auch alles, was kein Sein hat, ist überwesentlich im Schönen und Guten enthalten. Denn das Schöne und Gute ist die Ermöglichung von allem, ist Anfang und Ende von allem, und bleibt zugleich über jedem Anfang und über jeder Vollendung. Und aus ihm und durch ihn und in ihm und zu ihm hin ist alles, wie die Heilige Schrift sagt[7].

Alle Wesen streben also nach dem Schönen und Guten, lieben es, sehnen sich nach ihm, teils mit Verlangen, teils mit dem Bedürfnis des Schenkens. Von ihm getrieben und um seinetwillen werden die Wesen zueinander hingezogen, liebt

[7] Römer 11, 36: *in* ihm steht nicht bei Paulus.

Schlechteres das Bessere, kehrt sich ihm zu, während die gleichartigen Wesen einander um seinetwillen ihr Innerstes öffnen, einander teilhaben lassen an der gemeinschaftlichen Ordnung, an gemeinschaftlichem Gut. Um seinetwillen lieben auch die höheren fürsorglich die Niedrigergeschaffenen, und so lieben alle im Streben nach Selbsterhaltung auch den eigenen Wert. Was immer die Wesen tun und wollen, sie tun und wollen es alle im Streben nach dem Schönen und Guten. Wahrhafte Rede kann sogar kühn zu behaupten wagen, daß es das Übermaß des Urschönen und Urguten ist, welches den Urheber von allem veranlaßt, alles zu lieben, alles zu machen, alles zu vollenden, alles zusammenzuhalten, sich allem zuzuwenden und alles zu sich zu wenden – und daß auch die göttliche Liebe gütig ist durch die Gutheit des Guten.

Denn die Liebe, die in allem Seienden das Gute bewirkt, lebt und wirkt ja im Guten selbst schon überschwenglich voraus, leidet nicht, daß das Gute ohne göttliche Hervorbringung unfruchtbar in sich selbst verbleibe und bewegt den göttlichen Urheber, erregt seine Liebe, daß Er sich schöpferisch entfaltet in seiner ganzen Überfülle allschaffender Kraft. (697 c–708 b)

4. Mittelalter und Renaissance

Durch die Übersetzungen Johannes Scotus Eriugenas fand die pseudo-dionysische Vorstellung vom Lichtcharakter des Schönen Eingang in die mittelalterliche Ästhetik. Doch was als platonistische Analogie begonnen hatte, setzt sich zunächst als Identifikation sinnlicher Schönheit mit dem sichtbaren Licht fort. Nicht mehr ist jetzt die Schönheit *wie* ein Licht, sondern das sichtbare Licht wird zur Grundlage sinnlich wahrnehmbarer Schönheit. Schön sind die Dinge nun aufgrund ihrer Teilhabe an dem als göttlich verstandenen Licht und der Farbe. Alles Glänzende ist Gegenstand der Bewunderung. Ein naives Vergnügen an allem Bunten und Leuchtendem scheint sich ungehemmt Bahn zu brechen[1] und findet Ausdruck in der frühmittelalterlichen Buch- und Freskenkunst mit ihren unvermischten und strahlenden Farben. Doch auch schon der ungeformte Stoff, die reine Materie, die bei Plotin noch mit dem Schlechten und Häßlichen gleichgesetzt wurde, kann im frühen Mittelalter allein durch ihre *Anschaubarkeit,* die ihre Teilhabe am Licht verbürgt, schön erscheinen, wenn sie der Anschauung in der rechten Weise präsentiert wird: »Dieser Stein oder auch dieses Holz ist mir ein Licht« schreibt Eriugena[2]. In der Anschauung offenbart sich das Sein und die Vollkommenheit der Dinge in der Weise der Schönheit, ohne daß es einer besonderen Formung bedürfte. Die Kunst hat der Natur darum nichts voraus und kann keine Schönheit erzeugen, die nicht der natürliche Gegenstand selbst schon enthielte. Nur den Blick für diese Schönheit kann sie schärfen und so die Aufmerksamkeit auf das Wirken des Unsichtbaren im Sichtbaren lenken, denn »visibilis pulchritudo invisibilis pulchritudinis imago est« – die sichtbare Schönheit ist ein Bild der unsichtbaren[3]. Die natürlichen Dinge demonstrieren durch ihre zweckmäßige Einbindung in die göttliche Weltordnung ihre Vollkommenheit und sind eben darum schön, und auch das Formlose und Mißgestaltete hat (durch Kontrast) darin seinen Platz und hilft, den Blick auf die wahre, nichtsinnliche Schönheit zu richten. Ebenso ist auch alles vom Menschen Geschaffene dadurch schön, daß es entweder die Augen für die göttliche Wahrheit öffnet und in dieser

[1] Anschaulich beschrieben von Johan Huizinga, Herbst des Mittelalters. (1941) Stuttgart 1957, Kap. 19: Die ästhetische Empfindung.

[2] »Lapis iste vel hoc lignum mihi lumen est.« Johannes Scotus Eriugena, Super ierarchiam coelestam Sancti Dionysii I, I.

[3] Hugo von St. Victor, In Hierarchiam coelestum expositio. PL 175, 954.

Weise nützt oder sich zweckdienlich in konkrete Lebenszusammenhänge einordnet. Die Vollkommenheit des Kunstgegenstandes äußert sich gerade in seinem Gebrauchswert, und eben darin liegt auch seine Schönheit. Auch die bildliche *Darstellung* löst sich niemals vom Gebrauchsgegenstand. Selbständige Tafelbilder kommen erst im vierzehnten Jahrhundert auf, als das Erwachen des individuellen Selbstbewußtseins den anonymen mittelalterlichen Handwerker-Künstler in einen seines Namens gewissen *Artifex* verwandelt. Charakteristisch bleibt bis dahin die wohl auf Sokrates zurückgehende Ansicht *Thomas von Aquins* (1225–1274), daß, obwohl Glas als Stoff (vermöge seiner Lichtdurchlässigkeit) schöner sei als Eisen, eine Säge aus Eisen doch schöner geheißen werden müsse als eine Säge aus Glas, denn diese widerstrebe ihrem Zweck, während jene ihn erfülle[4]. Dieser Bezug des Schönen auf das Nützliche (als Modus des Guten) zieht sich durch das ganze Mittelalter, wohingegen das Verhältnis von Licht und Stoff um die Mitte des 12. Jahrhunderts mit Beginn der Gotik allmählich einer Anschauungsänderung unterliegt. Immer mehr strebt die Kunst nun einer Auflösung der Stofflichkeit durch Form und Licht entgegen. Die Massigkeit der romanischen Architektur, durch die sich das Licht nur mühsam Bahn bricht (und so den Kampf der göttlichen gegen die dämonischen Mächte symbolisiert), weicht der schwerelosen und diaphanen Struktur gotischer Baukunst, die einer universalen Verbreitung des Lichts (und dem Sieg der göttlichen Macht) Ausdruck verschafft. Licht und Farbe lösen sich aus ihrer gegenständlichen Verhaftung und verbinden sich mit der Harmonie der Zahlen. Symmetrie, Ordnung, Proportion kommen zu neuem Ansehen. Dreierlei erfordere die Schönheit, sagt Thomas, erstens *Unversehrtheit oder Vollendung* (integritas sive perfectio), zweitens das *gebührende Maßverhältnis oder Übereinstimmung* (debita proportio sive consonantia) und drittens die *Klarheit* (claritas) oder die strahlende Farbe[5]. Diese weithin beachteten und oft wiederholten Bestimmungen[6] sind die Pfeiler, auf denen die mittelalterliche Lehre vom Schönen ruht: die Vollkommenheit, das Maß und das Licht, in denen zugleich das Gute, das Wahre und das Eine (die Transzendentalien) zur Erscheinung kommen. Sachlich, sagt Thomas, seien

[4] Summa theologica I, 91, 3. Xenophon läßt seinen Sokrates sagen, daß ein Eimer Dung schön sein könne und ein goldener Schild häßlich, nämlich dann, wenn jener für seinen Zweck vorzüglich geeignet sei, dieser hingegen nicht. Memorabilia III, 8, 4–7.

[5] Summa theologica I, 39, 8.

[6] Etwa Bonaventura, De triplice via. Additamentum III; Dante, Convivio I, 5.

das Gute und das Schöne eins, begrifflich aber seien sie verschieden. Denn das Gute strebe man in seinen Besitz zu bringen, während das Schöne schon durch den bloßen *Anblick* zufriedenstelle und so nur die Erkenntnis aber nicht das Strebevermögen (appetitus) anspreche. *Pulchra enim dicuntur quae visa placent:* denn schön nenne man das, was dem Auge (und dem Ohr) gefalle[7]. In dieser Formulierung kündigt sich bereits die für die neuzeitliche Schönheits- und Kunsttheorie bedeutsam werdende ästhetische Distanz – das »interesselose Wohlgefallen« Kants – an.

Eine Neuentdeckung des platonischen und plotinischen Erbes wurde schließlich durch den Fürsten Cosimo di Medici und den von ihm geförderten Philosophen *Marsilio Ficino* (1438–1499) eingeleitet. Mit Cosimos Beistand ließ Ficino 1462 die Platonische Akademie in Florenz wiederaufleben, übersetzte während der folgenden Jahrzehnte die Platonischen, Plotinischen und Pseudodionysischen Werke ins Lateinische und verfaßte umfangreiche Kommentare dazu. Von großer Wirkung war besonders seine Übersetzung der Plotinischen Schrift über das Schöne. Ficinos Kommentare entwickeln sich oft zu selbständigen Traktaten, so auch der berühmte Kommentar zu Platons ›Symposion‹ (1469). Hier und anderswo macht Ficino wenig Unterschied zwischen Platons eigener und der neuplatonischen Lehre. Plotin gilt ihm als verbindlicher Interpret Platons und als getreuer Bewahrer der platonischen Tradition, die mit der christlichen verschmilzt und als eine kontinuierliche Überlieferungskette von Offenbarungen des einen Gottes verstanden wird. Christentum und Platonismus sind in Ficinos Philosophie fest miteinander verflochten, die Weisheit des Philosophen und die religiöse Offenbarung werden gleichgesetzt. So entsteht aus Platonismus und Christentum die *fromme Philosophie* (pia philosophia), in der die Welt und Gott, Vielheit und Einheit, anders als in der mittelalterlichen Vorstellung, nur zwei Seiten desselben sind. Die Welt erscheint nun als ein grandioses Kunstwerk, das seinen göttlichen Schöpfer überall durch seine Schönheit offenbart und an dessen Fülle teilhat. Wie bei Pseudo-Dionysios ist die Schönheit das göttliche Licht in den Dingen, ein »Blütenschmuck der Güte« Gottes, und die Schönheit der Welt die Weise, auf die Gottes Liebe seine Geschöpfe an sich zu binden sucht, in der unbelebten Materie, der lebendigen Natur, der Seele und dem Geist. Niedergeworfen durch die sich in Schwung, Leb-

[7] Summa theologica I, 5, 4 ad 1. Vgl. auch Summa I–II, 27, 1 ad 3.

haftigkeit und Anmut (actus, vivacitas et gratia) zeigende Schönheit und doch mit freiem Willen gibt sich die menschliche Seele nun selbst liebend der göttlichen Liebe hin und erlangt Erfüllung (voluptas) darin, indem sie sich von allem Materiellen befreit und in sich selbst Gott und sich in Gott erkennt, ohne daß es noch einer Vermittlung durch Zwischenglieder bedürfte. Mensch und Welt erscheinen gleichermaßen von Göttlichkeit durchdrungen, miteinander und mit Gott verbunden durch die Macht der Liebe. Licht, Schönheit, Liebe, Seele: Um diese vier Begriffe kreist die Ficinische Philosophie. Doch auch wenn der metaphysische Schönheitsbegriff der platonischen Tradition hier noch eine glückliche Anwendung findet, deutet sich bereits Neues an. Als Schwierigkeit wird nun empfunden, daß einerseits das göttliche Licht alle Dinge trifft, andererseits aber nicht alle Dinge gleichermaßen schön sind. Ficino löst dieses Problem, indem er das aktuale Erscheinen der göttlichen Schönheit abhängig macht von bestimmten vom Gegenstand zu erfüllenden, den traditionellen Kategorien entsprechenden Voraussetzungen. Zusammengesetzte Körper müßten erst durch *Anordnung, Maß und Gestaltung* (ordo, modus, species) für die Schönheit empfänglich gemacht werden, einfache Körper durch eine gewisse *Fülle* und *Reinheit* (fecunditas et claritas) und die Seele, die ihrer Natur nach schön sei, durch ihr Abwenden von den körperlichen Leidenschaften. Auch die Idee der ästhetischen Distanz, die von Thomas vorbereitet worden war, wird von Ficino fortgeführt. Die Ansicht, daß das Schöne durch den Geist, nicht durch die Sinneswahrnehmung erkannt werde, ist platonische Tradition, aber die Argumente, mit denen Ficino seine Behauptung begründet, entbehren nicht der Originalität. Daß die Schönheit eines Dinges durch das Auge genossen werde und *nur* durch das Auge, nicht aber durch die Berührung, daß in der Folge das Ding mithin nicht als *Ding*, sondern nur als *Bild* geliebt werde – in dieser Erkenntnis behauptet sich deutlicher als zuvor die *Distanz* und das Kantische Moment des Interesselosen als Wesensmerkmal ästhetischer Erfahrung.

Marsilio Ficino
Über die Liebe oder Platons Gastmahl

Die göttliche Schönheit hat in allen Dingen die Liebe, d.i. das Verlangen nach ihr selbst, erzeugt. Da eben Gott die Welt zu sich hinzieht und die Welt zu ihm hingezogen wird, so besteht eine dauernde Anziehung zwischen Gott und der Welt, welche von Gott ausgeht, auf die Welt sich überträgt und in Gott zum Abschluß kommt, demnach sozusagen im Kreislauf zu ihrem Ausgangspunkt zurückkehrt. Ein und derselbe Kreislauf also, nämlich von Gott zur Welt und von der Welt zu Gott hin, wird auf dreifache Weise benannt. Insofern er in Gott entspringt und zu ihm hinzieht, heißt er Schönheit, insofern er auf die Welt sich erstreckt und sie an sich reißt, wird er Liebe genannt; insofern er, zum Urheber zurückkehrend, diesen mit seiner Schöpfung verbindet, heißt er Genuß.

Die Liebe entspringt also aus der Schönheit und endet bei dem Genuß. [...]

Insofern Gott die Wirklichkeit aller Dinge ist und sie fördert, wird er das Gute genannt. Insofern er sie ihrer Anlage entsprechend belebt, sie hold und angenehm gestaltet, also soviel als möglich durchgeistigt, heißt er das Schöne. Insofern er die drei Erkenntnisvermögen der Seele, den Geist, das Gesicht und das Gehör, zu den Gegenständen, welche erkannt werden sollen, hinleitet, heißt er die Schönheit. Insofern er in dem Erkenntnisvermögen besteht und dieses mit dem erkannten Gegenstande verbindet, heißt er die Wahrheit. Endlich, als das Gute erschafft, lenkt und vollendet, als das Schöne erleuchtet er alle Dinge und verleiht ihnen Anmut.

[...]

Nicht unpassend verlegten die Gottesgelehrten des Altertums die Güte in den Mittelpunkt und in den Umkreis die Schönheit: die Güte nämlich in den *einen* Mittelpunkt und die Schönheit in vier Kreise. [...]

Die Güte aller Dinge ist der *eine* Gott, durch den alles gut ist; die Schönheit aber ist Strahlenglanz Gottes, welcher in jene vier um Gott sich drehenden Kreise ausgezogen ist. Dieser Lichtglanz stellt in den vier Kreisen die Formen aller Dinge dar, und diese Formen nennen wir im Engelsgeiste Ideen, in der Seele Begriffe, in der Natur Keimformen und in der Materie Formen. Mithin treten in den vier Kreisen vier Arten des Strahlenglanzes in die Erscheinung: der Strahlenglanz der Ideen in dem ersten, der Begriffe in dem zweiten, der Keimformen in dem dritten und der Formen in dem letzten.
[...]

Das Gute ist die hervorragende Wesenheit Gottes. Die Schönheit ist eine Wirkung oder ein Lichtstrahl, welcher, von ihm ausgehend, alles durchdringt: zuerst den Engelsgeist, zweitens die Allseele und die Einzelseelen, drittens die Natur, viertens die Materie der Körper. Dieser Lichtstrahl schmückt den Geist mit dem System der Ideen aus, erfüllt die Seele mit der Reihenfolge der Begriffe, stärkt die Natur mit den Keimformen und stattet die Materie mit Formen aus. Wie ein und derselbe Sonnenstrahl vier Körper, nämlich Feuer, Luft, Wasser und Erde erhellt, so erleuchtet ein Lichtstrahl Gottes den Geist, die Seele, die Natur und die Materie. Und wie ein jeder, welcher in jenen vier Elementen das Licht sieht, den Sonnenstrahl erblickt und durch ihn veranlaßt wird, zu dem erhabenen Sonnenlicht selbst aufzuschauen, ebenso schaut und liebt ein jeder, der die Herrlichkeit in diesen vier, nämlich Geist, Seele, Natur und Materie betrachtet und liebt, in jenen den Lichtstrahl Gottes und durch ihn Gott selber.
[...]

Daher kommt es, daß die Inbrunst des Liebenden nicht durch den Anblick oder die Berührung irgendeines Körpers erlischt; denn sein Verlangen ist nicht auf diesen oder jenen

Körper gerichtet, sondern auf den Lichtglanz der überirdischen Herrlichkeit, welche aus den Körpern zurückstrahlt. Dieser gilt seine Bewunderung. Darum wissen die Liebenden gar nicht, was sie ersehnen und suchen, weil sie Gott selbst nicht kennen, dessen verborgene Würze seinen Werken einen von ihm ausgehenden überaus lieblichen Wohlgeruch mitgeteilt hat, durch dessen Duft wir ohne Unterlaß angeregt werden. Den Duft nehmen wir wohl wahr, die Würze aber kennen wir nicht. Indem wir nun, durch den wahrnehmbaren Wohlgeruch angelockt, nach dem verborgenen Würzstoff verlangen, so ist uns naturgemäß der Gegenstand unseres Sehnens und das Wesen unserer Gemütsbewegung unbekannt. [...]

Was suchen nun die, welche sich gegenseitig lieben? Die Schönheit. Die Liebe ist nämlich das Verlangen, die Schönheit zu genießen. Die Schönheit ist ein Lichtglanz, welcher die menschliche Seele zu sich hinzieht. Die Schönheit des Körpers besteht ausschließlich in der Pracht der Farben und Umrisse. Die Schönheit der Seele ist leuchtende Herrlichkeit, welche auf der Harmonie von Geistesbildung und Charakter beruht. Die strahlende Schönheit des Körpers wird weder durch das Gehör noch den Geruchssinn noch den Geschmack noch den Tastsinn, sondern nur durch das Auge erkannt. Indem dieses allein sie erkennt, genießt es sie auch allein. Das Auge allein genießt also die körperliche Schönheit. Da nun die Liebe das Verlangen ist, die Schönheit zu genießen, und diese allein durch das Auge wahrgenommen wird, so findet der Liebhaber des Körpers seine Befriedigung im Sehen. Das Gelüste des Tastsinnes hingegen gehört weder zu der Liebe, noch ist es die Gemütsbewegung eines Liebenden, sondern ist eine Art von Unkeuschheit und die Verirrung eines niedrigen Menschen.

Ebenso nehmen wir die strahlende Schönheit der Seele ausschließlich durch den Geist wahr. Daher findet, wer die Schönheit der Seele liebt, seine Befriedigung einzig in der geistigen Betrachtung.

Mit einem Wort, die Liebenden tauschen Schönheit gegen Schönheit aus. Der Ältere genießt mit den Augen die Schönheit des Jüngeren, und der Jüngere genießt geistig die Schönheit des Älteren. Wer nun bloß körperlich schön ist, der erlangt durch diesen Umgang die Schönheit der Seele, und wer nur diese letztere besitzt, der weidet seine Augen an der körperlichen Schönheit. Geradezu wunderwirkend ist dieser Austausch für beide, dazu wohlanständig, ersprießlich und angenehm. Die Wohlanständigkeit ist für beide Teile gleich; denn gleich ehrbar ist Lernen und Lehren. Die Annehmlichkeit ist für den Älteren größer, da er sich an der äußeren Erscheinung und auch an der geistigen Fähigkeit erfreut. Dem Jüngeren hingegen kommt die größere Ersprießlichkeit zugute. Denn in dem Maße die Seele vorzüglicher ist als der Leib, um so viel wertvoller ist das Erlangen geistiger, als körperlicher Schönheit. [...]

Platon bestimmt im Philebos die Glückseligkeit als Freisein von jedem Mangel, und dies ist gleichbedeutend mit allseitiger Vollkommenheit. Es gibt nämlich eine innere und eine äußere Vollkommenheit: die innere nennen wir Güte, die äußere Schönheit. Was aber in jeder Hinsicht gut und schön ist, nennen wir im höchsten Maße glückselig. Diesen Unterschied erblicken wir in allen Dingen. So erzeugt nach der Ansicht der Naturkundigen in den Edelsteinen die wohlabgestimmte innere Mischung der vier Elemente den angenehmen äußeren Glanz. Auch den Kräutern und Bäumen verleiht die den Wurzeln und dem Mark innewohnende Fruchtbarkeit die mannigfaltige Pracht der Blüten und Blätter. Bei den Lebewesen bringt die gesunde Beschaffenheit der Säfte die ansprechende Erscheinung der Färbung und der Züge hervor. Die treffliche Veranlagung des Geistes äußert sich am herrlichsten in der Schönheit der Rede, der Gebärden und Handlungen. Auch die Himmelssphären umstrahlt ihre erhabene Substanz mit hellstem Lichte. Bei allen diesen Dingen bringt die innere Vollkommenheit die äußere hervor, und zwar bezeichnen wir jene als Güte, diese als Schönheit.

Eben darum gilt uns die Schönheit als der Blütenschmuck der Güte. Durch den Reiz dieser Blütenpracht lockt die innen verborgene Güte gleichsam als durch einen Köder die Beschauer. Weil nun unsere Vernunfterkenntnis mit den Sinnen beginnt, würden wir niemals die in den Dingen verborgene Güte wahrnehmen und erstreben, wenn wir nicht durch die Merkmale der äußeren Schönheit zu ihr hingeleitet würden. Darin eben zeigt sich die wunderbare Ersprießlichkeit der Schönheit und des Eros, ihres Begleiters.

Nach meiner Meinung ist nun hinreichend dargelegt, daß zwischen Güte und Schönheit der gleiche Unterschied besteht wie zwischen Samen und Blüte. Wie die Blüten, welche ja aus dem Samen der Bäume entsprossen sind, wiederum Samen hervorbringen, so leitet die Schönheit als Blütenkrone der Güte, da sie aus dem Guten entspringt, die Liebenden auch zum Guten zurück. [...]

Die Nahrung der Seele ist die Wahrheit. Sie zu finden, dienen die Augen; sie zu lernen, die Ohren. Daher trägt die Seele Verlangen nach dem, was zum Verstande, zum Geist und zum Gehör in Beziehung steht, um ihrer selbst willen als nach ihrer Nahrung. Was hingegen auf die drei übrigen Sinne einwirkt, ist vielmehr zur Stärkung, zur Ernährung und Erzeugung des Körpers notwendig. Folglich tut sich die Seele nicht um ihrer selbst, sondern um eines anderen, nämlich des Körpers willen, nach ihnen um. Wir sind der Meinung: die Menschen lieben das, was sie um ihrer selbst willen begehren; was sie aber um eines anderen willen erstreben, lieben sie nicht im eigentlichen Sinne. Demnach behaupten wir mit Recht, daß die Liebe ausschließlich zu den Wissenschaften, den Gestalten und den Tönen Beziehung habe. Darum wird auch allein der Liebreiz, welcher in diesen drei, nämlich dem geistigen Vermögen, den Gestalten und den Tönen findet, weil er am meisten die Seele anruft, als »kalos« bezeichnet, was Anrufung bedeutet – es stammt nämlich vom Zeitwort, welches »kaleo« heißt und »anrufen« bedeutet –; das griechische »kalos« aber bedeutet »Schönheit«. Liebenswert erscheint uns der reine und edle Charakter der Seele, liebenswert die schöne Gestalt des Körpers, liebenswert die Harmonie der Töne. Da die Seele diese drei Qualitäten als etwas ihm Anstehendes und sozusagen Unkörperliches höher als die drei übrigen schätzt, so ist es natürlich, daß er begieriger nach ihnen verlangt, mit höherer Inbrunst sie ergreift und mit größerer Hingebung sie bewundert. Dieser Liebreiz der Tugend, der Gestalt oder Stimme, welcher die Seele durch Verstand, Gesicht und Gehör zu sich hinruft und hinzieht, wird mit Recht Schönheit genannt. [...]

Nach alledem muß die Schönheit mit der Tugend, den Gestalten und Tönen ihr Wesen gemein haben. Wir würden nicht alle drei als schön bezeichnen, gälte nicht für alle zusammen eine gemeinsame Bestimmung der Schönheit. Daraus geht hervor, daß das Wesen der Schönheit nicht in Körperlichem bestehen kann. Denn wäre dies der Fall, so würde sie nicht den Tugenden der Seele, welche unkörperlich sind, zukommen. Die Körperlichkeit ist sogar in dem Sinne von der Schönheit ausgeschlossen, daß nicht nur die den geistigen Vorzügen, sondern auch die den Körpern und den Tönen innewohnende Schönheit unkörperlich sein muß. Wenn wir auch etliche Körper als schön bezeichnen, so sind sie doch nicht ihres Stoffes wegen schön. Denn ein und derselbe menschliche Körper ist wohl heute schön, morgen aber vielleicht durch einen Unfall häßlich; es muß also ein Unterschied zwischen Körperlichkeit und Schönheit bestehen[1]. Auch sind die Körper nicht durch ihre Größe schön; denn große sowohl wie kleine Körper können als schön erscheinen[2]; je nachdem können die großen mißgestaltet und die kleinen schön, und umgekehrt die kleinen häßlich und die großen sehr wohlgestaltet sein. Mitunter trifft es auch zu,

[1] Plotin, Enneade I, 6; vgl. S. 58.

[2] Daß die Schönheit in der Größe bestehe: Aristoteles, Poetik 1450b, Metaphysik 1078b.

daß bei großen und kleinen Körpern die Schönheit die gleiche ist. Wenn also öfters bei gleichbleibender Größe die Schönheit durch einen Zufall sich ändert, und bei wechselnder Größe die Schönheit gleich bleibt, dazu auch bei großen und kleinen Körpern gleich erscheint, so müssen deshalb ganz gewiß Schönheit und Größe etwas durchaus Verschiedenartiges sein. Wenn nun auch die Schönheit eines jeden Körpers in seinem Umfange gewissermaßen körperlich bestände, so würde sie dennoch das Wohlgefallen des Beschauers nicht erregen, insofern sie körperlich ist. Denn die Seele findet nicht Gefallen an der Erscheinung einer Person im Hinblick auf den äußerlichen Stoff, sondern insofern sie deren Abbild durch den Gesichtssinn aufnimmt. Das Abbild im Gesicht und in der Seele kann, da diese beiden unkörperlich sind, nicht körperlich sein. Wie könnte wohl die kleine Pupille des Auges den großen Himmelsraum in sich aufnehmen, wenn dies in körperlicher Weise geschähe? Ganz und gar nicht. Der Geist aber nimmt in einer Punktualität den ganzen Umfang eines Körpers in geistiger Weise als unkörperliches Abbild auf. Er findet schlechterdings nur Gefallen an einer Erscheinung, welche er erfaßt; und wenn diese auch das Abbild eines Körpers der Außenwelt ist, so ist sie nichtsdestoweniger in der Seele unkörperlich. Die unkörperliche Form ist es also, welche Gefallen findet; was gefällt, ist liebenswert; das Liebenswerte ist schön. Daraus folgt, daß die Liebe sich auf etwas Unkörperliches bezieht, und daß die Schönheit vielmehr eine geistige Vorstellung eines Dinges, als eine körperliche Erscheinung ist.

Einige sind der Meinung, die Schönheit bestehe in einer bestimmten Anordnung oder in einem ebenmäßigen Verhältnis sämtlicher Glieder, gepaart mit zarter Abtönung der Farben. Dieser Ansicht pflichten wir deshalb nicht bei, weil eine derartige Anordnung der Teile nur bei zusammengesetzten Gegenständen möglich ist, und demnach nichts Einfaches schön sein könnte[3]. Wir bemerken jedoch, daß die reinen Farben, die Lichtstrahlen, eine einzelne Stimme, das

[3] Das Plotinische Argument aus Enneade I, 6; vgl. S. 59.

Funkeln des Goldes und der lichte Glanz des Silbers, die Wissenschaft, die Seele, der Geist und Gott, alles einfache Substanzen, schön sind, und wir erfreuen uns daran in hohem Maße als an etwas sehr Schönem. Ferner umfaßt jenes Ebenmaß alle Glieder des zusammengesetzten Körpers derart, daß es nicht in einem einzelnen Gliede für sich, sondern in ihrer Gesamtheit besteht. Den einzelnen Körperteilen für sich würde demnach die Schönheit nicht zukommen. Jedoch beruht das Ebenmaß der ganzen Zusammensetzung auf den Teilen. Hieraus ginge nun eine Ungereimtheit hervor, indem nämlich Dinge, welche an sich selbst nicht schön sind, die Schönheit zutage fördern sollten. Zuweilen kommt es auch vor, daß das Maß und Verhältnis der Glieder das gleiche bleibt und dennoch der Körper nicht mehr das gleiche Wohlgefallen erregt wie vordem. Heute ist wohl die Gestalt eures Leibes dieselbe wie vor einem Jahre, aber der Liebreiz ist nicht mehr der gleiche. Nichts altert später, als die Gestalt, und nichts schwindet früher hin, als der Liebreiz. Darum sind offenbar Gestalt und Schönheit nicht ein und dasselbe. Öfters bemerken wir auch an einem Gegenstand eine regelmäßigere Anordnung der Teile, als an einem anderen, und trotzdem gilt – man kann nicht sagen weshalb – der letztere für wohlgestalteter und erweckt leidenschaftlichere Liebe. Dies weist uns darauf hin, daß die Schönheit in etwas anderem besteht, als in der Anordnung der Teile.

Der gleiche Beweisgrund lehrt uns, nicht zu mutmaßen, die Schönheit bestehe in der zarten Abtönung der Farben. Häufig ist bei einem alten Individuum die Farbe lichter, und doch ist bei einem jungen der Liebreiz größer. Auch bei Gleichaltrigen kommt es öfters vor, daß der eine gegenüber dem anderen in der Farbe den Vorzug besitzt, ihm aber sonst an Liebreiz und Schönheit nachsteht. Daher vermesse sich niemand zu der Behauptung, die Schönheit bestehe in einer Vereinigung von Gestalt und Farbe! Denn dann wären weder die Wissenschaften noch die Töne, welche ja der Gestalt und der Farbe entbehren und ebensowenig die Farben und Lichtstrahlen, welchen die bestimmte Gestalt abgeht, liebenswert. Zudem ist die Begierde eines jeden befriedigt, wenn er besitzt, was er begehrte. So sind Hunger und Durst durch Speise und Trank zu stillen. Die Liebe hingegen ist weder durch Anblick noch durch körperliche Berührung zu befriedigen; sie sucht also keine körperlichen Wesen, sondern allein die Schönheit. Daraus folgt, daß diese nichts Körperliches sein kann. [...]

Die alles überragende göttliche Macht gießt dem Weltall, den Engeln und den von ihr geschaffenen Seelen, gleichsam als ihren Kindern, huldvoll diesen ihren Lichtstrahl ein, welchem die Kraft innewohnt, alles hervorzubringen. Dieser göttliche Lichtstrahl stellt in jenen, weil sie Gott näher sind, die Ordnung und das Gefüge des ganzen Weltalls viel deutlicher dar, als in der Weltmaterie. Daher ist auch die Darstellung des Weltalls, welche wir vollständig in den Engeln und den Seelen erkennen, bedeutend ausdrucksvoller. In ihnen befindet sich das Bild einer jeden Sphäre, der Sonne, des Mondes, der Gestirne, der Elemente, der Steine, Bäume und Lebewesen. Diese Bilder heißen in den Engeln Urbilder oder Ideen, in den Seelen Verstandesbegriffe und Vorstellungen, in der Materie Abbilder und Formen. Diese Darstellungen treten deutlich in der Welt zutage, deutlicher in der Seele, am deutlichsten aber im Engel. Ein und dasselbe Angesicht Gottes strahlt also aus drei der Reihe nach aufgestellten Spiegeln zurück, aus dem Engel, der Weltseele und dem Weltkörper, und zwar aus dem ersten als dem nächsten am deutlichsten, aus dem zweiten entfernteren weniger deutlich und aus dem dritten als dem entferntesten recht verworren.

Der heilige Engelsgeist spiegelt sich, von keinem körperlichen Dienste behindert, in sich selbst wieder und schaut, in seinem Inneren ausgeprägt, das Angesicht Gottes, schaut es mit Staunen und vereint sich ihm mit großer Inbrunst auf ewig. Diesen Liebreiz des göttlichen Angesichtes nennen wir Schönheit, und Liebe die Inbrunst des Engels, welche ganz am Angesichte Gottes haftet. Wollte Gott, liebe Freunde, daß auch uns so geschähe! Doch unsere Seele neigt sich, da sie nun einmal vom irdischen Leibe umgeben ist, dem Dienste des Körpers zu. Beschwert von dieser Neigung, vergißt sie des Schatzes, welchen sie in ihrem Busen birgt. In den Erdenleib verstrickt, bringt sie lange Zeit in der Knechtschaft des Körpers zu[4]; auf diese Verrichtung wendet sie den Sinn, ja sogar den Verstand über Gebühr. Daher kommt es, daß die Seele zu dem Lichte des göttlichen Angesichtes, welches unaufhörlich in ihr strahlt, nicht eher aufschaut, als bis der Körper ausgewachsen ist und der Verstand erwacht, mit welchem sie Gottes Angesicht zu betrachten vermag, wie es sichtbar im Triebwerk der Welt sich spiegelt. Durch diese Betrachtung erhebt sie sich zur Anschauung des Angesichtes Gottes, welches in ihrem Inneren erstrahlt. Weil nun das Antlitz des Vaters den Kindern teuer ist, so muß das Angesicht Gottes, des Vaters, den Seelen überaus liebenswert sein. Den Glanz und den Liebreiz dieses Angesichtes muß man, ob er nun im Engel, in der Seele oder in der Weltmaterie sich darstellt, als die universale Schönheit bezeichnen, und das Verlangen, welches darauf sich richtet, ist die allumfassende Liebe. Wir zweifeln nicht daran, daß diese Schönheit unkörperlich ist; denn im Engel und in der Seele ist sie offenbar nicht körperlich, und überdies haben wir ja eben dargetan, daß sie in den Körpern unkörperlich ist.

Nun können wir verstehen, daß das Auge nichts anderes sieht, als das Licht der Sonne, weil die Gestalten und Farben der Körper, nur wenn sie vom Licht beleuchtet sind, wahrgenommen werden können. Sie berühren mit ihrer Materie nicht das Auge, und trotzdem scheint es, als müßten sie sich in den Augen befinden, um von diesen gesehen zu werden. Das *eine* Sonnenlicht also stellt sich, ausgeschmückt mit den Farben und Gestalten aller Körper, auf welche es fällt, den Augen dar. Diese nehmen mittels eines ihnen eigentümlichen Strahles das so beschaffene Sonnenlicht auf und sehen dadurch das Licht selbst mit allem, was in ihm sich darstellt. Daher nehmen wir die ganze Beschaffenheit der sichtbaren Welt nicht, wie sie in der Materie der Körper besteht, wahr, sondern so, wie sie in dem Lichte, welches in die Augen

[4] Vorbild ist hier der Mythos vom Sturz der Seelen aus Platons ›Phaidros‹; vgl. S. 30ff.

einströmt, erscheint. In diesem Lichte ist sie, weil von der Materie abgesondert, notwendig körperlos. Dies geht schon aus der unkörperlichen Beschaffenheit des Lichtes hervor, welches ja in einem Augenblick von Osten bis Westen fast das ganze Weltall erfüllt, in jeder Richtung die Körperlichkeit der Luft und des Wassers widerstandslos durchdringt und sich sogar über Unrat ausbreitet, ohne sich zu verunreinigen. Diese Eigenschaften sind mit dem Wesen des Körpers unvereinbar. Der Körper bewegt sich nicht im Augenblick, sondern im Verlaufe der Zeit; auch durchdringt kein Körper den anderen ohne Verletzung seiner selbst oder des anderen oder beider. Ferner trüben sich zwei Körper, wenn sie sich vermischen, bei ihrer gegenseitigen Berührung, wie wir dies bei der Vermengung von Wasser und Wein, Feuer und Erde beobachten. Also ist das Sonnenlicht unkörperlich und nimmt die Gegenstände nur in ihrem Wesen entsprechender Art auf. Die Farben und Formen der Körper nimmt es mithin in unkörperlicher Weise auf und wird in gleicher Weise von den Augen aufgenommen und gesehen. So kommt es, daß diese ganze Herrlichkeit der Welt, das dritte Angesicht Gottes, durch das Sonnenlicht sich den Augen unkörperlich darstellt.

[...]

Aus alledem folgt, daß aller Liebreiz des göttlichen Angesichtes, welcher als die allumfassende Schönheit bezeichnet wird, nicht nur im Engel und der Seele, sondern auch in der sichtbaren Erscheinungswelt unkörperlich ist. Nicht nur in seiner Gesamtheit lieben wir, von Bewunderung erfüllt, dieses Angesicht, sondern auch seine Teile. Hieraus entspringt besondere Liebe zu besonderer Schönheit. So fassen wir Zuneigung zu einem bestimmten Menschen als zu einem Gliede des Weltganzen, besonders wenn in ihm der Funke der göttlichen Herrlichkeit deutlich aufleuchtet. Diese Neigung entspringt aus zwei Ursachen: einmal, weil das Abbild des väterlichen Angesichtes uns wohlgefällt, dann, weil die Form und Gestalt des wohlgestalteten Menschen vorzüglich mit dem Typus oder Begriff des menschlichen Geschlechtes übereinstimmt, welchen unsere Seele von dem Urheber des All empfangen hat und in sich bewahrt. Daher wird die äußere Erscheinung des Menschen, sowie sie, durch die Sinne wahrgenommen, in die Seele eingeht, sogleich mißfallen und Abneigung erregen, wenn sie mit dem Bilde, das die Seele von Anbeginn in sich trägt, nicht übereinstimmt. Entspricht sie aber demselben, so erweckt sie Wohlgefallen und, weil sie schön ist, Liebe. Daher kommt es, daß bestimmte Individuen uns bei der ersten Begegnung sogleich gefallen oder mißfallen, ohne daß wir uns des Grundes bewußt sind. Denn die Seele, welche durch den Dienst des Körpers behindert ist, blickt nicht bewußterweise auf die ihr wesentlich innewohnenden Formen hin; vielmehr stimmt infolge einer natürlichen, nicht zum Bewußtsein kommenden Harmonie oder Disharmonie die Form des Gegenstandes der Außenwelt, wenn sie durch ihr Abbild mit der Form desselben Gegenstandes, welche der Seele eingebildet ist, zusammentrifft, mit dieser je nachdem überein oder nicht, und infolge dieser unbewußten abstoßenden oder zusagenden Berührung wird die Seele zu Abneigung oder Zuneigung dem Gegenstande gegenüber bestimmt. [...]

Worin besteht nun, mit einem Wort, die Schönheit des Körpers? In einer bestimmten Aktualität[5], Lebhaftigkeit und Anmut, welche im Körper unter dem Einflusse seiner Idee erstrahlt. Dieser Lichtglanz steigt nicht zu der Materie hinab, bevor sie nicht in angemessener Weise zugerichtet ist. Diese Zubereitung vollzieht sich durch drei Faktoren: die Anordnung, das Maß und die Gestaltung[6]. Die Anordnung bestimmt die Abstände der Teile, das Maß die Größe, die Gestaltung die Umrisse und die Farben. Denn vorerst ist es notwendig, daß alle Glieder eines Körpers ihre natürliche Lage haben: nämlich daß die Ohren, die Augen, die Nase

[5] *actus,* eher: Schwung, Bewegung.
[6] Nach Augustinus, De civitate Dei, V, 11; Aristoteles, Metaphysik 1078 b.

und die übrigen Körperteile an ihrem Platze sind, daß die Augen sich beide in gleichem Abstande von der Nase, und die Ohren sich beide in gleicher Entfernung von den Augen befinden. Diese ordnungsmäßige Gleichheit der Abstände genügt aber noch nicht, wenn nicht das Maß der Teile hinzukommt, welches jedem Gliede die gehörige Größe, entsprechend dem Gleichmaße des gesamten Körpers, anweist. Dieses besteht beispielsweise darin, daß drei Nasenlängen der Länge des ganzen Gesichtes gleichkommen, ebenso daß die beiden Halbkreise der Ohren zusammen den Kreis des geöffneten Mundes ausmachen; das gleiche sollen die Augenbrauen, miteinander verbunden, tun. Die Länge der Nase soll die Länge der Lippen und gleichermaßen des Ohres, die beiden Rundungen der Augen sollen der Öffnung des Mundes gleich sein. Acht Kopflängen und gleichermaßen die Spannung der Arme und der Beine sollen die Länge des ganzen Körpers ausmachen. Außerdem halten wir noch die Gestaltung für erforderlich, damit die kunstvollen Züge der Linien, die Falten und der Glanz der Augen der Anordnung und dem Maße der Teile zur Zier gereichen. Diese drei können, obwohl sie sich in der Materie befinden, dennoch nicht Teile des Körpers sein. Die Anordnung der Körperteile ist kein Körperteil; denn sie besteht in der Gesamtheit der Körperteile, und kein einzelner Körperteil findet sich in der Gesamtheit der Körperteile noch einmal vor. Dazu kommt noch, daß die Anordnung nichts anderes als der angemessene Abstand der Teile untereinander ist. Dieser Abstand ist entweder gleich Null oder ein leerer Raum oder ein Zug von Linien. Wer dürfte aber wohl die Linien, da sie der Breite und Tiefe, der notwendigen Merkmale des Körpers entbehren, für Körper halten? Ferner ist das Maß keine Größe, sondern der Grenzbegriff derselben. Die Grenzen sind Flächen, Linien und Punkte, welche, als der Tiefe entbehrend, nicht für Körper gelten können. Ebensowenig verlegen wir die Gestaltung in die Materie, sondern in die gefällige Harmonie von Licht, Schatten und Linien. Hieraus geht hervor, daß die Schönheit durchaus von der körperlichen Materie unterschieden ist und sich ihr nur mitteilt, wenn sie durch die drei beschriebenen Vorbereitungsarten empfänglich gemacht ist. [...]

In ziemlich der gleichen Weise vollzieht sich die Vorbereitung der Töne zum Empfange der ihnen eigentümlichen Schönheit. Ihre Anordnung besteht in dem Aufsteigen vom Grundton bis zur Oktave und dem Absteigen von dieser zum Grundton; das Maß besteht hier in dem richtigen Fortschreiten durch die Terz, Quarte, Quinte und Sexte mit ganzen und halben Tönen; die Gestaltung besteht in der melodischen Stimmung des reinen Tones.

Durch diese Dreiheit werden, als durch drei Elemente, die aus einer Vielheit von Teilen bestehenden Körper, wie Bäume und Lebewesen, und gleichermaßen die polyphone Vereinigung der Stimmen zur Aufnahme der Schönheit empfänglich gemacht. Die einfachen Körper hingegen, als da sind die vier Elemente, die Steine und Metalle, ebenso wie die einzelnen Töne, gelangen durch eine bestimmte gemäßigte Ausgiebigkeit und Reinheit ihres Wesens zur Vorbereitung für die Schönheit. Die Seele aber ist schon von Natur für diese eingerichtet, hauptsächlich deshalb, weil sie Geist und ein Gott nahestehender Spiegel ist, aus welchem, wie wir vorhin bemerkten, das Bild des göttlichen Angesichtes zurückstrahlt. Wie man nun zum Golde nichts hinzuzufügen braucht, damit es schön erscheine, sondern nur die Schlacken entfernen muß, so bedarf die Seele, um schön zu erscheinen, keiner Zutat, sondern muß nur von der so drückenden Sorge und Mühe um den Körper und von der Unruhe der Begierde und Furcht ablassen, und sogleich wird ihre wesenhafte Schönheit zutage treten.

Damit jedoch unsere Rede nicht zu weit von unserem Gegenstande abschweife, wollen wir in Kürze aus dem eben Gesagten den Schluß ziehen: die Schönheit ist ein bestimmter lebensvoller und unkörperlicher Liebreiz, welcher durch den göttlichen Lichtstrahl zuerst dem Engel, dann den Seelen der Menschen und endlich den körperlichen Gestalten und den Tönen eingegossen wird. Dieser Liebreiz erregt durch Vermittelung des Verstandes, des

Gesichtes und des Gehörs unsere Seele, reißt sie in der Entzückung fort und begeistert sie im Hinreißen zu glühender Liebe.

5. Von Leone Ebreo bis Shaftesbury

Im Anschluß an Ficino wurde Italien von einer Flut von Traktaten über das Schöne und die Liebe überschwemmt, die erst am Ende des 16. Jahrhunderts allmählich verebben sollte. Der philosophisch bedeutendste unter ihnen, die ›Dialoghi d'amore‹ des *Leone Ebreo* (oder Jehuda Abravanel, 1465–ca. 1525) erschien 1535 in Rom[1]. Nun nicht mehr aus christlicher, sondern aus orthodox jüdischer Perspektive heraus entwirft Leone eine in blendenden poetischen Bildern gefaßte Kosmologie, in der der platonistische Liebesbegriff und die jüdische Gottverbundenheit eine Synthese eingehen. Der Urheber aller Schönheit ist Gott, der Schöpfer, der als *bello bellificante,* als schönmachendes Schönes, dem bello bellificato, dem schöngemachten Schönen der natürlichen Welt gegenübersteht. Die in der Renaissance sich durchsetzende Wertschätzung künstlerischer Formung äußert sich bei Leone nicht nur in der Gleichstellung von Kunst- und Naturschönheit, sondern auch in der Bezeichnung Gottes als dem »höchsten Werkmeister der Welt«[2]. Vermöge ihrer sich nicht durch Proportion, sondern durch Licht und Farbe äußernden (platonischen) *Form* nehme jedes geschaffene Ding an der göttlichen Schönheit teil. Die natürlichen Dinge erhielten ihre Form unmittelbar aus der Weltseele, dem Geist des göttlichen Künstlers, dem sie sich liebend zuwendeten, die Werke der Kunst aus dem menschlichen Geist, dessen Weisheit ein Abbild der göttlichen Schönheit sei. So sei die Schönheit der körperlichen Dinge nur der Widerschein der geistigen Welt, der von der zwischen Geist und Körper vermittelnden Seele, wenn sie eine gewisse Bildung erreicht habe, erkannt werde und die Liebe zu ihrem eigenen Ursprung in ihr erwecke. Dann steige die Seele von den körperlichen zu den geistigen Schönheiten, den Tugenden und Wissenschaften, auf bis zur höchsten Schönheit, der Quelle aller irdischen Schönheit, alles Lebens und alles Seins. Wie die Welt aus Gottes Liebe hervorgehe, so führe seine Liebe die Welt durch die Schönheit auch wieder zu ihm zurück. Ziel jeder Schönheit sei die Vollendung des Weltganzen. In der Wiedervereinigung von Gott und Welt schließe sich ein kosmologischer Kreislauf, in dem Gott seine

[1] Leone Ebreo, Dialoghi d'amore. Hg. v. Carl Gebhardt. Heidelberg 1929. Dem italienischen Text geht in dieser Ausgabe eine ausführliche deutsche Einleitung voraus, in der Gebhardt den Text zu großen Teilen paraphrasiert und übersetzt. Eine vollständige deutsche Übersetzung liegt bis heute nicht vor.

[2] Dialoghi II, 100a. Vgl. auch II, 72b, und III, 106b.

Vollendung in der Welt und die Welt ihre Vollendung in Gott finde.

Gänzlich unabhängig von der von Ficino ausgehenden neuplatonistischen Strömung entwickelte sich schon während des 15. Jahrhunderts erstmals eine eigenständige, *praxisorientierte Kunst*theorie. *Nikolaus von Kues* (1401–1464) strebte nach einer Versöhnung von Geist und Sinnlichkeit und faßte die Erkenntnis als Begegnung des Intellekts mit der nun in ihrer Eigenwertigkeit erfaßten Erscheinungswelt[3]. Die genaue Beobachtung der Natur, der sowohl die Scholastiker als auch die Platoniker einen geringen Wert zugemessen hatten, kann so für *Leon Battista Alberti* (1404–1472) und *Leonardo da Vinci* (1452–1519) nach dem Vorbild der antiken Kunst wieder zur Grundlage künstlerischen Schaffens werden. Mit der Entdeckung der Perspektive erscheint die Natur als gesetzmäßig nach mathematischen Prinzipien geordnet und so dem sie erkennenden Geiste ähnlich. Eben darin bestehe auch ihre Schönheit, und der Künstler lerne durch Erfahrung und Übung, die mathematischen Gesetze als in der Natur vorfindliche Ideen zu erkennen und ihr Walten in der Natur so zur Darstellung zu bringen, daß er zu ihrem zweiten Schöpfer werde. So stehen sich Wissenschaft und Kunst nicht mehr als getrennte Bereiche gegenüber, sondern fallen zusammen. Niemand, der die Malerei mißachte, heißt es mit neuem Selbstbewußtsein, könne die Philosophie und die Natur lieben[4]. Die Gesetzlichkeit äußere sich in der Übereinstimmung (concinnità) und Verhältnismäßigkeit (proporzionalità) aller sichtbaren Qualitäten, der Formen und Farben[5]. So bleibt die enge Bindung zwischen dem Schönen und dem Wahren bestehen. Da aber auf eine metaphysische Begründung des Schönen nun ganz verzichtet wird, kann sich das Schöne erstmals von seiner Bindung an das Gute befreien und als sinnliche Qualität behaupten.

Mit der cartesischen Neubegründung der Wissenschaften im 17. Jahrhundert tritt auch die Theorie des Schönen in eine neue Phase ein. Der Hang zum System, der sich nun ausbreitet und eine Ortsbestimmung aller Erscheinungen und somit ihre Ableitung aus einfachen Prinzipien verlangt, macht auch vor dem Schönheitsempfinden nicht halt. Wie die Kunsttheorie der Renaissance zieht auch die klassizistische Ästhetik des 17. Jahrhunderts keine scharfe Trennlinie zwischen Wissenschaft und Kunst, dem Wahren und

[3] Idiota de sapientia III, 5; III, 7.
[4] Leonardo da Vinci, Philosophische Tagebücher. Hamburg 1958, S. 83.
[5] Alberti, De re aedificatoria IX, 5.

dem Schönen. Das einflußreichste und zugleich repräsentative Regelwerk dieser Zeit, *Nicolas Boileaus* (1636–1711) ›Dichtkunst‹ (L'art poétique) von 1674, ist ein Versuch, die Künste streng wissenschaftlich nach festen Prinzipien und gemäß der Vernunft zu ordnen. Nach Boileau ist nichts schön außer dem Wahren, und allein das Wahre ist der Zuneigung würdig[6]. Prinzip des Wahren in der Kunst sei die getreue Nachahmung der Natur, die sich jeder Übertreibung oder Verzerrung, aber auch, und das ist entscheidend, jedes Verstoßes gegen den *bon sens,* den guten Geschmack, enthalten müsse. Nicht die Natur, wie sie an sich selbst sei, soll also zur Darstellung gebracht werden, sondern die vernünftige, maßvolle, gesellschaftsverträgliche Natur. So vertritt Boileau in der ›Querelle des Anciens et des Modernes‹ energisch die Seite der »Alten«, indem er die klassische Kunst der Griechen zum Ideal von Richtigkeit und Ordnung erklärt. Das klassizistische Ideal bestimmte die französische und über *Johann Christoph Gottscheds* Vermittlung auch die deutsche Ästhetik bis in die Mitte des 18. Jahrhunderts hinein. Noch *Charles Batteaux'* 1746 erschienene ›Einschränkung der Künste auf einen einzigen Grundsatz‹[7] steht, wie schon der Titel erkennen läßt, fest auf dem Boden des Klassizismus. Währenddessen blieb aber die klassizistische Lehre nicht unangefochten. Schon 1687 hatte *Dominique Bouhours* die Freiheit der Phantasie gegen das Ideal der Richtigkeit ins Feld geführt[8] und damit bereits eine Entmachtung des Verstandes vorbereitet, die dann 1719 durch *Jean Baptiste du Bos* vollzogen wurde. In den ›Kritischen Reflektionen über die Poesie und die Malerei‹[9] führte du Bos einen scharfen Angriff auf die klassizistische Regelgläubigkeit und stellte dem Verstand das Gefühl (sentiment) als die eigentliche und unabhängige Grundkraft entgegen. Das Prinzip des Schönen wird nun der Erfahrung nicht mehr durch die vermeintlichen Gesetze der Vernunft vorgeschrieben, sondern soll nun umgekehrt aus der Erfahrung erkannt werden.

Vor allem im England des 18. Jahrhunderts sollte du Bos' neuer Ansatz für die philosophische Betrachtung der Schönheit bedeut-

[6] »Rien n'est beau que le vrai, le vrai seul est aimable.« (Epitre IX, Œuvr, avec un commentaire de Saint-Surin. Paris 1821, T. II, 111 ff., zit. nach: Ernst Cassirer, Die Philosophie der Aufklärung. Tübingen 1932, S. 383).

[7] Les beaux-arts réduits à un même principe. Paris 1746. Erste deutsche Übersetzung von Johann Elias Schlegel, Leipzig 1751.

[8] Dominique Bouhours, La manière de bien penser dans les ouvrages de l'esprit.

[9] Réflexions critiques sur la poésie et sur la peinture. Paris 1719, dt. Kopenhagen 1760.

sam werden. Doch bevor es dazu kommen konnte, mußte erst der Weg durch eine geistige Bewegung geebnet werden, die eher eine Wiederbelebung des Rationalismus zu versprechen schien. Es war die *Schule von Cambridge*, die sich gleichermaßen gegen die mechanistische Naturauffassung Bacons und Descartes und die Strenge und Intoleranz calvinistischer Gotteslehre verwandte und darüber dem Neuplatonismus zu einer neuen Blüte verhalf. Im Geist des Florentiner Platonismus verteidigten *Ralph Cudworth* (1617–1688) und *Henry More* (1614–1687)[10] die Vereinbarkeit von Glauben und Vernunft und die Göttlichkeit der Natur. Wichtiger als konkrete Glaubenssätze war den Cambridger Platonisten die sittliche Überzeugung von der objektiven Realität des Guten und die gelebte Liebe und das Vertrauen zu Gott und seiner Welt. Beide seien verbunden durch den als immateriell begriffenen Raum, dessen Unendlichkeit, Vollkommenheit und Einigkeit ein Abglanz des Göttlichen und zugleich die Geburtsstätte der Welt sei und so Gott und Welt zusammenschließe. Der Kosmos erscheint als harmonisches Ganzes, als beseelter Organismus, da in allen Naturerscheinungen die Seele als Prinzip des Lebens und der Gestaltung wirke. Das Wesen der Seele sei eben dieses Wirken im Stofflichen. Obschon die Ansichten Cudworth' und Mores nicht nur wegen ihrer anachronistischen Inhalte, sondern auch wegen ihrer schwerfälligen und umständlichen Darstellungsform zu ihrer Zeit wenig Beifall erhielten, hatten sie großen Einfluß auf den ersten neuzeitlichen Philosophen, der den Begriff des Schönen besonderer Beachtung für wert hielt. *Anthony Ashley Cooper, der dritte Earl of Shaftesbury* (1671–1713) verband in seiner ästhetischen Philosophie den neuplatonischen Idealismus der Cambridger Schule mit den kritischen Ansprüchen der Aufklärung. Vertraut mit der klassischen Antike und mitgerissen vom platonischen Liebesbegriff bemühte er sich um eine Neubelebung des griechischen Bildungsideals der *kalokagathia*[11], der Einheit von Tugend und Schönheit in der harmonischen Entfaltung aller persönlichen Kräfte. Wie schon *Giordano Bruno* (1548–1600) vor ihm, feiert Shaftesbury die Unendlichkeit des Weltalls und die Vielfalt seiner Formen. Wie den Cambridger Platonisten ist ihm das All ein in sich harmonisch und zweckmäßig gegliedertes Ganzes, dessen Einheit aufgrund der wesenhaften Zer-

[10] Ralph Cudworth, The True Intellectual System of the Universe. London 1678; Henry More, Enchiridium metaphysicum sive de rebus incorporeis succincta et luculentia dissertatio. London 1671; Henry More, Enchiridium ethicum. London 1667.

[11] *Kalós kai agathós*, schön und gut.

streutheit der stofflichen Welt nur als *geistige* und damit letztlich als göttliche verstanden werden könne. So wird die Welt zu einem einzigen lebendigen Organismus nach dem Vorbild der platonischen Weltseele. Obwohl die Natur nicht geradezu pantheistisch mit Gott identifiziert wird, ist sie doch *von* Gott und zeugt mit ihrer Schönheit von ihrem Aufgehobensein *in* Gott. Die lebendige Natur wie auch das menschliche Leben werden als Kunstwerke gedeutet, doch nicht als schon vollendete, sondern als sich ständig selbst schaffende und ihrer Vollendung zustrebende. So besteht für Shaftesbury die natürliche Schönheit auch nicht in der (sich in Figur, Farbe, Bewegung und Ton ausweisenden) Form selbst, sondern sie entsteht aus dem sich in ihr abbildenden *Prozeß* der (künstlerischen) Formung, in dem die Mannigfaltigkeit der Erscheinung zur Einheit geordnet wird. Das in der Formung zu Tage tretende Wirken des Geistes sei es, das vermöge eines natürlichen und unverbildeten »Instinktes« (einer Art intuitiven Verstandes) unmittelbar als schön und zugleich gut erkannt werde. Darum vermöge allein der Mensch Schönheit zu empfinden, indem er in der geschaffenen Natur dasselbe Geistige anerkenne, das er auch in sich selber habe, während das Tier in der Natur nur das wahrnehmen und begehren könne, was seinen körperlichen Bedürfnissen entspreche. Das, was allein die Sinneslust befriedigt, könne darum nicht für schön gelten, obgleich viele, ihre natürliche Anlage zum Schönen unterdrückend[12], dies dächten. Schön sei der Geist, weshalb auch das *Formende* schöner als alles *Geformte* sei. Die menschliche Form überrage eben deshalb alle anderen Naturformen, weil sie sich als formenkönnende zeige. Noch schöner als die menschliche aber sei die göttliche Schönheit, denn Gott allein schaffe nicht nur Formen, sondern auch, nämlich im Menschen, das frei Formen Hervorbringende. Formende Form zu sein ist die eigentliche Schönheit des Menschen, die sich aber erst in der tätigen, sich in die natürliche Harmonie der Dinge einpassenden[13] Hinwendung zu seiner Welt, also im schönen Handeln, erfülle. Das Glück des Menschen bestehe in der umfassenden Realisierung von Schönheit, und wenn er nach dieser ohne Rücksicht auf ihm daraus zuteil werdende Vorteile strebe, werde er jenes erlangen. Dies ist nicht im Sinne eines naiven Optimismus mißzuverstehen. Shaftesbury ist

[12] Die Frage, wie es zu solchen »unnatürlichen« Regungen kommen kann, stellt Shaftesbury nicht.

[13] Nach der stoischen Lehre des *vivere secundum naturam*, des naturgemäßen Lebens.

sich der Endlichkeit alles menschlichen Strebens und der grundsätzlichen Tragik des Lebens durchaus bewußt. Doch das Unglück und der Tod, so unvermeidlich sie seien, sollten nicht durch ihre übermäßige Beachtung aufgewertet werden. Den Tod geringzuschätzen und stattdessen allen Wert in das Leben hineinzulegen und zu -geben, darin allein könne sich die Würde und das Glück des menschlichen Lebens behaupten. Der nach Schönheit strebende Mensch wird von Shaftesbury als Künstler begriffen, der zunächst an sich selbst als seinem Werk arbeitet, um sich zu einer freien, aufgeklärten und moralisch autonomen Persönlichkeit heranzubilden, in der Vernunft und Gefühl gleichermaßen zu ihrem Recht kommen und harmonisch zusammenwirken. Über die Selbstbildung hinaus vollziehe sich das Streben nach Schönheit im Einsatz für eine menschliche Gesellschaftsordnung, die gemäß der natürlichen Regung zur Geselligkeit durch Freundschaft und Sympathie, Offenheit, Toleranz, Lebensbejahung und Freude geprägt sein müsse. Das Schöne, Gute und das Wahre fallen so bei Shaftesbury wieder zusammen. In dem nach Platonischem (und Brunoschem) Vorbild gestalteten Dialog ›Die Moralisten‹ von 1705[14] berichtet Philokles seinem sich als Misanthropen gebenden Freund Palemon brieflich von seiner Bekehrung vom Skeptiker zum platonischen Schwärmer durch den Platoniker Theokles. Philokles sucht nach den empirischen Gründen der Menschenverachtung Palemons und steigert sich zu einer hymnischen Preisung der höchsten Idee des Schönen, der Harmonie der Schöpfung, die ihm zur Folge auch Palemon suche. Auf Palemons Bitte hin erzählt Philokles nun genauer von seinem Gespräch mit dem Philosophen Theokles, in dessen Rahmen es zu folgender Erörterung des Schönen kommt.

Earl of Shaftesbury
Die Moralisten

[...] Wie lange es währt, ehe ein wahrer Geschmack gebildet wird! Wieviel Anstößiges, Beleidigendes findet man nicht zuerst in dem, das man später für die edelste Schönheit hält und anerkennt. Denn nicht mit einem Male erhalten wir

[14] Unter dem Titel ›The Sociable Enthusiast. A Philosopical Adventure Written to Palemon‹. Erst die zweite Auflage von 1709 trägt den Titel ›The Moralists‹.

den Sinn, durch den wir diese Schönheiten entdecken. Arbeit und Mühe, sowie auch Zeit sind erforderlich, ein natürliches Talent, sei es noch so fähig oder bereitwillig, auszubilden. Aber wer denkt wohl je daran, diesen Boden zu veredeln oder einen Sinn, eine Fähigkeit, welche die Natur zu dieser Absicht gegeben hat, zu vervollkommnen? Und ist's ein Wunder, daß wir so träge, so verlegen und verwirrt bei diesen Dingen sind, so blind für diese höheren Szenen, diese edleren Schaustücke? Wie sollten wir zu besserer Einsicht gelangen? Wie richtigere Kenntnis dieser Schönheiten lernen? Ist Fleiß, Wissenschaft oder Gelehrsamkeit nötig, alle andern Schönheiten zu verstehen? Und für die erhabenste Schönheit sollte keine Geschicklichkeit oder Wissenschaft nötig sein? In der Malerei gibt es Schatten und Meisterstriche, welche der Pöbel nicht versteht, sondern für Fehler ansieht; in der Baukunst das Einfache, Derbe; in der Musik das Chromatische und die künstliche Vermischung der Dissonanzen: und sollte es nichts dergleichen im Ganzen geben?

Ich muß gestehen, sagte ich, bisher war ich auch einer von diesem Pöbel und konnte an den Schatten, dem Einfachen und den Dissonanzen, wovon Sie sprechen, keinen Geschmack finden. Von Meisterstücken in der Natur ließ ich mir niemals träumen. Es war meine Art, beim ersten Blick zu kritisieren. Aber ich sehe wohl, ich werde der Schönheit weiter nachspüren müssen, da sie so tief versteckt und verborgen liegt; und wenn dem so ist, so sind meine Vergnügungen bis jetzt sehr oberflächlich gewesen. Ich habe mich, wie mir scheint, immer nur auf der Oberfläche gehalten und nur eine flüchtige schale Schönheit genossen, nie der Schönheit selbst, sondern nur dem eingebildeten Schönen nachgestrebt. Gleich dem übrigen Teil der gedankenlosen Welt hielt ich es für ausgemacht, alles sei schön, was mir gefiel, und alles sei gut, woran ich mich erfreute. Ich zögerte nie, das zu lieben, was mir gefiel, und strebte nur danach, das, was ich liebte, zu genießen; ich gab mir nie die Mühe, die Dinge selbst zu prüfen oder zu überlegen, ehe ich eine Wahl traf.

Nun, so fangen Sie an, sagte er, und wählen Sie. Untersuchen Sie die Dinge und überlegen Sie, welchen Sie den Vorzug geben, welche Sie mit ihrer Bewunderung, Liebe und Achtung ehren wollen. Je nach dem Wert derselben werden auch Sie geschätzt werden. Nach dem Werte Ihrer Gefährten, Philokles, wird Ihr eigner Verdienst geachtet werden. In demselben Maße als hier Fülle oder Leere zu finden ist, wird der Gehalt Ihrer Glückseligkeit sich bestimmen. Sehen Sie also darauf, wo Fülle, und wo Leere ist. Sehen Sie, wo höchste Vortrefflichkeit herrscht, wo Schönheit regiert, wo sie vollständig, vollkommen, unumschränkt ist, und auch, wo sie zerstückelt, unvollkommen, mangelhaft ist. Betrachten Sie diese irdischen Schönheiten und alles, was einen Schein von Vortrefflichkeit, etwas Anziehendes hat. Sehen Sie, was entweder wirklich schön, liebenswert und gut ist oder dafür gehalten wird. ›Eine Metallmasse, eine Strecke Landes, eine Anzahl Sklaven, ein Haufen Steine, ein menschlicher Körper von gewissen Formen und Verhältnissen.‹ Ist es das Höchste dieser Art? beruht Schönheit bloß auf dem Körper und nicht auf Taten, Leben oder Handlung?

Halt, halt! guter Theokles, rief ich, Sie nehmen es in einem zu hohen Tone, ich kann Ihnen nicht folgen. Soll ich Sie begleiten, so stimmen Sie, bitte, Ihre Saiten ein wenig herunter, und sprechen Sie in vertrauterer Weise.

Nun gut denn, sagte er lächelnd, wie sehr Sie auch für andere Schönheiten enthusiasmiert sein mögen, guter Philokles, so weiß ich doch, Sie sind kein so großer Bewunderer des Reichtums irgendwelcher Art, um in ihm viel Schönheit zu finden, besonders nicht in einem unförmlichen Haufen oder Klumpen Gold. Aber in Medaillen, Münzen, getriebener Arbeit, Statuen und andern künstlichen Meisterwerken jeder Art entdecken Sie Schönheit und bewundern das Werk.

Gewiß, sagte ich, aber nicht des Metalls wegen.

Das Metall also oder die Materie ist für Sie an sich nicht schön?

Nein.

Aber die Kunst?

Gewiß.

Dann ist die Kunst die Schönheit?

Ganz recht.

Und Kunst ist das, was schön macht?

Nichts anders.

Also, was schön macht und nicht, was schön gemacht wird, ist wahrhaft schön?

So scheint es.

Denn das schön Gemachte ist nur schön durch das Hinzukommen dessen, was schön macht und durch Entfernen oder Wegnehmen desselben hört es auf, schön zu sein?

So ist es.

Was also Körper anbetrifft, so kommt Schönheit und verläßt sie wieder?

So stellt es sich heraus.

Und der Körper selbst ist nicht im geringsten Ursache, daß Schönheit kommt oder bleibt?

Nicht im geringsten.

Es gibt also kein Prinzip der Schönheit im Körper?

Gar keins.

Kann der Körper denn niemals Ursache seiner Schönheit sein?

Auf keine Weise.

Auch sich nicht selbst regieren und ordnen?

Ebensowenig.

Auch für sich selbst keine Überlegung und Absicht haben?

Auch das nicht.

Muß also nicht das, was für ihn überlegt und beschließt, regiert und ordnet, das Prinzip seiner Schönheit sein?

Notwendigerweise.

Und was kann das sein?

Der Geist ohne Zweifel, was sonst wohl?

Hier haben wir also alles, sagte er, was ich Ihnen vorhin begreiflich zu machen wünschte: ›daß das Schöne, Einnehmende, Liebenswürdige nie in der Materie, sondern in der Kunst und Absicht liege; nie im Körper selbst, sondern in der Form oder in der bildenden Kraft.‹ Sagt Ihnen dies nicht die schöne Form selbst, und verkündet Ihnen dies nicht die Schönheit der Absicht, so oft Sie davon betroffen werden? Was ist's denn anders als Absicht, was Sie rührt? Was bewundern Sie, wenn nicht den Geist oder die Wirkung des Geistes? Der Geist allein gibt Form. Alles Geistlose ist scheußlich, und formlose Materie ist die Häßlichkeit selbst[1].

Dann sind von allen Formen, erwiderte ich, nach Ihrem System diejenigen die reizendsten und gehören zur ersten Klasse der Schönheit, welche die Macht haben, selbst andre Formen zu bilden. Deshalb, dünkt mich, können diese auch formende Formen heißen. So weit stimme ich gern mit Ihnen überein und gebe mit Freuden der menschlichen Form den Vorzug vor allen andern Schönheiten, die er zu bilden imstande ist. Die Paläste, Ausstattungen und Landgüter werden bei mir niemals den ursprünglichen, lebendigen Formen von Fleisch und Blut den Rang streitig machen. Und was die andern, die toten Formen der Natur, Metalle und Steine, so kostbar und blendend sie auch sein mögen, anbetrifft, bin ich fest entschlossen, ihrem Glanze zu widerstehen und sie als verächtlich zu verwerfen, selbst in ihrem höchsten Stolze, wenn sie sich anmaßen, menschliche Schönheit zu erhöhen und dienstfertig dem Schönen behilflich zu sein.

[1] Nämlich nach Plotin, vgl. S. 60.

Sehen Sie denn nicht, versetzte Theokles, daß Sie also drei Grade oder Klassen der Schönheit festgestellt haben?

Wieso?

Erstens die toten Formen, wie Sie sie sehr passend nannten, die von dem Menschen oder der Natur ihre Bildung erhielten, aber keine bildende Kraft, keine Tätigkeit, keine Vernunft besitzen.

Richtig.

Dann, als die zweite Klasse, nahmen Sie diejenigen Formen an, welche selbst andre bilden, das heißt, die Vernunft, Tätigkeit und Wirkung zu eigen haben.

Auch richtig.

Hier haben wir also eine doppelte Schönheit. Denn hier gibt es beides, die Form (die Wirkung des Geistes) und den Geist selbst. Die erste Klasse ist niedrig und verächtlich im Vergleich mit dieser andern, von welcher die tote Form erst Glanz, Leben und Wirkung erhält. Denn was ist ein bloßer Körper, sei es auch ein menschlicher, und sei er noch so regelmäßig gebildet, wenn die innere Form fehlt, und der Geist ungestaltet oder unvollkommen ist, wie bei einem Idioten oder Wilden?

Auch das begreife ich, sagte ich, aber wo ist die dritte Klasse?

Nur Geduld, erwiderte er, und überlegen Sie erst, ob Sie die ganze Macht dieser zweiten Schönheit erkennen. Wie könnten Sie sonst die Macht der Liebe begreifen oder die Kraft haben, sie zu genießen? Sagen Sie mir, bitte, als Sie zuerst diese die bildenden oder formenden Formen nannten, dachten Sie da an keine andern Produkte derselben, als an die toten, wie Paläste, Münzen, eherne oder marmorne Menschenfiguren? Oder dachten Sie auch an Dinge, die Geist und Leben haben?

Ich hätte leicht hinzufügen können, sagte ich, daß unsre Formen die Kraft haben, andre Formen, die uns gleichen, hervorzubringen. Aber diese Kraft, dachte ich, rühre von einem andern höhern Wesen her, und könnte eigentlich nicht ihre Kraft oder Kunst genannt werden, wenn in Wirklichkeit eine höhere Kunst oder ein höherer Werkmeister existiert, der ihre Hand leitet und sie als Werkzeuge seines schönen Werkes gebraucht.

Glücklich gedacht, sagte er. Sie haben einem Tadel vorgebeugt, der, wie ich glaubte, Ihnen kaum erspart bleiben konnte. Sie selbst haben unvermutet jene dritte Klasse der Schönheit entdeckt, die nicht bloß tote Formen, sondern auch solche, die selber schaffen, hervorbringt. Denn wir selbst sind treffliche Architekten der Materie und können leblose Körper aufweisen, denen wir mit eigenen Händen Form und Gestalt gegeben haben; aber dasjenige, was sogar Geister bildet, schließt alle jene Schönheiten in sich, die durch diese Geister gebildet werden, und ist folglich das Prinzip, die Quelle, der Ursprung alles Schönen.

Es scheint so.

Alle Schönheit also, die sich in unsrer zweiten Klasse von Formen findet, alles, was aus ihr entspringt oder durch sie hervorgebracht wird – das alles findet sich erhaben, vorzüglich und ursprünglich in dieser letzten Klasse der allerhöchsten und vornehmsten Schönheit.

Sehr wahr.

Baukunst also, Musik und alles, was menschliche Erfindung geleistet hat, löst sich in dieser letzten Klasse auf.

Ganz recht, sagte ich. So löst sich auch jede Schwärmerei andrer Art in die unsrige auf. Die modernen Schwärmer borgen von uns und sind nichts ohne uns. Unser ist die Ehre des Vorbilds.

Nun sagen Sie mir weiter, versetzte Theokles, sind diese Werke der Baukunst, der Skulptur und alle die anderen die größten Schönheiten, die der Mensch bildet, oder gibt es noch größere und bessere?

Ich kenne keine besseren, erwiderte ich.

Überlegen Sie noch einmal, sagte er, überlegen Sie, ob es, jene Produkte ungerechnet, die Sie nicht gelten ließen, da sie Meisterwerke einer andern Hand sind, nicht noch andere geben sollte, die noch unmittelbarer aus uns entspringen, und mit mehr Recht unser Eigentum heißen können.

Ich bin jetzt ganz dumm, sagte ich. Sie müssen sich deutlicher erklären, wenn ich Sie begreifen soll.

Wie kann ich Ihnen helfen? erwiderte er. Wollen Sie, daß ich mir an Ihrer Stelle dessen bewußt bin, was doch unmittelbar nur Ihr Eigen, was einzig und allein in und aus Ihnen selbst ist?

Sie sprechen von meinen Gefühlen, sagte ich.

Gewiß, versetzte er, und meine mit Ihren Gefühlen zugleich Ihre Entschließungen, Grundsätze, Neigungen, Handlungen, alles, was in dieser Art schön und edel ist, alles, was aus Ihrem guten Verstande, Gefühl, Ihrer Erkenntnis und Ihrem Willen fließt, alles, was in Ihrem Herzen, mein lieber Philokles, erzeugt wird oder in Ihrem Geiste entspringt, der nicht gleich andern Vätern durch Zeugung erschöpft oder entkräftet wird, sondern Stärke und Kraft dadurch gewinnt. Dies haben Sie, mein Freund, durch manches Werk bewiesen und nicht geduldet, daß jener fruchtbringende Teil Ihres Wesens träge und untätig blieb; daher jene trefflichen Talente, die Sie durch Ausbildung Ihres natürlichen Genius so veredelt haben. Und so wenig ich hier umhin kann, den fruchtbaren Geist und die zeugende Schönheit zu bewundern, ebensowenig kann ich daran zweifeln, daß Ihre Kinder immer schön sind und bleiben werden.

Ich bedankte mich für die Schmeichelei und sagte ihm, daß ich wünschte, die Sache verhielte sich wirklich so, damit ich mit Recht seine Hochachtung und Liebe verdiene. Ich würde mir also Mühe geben, schön nach seiner Art zu werden, und von jetzt an alles tun, um jenes liebliche Geschlecht von Geisteskindern fortzupflanzen, die dann aus solch hohem

Vergnügen und aus einer Vereinigung des Allerschönsten und Besten erzeugt werden würden. Aber Sie, Theokles, fuhr ich fort, müssen meiner kreißenden Seele zu Hilfe kommen und gewissermaßen die Hebamme bei jenen Geburten vorstellen, die sonst, fürchte ich, nur verkümmert zur Welt kommen.

Sie tun wohl daran, versetzt er, daß Sie mir nur die Rolle der Hebamme zuweisen; denn da die Seele selbst sich schwängert, kann man ihr, wie Sie sagen, nur bei der Geburt beistehen. Ihre Befruchtung ist ein Werk ihrer Natur; auch hätte sie durch keinen andern Geist also befruchtet werden können, als durch den, der sie von Anfang an bildete und der, wie wir schon bewiesen haben, die Urquelle aller geistigen, wie aller andern Schönheit ist.

Behaupten Sie denn, fragte ich, daß diese Geisteskinder, die Begriffe und Grundsätze des Schönen, Rechten und Edeln nebst den übrigen Ideen dieser Art eingeboren sind?

Die Anatomen, antwortete er, sagen uns, daß die Eier, die den Keim des Körpers enthalten, eingeboren und schon vor der Geburt in der Frucht gebildet sind. Aber wann – ob vor, während oder nach der Geburt diese oder andere Grundlagen, Empfindungsorgane oder die Empfindung selbst in uns gebildet wurden, ist zweifellos zu erforschen äußerst interessant, tut aber wenig zur Sache. Die Frage ist, ob die besprochenen Grundlagen ein Werk der Kunst oder der Natur sind. Sind sie bloß ein Werk der Natur, so ist es gleichgültig, wann sie entstehen, und ich würde gewiß nicht mit Ihnen streiten, wenn Sie auch behaupteten, das Leben selbst sei nicht eingeboren, sondern entstehe vielmehr erst nach der Geburt, nicht vorher. Aber das weiß ich gewiß, daß das Leben und die Empfindungen, die mit ihm verknüpft sind – entstehen sie, wann sie wollen –, bloß von der Natur, und von nichts anderem, herrühren. Steht Ihnen deshalb das Wort »eingeboren« nicht an, so lassen Sie es uns, bitte, gegen »Instinkt« vertauschen und das Instinkt nennen, was uns ohne alle Kunst, Kultur oder Erziehung die Natur lehrt.

Einverstanden, sagte ich.

Wir wollen also, fuhr er fort, jene bewundernswerten Spekulationen den Virtuosi, den Anatomen und den Schultheologen überlassen und mit deren gütiger Erlaubnis zuversichtlich behaupten, daß die verschiedenen Organe, besonders die der Fortpflanzung, von der Natur gebildet werden. Meinen Sie, daß wir von der Natur auch einen Instinkt zum künftigen Gebrauch derselben haben? oder müssen Gelehrsamkeit und Erfahrung uns von diesem Gebrauche erst unterrichten?

Dies ist unserem Bewußtsein scharf genug eingeprägt, sagte ich. Der Instinkt ist in diesem Falle so mächtig, daß es Torheit sein würde, ihn nicht für natürlich zu halten, sowohl bei uns als auch bei andern Geschöpfen, welchen letzteren, wie Sie mich bereits gelehrt haben, nicht nur die bloße Zeugung der Jungen, sondern auch die verschiedenen und fast unerschöpflichen Mittel und Wege, sie zu erhalten und zu versorgen, vorher bekannt sind. Diesen Schluß müssen wir in der Tat aus den sorgfältigen, künstlichen Vorbereitungen dieser wilden Geschöpfe ziehen, die ihre in die Zukunft schauende Einbildungskraft, ihre Vorahnung oder Vorempfindung beweisen, wenn ich ein Wort gebrauchen darf, das Sie mich gestern lehrten.

Ich lasse Ihren Ausdruck gelten, sagte Theokles, und will mich bemühen, Ihnen zu zeigen, daß eben diese Vorempfindung, aber von einer höheren Art, sich auch bei Menschen findet.

Bitte, tun Sie das, sagte ich, denn ich bin so weit davon entfernt, diese Vorempfindungen des Schönen und Reizenden nach Ihrem Begriff in mir zu finden, daß ich vielmehr bis vor kurzem sogar in der Natur kaum irgend dergleichen erkannt habe.

Wie? fragte er, würden Sie denn auch das äußere Reizende und Schöne der menschlichen Gestalt nicht erkannt haben, wenn Ihnen ein Wesen von Fleisch und Blut in aller seiner

Schönheit diesen Morgen hier im Walde, ganz allein, zum ersten Male in Ihrem Leben erschienen wäre? Oder glauben Sie etwa, Sie würden davon unberührt geblieben sein und keinen Unterschied zwischen dieser und jeder anderen Gestalt ohne vorhergegangene Belehrung gefunden haben?

Nach dem, was ich eben erst zugestanden, antwortete ich, habe ich kaum ein Recht, diese letzte Meinung zu behaupten.

Nun gut, sagte er. Damit Sie sehen, daß ich mir keinen Vorteil gegen Sie zunutze mache, will ich die blendende Gestalt, die aus einer solchen Menge von Schönheit zusammengesetzt ist, fahren lassen und mich begnügen, jede dieser einzelnen Schönheiten, die zusammengesetzt eine solch wunderbare Wirkung hervorrufen, für sich zu betrachten. Denn Sie werden mir ohne Zweifel zugeben, daß in dem, was man gewöhnlich das Unaussprechliche, das Unbegreifliche, das Ich-weiß-nicht-was der Schönheit [the I-know-not-what of beauty][2] nennt, wenn von Körpern die Rede ist, weiter kein Geheimnis verborgen liegt, sondern sich alles offenbar auf Figur, Farbe, Bewegung oder Ton zurückführen läßt. Wir wollen jetzt die drei letzten, nebst allen mit ihnen verbundenen Reizen beiseite lassen und weiter nichts als den Reiz des Einfachsten von allen, der bloßen Figur betrachten. Auch brauchen wir uns nicht bis zur Skulptur, der Architektur oder den andern Künsten, die das Studium des Schönen hervorgebracht, zu erheben. Es genügt, wenn wir die allereinfachsten Formen betrachten, eine Kugel, einen Kubus, einen Würfel. Warum fühlt selbst ein Kind Vergnügen beim ersten Anblick dieser Verhältnisse? Warum zieht man die Kugel, den Zylinder, die Pyramide vor und verwirft und mißachtet die unregelmäßigen Figuren?

Ich gestehe gern, erwiderte ich, daß gewissen Figuren eine natürliche Schönheit eigen ist, welche das Auge entdeckt, sobald der Gegenstand sich ihm zeigt.

[2] Das französische *Je-ne sais-quoi,* welches wiederum zurückgeht auf das lateinische *nescio quid,* das seit der römischen Antike als Ausdruck für das Unfaßbare des Schönen (Cicero) und Gottes (Augustinus) Anwendung fand.

So gibt es also, sagte er, eine natürliche Schönheit der Figuren? und sollte es keine ebensolche Schönheit der Handlungen geben? Kaum öffnet sich das Auge für Formen, das Ohr den Klängen, so ist schon das Gefühl von Schönheit da, Anmut und Harmonie werden bemerkt und anerkannt. Kaum sehen wir eine Handlung, kaum erkennen wir menschliche Neigungen und Leidenschaften, und sie werden größtenteils ebenso bald erkannt als gefühlt – und sogleich entdeckt ein inneres Auge das Schöne und Wohlgestaltete, das Liebes- und Bewunderungswürdige, und unterscheidet es von dem Häßlichen und Mißgestalteten, dem Hassenswerten und Verächtlichen. Wie ist es daher möglich, nicht zuzugeben, daß, da diese Unterschiede ihren Grund in der Natur haben, auch das Vermögen, diese Unterschiede zu bemerken, natürlich ist und bloß von der Natur herrühren kann?

Wäre dem so, wie er meine, sagte ich, so könnte meines Erachtens nach nie ein Streit zwischen den Menschen stattfinden über Handlungen und Verhalten, nie über das, was gemein, was edel, was schön und was häßlich sei. Nun finden wir aber einen beständigen Zwist unter den Menschen, der hauptsächlich von dieser Verschiedenheit der Meinungen herrührt: der eine behauptet, der andere leugnet, daß dies oder jenes schicklich oder anständig sei.

Gerade hieraus, antwortete er, folgt offenbar, daß es ein Schickliches und Anständiges in Handlungen gibt, weil beides in diesem Streit immer vorausgesetzt wird. Und während die Menschen über diese Dinge uneins sind, so wird die Sache doch allgemein zugestanden. Ebensowenig Übereinstimmung findet sich in dem Urteil über andere Schönheiten. Man streitet sich, welches das schönste Gebäude, die lieblichste Gestalt, das reizendste Gesicht sei; aber ohne Streit gesteht man, daß es eine Schönheit jeder Art gebe. Diese Schönheit wird von niemand gelehrt, auch von keinem gelernt, aber von allen anerkannt. Alle sind über den Maßstab, die Regel, die Richtschnur einig, aber bei ihrer Anwendung auf die Dinge selbst erhebt sich Streit, Unwissenheit hat die Oberhand, Eigennutz und Leidenschaft verderben alles. Auch kann es in Angelegenheiten dieses Lebens nicht anders sein, solange die Menschen dasjenige, was sie als ihr Gut lieben und zu besitzen wünschen, für etwas anderes halten, als das, was sie als edel bewundern und preisen. Aber wir, Philokles, haben bessere Grundsätze, da wir schon darüber einig sind, daß die Schönheit und das Gute ein und dasselbe sind. [. . .]

Doch haben Sie vielleicht noch viele Schwierigkeiten zu überwinden, ehe Sie sich so ganz der Schönheit als Ihrem höchsten Gut zu eigen geben.

Ich kenne keine Schwierigkeit, sagte ich, die sich nicht leicht heben ließe. Meine Meinung führt mich fast unwiderstehlich diesen Weg; denn ich bin schon ganz bereit, einzuräumen, daß es kein wahres Gut außer dem Genuß der Schönheit gibt.

Und ich bin ebenso bereit, zuzugestehen, erwiderte Theokles, daß es keinen wahren Genuß der Schönheit außer dem Guten gibt.

Vortrefflich! Doch wenn ich es recht bedenke, so fürchte ich, daß ich Ihnen wenig Dank für Ihr Eingeständnis wissen werde.

Wieso?

Sollte ich irgendeinen Genuß der Schönheit verteidigen, der nicht von Ihrer geistigen Art wäre, so würden Sie, fürchte ich, solchen Genuß töricht nennen, wie Sie es schon taten.

Gewiß würde ich das. Denn wer könnte sich solches Genusses freuen oder seiner fähig sein, als der Geist? oder sollen wir sagen: »Der Körper genießt die Schönheit?« Durch Hilfe der Sinne vielleicht; anders nicht. Ist Schönheit denn der Gegenstand der Sinne? Sagen Sie, wie? auf welche Art? Denn anderseits tut die Hilfe der Sinne hier nichts, und wenn der Körper an sich unfähig ist, und die Sinne ihm nicht helfen, die Schönheit zu erkennen und zu genießen, so bleibt bloß der Geist übrig, der zu beidem fähig ist, zum Erkennen und zum Genuß.

Ganz recht, erwiderte ich, aber erklären Sie mir dann auch, »warum Schönheit nicht ein Gegenstand der Sinne ist!«

Zeigen Sie mir erst, ich bitte Sie, »warum, wo oder wie dies nach Ihrer Ansicht sei?« Ist es nicht Schönheit, die zuerst die Sinne erregt und sie später mit der Leidenschaft sättigt, die wir Liebe nennen? Dann können Sie ebensogut sagen, »Ist es nicht Schönheit, was zuerst die Sinne erregt und dann sie mit der Leidenschaft sättigt, die wir Hunger nennen?« [...] Doch das werden Sie nicht sagen wollen. Der bloße Gedanke, sehe ich, mißfällt Ihnen. So groß auch das Vergnügen an einer guten Mahlzeit ist, so verachten Sie es doch, den Begriff der Schönheit für diese guten Gerichte anzuwenden, die den Genuß erwecken. Schwerlich würden Sie den verkehrten Wahn gewisser römischer Schlemmer gebilligt haben, die ein Frikassee mit größerem Behagen verzehrten, wenn sie hörten, daß die Vögel, woraus es bereitet war, ein schönes Gefieder gehabt oder herrlich gesungen hätten. Anstatt durch solche historischen Berichte über Speisen mehr Appetit zu bekommen, würde er Ihnen, glaube ich, eher vergangen sein, je genauer Sie ihren Ursprung durchsuchten und die Küchenweisheit studierten, um die verschiedenen Formen und Verwandlungen, die sie vor ihrer Erscheinung auf der prächtigen, üppigen Tafel durchgemacht hatten, kennen zu lernen. Aber wenn auch die verschiedenen Phasen der Kochkunst noch so widerlich sind, werden Sie doch zugeben, daß die Materialien der Küche, wie zum Beispiel diejenigen, welche die Gärten liefern, in ihrer Art wirklich schön und gut sind. Auch können Sie den wilden Feldern oder diesen Blumen, welche rings um uns auf grünen Rasen wachsen, ihre Schönheit nicht absprechen. Und doch, so schön auch diese Naturformen sind, das schimmernde Gras oder das silberne Moos, der blühende Thymian, die wilde Rose oder das Geisblatt: Ihre Schönheit ist es dennoch nicht, was die benachbarten Herden anlockt, das äsende Reh und sein Junges vergnügt und die grasenden Lämmer vor Freude hüpfen läßt; nicht an dem Aussehen erfreuen sie sich, sondern an dem, was dahinter liegt: Der Wohlgeschmack reizt, der Hunger treibt sie und der Durst, der durch den klaren Bach besser gestillt wird als durch die trübe Pfütze gibt der schönen Nymphe den Vorzug, deren Äußeres sie sonst gering schätzen[3]. Denn nie kann die Gestalt ihre wahre Macht entfalten, wenn sie nicht betrachtet, nicht beurteilt, nicht untersucht wird, sondern bloß zufälliges Merkmal oder Zeichen dessen ist, was die erregten Sinne befriedigt und die tierische Begierde stillt. Sind Sie davon überzeugt, guter Philokles? oder wollen Sie, um den Tieren den Vorzug des Genusses der Schönheit nicht zu nehmen, ihnen lieber auch Verstand und Vernunft geben?

Das nicht, erwiderte ich ihm.

Ist deshalb das Vieh, sagte er, weil es eben nur Vieh ist, unfähig, Schönheit zu erkennen und zu genießen und bloß Sinnlichkeit besitzt (seinen viehischen Anteil), so folgt daraus, »daß auch der Mensch durch eben diese Sinne, diesen viehischen Teil, Schönheit nicht begreifen, noch genießen kann; sondern alles Schöne und Gute auf eine viel edlere Art und vermittelst des edelsten Teils seines Wesens, des Geistes und der Vernunft, genießt.« Darauf allein beruht seine Würde und sein höchster Wert; das allein macht ihn fähig, wahres Gut und Glückseligkeit zu genießen. Seine Fähigkeit oder Unfähigkeit, seine Macht oder Ohnmacht, sich zu erfreuen, liegt hierin. Ist sein Geist gesund, schön, edel, würdig, sind es auch die Gegenstände seiner Handlungen und Beschäftigungen. Denn ebensowenig als eine schwelgerische Seele, eine Sklavin der Sinne, jeder tugendhaften, durch Vernunft ausgebildeten Seele den Rang der Schönheit streitig machen kann, ebensowenig können die Gegenstände, wel-

[3] Eventuell eine Entlehnung aus Thomas Morus' ›Utopia‹ (London 1516), Buch II (Die Geschenke der Natur): »Aber jene Freuden, die durch die Ohren, die Augen und die Nase empfangen werden, die gemäß dem Willen der Natur dem Menschen eigentümlich sind (denn kein anderes lebendiges Geschöpf schaut die Schönheit der Welt oder wird von Geschmäcken bewegt, sondern nur von der Vielfalt an Fleisch, noch nimmt es die zusammenstimmenden und nichtzusammenstimmenden Abstände von Tönen und Melodien wahr) [...].«

che die erstere anlocken, mit denen verglichen werden, welche die letztere einnehmen und entzücken. Und wenn beide zum Genuß und Besitz ihres geliebten Gegenstandes gelangen, wie viel schöner sind nicht die Handlungen, welche das letztere Paar verbinden und einer Seele den Genuß dessen verschaffen, was edel und gut ist? Dies wenigstens, Philokles, werden Sie gewiß zugeben, daß, wenn eine Freude nicht der Seele entspringt, diese Freude dann selbst nicht länger schön sein kann, noch angenehm oder reizend erscheint. Aber wenn Sie an den Genuß der Freundschaft denken, an Ehre, Dankbarkeit, Aufrichtigkeit, Wohlwollen und jede innere Schönheit, an alle geselligen Freuden, an Gesellschaft selbst und alles, was Menschen edel und glücklich macht, werden Sie gewiß Schönheit in der Handlung zugeben und sie für würdig halten, von der frohen Seele betrachtet und beschaut zu werden, so daß sie, im selbigen Bewußtsein ihres edeln Teils, ihren eignen Fortgang und ihr Wachstum in der Schönheit genießt. So, Philokles, fuhr er nach einer kurzen Pause fort, habe ich's gewagt, vor einem so großen Kenner, einem so feinen Bewunderer wie Sie sind, von der Schönheit zu reden. Denn, angeregt durch die schöne Natur, die mich entzückte, verfolgte ich sie mutig weiter, und gemeinschaftlich spürten wir der Schönheit nach, wie sie sich zu uns verhält und in reinem, natürlichem Genuß unser höchstes Gut ausmacht. Und haben wir unsre Stunden nicht umsonst verschwendet, noch vergebens diese verlassenen Gegenden durchstreift, so muß aus unsrer sorgfältigen Prüfung erhellen, daß nichts so göttlich ist als die Schönheit, die aber nicht dem Körper gehört, nirgends Grund und Existenz hat als im Geiste und in der Vernunft und allein durch diesen göttlicheren Teil erkannt und erworben wird, wenn er sich selbst als den einzigen Gegenstand, der seiner würdig ist, beschaut. Denn was ohne Geist ist, ist finster und öde für des Geistes Auge. Dies wird schwach und trübe, wenn es bei fremden Gegenständen verweilt, aber gedeiht und erlangt seine natürliche Kraft, wenn es sich im Anschauen dessen vertieft, was ihm selbst gleicht. So wirft der nach Vollkommenheit strebende Geist nur einen flüchtigen Blick auf andere Gegenstände, geht an Körpern und gewöhnlichen Formen vorüber (die nur einen Schatten von Schönheit besitzen), dringt ehrgeizig vorwärts bis zu ihrer Quelle und betrachtet das Urbild der Form und Ordnung in dem, was geistig ist.

6. Francis Hutcheson

Mit der erklärten Absicht, die philosophischen Prinzipien Shaftesburys auszulegen und zu verteidigen, schrieb der Schotte *Francis Hutcheson* (1694–1747) seine aus zwei Abhandlungen bestehende ›Untersuchung über den Ursprung unserer Ideen von Schönheit und Tugend‹ (1725), die ihn schnell bekannt machte[1]. In der ersten Abhandlung ›Von Schönheit, Ordnung, Übereinstimmung und Absicht‹ entwickelt Hutcheson als erster eine allgemeine Theorie des Schönen, die zum einen auf jegliche metaphysische Implikationen und Voraussetzungen – die Shaftesburys eingeschlossen – verzichtet und ganz auf der sinnlichen Erfahrung ruht, zum anderen im Anschluß an *Du Bos'* ›Kritische Reflexionen‹ das subjektive *Empfinden* des Schönen gegen seine gegenständlichen Eigenschaften hervorhebt und tendenziell von ihnen befreit. Nicht mehr die rationale *Einsicht* (die noch bei Shaftesbury überwiegt), sondern allein das *Gefühl* ist nunmehr zuständig für die Erfassung des Schönen. Zwar sei das Gefühl abhängig von bestimmten gegenständlichen Voraussetzungen, doch ließen diese sich nur aus der menschlichen Erfahrung (und nicht a priori) bestimmen, so daß sie Geltung auch nur für die *menschliche* Wahrnehmung beanspruchen könnten. Was hingegen für die Tierarten schön sei, darüber könne man nichts sagen. So gesteht Hutcheson anders als Shaftesbury den Tieren die Möglichkeit eines Schönheitsempfindens zu, das hinsichtlich seiner Gegenstände von dem menschlichen abweichen könnte. Die Schönheitserfahrung ist für Hutcheson eine besondere Art der Lustempfindung, die sich von anderen darin unterscheide, daß sie sich ohne jede *Erkenntnis* des Gegenstandes und ohne Bezug auf einen zu erwartenden Nutzen oder moralischen Wert unmittelbar einstelle. Da dies auch für die äußeren Wahrnehmungssinne gelte, könne man das Vermögen der Schönheitsempfindung ebenfalls einen *Sinn* nennen. Da dieser Sinn sich aber nicht nur auf die von äußeren Sinnen erfaßten Gegenstände richte, sondern darüber hinaus auch auf Intelligibles (z. B. moralische Grundsätze oder mathematische Wahrheiten), sei es besser, von diesem Sinn als einem *inneren* (internal sense) zu sprechen. Affiziert werde dieser Sinn beim Menschen erstens durch die objektive Verbindung von Ein-

[1] Noch während Hutchesons Lebenszeit wurde das Werk dreimal nachgedruckt, 1726, 1729 und 1738.

förmigkeit (uniformity) und Mannigfaltigkeit (variety)[2]. Die hieraus entstehende, von Hutcheson *absolut* genannte Schönheit sei zwar überall in der Natur vorhanden – weshalb nichts gänzlich ohne Schönheit sei –, aber in unterschiedlichem Grad. Von zwei Dingen werde bei gleicher Einförmigkeit dasjenige mit der größeren Mannigfaltigkeit für schöner gehalten, bei gleicher Mannigfaltigkeit dasjenige mit der größeren Einförmigkeit. Alles, was der Mensch für schön halte, weise diese Verbindung in besonderem Maße auf, die Himmelskörper, die Pflanzen, die Tiere in ihren Bewegungen und Proportionen, die Klänge der Musik. Wie die Erfahrung zeige, gebe es niemanden, der nicht zumindest in den einfachen Dingen seinen Sinn für das Schöne unter Beweis stellte; im Bau der Häuser, in der Wahl der Kleidung strebe jeder, in allen Kulturen, nach Einförmigkeit im Mannigfaltigen. Wenn nun einer an diesen einfachen Schönheiten, ein anderer aber an komplexeren kein Vergnügen empfinde, so deshalb, weil der eine eine höhere Schönheit erwartet oder sich daran gewöhnt, der andere hingegen seinen Sinn noch nicht zur Wahrnehmung höherer Schönheiten herangebildet habe. Auch geschehe es oft, daß durch eine Assoziation der Ideen (association of ideas) aufgrund früherer, in anderer Hinsicht schlechter Erfahrungen etwas im Widerspruch zu seiner objektiven Schönheit als unangenehm empfunden werde, wie auch umgekehrt das nicht Schöne durch seine Verbindung zu angenehmen Erinnerungen schön erscheinen könne. Neben der absoluten Schönheit kennt Hutcheson noch eine *relative* Schönheit, welche in der Ähnlichkeit zwischen einem Abbild und seinem (gegenständlichen oder idealen) Urbild bestehe. Für diese Art der Schönheit sei es unerheblich, ob das Urbild selbst in absoluter Weise schön sei. Dies könne zwar die Schönheit des Gegenstandes noch steigern, in der Kunst sei es jedoch zuweilen besser, sich an einem unvollkommenen Urbild zu orientieren, um nicht durch einen Mangel an Wahrscheinlichkeit das Vergnügen abzuschwächen. Das Vergnügen (pleasure) sowohl an der relativen als auch der absoluten Schönheit dürfe auch von dem Philosophen nicht geringgeschätzt werden, denn nur um dieses Vergnügens willen werde letztlich alles andere, alle Macht und aller Wohlstand, begehrt. Das Ziel des Lebens sei das Glück, und das Glück besteht für Hutcheson wie für

[2] Hutcheson übernimmt dieses Prinzip aus Jean Pierre de Crousaz' 1715 erschienenem ›Traité du beau‹. Nach Ernst Cassirer, Die Philosophie der Aufklärung. Tübingen 1932, S. 387, taucht das Prinzip im ästhetischen Zusammenhang zum ersten Mal in Leibniz' Schrift ›Von der Weisheit‹ auf.

Shaftesbury in der Erfahrung von Schönheit. So ist es nur folgerichtig, daß auch die moralische Handlung, deren Wert durch einen besonderen, vom Sinn für Schönheit unterschiedenen Sinn für Moral (moral sense) erfaßt werde, dem »größten Glück der größten Zahl«[3], also recht verstanden einer umfassenden Realisierung von Schönheit, verpflichtet bleibt.

Francis Hutcheson
Von Schönheit, Ordnung, Übereinstimmung und Absicht

Erster Abschnitt

IX. Hier wollen wir bemerken, daß in den folgenden Blättern das Wort Schönheit für die in uns hervorgebrachte Idee und ein Gefühl der Schönheit für das Vermögen, diese Idee zu empfangen, genommen wird.

Übereinstimmung bedeutet auch unsere angenehmen Ideen, die aus der Zusammensetzung der Töne entstehen, und ein gutes Ohr das Vermögen, dieses Vergnügen zu empfinden. In dem folgenden Abschnitte wird ein Versuch gemacht, zu entdecken, was eigentlich die unmittelbare Veranlassung dieser angenehmen Ideen, oder was die eigentliche Beschaffenheit in den Gegenständen sei, die sie erwecke.

X. Es ist gleichgültig, ob wir diese Ideen von der Schönheit und Übereinstimmung Vorstellungen der äußeren Sinne, als des Sehens und Hörens nennen, oder nicht. Ich würde lieber das Vermögen, diese Ideen zu empfangen, ein inneres Gefühl [internal sense] nennen, wäre es auch nur deswegen, um sie von den anderen Empfindungen des Sehens und Hörens zu unterscheiden, welche jemand haben kann, ohne die Vorstellungen von Schönheit und Übereinstimmung zu haben. [...]

XI. [...] Es wird sich nachher noch ein anderer Grund zeigen, warum wir dieses Vermögen, die Ideen der Schön-

[3] Die später von Jeremy Bentham zum Grundprinzip des Utilitarismus erhobene Formulierung taucht hier zum ersten Mal auf. Zweite Abhandlung, Kap. III, 8.

heit zu empfinden, ein innerliches Gefühl nennen, und zwar daher, weil wir bei verschiedenen anderen Dingen, wobei unsere äußeren Sinne wenig zu tun haben, doch eine Art von Schönheit unterscheiden, die in mancher Hinsicht derjenigen sehr gleich kommt, die wir bei den sinnlichen Gegenständen wahrnehmen und die auch mit gleichem Vergnügen begleitet ist. So ist diejenige Schönheit, die wir bei Lehrsätzen, universalen Wahrheiten, allgemeinen Ursachen und weiterstreckenden Grundsätzen einer Handlung empfinden.

XII. [...] da die genaueste Erkenntnis von demjenigen, was die äußeren Sinne entdecken, oft nicht so viel Vergnügen der Schönheit und Übereinstimmung verschafft als ein Mann von gutem Geschmack ohne viel Erkenntnis genießt, so können wir uns mit Recht eines anderen Namens für diese höheren und weit ergötzenderen Vorstellungen der Schönheit und Übereinstimmung bedienen, und das Vermögen, diese Eindrücke zu empfangen, ein innerliches Gefühl nennen. Die Verschiedenheit der Vorstellungen scheint uns hinreichend zu sein, den Gebrauch eines verschiedenen Namens zu rechtfertigen, zumal, wenn wir unterrichtet sind, in welchem Verstand das Wort genommen wird.

Dieses höhere Vermögen wird mit Recht ein Gefühl [sense] genannt, weil es hierin mit den anderen Sinnen übereinkommt, daß das Vergnügen nicht aus einer Erkenntnis von Grundsätzen, Verhältnissen, Ursachen oder von der Nützlichkeit des Gegenstandes entspringt. Wir sind vielleicht bei dem ersten Anblick der Schönheit gerührt: aber die genaueste Erkenntnis vermehrt dieses Vergnügen der Schönheit nicht, obgleich sie ein deutliches vernünftiges Vergnügen aus dem Vorhersehen eines Vorteils hinzutun oder die besondere Art von Vergnügen verschaffen kann, das das Wachstum der Erkenntnis begleitet.

XIII. Ferner sind uns die Ideen von Schönheit und Übereinstimmung, wie andere sinnliche Ideen, ebensowohl notwendiger als unmittelbarer Weise angenehm. Kein Vorsatz von unserer Seite, kein Vorhersehen eines Vorteils oder Nachteils kann die Schönheit oder Häßlichkeit eines Gegenstandes verändern. Denn wie bei den äußeren Empfindungen weder die Absicht eines Nutzens uns einen Gegenstand angenehm, noch die Absicht eines Schadens, der von dem unmittelbaren Mißvergnügen beider Empfindungen unterschieden ist, ihn den Sinnen unangenehm machen kann, ebenso wenig werden wir durch die größte angebotene Belohnung, oder das größte angedrohte Übel dahin gebracht werden, einen häßlichen Gegenstand zu billigen oder einen schönen zu mißbilligen. Verstellung kann durch Belohnungen oder Drohungen zuwege gebracht werden; ja, wir können in unserem äußerlichen Betragen uns des Bestrebens nach dem Schönen enthalten oder nach dem Häßlichen uns bestreben: allein unsere Empfindungen werden deswegen doch immer fortfahren, eben dieselbigen zu sein.

XIV. Hieraus folgt klar: daß manche Gegenstände unmittelbarer Weise die Veranlassung zu diesem Vergnügen an der Schönheit sind, daß wir Sinne haben, die geschickt sind, dieses Vergnügen zu empfinden und daß es sich von derjenigen Freude unterscheidet, die aus dem Vorhersehen eines Vorteils entspringt.

Sehen wir nicht, daß oft Nutzen und Schicklichkeit vernachlässigt wird, um die Schönheit zu erhalten, ohne ein anderes Vorhersehen eines Vorteils bei der schönen Gestalt des Dinges, als desjenigen, der aus der Hervorbringung der angenehmen Ideen von Schönheit entsteht? Dieses zeigt uns nun, daß, obgleich wir aus Eigenliebe schöne Gegenstände verlangen können, in der Absicht, die Vergnügungen der Schönheit in der Baukunst, Gartenwesen und anderen Dingen zu enthalten, doch ein Gefühl der Schönheit vor dem Vorhersehen dieses Vorteils muß vorgegangen sein, ohne welches Gefühl diese Gegenstände uns nicht so vorteilhaft sein, noch das Vergnügen in uns erwecken würden, das sie nun so vorteilhaft machen. [...]

XV. Hätten wir dieses Gefühl der Schönheit nicht, so würden Häuser, Gärten, Kleidung, Hausrat u.d.g. als schicklich, nützlich, warm und bequem: allein niemals als schön sich uns empfehlen. [...]

XVI. Die Schönheit in körperlichen Gestalten ist entweder ursprünglich oder vergleichungsweise, oder wem diese Wörter besser gefallen, absolut oder relativ. Nur, dieses wollen wir anmerken, daß wir durch absolute oder ursprüngliche Schönheit nicht eine Beschaffenheit verstehen, die in dem Gegenstand vorausgesetzt wird und die von sich selbst schön sein würde, ohne Beziehung auf einen Geist, der sie empfindet. Denn Schönheit bedeutet, wie andere Namen der sinnlichen Ideen, eigentlich die Vorstellung eines Geistes. Kalt, heiß, bitter, süß, bedeuten die hervorgebrachten Empfindungen in unseren Seelen, mit welchen die Gegenstände vielleicht keine Ähnlichkeit haben, obgleich wir uns die Sache gemeiniglich anders vorstellen. Die Ideen von Schönheit und Übereinstimmung, die aus der Vorstellung einer Qualitatis primariae hervorgebracht werden und die eine Beziehung auf Figur und Zeit haben, können in der Tat eine nähere Ähnlichkeit mit den Gegenständen haben als diese Empfindungen, welche nicht so wohl Gemälde von den Gegenständen, als vielmehr Modifikationen der empfindenden Seele sind. Gäbe es aber doch keinen Geist, der mit einem Gefühl der Schönheit, um diese Gegenstände zu betrachten, begabt wäre: so sehe ich nicht, wie sie könnten schön genannt werden. Wir verstehen daher durch die ursprüngliche* Schönheit diejenige, welche wir bei Gegenständen wahrnehmen, ohne daß wir sie mit einem äußeren Dinge vergleichen, von welchem vorausgesetzt wird, daß der Gegenstand eine Nachahmung oder ein Gemälde sei. Diese Schönheit empfinden wir aus den Werken der Natur, den künstlichen Gestalten und Figuren. Relative Schönheit aber ist diejenige, die wir bei Gegenständen wahrnehmen, die gemeiniglich als Ähnlichkeiten oder Nachahmungen von etwas anderem betrachtet werden. Diese zwei Arten von Schönheit werden die drei folgenden Abschnitte einnehmen.

* Diese Einteilung der Schönheit ist mehr von dem verschiedenen Grunde des Vergnügens für unser Gefühl derselbigen, als von den Gegenständen selbst hergenommen. Denn viele von den folgenden Beispielen der relativen Schönheit haben auch eine absolute, in einer oder der anderen Betrachtung. Doch können wir diese zwei Quellen des Vergnügens, Einförmigkeit in dem Gegenstande selbst und Ähnlichkeit gegen ein gewisses Urbild, besonders betrachten.

Zweiter Abschnitt
Von der ursprünglichen oder absoluten Schönheit

I. Da es nun gewiß ist, daß wir Ideen von Schönheit und Übereinstimmung haben, so wollen wir untersuchen, was für eine Beschaffenheit in den Gegenständen diese Ideen hervorbringt oder Gelegenheit dazu gibt. Unsere Untersuchung geht allein auf diejenigen Beschaffenheiten, welche für die Menschen schön sind, oder auf den Grund ihres Gefühls der Schönheit. Denn wie wir oben bemerkt haben, so hat die Schönheit beständig eine Beziehung auf das Empfindungsvermögen eines Geistes; und wenn wir hernach zeigen werden, warum die Gegenstände, die uns vorkommen, gemeiniglich schön sind, so verstehen wir dadurch nichts weiter, als daß diese Gegenstände dem Gefühl der Menschen angenehm sind. Denn es gibt viele Gegenstände, die keineswegs den Menschen schön vorkommen und woran sich doch andere Tiere zu ergötzen scheinen. Diese Tiere können ein Empfindungsvermögen haben, das anders beschaffen ist als das unsrige, und bei ihnen können die Ideen von der Schönheit durch Gegenstände von einer ganz verschiedenen Gestalt erweckt werden. Wir sehen Tiere, die sich an alle Orte hinschicken, und was den Menschen rauh und ungestalt, oder ekelhaft vorkommt, das kann ihnen ein Paradies sein.

II. Damit wir die allgemeinen Grundursachen oder Veranlassung zu den Ideen von der Schönheit bei den Menschen deutlicher entdecken, so wird da notwendig sein, sie zuerst in ihren einfacheren Arten, so wie sie sich uns in regelmäßigen Figuren zeigt, zu betrachten: vielleicht finden wir, daß sich diese Grundursache auf alle die zusammengesetzteren Gattungen erstreckt.

III. Die Figuren, welche in uns die Ideen von der Schönheit erzeugen, scheinen diejenigen zu sein, worin Einförmigkeit mit Mannigfaltigkeit verbunden ist. Es gibt noch andere Begriffe von Gegenständen, die uns wegen anderer Ursachen angenehm sind. Z.B. Größe, Neuheit, Heiligkeit und verschiedene andere, von denen wir hernach gedenken werden. Allein, was wir schön bei den Gegenständen nennen, dieses scheint in der mathematischen Sprache zu reden, in einem Verhältnis von Einförmigkeit und Mannigfaltigkeit zu bestehen, so daß, wenn die Einförmigkeit der Körper gleich ist, sich die Schönheit verhält wie die Mannigfaltigkeit, und wo die Mannigfaltigkeit gleich ist, sie sich verhält wie die Einförmigkeit.

Die Mannigfaltigkeit vermehrt die Schönheit bei gleicher Einförmigkeit. Die Schönheit eines gleichseitigen Dreiecks ist nicht so groß als die Schönheit eines Vierecks, und diese nicht so groß als die Schönheit eines Fünfecks, und diese letztere wieder geringer als die Schönheit eines Sechsecks. Wenn die Anzahl der Seiten sich stark vermehrt, so verliert sich ihr Verhältnis zu dem Radius oder dem Durchmeser der Figur oder des Zirkels, auf welchen reguläre Vielecke eine bekannte Beziehung haben, so sehr für uns und unsere Betrachtung, daß die Schönheit nicht allezeit mit der Anzahl der Seiten zunimmt. Der Mangel des Parallelismus unter den Seiten in dem Siebeneck und anderen Figuren von ungleichen Zahlen, kann auch ihre Schönheit vermindern. Bei Körpern übertrifft das Zwanzigeck das Zwölfeck, und dieses das Achteck, welches letztere schöner ist als der Würfel, und dieser übertrifft hingegen die reguläre Pyramide. Der klare Grund davon ist dieser, weil hier größere Mannigfaltigkeit bei gleicher Einförmigkeit angetroffen wird.

Die Schönheit wird durch größere Einförmigkeit bei dieser Mannigfaltigkeit vermehrt, und ein gleichseitiger Triangel übertrifft den ungleichseitigen. Ein Viereck übertrifft den Rhombus, dieser den Rhomboides, und dieser letztere wieder ist schöner als das Trapezium oder eine Figur von irregulären, krummen Seiten. Die regulären Körper übertreffen alle anderen Körper von einer gleichen Anzahl von ebenen Oberflächen. Dieses sieht man nicht allein bei den fünf vollkommenen regulären Körpern, sondern bei allen, welche eine beträchtliche Einförmigkeit haben, als die Zylinder, Pyramiden, Prismen und Obelisken, die jedes Auge besser vergnügen als irgend andere rauhe Figuren, worin keine Einheit oder Ähnlichkeit unter den Teilen ist. Exempel von dem zusammengesetzten Verhältnis haben wir, wenn wir Zirkel oder Kugeln mit Ellipsen oder Spheroiden, die nicht sehr exzentrisch sind, ja wenn wir zusammengesetzte Körper, wie das Achteck oder das Vierundzwanzigeck ist, mit den vollkommen regulären Körpern, woraus sie zusammengesetzt sind, vergleichen. Wir werden finden, daß der Mangel der vollkommensten Einförmigkeit, die bei den letzteren anzutreffen ist, durch die größere Mannigfaltigkeit in den ersten ersetzt und dadurch beider Schönheit sehr gleich wird. [...]

V. Auf eben diesem Grunde beruht unser Gefühl der Schönheit in den Werken der Natur. Bei jedem Teil der Welt, welchen wir schön nennen, ist eine bewundernswürdige Einförmigkeit mit einer fast unendlichen Mannigfaltigkeit verbunden. Viele Teile des Weltgebäudes scheinen nicht gänzlich zu dem Nutzen des Menschen bestimmt zu sein, ja, es ist vielmehr ein sehr kleines Fleckchen, von welchem wir einige Kenntnis haben. Die Figuren und Bewegungen der großen Körper fallen nicht in unsere Sinne, sondern werden durch Schlüsse und Nachdenken über viele lange Beobachtungen ausfindig gemacht. Aber so weit, als wir mit unseren Sinnen entdecken oder durch Schlüsse unsere Erkenntnis erweitern und unsere Einbildungskraft erstrecken können, so finden wir doch in allen Fällen, daß ihr Bau, ihre Ordnung und Bewegung mit unserem Gefühl der Schönheit überein komme. Jeder besondere Gegenstand in der Natur erscheint uns zwar nicht schön; allein es ist doch ein großer Überfluß an Schönheit über die meisten Gegenstände ausgebreitet, die uns entweder in die Sinne fallen oder durch Schlüsse über unsere Beobachtungen bekannt werden. Denn nicht der scheinbaren Lage der himmlischen Körper in dem Raume einer großen Kugel zu gedenken, die bloß durch das Unvermögen unseres Gesichts in Unterscheidung der Entfernungen hervorgebracht wird, so sind die Gestalten der großen Körper in dem Weltgebäude meistens sphärisch, der Kreislauf ihrer Veränderungen in allen Fällen elliptisch und ohne große Exzentrizität bei denjenigen, die sich beständig unseren Beobachtungen darbieten. Nun sind diese Figuren von großer Einförmigkeit, folglich sind sie uns auch angenehm.

Ferner, um die wenig bekannte Einförmigkeit der Größen

ihrer Materien, der Entfernung, womit eine auf die andere folgt, vorbei zu gehen [zu übergehen, d. Hg.]: was kann uns ein größeres Beispiel von der Verbindung des Einförmigen mit dem Mannigfaltigen darbieten als die beständige Veränderung eines jeden Planeten um seine Achse und um das Zentralfeuer oder die Sonne durch alle Zeitalter durch, von denen wir einige Zeugnisse haben, in einem fast gleichen Kreislaufe und gleichen Zeiten? Und nach gewissen Zeitläuften werden alle diese Erscheinungen wieder erneuert. Die wechselweise Folge des Schattens und Lichts, oder des Tages und der Nacht, die beständig einander um jeden Planeten herum verfolgen, und zwar mit einer angenehmen und regelmäßigen Veränderung in den Zeiten, worin sie die verschiedenen Halbkugeln im Sommer, Herbst, Frühling und Winter im Besitz haben, die mannigfaltigen Aspekt und Stellungen der Planeten gegeneinander, ihre Konjunktion und Opposition, in welchen sie mit ihren kegelförmigen Schatten bei den Finsternissen einander plötzlich verdunkeln und welche zu ihren gesetzten Perioden mit unveränderter Beständigkeit wiederholt werden: Dieses sind die Schönheiten, welche den Sternkundigen rühren und seine verdrießlichen Rechnungen angenehm machen. *Molliter austerum studio fallente laborem*[1].

VI. Was den trockenen Teil der Oberfläche unserer Erdkugel anbetrifft, wovon ein großer Teil mit einer sehr angenehmen unschädlichen Farbe bedeckt ist, wie schön ist er nicht mit mannigfaltigen Graden von Schatten und Licht verändert, nach den verschiedenen Lagen der Teile seiner Oberfläche auf Bergen, Tälern, Hügeln und offenen Ebenen, die alle auf eine mannigfaltige Art gegen das große Himmelslicht gekehrt sind.

VII. Wenn wir uns zu den kleineren Werken der Natur wenden, was für eine große Einförmigkeit treffen wir nicht bei all den Gattungen von Pflanzen und Erdgewächsen in der Art ihres Wachstums und Fortpflanzung an? Wie groß

[1] Horaz, Satiren II, 2, 12: »wobei der Eifer unvermerkt die Müh in Lust verwandelt« (Wieland).

ist nicht die Ähnlichkeit unter allen Pflanzen einer Gattung, deren Anzahl unsere Einbildungskraft übersteigt? Und diese Einförmigkeit finden wir nicht allein, wenn wir ihre Gestalt im Großen betrachten, (ja hierin ist sie nicht so richtig in allen Fällen) sondern in dem Bau ihrer kleineren Teile, und sogar derjenigen, die kein unbewaffnetes Auge entdecken kann. Bei der unendlichen Menge Blätter, Früchte, Samen und Blumen einer Gattung im Bau und der Lage ihrer zartesten Fäserchen. Dieses ist die Schönheit, welche einen scharfsichtigen Kräuterkenner rührt. Ja, was für eine große Einförmigkeit und Regelmäßigkeit treffen wir bei jeder Pflanze, Blatt oder Blume insbesondere an! In allen Bäumen, und zwar von der kleinsten Art, sind die Stämme entweder meistens Zylinder oder regelmäßige Prismen. Die Äste sind ihren Stämmen gleichförmig und entstehen in regelmäßiger Entfernung, wenn keine Zufälle ihr natürliches Wachstum hindern. Bei einer Gattung entstehen die Äste paarweise an den entgegengesetzten Seiten, und die senkrechte Direktionsfläche des unmittelbar höheren Paares durchschneidet die Direktionsfläche des unteren Paares meistens in rechten Winkeln. Bei anderen Gattungen entspringen die Äste einzeln und wechselweise, alle in der Runde und fast in gleicher Entfernung, und die Äste, die bei anderen Gattungen um den Stamm herum in Knospen hervorgesprossen sind, entspringen einzeln in jedem Jahr. Und bei jeder Gattung behalten die Äste in den ersten Sprossen die nämlichen Winkel mit ihrem Stamm, und schossen[2] wieder in kleinere Äste hervor nach der Art ihrer Stämme. Wir müssen auch nicht die große Einheit der Farben vorbeigehen, welche wir in allen Blumen eines Baumes oder einer Pflanze und oft einer ganzen Gattung sehen. Wie genau stimmen alle Blumen einer Pflanze, ja öfters alle Blumen einer Gattung in den vielen Schattierungen überein, die sie bei der Verwandlung in ganz entgegengesetzte Farben annehmen!

VIII. Was die Schönheit der Tiere entweder in ihrem inneren Bau, zu dessen Kenntnis wir durch Erfahrungen und

[2] *»Schossen«* hat die Bedeutung »keimen, sprießen« und ist heute ungebräuchlich.

durch lange Beobachtungen gelangen, oder in ihrer äußeren Gestalt anbetrifft, so finden wir unter allen uns bekannten Gattungen eine erstaunende Einförmigkeit im Bau derjenigen Teile, von welchen das Leben unmittelbarer Weise abhängt. Und wie bewundernswürdig ist die Einheit der Bewegungsgesetze in der unendlichen Verschiedenheit der Bewegungen bei allen ihren Handlungen, als bei dem Gehen, Laufen, Fliegen, Schwimmen. Was für eine Einheit unter ihren ernstlichen Bemühungen für die Selbsterhaltung! Was für eine Einheit in ihren heftigen Krümmungen in allen ihren verschiedenen Gliedern, wenn sie lustig sind und scherzen, die durch die einfache Erfindung eines zusammenziehenden Muskels hervorgebracht werden, der unbegreiflicher Veränderungen fähig ist, allen diesen Endzwecken Genüge zu leisten! Vielerlei Werkzeuge hätten wohl eben diese Endzwekke erhalten können, aber alsdenn würde die Einförmigkeit und folglich die Schönheit unserer tierischen Gebäude, vieler Tiere insbesondere[3], nicht so groß gewesen sein, wenn diese bewundernswürdige Einheit der Bewegungsgesetze ihnen nicht wäre zuteil geworden.

IX. Bei Tieren von einer Gattung ist die Einheit sehr bekannt und offenbar, und diese Ähnlichkeit ist eben der Grund, warum wir sie in solchen Klassen oder Gattungen ordnen, ohngeachtet der großen Verschiedenheit in der Größe, Farbe, Gestalt, die wir bei denjenigen wahrnehmen, die wir zu einer Gattung rechnen. Ja, wie allgemein ist bei einem jeden Tier insbesondere die genaue Ähnlichkeit aller äußeren doppelten Glieder gegen einander, welche die allgemeine Absicht der Natur zu sein scheint, wenn kein Zufall sie daran hindert! Wir sehen, daß der Mangel dieser Ähnlichkeit allezeit für eine Unvollkommenheit und ein Mangel der Schönheit angesehen wird, obgleich kein anderer Schaden daraus folgt, z.B. wenn die Augen nicht einander vollkommen gleich oder ein Arm, oder ein Bein, ein wenig kürzer ist als der andere ist. [...]

[3] »... and the beauty of our animal systems, and of particular animals ...«: und die Schönheit unseres vitalen Systems und besonderer Tiere.

X. Es gibt noch eine andere Schönheit bei den Tieren, die aus einem gewissen Verhältnis der verschiedenen Teile gegen einander entspringt und welches allezeit dem Auge des Zuschauers gefällt, obgleich er es nicht mit der Richtigkeit eines Bildhauers ausrechnen kann. Der Bildhauer kennt, was für ein Verhältnis jedes Teils des Angesichts sich zu dem ganzen Angesicht am besten schicke, und kann uns eben das von dem Verhältnis des Angesichts zu dem Körper oder einigen Teilen desselben sagen. Er weiß das Verhältnis des Durchmessers und der Länge jedes Gliedes, daß, wenn der Kopf in Beziehung auf den Körper merklich geändert ist, wir einen Riesen oder einen Zwerg haben werden. Eben daher ist es möglich, daß wenn jemand in Miniatur gemalt ist, wir ohne alle Beziehung auf einen äußerlichen Gegenstand bloß durch die Beobachtung dieses Verhältnisses sehen, daß der Kopf einem Riesen und der Körper einem Zwerge zugehöre. Es gibt noch eine andere Schönheit, die aus der Figur entspringt und welche eine natürliche Anzeige der Stärke ist; doch diese wollen wir übergehen, weil man wahrscheinlicher Weise einwenden könnte, daß unsere Hochachtung gegen diese Gestalt aus der Meinung eines Vorteils und nicht aus der Gestalt selbst fließe. [...]

XIII. Unter die ursprüngliche Schönheit können wir noch die Übereinstimmung oder die Schönheit des Schalls mit einschließen, wenn anders dieser Ausdruck erlaubt ist, weil die Übereinstimmung nicht gewöhnlicher Weise als eine Nachahmung von einem anderen Dinge angesehen wird. Die Übereinstimmung erweckt öfters bei denjenigen ein Vergnügen, die nicht wissen, was die Gelegenheit dazu ist: und doch ist bekannt, daß der Grund dieses Vergnügens eine Art von Einförmigkeit ist. Wenn die verschiedenen schwingenden Bewegungen eines Tons mit den schwingenden Bewegungen eines anderen regelmäßiger Weise zusammenstimmen, so machen sie eine angenehme Komposition, und solche Töne nennt man einhellige Töne. [...]

In den besten Kompositionen finden wir eine bewundernswürdige Wirkung der mißhelligen Töne: sie geben uns eben so ein großes Vergnügen als eine fortgesetzte Übereinstimmung, indem sie entweder das Ohr durch die Mannigfaltigkeit erquicken oder indem sie die Aufmerksamkeit ermuntern und den Geschmack für die folgende Übereinstimmung der einhelligen Töne erhöhen, so wie Schatten ein Gemälde beleben und verschönern. Dieses muß gewiß die Ursache sein, daß sie, ohngeachtet sie mißhellige Töne sind, ihren Platz und gute Wirkung in unseren besten Kompositionen haben.

Dritter Abschnitt

[...]

VII. Wenn wir zu den Werken der Kunst gehen und die vielen Erfindungen und Bauarten betrachten; so werden wir beständig finden, daß der Grund der Schönheit, die in ihnen sichtbar ist, in einer Art von Einförmigkeit oder Einheit der Verhältnisse unter den Teilen und jedes Teils zu dem Ganzen bestehe. So wie eine große Verschiedenheit der Verhältnisse und verschiedene Arten von Einförmigkeit möglich sind, so viele Verschiedenheiten gibt es auch in den mancherlei Gestalten, die man bei der Baukunst, dem Gartenwesen und dergleichen Künsten bei verschiedenen Nationen antrifft; sie können alle Einförmigkeit haben, obgleich die Teile des einen von den Teilen des anderen abgehen. Die chinesischen oder persischen Gebäude gleichen den römischen oder griechischen nicht, und doch haben die ersteren die Einförmigkeit der Teile gegen einander und gegen das Ganze eben so wohl als die letzteren. In der Art von Baukunst, welche die Europäer regulär nennen, ist die Einförmigkeit der Teile sehr deutlich: die verschiedenen Teile sind reguläre Figuren und sind einander zum wenigsten in einer und eben derselben Ordnung gleich oder ähnlich. Die Fußgestelle sind Parallelepipeda[4] oder viereckige Prismata, die Säulen meist zylindrisch, die Bogen zirkelförmig und alle

[4] Griech.: Parallelflach. Von drei Paaren paralleler Ebenen begrenzter Körper, z.B. Würfel.

diese Stücke in einer Reihe gleich; allezeit ist in der nämlichen Reihe das Verhältnis zwischen dem Durchmesser der Säule und ihren Höhen, ihrer Hauptgesimse, dem Durchmesser der Bogen, den Höhen ihrer Fußgestelle, den Ausladungen der Karnieße[5] und all der Zieraten in jeder der fünf Ordnungen immer eben dasselbe. Und obgleich andere Länder den römischen oder griechischen Verhältnissen nicht folgen, so wird doch ein Verhältnis und eine Ähnlichkeit der Figuren, die sich aufeinander beziehen, erhalten, und jede Abweichung eines einzigen Teiles von dem Verhältnis, das bei den übrigen Gebäuden beobachtet ist, wird jedem Auge mißfallen und die Schönheit des Ganzen vernichten oder zum wenigsten verringern. [...]

Vierter Abschnitt
Von der relativen Schönheit

I. Wenn die vorhergehenden Gedanken, die von dem Grunde der ursprünglichen Schönheit handeln, richtig sind, so können wir leichtlich einsehen, worin die relative Schönheit besteht. Alle Schönheit ist relativ und bezieht sich auf das Empfindungsvermögen eines Geistes, der sie erkennt; allein, was wir eigentlich relativ nennen, ist dasjenige, was in einem Gegenstande angetroffen wird, den wir gemeiniglich als eine Nachahmung eines Urbildes ansehen. Und diese Schönheit gründet sich auf eine Gleichförmigkeit oder eine Art von Einheit zwischen dem Urbilde und der Kopie. Das Urbild mag nun ein Gegenstand in der Natur sein oder eine festgesetzte Idee. Denn wenn eine bekannte Idee als der Maßstab vorhanden ist und wenn wir Regeln haben, das Bild oder die andere Idee danach zu ordnen, so können wir eine schöne Nachahmung machen. So kann uns ein Bildhauer, ein Maler, ein Poet durch einen Herkules entzücken, wenn sein Stück diejenige Größe und diejenigen Kennzeichen von Stärke und Mut in sich enthält, die wir uns bei diesem Helden vorstellen.

[5] Glockenleiste mit s-förmiger Kontur.

Ferner, um diese relative Schönheit zu erhalten, ist es nicht notwendig, daß das Urbild selber schön sei. Die Nachahmung absoluter Schönheit kann zwar in dem Ganzen ein weit reizenderes Werk zum Vorschein bringen, allein dieses hindert nicht, daß eine genaue Nachahmung noch immer schön bleiben wird, obgleich das Urbild ganz und gar nichts von Schönheit an sich hat. Die häßlichsten Züge des Alters in einem Gemälde, die rauhesten Felsen und Berge in einer Landschaft können, wenn sie wohl vorgestellt sind, überfließende[6] Schönheit haben, obgleich weniger, als wenn das Urbild ursprünglich schön und eben so wohl wäre nachgeahmt worden. Ja, öfters macht das Neue an einem Gegenstand, daß wir das Unregelmäßige dem Regelmäßigen vorziehen.

II. Eben diese Beobachtung ist bei den Beschreibungen der Poeten von natürlichen Gegenständen und von Personen wahr. Und diese relative Schönheit ist es eben, die sie sich hauptsächlich als die eigentümliche Schönheit ihrer Werke zu erhalten bemühen sollten. Unter den sittlichen Fabeln des Aristoteles müssen wir uns nicht tugendhafte Sitten vorstellen, sondern eine richtige Vorstellung solcher Charaktere und Sitten, als sie wirklich in der Natur anzutreffen sind, und nichts weiter fordern, als daß die Handlungen und Gesinnungen den Charakteren und Personen angemessen sind, denen sie in der epischen und dramatischen Poesie zugeschrieben werden. Vielleicht kann man aus der Natur unserer Leidenschaften wichtige Gründe angeben, warum ein Poet seine Charaktere niemals vollkommen tugendhaft bilden solle. Diese Charaktere, wenn sie abstrakt betrachtet werden, könnten uns in der Tat mehr Vergnügen geben und mehr Schönheit in sich haben als die unvollkommenen, die im gemeinen Leben aus einer Mischung vom Guten und Bösen entstehen. Allein wieviel ist nicht gegen die Wahl dieser Charaktere in poetischen Beschreibungen einzuwenden, wenn wir bedenken, daß wir weit lebhaftere Begriffe von den unvollkommenen Menschen mit all ihren Leidenschaften haben als von moralisch vollkommenen Helden, so

[6] Engl.: abundant. In der Übersetzung von Merck: überflüssige.

wie sie uns niemals vor Augen kommen und von deren Übereinstimmung mit der Kopie wir folglich nicht genau urteilen können. Auch das Bewußtsein unseres eigenen Zustandes macht, daß wir weit mehr durch die unvollkommenen Charaktere gerührt werden. Denn wir sehen hier in anderen Personen die Widersprüche unserer Neigungen und den Streit zwischen der Eigenliebe und der Ehre und Tugend, den wir so oft in unserem eigenen Busen fühlen. Dies ist die vorzügliche Schönheit, welcherwegen Homer eben so wohl mit Recht als wegen der Mannigfaltigkeit seiner Charaktere bewundert wird. [...]

Sechster Abschnitt
Von der Allgemeinheit des Gefühls der Schönheit unter den Menschen

I. Wir erinnerten oben, daß alle Schönheit eine Beziehung auf eine empfindende Kraft hat; und weil wir nicht wissen, wie groß die Mannigfaltigkeit des Gefühls unter den Tieren ist, so ist keine Gestalt in der Natur, von der wir insbesondere sagen könnten, daß sie keine Schönheit hätte, denn es kann noch eine empfindende Kraft geben, der sie gefällt. Allein unsere Untersuchung ist bloß auf die Menschen eingeschränkt, und ehe wir die Allgemeinheit des Gefühls der Schönheit oder ihre übereinstimmende Liebe zur Einförmigkeit beweisen, so wird es nötig sein zu betrachten, ob dieses Gefühl der Schönheit so wie andere Sinne uns Vergnügen und Schmerzen verursache und uns einige Gegenstände unangenehm mache und Veranlassung zum Schmerz gebe.

Daß viele Gegenstände unserem Gefühl nicht angenehm sind, dies ist bekannt, denn viele haben gewißlich gar keine Schönheit; aber alsdenn gibt es keine Gestalt, welche an und für sich notwendiger Weise unangenehm scheint, wenn wir kein anderes Übel von ihr befürchten und sie mit nichts besserem von der Art vergleichen. Viele Gegenstände sind von Natur unseren äußerlichen Sinnen unangenehm und andere angenehm, so wie viele Arten von Gefühl, Geruch oder viele einzelne Töne. Allein bei unserem Gefühl des Schönen scheint eine Zusammensetzung von Gegenständen, die keine unangenehme einfache Idee geben, nicht an und für sich unangenehm und verdrießlich, wenn wir niemals etwas besseres von der Art wahrgenommen hätten. Häßlichkeit ist eine bloße Abwesenheit oder ein Mangel der Schönheit, die wir bei einer Gattung erwartet hatten. Daher gefällt Bauern eine schlechte Musik, die niemals eine bessere gehört haben, und das feinste Ohr wird durch das Getön von Instrumenten, wenn es nicht dabei ekelhaft ist, nicht beleidigt, wo es keine Harmonie erwartet hatte; und doch wird ein weit geringerer Übelklang es unter der Aufführung einer Musik beleidigen, wo Harmonie erwartet wurde. Ein roher Haufen von Steinen wird denjenigen nicht beleidigen, der ein Mißfallen an Unregelmäßigkeiten in der Baukunst findet, wo Schönheit zu erwarten war. Und hätte es eine Gattung von derjenigen Gestalt gegeben, die wir nunmehr häßlich nennen, und hätten wir nie eine größere Schönheit gesehen oder erwartet, so würden wir kein Mißfallen an ihr gefunden haben, obgleich das Vergnügen bei dieser Gestalt nicht so groß gewesen sein würde als bei denjenigen, die wir nunmehr bewundern. Unser Gefühl der Schönheit scheint die Absicht zu haben, uns ein eigentliches Vergnügen, aber kein eigentliches Mißvergnügen zu verursachen, außer dasjenige, das aus einem Betrug oder einer fehlgeschlagenen Hoffnung entsteht.

II. Es gibt in der Tat viele Gestalten, die bei dem ersten Anblicke scheinen gemacht zu sein, unser Mißfallen zu erregen, aber dies kommt gemeiniglich nicht von einer Häßlichkeit her, die an und für sich selbst eigentlich unangenehm wäre, sondern entweder von dem Mangel einer erwarteten Schönheit oder vielmehr daher, weil sie verschiedene natürliche Anzeigen von moralisch üblen Gemütsbeschaffenheiten bei sich führen, die ein jeder in der Gesichtsbildung, Mienen und Gebärden leicht entdecken lernt. Daß dies nicht durch eine an und für sich unangenehme Gestalt verursacht wird, erhellt daraus, daß wenn wir durch eine lange Erfahrung versichert werden, eine sanfte Gemütsart, Leutseligkeit und

Munterkeit bei einer Person zu finden, ihre Gestalt uns kein Mißfallen mehr erweckt, obgleich der Körper immer derselbe bleibt. Dahingegen, wenn uns etwas von Natur unangenehm wäre und eigentliches Mißfallen erregte, es immer fortfahren würde, unangenehm zu sein, obgleich der Abscheu gegen dasselbe durch andere Betrachtungen könnte überwogen werden. Es gibt eine Art von Abscheu gegen gewisse Gegenstände, die einzig und allein die Wirkung unserer Furcht für uns selbst oder des Mitleidens für andere ist, wenn entweder Vernunft oder andere vergesellschaftete Ideen [associations of ideas] uns eine Gefahr befürchten lassen, die aber nicht aus dem Besonderen, was die Gestalt an sich hat, entspringt. Denn wir finden, daß viele von den Gegenständen, die bei dem ersten Anblick Schrecken erregen, wenn Erfahrung und Vernunft diese Furcht verbannt hat, Veranlassungen zum Vergnügen werden, so wie ein Raubtier, eine ungestüme See, ein steiler Abgrund oder ein finsteres, schattiges Tal.

III. Wir werden künftig sehen, daß vergesellschaftete Ideen uns Gegenstände angenehm und ergötzend machen können, die von Natur nicht fähig sind, solches Vergnügen zu verschaffen, und daß auf gleiche Art zufällige Verbindungen von Ideen ein Mißfallen an der Sache erregen können, wo die Gestalt an und für sich nicht unangenehm ist. Dies ist die Ursache von dem närrischen Abscheu für Figuren von verschiedenen Tieren und vielen anderen Gestalten. So werden Schweine, Schlangen von allen Arten und viele Insekten, die wirklich schön genug sind, mit Abscheu von vielen Personen angesehen, die einige zufällige mit ihnen vergesellschaftete Ideen angenommen haben. Und wegen des Mißfallens von dieser Art kann man keinen anderen Grund angeben.

IV. Aber bei der allgemeinen Übereinstimmung der Menschen in ihrem Gefühl der Schönheit, die aus der Einförmigkeit und Mannigfaltigkeit entspringt, müssen wir die Erfahrung zu Rate ziehen: und da wir allen Menschen Vernunft zugestehen, weil alle Menschen im Stande sind, einfache Sätze zu verstehen, obgleich wenige zusammengesetzte Beweise begreifen können, so wird es, um die Allgemeinheit dieses

Gefühls zu beweisen, genug sein, wenn alle Menschen in den einfacheren Fällen mehr durch die Einförmigkeit als durch das Gegenteil vergnügt werden, wenn auch kein Vorteilhaben für sie bemerkt wird; und ebenso, wenn die Menschen, nachdem sich ihre Fähigkeit erweitert, zusammengesetztere Ideen zu begreifen und zu vergleichen, ein größeres Ergötzen an der Einförmigkeit haben und durch ihre zusammengesetzteren Arten, sowohl die ursprüngliche als relative, vergnügt werden.

Nun wollen wir sehen, ob jemals eine Person bei den einfacheren Fällen gänzlich leer von diesem Gefühl war. In den einfachsten Fällen der Harmonie sind wenig Versuche gemacht worden, weil wir uns nicht weiter Mühe darum geben, sobald wir finden, daß das Ohr einer Person weitläufige Kompositionen zu empfinden unfähig ist. Allein, was die Figuren anlangt, hat wohl da jemals einer ein Trapezium oder eine irreguläre krumme Linie zu dem Grundrisse seines Hauses gewählt, wenn es nicht aus Notwendigkeit aus Absicht eines besonderen Nutzens geschehen ist? Oder hat wohl jemand die einander gegenüberstehenden Wände nicht parallel oder in der Höhe ungleich gemacht. Wählte man jemals Trapezien oder irreguläre Vielecke und krumme Linien für die Gestalt der Türen und Fenster, obgleich diese Figuren zu dem Gebrauch ebenso gut gewesen wären und öfter einen großen Teil Zeit, Mühe und Unkosten den Arbeitern würde erspart haben, die man nur anwenden muß, um die Steine und das Bauholz nach den regulären Gestalten zuzurichten[7]. Unter allen ausschweifenden Moden in der Kleidung war doch keine, die ganz und gar von Einförmigkeit leer gewesen wäre, wenn sie auch nur in der Ähnlichkeit der zwei Seiten eines Kleides oder in einer gewissen allgemeinen Einrichtung nach der menschlichen Gestalt bestanden hätte. [...]

V. Ferner erhellt, daß Regelmäßigkeit und Einförmigkeit so häufig durch das Weltgebäude verbreitet ist, und wir so

[7] Der Irrtum des Theoretikers. Jeder, der einmal praktische Arbeiten dieser Art selbst ausgeführt hat, wird wissen, daß regelmäßige Formen sich viel leichter handhaben lassen als unregelmäßige.

willig und bereit sind, sie als den Grund der Schönheit in den Werken der Kunst anzusehen, daß wohl nie etwas für schön gehalten worden, so nicht wirklich etwas von dieser Regelmäßigkeit und Einförmigkeit war. Wir betrügen uns öfters in der Einbildung, da die größte mögliche Schönheit zu sehen, wo sie noch sehr unvollkommen ist: allein, es ist doch dasjenige, was uns vergnügt, immer ein gewisser Grad der Schönheit, obgleich es höhere Grade derselben geben kann, die wir nicht bemerken, und unser Gefühl handelt vollkommen regelmäßig, wenn uns etwas vergnügt, obgleich wir durch ein falsches Vorurteil gehindert werden, nach Gegenständen zu streben, die uns noch mehr vergnügen würden.

Der Gote[8] betrügt sich z.B., wenn er aus einem Fehler seiner Erziehung die Baukunst seines Landes für die vollkommenste hält, und eine Verbindung von gewissen feindlichen Ideen kann machen, daß er einen Abscheu vor römischen Gebäuden hat und sich bemüht, sie zu zerstören, so wie einige von unseren Reformatoren die papistischen Gebäude zerstören, weil sie die Ideen einer abergläubischen Verehrung von der Gestalt der Gebäude, wo sie getrieben wurde, nicht zu trennen wußten: und doch ist es noch immer eine wirkliche Schönheit, die den Goten vergnügt und die sich auf eine Einförmigkeit und Mannigfaltigkeit gründet. Denn die gotischen Pfeiler sind miteinander einförmig, nicht allein in ihren Abschnitten, die rhombenförmig sind, sondern auch in ihren Höhen und Verzierungen. Ihre Bogen sind nicht eine einzige einförmige krumme Linie, allein sie sind doch Stücke von gleichförmigen krummen Linien und allgemein gleich in einerlei Reihe. Selbst die indianischen[9] Gebäude haben eine Art von Einförmigkeit, und viele von den morgenländischen Nationen, obgleich sie sehr von uns abgehen, haben doch eine gewissen Regelmäßigkeit in ihren Manieren so wohl als die Römer in den ihrigen. Unsere indianischen Feuerschirme[9], die auf eine wunderbare Art

[8] Engl.: *Goth,* hier: der Deutsche.
[9] Engl.: *Indian,* hier: indisch.

unsere Einbildungskraft mit Ideen von Häßlichkeit anfüllen, worin doch die Natur sehr sparsam ist, ermangeln wirklich all der Schönheit, die aus dem Ebenmaß der Teile und aus der Ähnlichkeit mit der Natur entspringt, obgleich sie sich nicht von aller Schönheit und Einförmigkeit in den besonderen Teilen entblößen können: Und diese Veränderung des menschlichen Körpers in mancherlei gewaltsame Verdrehungen kann einiges wildes Vergnügen aus der Mannigfaltigkeit darreichen, weil doch immer einige Einförmigkeit mit der menschlichen Gestalt beibehalten wird.

VIII. Es wird die Frage bei dieser Materie unsere Betrachtung verdienen, warum wir bei gleichen Fällen verschiedene Urteile von den innerlichen und äußerlichen Sinnen fällen. Nichts ist gewöhnlicher als daß diejenigen, die nach dem Herrn Locke die angeborenen Begriffe verwerfen[10], behaupten, daß all unser Geschmack oder Belieben an Schönheit und Ordnung entweder aus dem Vorhersehen eines Vorteils oder aus Gewohnheit und Erziehung entspringt; und zwar behaupten sie dieses aus keinem anderen Grund als aus der Mannigfaltigkeit der Einbildungen in der Welt, und hieraus schließen sie, daß unsere Einbildungen nicht aus einem natürlichen Empfindungsvermögen oder Gefühl ihren Ursprung haben. Und doch geben alle zu, daß unsere äußeren Sinne natürlich seien und daß Vergnügen und Schmerz bei ihren Empfindungen, obgleich sie durch Gewohnheit und Erziehung können vermehrt und vermindert und durch Nutzen überwogen werden, doch älter sind als Gewohnheit, Fertigkeit, Erziehung oder Voraussehen eines Vorteils. Nun ist es gewiß, daß es zum wenigsten eine so große Mannigfaltigkeit der Einbildungen bei Gegenständen gibt, als Gegenstände der Schönheit sind[11]. Ja, es ist weit schwerer und vielleicht unmöglich, die Einbildungen oder den Geschmack der äußeren Sinne auf einen allgemeinen Grund zurückzu-

[10] John Locke, An Essay Concerning Human Understanding. London 1690, Buch I.

[11] Die Übersetzung ist heute schwer zu verstehen. Der Satz meint: »Nun ist es gewiß, daß es eine mindestens ebenso große Vielfalt der Meinungen bei *diesen* Gegenständen (d.h. den Gegenständen der äußeren Sinne) gibt, wie bei den Gegenständen der Schönheit.«

bringen oder eine Regel für das Angenehme und Unangenehme zu finden: und doch geben wir alle zu, daß dieses natürliche Empfindungsvermögen sind. [...]

X. Hier wollen wir ein für allemal merken, daß ein inneres Gefühl so wenig eine angeborene Idee oder Erkenntnisgrund voraussetzt als das äußere. Beide sind natürliche Empfindungsvermögen oder Bestimmungen der Seele, notwendigerweise gewisse Begriffe bei der Gegenwart gewisser Gegenstände zu empfangen. Das innere Gefühl ist ein leidendes Vermögen, Ideen der Schönheit aus all den Gegenständen zu empfangen, worin Einförmigkeit mit Mannigfaltigkeit verbunden ist. Nichts scheint bei dieser Materie schwerer, als daß die Seele allezeit sollte bestimmt sein, die Ideen von Süße zu empfangen, wenn Teilchen einer solchen Gestalt in die Poren der Zunge dringen, und daß sie die Ideen eines Schalls allezeit bei einer schnellen Bewegung der Luft sollte haben. Das erste scheint so wenig mit seinen Ideen Verbindung zu haben als das andere, und einerlei Vermögen sollte wohl ebenso leicht das erstere als das letztere zur Veranlassung der Ideen bestimmen können.

XI. Die vergesellschafteten Begriffe [associations of ideas], wie wir oben schon erinnert haben, sind eine große Ursache von der anscheinenden Verschiedenheit der Einbildungen bei dem Gefühl der Schönheit, sowohl als bei den äußeren Sinnen, und sie machen auch oft, daß Personen einen Abscheu vor schönen Gegenständen und ein Belieben an Gegenständen, die keine Schönheit haben, bezeigen, aber unter ganz anderen Vorstellungen als den Vorstellungen von Schönheit oder Häßlichkeit. [...]

XII. [...] Wir wissen, wie angenehm das wildeste Land für eine Person sein kann, die die fröhlichen Tage ihrer Jugend darin zugebracht hat, und wie unangenehm hingegen die schönsten Gegenden eben dieser Person sein können, wenn sie der Schauplatz ihres Elends sind. Dieses kann uns in vielen Fällen die Verschiedenheit der Einbildungen zu erklären helfen, ohne daß wir die Einförmigkeit unseres inneren Gefühls der Schönheit zu leugnen nötig hätten. [...]

Achter Abschnitt
Von der Wichtigkeit der inneren Sinne im menschlichen Leben und ihren endlichen Ursachen.

I. Der geschäftige Teil der Menschen kann diese Dinge als lustige Träume einer erhitzten Einbildungskraft ansehen, die ein Weiser verachten sollte, der sich vernünftiger Weise nach gründlicheren Gütern bemüht, die nicht bloß auf einer Einbildung beruhen. Allein ein wenig Nachdenken wird uns überzeugen, daß die Willfahrungen unserer inneren Sinne eben so natürliche, wirkliche und vergnügende Güter sind als alle anderen Vergnügungen und daß sie der hauptsächliche Endzweck sind, warum wir uns gemeiniglich Vermögen [wealth] und Gewalt [power] wünschen. Weswegen ist Vermögen und Gewalt vorteilhaft? Wie macht es uns glücklich oder wie wird es uns nützlich? Auf keine andere Art als insofern es macht, daß wir unseren Sinnen willfahren können, und insofern es uns Vermögen an die Hand gibt, das Vergnügen zu empfinden. [...]

7. George Berkeley

Die Kritik an Shaftesburys und Hutchesons Lehre eines eigenständigen Vermögens zur unmittelbaren Wahrnehmung von Schönheit und moralischem Wert ließ nicht lange auf sich warten. Bereits 1732, sieben Jahre nach dem Erscheinen von Hutchesons ›Untersuchung‹, publiziert der streitbare Bischof *George Berkeley* (1685–1753) unter dem Titel ›Alciphron oder der kleine Philosoph‹[1] die fiktiven Gespräche zwischen zwei Freidenkern und zwei Verteidigern des wahren Christentums, in denen geschickt die Vernunft gegen ihre vermeintlichen Vertreter ausgespielt und zur Beglaubigung der christlichen Offenbarung eingesetzt wird. Die Gesprächsteilnehmer sind auf der einen Seite Alciphron[2], der das Christentum in der Überzeugung ablehnt, daß es die wahre Moralität gefährde, und Lysicles, dem es allein darum zu tun ist, seiner Vergnügungslust uneingeschränkt nachgehen zu können. Ihnen gegenüber stehen der klug abwägende, an der Figur des Sokrates ausgerichtete Christ Euphranor[3] und der mißtrauische Crito, der in jedem Freidenker unlautere Motive vermutet. Ziel der insgesamt sieben Dialoge ist es, mit den Mitteln der vernünftigen Erörterung eine Reihe von Ansichten zu widerlegen, die nach Berkeleys Empfinden der christlichen Lehre verderblich sind. Neben dem Freidenker *Anthony Collins* (1676–1729)[4] und *Bernard Mandeville* (1670–1733)[5], gegen dessen moralischen Pessimismus schon Hutcheson mit seiner ›Untersuchung‹ polemisiert hatte, greift Berkeley auch Hutcheson und Shaftesbury an[6]. Als im dritten Dialog Alciphron behauptet, moralische Schönheit lasse sich nicht *verstehen*, sondern nur mittels eines besonderen Sinnes *empfinden*, weist ihm Euphranor

[1] Alciphron, or the Minute Philosopher. London 1732.

[2] Gr.: der Kampfmutige oder Wehrhafte.

[3] Gr.: der freundlich Gesinnte, aber auch: der Verständige, Umsichtige.

[4] Anthony Collins' 1713 in London erschienene Schrift ›A Discourse of Free-Thinking‹ gab Anlaß zu heftigen Auseinandersetzungen zwischen den Vertretern der Orthodoxie und den zum Deismus neigenden Aufklärern. Eine allmähliche Entdogmatisierung des Christentums war die Folge.

[5] Bernard de Mandevilles 1714 erschienene, gegen Shaftesbury gerichtete Bienenfabel (The Fable of the Bees or, Private Vices, Publick Benefits) zeichnet in satirischer Weise das Bild einer Gesellschaft, in der das scheinbar moralische Handeln nicht aus genuiner Tugendhaftigkeit entspringt, sondern aus der egoistischen Verfolgung partikularer Interessen.

[6] Shaftesbury war Berkeley wegen seiner religiösen Ansichten so verhaßt, daß er es für angebracht hielt, in einem ›Discourse Adressed to Magistrates and Men in Authority‹ die gewaltsame Unterdrückung von Shaftesburys Lehren zu fordern.

nach, daß die Schönheit, sei sie moralischer oder sinnlicher Natur, nur durch die Vernunft erkannt werden könne. Denn die Schönheit eines jeden Dinges sei abhängig von dem ihm zukommenden *Zweck*, wie sich etwa daran zeige, daß ein schöner Ochse und ein schönes Pferd ganz unterschiedliche Proportionen aufwiesen und dieselbe Proportion, die an einem Tisch schön sei, an einem Stuhl unschön sein könne. Das Schönste sei in jedem Fall, in der Kleidung, der Architektur und überall sonst, immer das Zweckmäßigste. Der Zweck aber, und damit eben auch die Schönheit, werde allein durch die Vernunft erkannt. Genauso lasse sich auch die Schönheit der Tugend am besten nicht durch ein Gefühl, das ein viel zu unsicherer Führer sei, erfassen, sondern durch die Vernunft, die im tugendhaften Handeln den Zweck, und das heißt den wahren Nutzen des Handelnden erkenne. Denn der durch die tugendhafte Handlung verursachte gegenwärtige Verlust werde durch einen künftigen Gewinn mehr als ausgeglichen, und diese Verheißung, verbunden mit der Drohung künftiger Bestrafung, sei der stärkste Antrieb zur Tugend.

George Berkeley
Alciphron

Alciphron: Manches wird besser durch Definition und Beschreibungen verstanden; aber ich habe immer beobachtet, daß die, die diesen Begriff definieren, erklären oder über ihn streiten wollen, am wenigsten über ihn herausbringen. Moralische Schönheit ist von so einzigartiger und besonderer Natur, ist etwas so Zartes, Feines und Flüchtiges, daß sie sich nicht wie jeder derbe, gewöhnliche Gegenstand behandeln und prüfen läßt. Sie werden mir deshalb verzeihen, wenn ich auf meiner philosophischen Freiheit bestehe und mich lieber hinter dem allgemeinen und unbestimmten Sinn verschanze, als daß ich vielleicht durch die Abgabe einer genauen und eingehenden Erklärung dieser Schönheit sie selbst aus den Augen verliere; auch könnte ich Ihnen dadurch eine Stütze für Spitzfindigkeiten, Schlüsse, Zweifel, Fragen und Schwierigkeiten hinsichtlich einer Sache geben, die doch so klar wie die Sonne dasteht, wenn sie nur keiner zu begründen versucht.

Euphranor: Wie meinen Sie, Alciphron, ist diese Vorstellung dann am klarsten, wenn sie nicht geprüft wird?

Alciphron: Ich sage, daß sie mehr zu fühlen, als zu verstehen ist – ein gewisses *je ne sais quoi*[1] –, ein Gegenstand, der nicht dem diskursiven Denken unterliegt, sondern einem besonderen Sinn, der schicklich *moral sense*[2] genannt wird, da er für die Wahrnehmung der moralischen Schönheit eingerichtet ist, so wie es das Auge für Farben und das Ohr für Töne ist.

Euphranor: Daß die Menschen von Natur gewisse Sensationen oder Neigungen haben, die sie füreinander liebenswert und nützlich machen, davon bin ich durchaus überzeugt. Solche sind das Mitgefühl mit dem Traurigen, die Zärtlichkeit für unsere Nachkommenschaft, die Neigung zu unseren Freunden, unseren Nachbarn und unserem Vaterlande, Empörung über Niedrigkeit, Grausamkeit und Ungerechtigkeit. Diese Leidenschaften sind mit noch anderen Befürchtungen und Trieben, Abneigungen und Wünschen der Seele eingepflanzt, von denen einige bei dem einen Menschen am stärksten und mächtigsten sind, und wieder andere bei einem anderen. Heißt es also nicht, einem sehr unsicheren Führer folgen, wenn jemand in moralischen Dingen seiner Leidenschaft oder seinem inneren Gefühl folgt, und würde diese Regel die Menschen nicht unfehlbar wegen ihrer Vorliebe für diesen oder jenen Trieb, diese oder jene Leidenschaft verschiedene Wege führen?

Alciphron: Das leugne ich nicht.

Euphranor: Und folgt nun nicht, daß Pflicht und Tugend auf einem besseren Wege ausgeübt werden, wenn die Menschen durch Vernunft und Urteil geleitet werden können, wenn sie niedrige und sinnliche Vergnügungen gegen sol-

[1] Vgl. S. 118, Anm. 2.
[2] Dieses Ausdrucks bedienen sich Shaftesbury und Hutcheson.

che höherer Art abwägen, gegenwärtigen Verlust mit künftigem Gewinn vergleichen, die Unbehaglichkeit und den Ekel jedes Lasters mit der herrlichen Ausübung der entgegengesetzten Tugend und den angenehmen Gedanken und Hoffnungen, die sie im Gefolge hat? Oder kann es einen stärkeren Antrieb zur Tugend geben als den, daß sie unter allen Umständen jedermanns wahrer Nutzen ist?

Alciphron: Ich sage Ihnen, Euphranor, daß wir die Tugend desjenigen verachten, der erst rechnet und Rat hält und einen Grund für seine Tugendhaftigkeit haben muß. Die gebildetsten Moralisten unserer Sekte sind entzückt und begeistert von der abstrakten Schönheit der Tugend. Sie verachten alle Motive, die Verheißungen und Drohungen entspringen, und lieben die Tugend um ihrer selbst willen. Ach Entzücken, ach Begeisterung! Ach du Wesen der Schönheit[3]! [...]

Euphranor: Bitte, sagen Sie mir, Alciphron, hat die ganze Menschheit denselben Begriff von einem schönen Gesicht?

Alciphron: Schönheit im Menschengeschlecht scheint von gemischter und verschiedener Natur zu sein, insofern, als die Leidenschaften, Gefühle und Eigenschaften der Seele, die man in den Gesichtszügen und dadurch eben gerade verwischt sieht, auf verschiedene Menschen verschieden wirken, je nach dem, ob die Symmetrie größer oder geringer ist. Aber gibt es im Hinblick auf andere Dinge kein festes Prinzip der Schönheit? Gibt es irgendwo auf Erden einen menschlichen Geist ohne die Idee der Ordnung, der Harmonie und der Proportion?

Euphranor: Ach, Alciphron, es ist eine Schwäche von mir, daß ich bei Abstraktionen und allgemeinen Erörterungen leicht den Faden verliere und verwirrt werde. Aber etwas Einzelnes ist meinen Fähigkeiten mehr angepaßt. Ich finde es leicht, sinnliche Gegenstände zu betrachten und im Auge zu behalten: Lassen Sie uns deshalb zu entdecken versuchen, was deren Schönheit ist, oder worin sie besteht,

[3] Eine parodistische Nachahmung des hymnischen Stils Shaftesburys.

und uns so mit Hilfe dieser sinnlichen Dinge wie auf einer Skala oder Leiter zur moralischen und intelligiblen Schönheit aufsteigen. Belehren Sie mich also, bitte, darüber, was das ist, was wir bei den Sinnesgegenständen mit schön bezeichnen.

Alciphron: Jedermann weiß, daß Schönheit das ist, was gefällt.

Euphranor: Liegt also im Duft einer Rose oder im Geschmack eines Apfels Schönheit?

Alciphron: Keineswegs. Die Schönheit wird, um es genau zu sagen, nur durch das Auge wahrgenommen.

Euphranor: Man kann sie also nicht allgemein mit »das, was gefällt« definieren?

Alciphron: Ich gebe zu, daß das nicht angeht.

Euphranor: Wie können wir sie dann bestimmen oder definieren?

Nach einer kurzen Pause sagte Alciphron, daß die Schönheit in einer gewissen Symmetrie oder Proportionalität bestände, die dem Auge gefiele.

Euphranor: Ist diese Proportionalität bei allen Dingen ein und dasselbe, oder ist sie bei den verschiedenen Arten der Dinge verschieden?

Alciphron: Verschieden, zweifellos. Die Proportionen eines Ochsen würden für ein Pferd nicht schön sein. Und wir können auch bei unbelebten Dingen beobachten, daß die Schönheit eines Tisches, eines Stuhles, einer Tür in verschiedenen Proportionen besteht.

Euphranor: Schließt diese Proportion nicht die Beziehung eines Dinges zu einem anderen in sich?

Alciphron: Ja.

Euphranor: Und gründen diese Beziehungen nicht in Größe und Gestalt?

Alciphron: Ja.

Euphranor: Und müssen nicht, um die Proportion richtig zu gestalten, diese gegenseitigen Beziehungen zwischen Größe und Gestalt der Teile so geartet sein, daß sie das Ganze in seiner Art vollständig und vollkommen machen?

Alciphron: Ich gebe zu, daß das so sein muß.

Euphranor: Gilt ein Ding nicht dann in seiner Art als vollkommen, wenn es dem Zwecke, für den es gemacht wurde, entspricht?

Alciphron: Ja.

Euphranor: Bei richtigen Proportionen müssen also die Teile so aufeinander bezogen und so einander angepaßt sein, daß sie so sehr als möglich zum Gebrauch und zur Wirkung des Ganzen beitragen?

Alciphron: Es scheint so.

Euphranor: Aber Teile miteinander vergleichen, sie als zu einem Ganzen gehörig ansehen und dies Ganze auf seinen Nutzen oder Zweck beziehen, das scheint doch das Werk der Vernunft zu sein, nicht wahr?

Alciphron: Ja.

Euphranor: Daher werden Proportionen, genau genommen, nicht durch den Gesichtssinn wahrgenommen, sondern nur durch die Vernunft, vermittelst des Gesichts.

Alciphron: Das gebe ich zu.

Euphranor: Folglich ist die Schönheit in Ihrem Sinne nicht ein Gegenstand für das Auge, sondern für den Verstand.

Alciphron: Ja.

Euphranor: Das Auge allein kann also nicht sehen, daß ein Stuhl schön ist oder eine Tür gute Verhältnisse hat.

Alciphron: Das scheint zu folgen, aber ich bin mir über diesen Punkt nicht ganz klar.

Euphranor: Lassen Sie uns zusehen, ob eine Schwierigkeit darin liegen könnte. Was meinen Sie, könnte der Stuhl, auf dem Sie sitzen, als gut proportioniert oder schön gelten, wenn er nicht diese Höhe, Breite und Tiefe hätte und nicht so weit zurückgebogen wäre, daß man bequem darauf sitzen kann?

Alciphron: Nein.

Euphranor: Die Schönheit oder Symmetrie eines Stuhles kann also nicht anders als durch die Erkenntnis seines Zwecks erfaßt werden, und dadurch, daß man seine Gestalt mit seinem Zweck in Beziehung setzt. Das kann aber nicht durch das Auge allein geschehen, sondern ist auch die Wirkung des Urteils. Es ist daher etwas Verschiedenes, ein Ding zu sehen, und seine Schönheit erkennen.

Alciphron: Ich lasse das als wahr gelten.

Euphranor: Die Architekten halten eine Tür dann für schön proportioniert, wenn sie doppelt so hoch wie breit ist. Aber wenn sie eine gut proportionierte Tür umkehren, ihre Breite zur Höhe, und ihre Höhe zur Breite machten, so würde ihre Gestalt noch dieselbe bleiben, aber ohne die Schönheit zu bewahren, die sie in der anderen Lage hatte. Was anders kann die Ursache sein, als daß nach der vorhin erwähnten Annahme die Tür für Geschöpfe menschlicher Gestalt keinen bequemen Einlaß gewähren würde? Aber wenn man in irgendeinem anderen Teil des Weltalls vernünftige Wesen von umgekehrter Gestalt annähme, so müßte auch angenommen werden, daß sie die Regel für die Verhältnisse einer Tür umkehrten; und ihnen würde das schön erscheinen, was uns unangenehm wäre.

Alciphron: Dagegen habe ich keinen Einwand.

Euphranor: Sagen Sie mir, Alciphrom, liegt nicht etwas wirklich Anständiges und Schönes in der Kleidung?

Alciphron: Zweifellos.

Euphranor: Kann uns wohl jemand besser eine Idee von der Schönheit der Gewandung geben als ein Maler oder Bildhauer, deren eigentliche Aufgabe und Studium es ist, auf anmutige Darstellungen abzuzielen?

Alciphron: Ich glaube nicht.

Euphranor: Lassen Sie uns alle die Draperien der großen Meister dieser Künste prüfen: Wie sie zum Beispiel eine Matrone oder einen vornehmen Mann zu kleiden pflegen. Werfen Sie einen Blick auf diese Figuren (sagte er, indem er auf einige Drucke nach Raffael und Guido, die an der Wand hingen, wies), welchen Anblick würde wohl ein englischer Hofmann oder eine Magistratsperson mit ihrem gotischen, kurzen, gefältelten Gewande und ihrer weiten Perücke oder eine unserer Damen in ihrer unnatürlichen, angepreßten, steifgemachten Kleidung, die mit Reifen, Fischbein und Steifleinwand weit gehalten wird, unter diesen Figuren gewähren, die mit solchem Anstand in Gewänder gekleidet sind, welche in einer solchen Mannigfaltigkeit natürlicher Lichter und reichlicher Falten fallen? Sie erscheinen so würdig und einfach, bedecken den Körper, ohne ihn zu beengen, und zieren ihn, ohne seine Gestalt zu verändern.

Alciphron: Ich glaube wirklich, daß sie eine sehr lächerliche Erscheinung abgeben würden.

Euphranor: Und woher glauben Sie, daß das kommt? Woher kommt es, daß die östlichen Völker, die Griechen und Römer ganz natürlich in kleidsamen Gewändern einhergingen, während unsere gotischen[4], vornehmen jungen Leuten nach jahrhundertelangem Ausprobieren, Verbessern, Verändern und Ausbessern ihrer Erfindungen und nach einem Herumwirbeln in einem beständigen Kreislauf der Moden doch noch nicht das Glück gehabt haben, über irgendeine zu stolpern, die nicht töricht und lächerlich wäre? Kommt das nicht daher, daß sie, anstatt den Nutzen, die Vernunft und Bequemlichkeit zu befragen, sich ungezügelter Laune überlassen, der unnatürlichen Mutter von Ungeheuern? Dagegen machten die Alten in Anbetracht des Nutzens und Zwecks des Kleides es zum Diener der Freiheit, des Behagens und der körperlichen Bequemlichkeit. Und da sie nicht wußten, was es heißt, die natürliche Gestalt verbessern oder verändern, so wollten sie nichts anderes, als diese Gestalt anständig und vorteilhaft zeigen. Und wenn das so ist, müssen wir dann daraus nicht schließen, daß die Schönheit der Kleidung davon abhängt, ob sie gewissem Zweck und Gebrauch untertänig ist?

Alciphron: Das scheint wahr zu sein.

Euphranor: Diese untergeordnete, abhängige Natur der Schönheit[5] wird vielleicht noch klarer werden, wenn wir die einem Pferd und einer Säule zukommenden Schönhei-

[4] Gotisch hier im Sinne von: geschmacksverwirrt, mittelalterlich verworren, barbarisch.

[5] Vgl. hierzu Kants Begriff der anhängenden Schönheit, S. 230f.

ten prüfen. Virgils Beschreibung des ersteren lautet: »Illi ardua cervix,/Argutumque caput, brevis alvus, obesaque terga,/Luxuriatque toris animosum pectus.«[6] Und nun möchte ich gern wissen, ob die Vollkommenheit und der Nutzen eines Pferdes nicht auf folgende drei Punkte zurückgeführt werden können, nämlich auf Mut, Kraft und Schnelligkeit; und ob nicht jede dieser aufgezählten Schönheiten eine dieser Vollkommenheiten verursacht oder bezeichnet. Wenn wir auf dieselbe Weise die Teile und Verhältnisse einer schönen Säule untersuchen, werden wir wahrscheinlich finden, daß sie derselben Idee genügt. Diejenigen, die sich mit der Theorie der Architektur beschäftigt haben, lehren uns, daß die Verhältnisse der drei griechischen Säulenordnungen dem menschlichen Körper entnommen seien, dem schönsten und vollkommensten Geschöpf der Natur. Daraus entstanden also diese anmutigen Ideen von Säulen, die den Charakter der Kraft besitzen, ohne plump zu sein, und den der Schlankheit, ohne schwächlich zu sein. Diese schönen Verhältnisse waren, wie ich schon sagte, ursprünglich der Natur entnommen, die, wie schon vorhin bemerkt wurde, sie in ihren Geschöpfen zu irgend einem bestimmten Zweck, einem Nutzen oder einer Absicht bestimmt. Steht die gonfiezza[7] oder das Anschwellen und das Sich-Verjüngen einer Säule nicht auch in einem solchen Verhältnis, daß sie gleichzeitig stark und leicht erscheint? Muß nicht ebenso das ganze Gebälk mit seinen Vorsprüngen so proportioniert sein, daß es groß, aber nicht schwer, leicht, aber nicht klein erscheint, insofern nämlich eine Abweichung nach einem der beiden Extreme den Sinn und Nutzen der Dinge, worin ihre Schönheit gründet, und dem diese untergeordnet ist, widerstreiten würde? Das Gebälk und all seine Teile und Verzierungen, Architrave, Friese, Karnie-

[6] Georg. lib. III, 79–81: »Ein steifer Nacken ist ihm eigen, ein ausdrucksvoller Kopf, ein kurzer Leib, wohlgenährt ist der Rücken, und es strotzt vor Muskeln die mutige Brust« (Übertragung von Wieland).

[7] Entasis. Die Schwellung von Säulenschäften.

ße, Triglyphen, Metopen[8], Sparrenköpfe und was es sonst noch gibt, haben alle ihren Zweck darin, daß sie dem Gebäude Festigkeit und Einheit verleihen, daß sie es vor schlechtem Wetter schützen und den Regen abhalten; oder sie scheinen wenigstens einen solchen zu haben, wenn sie die Enden der Balken mit ihren Zwischenräumen, die durch die Dachsparren gebildet werden, vorstellen, und so weiter. Und wenn wir die schön geformten Winkel der Giebelseite betrachten, die Abstände zwischen den Säulen oder den Schmuck ihrer Kapitelle, – wird sich dann nicht zeigen, daß ihre Schönheit dem Dasein des Zwecks oder der Nachahmung derjenigen schönen Dinge entspringt, deren Schönheit ursprünglich auf demselben Prinzip beruht? Das ist in der Tat der große Unterschied zwischen griechischer und gotischer[9] Architektur. Die letztere ist phantastisch und größtenteils weder in der Natur noch in der Vernunft, weder in der Notwendigkeit noch im Zweck begründet, deren Hervortreten allein die ganze Schönheit, Anmut und Zierde der anderen erklärt.

Crito: Was Euphranor da gesagt hat, bestätigt die Meinung, die ich immer hegte, nämlich daß die Regeln der Architektur wie die aller anderen Künste, die bei den Griechen blühten, in der Wahrheit, der Natur und dem gesunden Menschenverstand gründeten. Aber die Alten, die sich ihre Idee der Schönheit durch eine tiefgehende Untersuchung der Gründe und Prinzipien der Kunst bildeten, hielten sich selbst nicht immer streng an diese Regeln und Verhältnisse; sondern sobald die besondere Entfernung, Lage, Erhöhung oder Ausdehnung des Gebäudes oder seiner Teile es zu erfordern schienen, nahmen sie keinen Anstand, davon abzuweichen, ohne die ursprünglichen Prinzipien der Schönheit außer acht zu lassen, die dennoch bei allen Abweichungen, die sie machten, herrschten. Diesen Spielraum oder diese Freiheit kann man den

[8] Architrav nennt man den den Oberbau tragenden Hauptbalken, Karnieße eine s-förmige Glockenleiste, Triglyphen bezeichnen die Dreischlitzplatten am Fries der Dorischen Ordnung, und Metopen die verzierten Felder dazwischen.

[9] Vgl. Anm. 4.

meisten modernen Architekten vielleicht nicht ruhig zugestehen, die mit ihren kühnen Sprüngen ohne jedes Ziel und jede Absicht zu handeln scheinen; die von keiner Idee, keiner Vernunft und von keinem künstlerischen Prinzip, sondern von bloßer Laune beherrscht scheinen, welche mit einer gänzlichen Verachtung jener edlen Einfachheit der Alten[10] verbunden ist, ohne die es doch keine Einheit, Anmut oder Größe in ihren Werken geben kann. Das kann natürlich einem Volke nur zur Schmach und zur Schande gereichen, weil es in künftigen Zeiten gar viele Denkmäler geben wird, die von der gegenwärtigen üppigen und geschmacklosen Zeit Zeugnis ablegen. Demnach steht zu fürchten, daß die Zukunft ebenso verkehrt fortfahren und auch auf anderen Gebieten ebenso tolles Zeug schaffen würde, wenn die Menschen ihrem eigenen Geschmack und ihren ersten Einfällen über Schönheit folgen sollten, anstatt Regeln, Vorschriften und Morallehren.

Alciphron: Jetzt wäre ich froh, wenn ich Zweck und Absicht dieser Abschweifung auf die Architektur etwas deutlicher erkennen könnte.

Euphranor: War nicht die Schönheit das, wonach wir forschten?

Alciphron: Ja.

Euphranor: Was glauben Sie, Alciphron, könnte heute, an dieser Stelle die Erscheinung eines Dinges erfreuen, das zweitausend Jahre früher und zweitausend Meilen entfernt gefiel, wenn es kein wirkliches Prinzip der Schönheit gäbe?

Alciphron: Nein.

Euphranor: Und verhält es sich nicht ebenso mit einem echten Stück Architektur?

Alciphron: Niemand leugnet das.

Euphranor: Die Architektur, die edle Tochter des Verstandes und der Phantasie, bildete sich nach und nach in den

[10] Vgl. Johann Joachim Winckelmanns berühmte Formel von der *edlen Einfalt und stillen Größe* griechischer Plastiken: »Das allgemeine Kennzeichen der griechischen Meisterwerke ist eine edle Einfalt und stille Größe – sowohl in der Stellung als im Ausdruck.« Geschichte der Kunst des Alterthums. Dresden 1764.

kultiviertesten und gebildetsten Ländern Asiens, Ägyptens, Griechenlands und Italiens aus. Sie wurde in den blühendsten Staaten und von den berühmtesten Fürsten gepflegt und geachtet, die sie mit großen Kosten förderten und vervollkommneten; wie es scheint, mehr als andere Künste, die es auch besonders mit Ordnung, Proportion und Symmetrie zu tun haben. Kann man deshalb nicht auf alle Fälle annehmen, daß sie uns am wahrscheinlichsten zu einer Vorstellung von dem je ne sais quoi der Schönheit verhilft? Und in der Tat, haben wir nicht aus dieser Abschweifung gelernt, daß darum, weil es keine Schönheit ohne Proportionen gibt, auch diese nur dann für richtig und wahr gehalten werden müssen, wenn sie sich auf einen gewissen Nutzen oder Zweck beziehen; und daß ihre Geeignetheit zu diesem Zweck und ihre Unterordnung unter ihn im Grunde das ist, was sie gefällig und reizvoll macht?

Alciphron: Ich gebe das alles als wahr zu.

Euphranor: Auf Grund dieser Lehre möchte ich nun gern wissen, was für eine Schönheit in einem moralischen Systeme liegen kann, das durch Zufall, Schicksal oder durch ein anderes, blindes, nicht denkendes Prinzip gebildet, verknüpft und beherrscht wird. Da es ja ohne Denken keinen Zweck und keine Absicht geben kann, und ohne Zweck keinen Nutzen, und ohne Nutzen keine geeigneten oder passenden Verhältnisse, aus denen die Schönheit entspringt. [...]

In einem System der Geister, die dem Willen und der Leitung des Vaters aller Geister untertan sind, die sie nach Gesetzen regiert und sie auf solche Weise leitet, daß sie zu weisen und guten Zwecken gelangen, wird große Schönheit herrschen. Wenn sich jemand bewußt ist, daß sein Wille innerlich mit dem göttlichen übereinstimmt, daß er Ordnung und Harmonie im Weltall hervorbringt und das Ganze auf den besten Wegen zu den besten Zielen führt: Das ist eine schöne Vorstellung.

8. Denis Diderot

Auch der französische Literat und Philosoph *Denis Diderot* (1713–1784) wandte sich wie Berkeley, doch im Unterschied zu diesem nicht aus religiösen sondern rein philosophischen Gründen, in seinem ›Enzyklopädie‹-Artikel zur Geschichte und zum Begriff des Schönen (1751)[1] gegen Hutchesons Lehre vom Schönheitssinn. Getreu dem sensualistischen Grundsatz *John Lockes* (1632–1704), daß im Verstand nichts sei, das nicht vorher in den Sinnen gewesen, versucht Diderot in der ›Enzyklopädie‹, den Begriff des Schönen aus der natürlichen Entwicklung des Einzelmenschen herzuleiten. Der Mensch werde mit Denkvermögen und Sinnen sowie einer Reihe von Bedürfnissen geboren. Um diese zu befriedigen, schaffe sich der Mensch bereits kurz nach seiner Geburt Hilfsmittel, die den gewünschten Zweck mehr oder weniger gut erfüllten. Aus der Vergleichung der tatsächlichen mit der vorgesehenen Wirkung werde die praktische Bedeutung von Anordnung, Proportion, Kombination und anderen Beziehungen (rapports) erkannt und schätzen gelernt. Bald danach sehe man, daß dieselben Ideen auch von Gegenständen der vorgefundenen Umgebung erweckt würden, und da man die Wertschätzung auf diese übertrage, würden alle Gegenstände, die dem Menschen eine Idee von Beziehungen (welcher Art auch immer) vermittelten, für schön befunden. Weder Nützlichkeit, noch Symmetrie, noch eine bestimmte Ordnung, noch die Größe, sondern allein diese allgemeinste Idee der *Beziehung* liege aller Schönheitserfahrung bei allen Menschen aller Zeiten zugrunde. Faktische Meinungsunterschiede darüber, was schön sei, begründeten sich aus Begleitumständen wie mangelnder Erfahrung oder Kenntnis der Beziehungen, unterschiedlichen Interessen, sozialen Vorurteilen und anderem. Das Prinzip und somit die Objektivität des Schönen bleibe davon unberührt. Um die Objektivität der Schönheit nicht (wie es Hutcheson getan habe) aufgeben zu müssen, unterscheidet Diderot zwischen einer »realen« Schönheit (beau réel) »außer mir«, die dem Gegenstand vermöge der ihm *innewohnenden* Beziehungen an sich selbst zugehöre, und einer »wahrgenommenen« Schönheit (beau aperçu) »in Bezug auf mich«, die von den tatsächlich *erkannten* Beziehungen abhänge.

[1] Diderots und Jean le Rond d'Alemberts ›Enzyklopädie‹ Bd. 1: »Beau«. Der Artikel erschien ein Jahr später als Separatdruck noch einmal unter dem Titel ›Recherches philosophiques sur l'origine et la nature du beau‹. Eine erste deutsche Übersetzung erschien 1774.

Der Louvre sei real immer gleich schön, ob er wahrgenommen werde oder nicht. Doch sei auch der Louvre nur schön, schränkt Diderot sogleich ein, insofern seine Beziehungen von einem Wesen, dem sie dasselbe bedeuteten wie dem Menschen, wahrgenommen werden *könnten*! Diese offenbare Zurücknahme der eben erst getroffenen Unterscheidung resultiert aus Diderots Ablehnung einerseits des absoluten Schönheitsbegriffs der platonischen und neuplatonischen Tradition, der vom Standpunkt des Lockeschen Empirismus aus nicht mehr akzeptabel ist, und andererseits des Gefühlssensualismus Hutchesons, von dem Diderot befürchtet, daß er die Möglichkeit eines objektiven Urteils über das Schöne gänzlich beseitigen könnte. Das Schöne soll rational faßbar bleiben und in einer objektiven Naturordnung gründen, zugleich aber in seiner Bezüglichkeit auf die menschliche Erfahrung begriffen werden. Im Versuch, beiden Ansprüchen gerecht zu werden, entgleitet Diderot jedoch entgegen seiner Absicht immer wieder die Objektivität der Schönheit und verliert sich in der Zufälligkeit persönlicher, historischer und naturgeschichtlicher Umstände. In seinen späteren Schriften zur Kunst wird deshalb auch das Schöne in die individuelle Begegnung zurückgenommen, denn viel leichter sei es, »den Fehler eines Vernunftschlusses herauszufinden als einen vernünftigen Grund dafür, warum etwas schön ist[2].« Zugleich wird das Schöne immer mehr im Hinblick auf seine moralische Wirksamkeit betrachtet und seine Aufgabe darin gesehen, durch die Erregung von Gefühlen und Gedanken eine moralische Besserung ins Werk zu setzen. Ohne moralische Begleitideen, heißt es nun, gebe es nichts Schönes[3].

Denis Diderot
Das Schöne

Wir werden mit dem Empfindungs- und Denkvermögen geboren; der erste Schritt des Denkvermögens (faculté de penser) besteht darin, daß wir unsere Wahrnehmungen untersuchen, sie miteinander verbinden, sie vergleichen, sie kombinieren, zwischen ihnen Beziehungen (rapports) der Überein-

[2] Aus dem ›Salon von 1767‹. Ästhetische Schriften Bd. 2, a.a.O., S. 104.
[3] Ebd., S. 90.

stimmung (convenance) oder der Nichtübereinstimmung (disconvenance) wahrnehmen und so weiter. Wir werden mit Bedürfnissen geboren, die uns zwingen, zu verschiedenen Hilfsmitteln zu greifen, wobei uns der Vergleich der Wirkung, die wir von ihnen erwarteten, mit derjenigen, die sie hervorbrachten, oft davon überzeugt, daß es gute und schlechte, zuverlässige und unzuverlässige, vollständige und unvollständige Hilfsmittel gibt. Die meisten von ihnen waren ein Werkzeug, eine Maschine oder irgendeine andere Erfindung dieser Art; aber jede Maschine setzt Kombination, Anordnung der Teile auf ein und dasselbe Ziel und so weiter voraus. Unsere Bedürfnisse und die unmittelbarste Ausübung unserer Fähigkeiten beginnen also gleich nach unserer Geburt zusammenzuwirken, um uns die Ideen von Ordnung, Anordnung (arrangement), Symmetrie, Mechanismus und Einheit zu verschaffen; alle diese Ideen kommen von den Sinnen und sind künstlich (factices); und so sind wir vom Begriff einer Vielzahl von künstlichen und natürlichen, in bestimmter Weise angeordneten, proportionierten, kombinierten und symmetrisch gebauten Wesen zum positiven abstrakten Begriff von Ordnung, Anordnung, Proportion, Kombination, Beziehungen und Symmetrie und zum negativen abstrakten Begriff von Disproportion, Unordnung und Chaos gelangt.

Diese Begriffe beruhen wie alle anderen auf der Erfahrung; sie sind uns durch die Sinne vermittelt worden; wenn es keinen Gott gäbe, so hätten wir sie dennoch: sie waren viel früher in uns als der Begriff seiner Existenz[1]. Sie sind ebenso positiv, ebenso distinkt, ebenso klar, ebenso real wie die Begriffe von Länge, Breite, Tiefe, Quantität, Anzahl. Da sie ihren Ursprung in unseren Bedürfnissen und in der Ausübung unserer Fähigkeiten haben, so würden sie, wenn es in der Welt ein Volk gäbe, in dessen Sprache diese Ideen keinen Namen hätten, auch in den Geistern dieses Volkes existieren – in mehr oder weniger ausgedehntem Maße, in mehr

[1] Die Bemerkung richtet sich gegen die cartesische Vorstellung, daß aller objektiven Gewißheit die Gewißheit der Existenz Gottes vorausgehen müsse. Meditationes III.

oder weniger entwickelter Weise, auf mehr oder weniger zahlreichen Erfahrungen begründet, auf mehr oder weniger zahlreiche Wesen angewendet –: Denn darin liegt ja der ganze Unterschied, der zwischen zwei Völkern und innerhalb eines Volkes zwischen zwei Menschen bestehen kann. Und ganz gleich, wie die erhabenen Ausdrücke lauten, deren man sich bedient, um die abstrakten Begriffe von Ordnung, Proportion, Beziehungen, Harmonie zu bezeichnen, und die man, wenn man will, *ewige, ursprüngliche, souveräne, wesenhafte Regeln des Schönen* nennen mag: Sie sind jedenfalls durch unsere Sinne gegangen, um in unseren Verstand zu gelangen, genau wie unsere niedrigsten Begriffe; und sie sind nur Abstraktionen unseres Geistes.

Kaum aber hatte die Ausübung unserer intellektuellen Fähigkeiten und die Notwendigkeit, durch Erfindungen, Maschinen und so weiter für die Befriedigung unserer Bedürfnisse zu sorgen, in unserem Verstand die Begriffe von Ordnung, Beziehungen, Proportion, Verbindung, Anordnung, Symmetrie entworfen, da sahen wir uns von Wesen umgeben, in denen dieselben Begriffe sozusagen bis ins Unendliche wiederholt wurden; wir konnten in der Welt keinen Schritt machen, ohne daß nicht irgendein Erzeugnis sie wiedererweckt hätte; sie gelangten in jedem Augenblick und von allen Seiten her in unsere Seele. Alles, was in uns vorging, alles, was außer uns existierte, alles, was aus vergangenen Jahrhunderten noch bestand, alles, was die Geschicklichkeit, die Überlegung, die Erfindungsgabe unserer Zeitgenossen vor unseren Augen erzeugte, schärfte uns immer wieder die Begriffe von Ordnung, Beziehungen, Anordnung, Symmetrie, Übereinstimmung, Nichtüberstimmung und so weiter ein; und es gibt keinen anderen Begriff außer vielleicht dem der Existenz, der dem Menschen so vertraut geworden wäre wie der, um den es sich handelt.

Wenn also in den Begriff des *Schönen* – sei es der des *absoluten*, des *relativen*, des *allgemeinen* oder des *besonderen* – nur die Begriffe von Ordnung, Beziehungen, Proportionen, Anordnung, Symmetrie, Übereinstimmung und Nichtübereinstimmung eingehen; wenn weiterhin diese Begriffe keine andere Quelle haben als die Begriffe von Existenz, Anzahl, Länge, Breite, Tiefe und unzählige andere, über die man nicht streitet: so kann man – scheint mir – die ersten in einer Definition des *Schönen* verwenden, ohne sich dem Vorwurf auszusetzen, einen Terminus an die Stelle eines anderen zu setzen und sich in einem Circulus vitiosus zu bewegen.

Schön ist ein Terminus, den wir auf unendlich viele Dinge anwenden; aber welcher Unterschied zwischen diesen Dingen auch immer bestehen mag, so muß doch, wenn wir den Terminus *schön* nicht falsch anwenden, in allen diesen Dingen eine Eigenschaft vorhanden sein, für die der Terminus *schön* die Bezeichnung ist.

Diese Eigenschaft kann nicht zu den Eigenschaften gehören, die die spezifische Verschiedenheit der Dinge begründen, denn dann würde es nur ein einziges *schönes* Ding oder höchstens eine einzige *schöne* Gattung von Dingen geben.

Aber welche von den Eigenschaften, die allen Dingen, die wir *schön* nennen, gemeinsam ist, werden wir für das Ding auswählen, dessen Bezeichnung der Terminus *schön* ist? Welche? Es ist – so scheint mir – evident, daß es nur jene Eigenschaft sein kann, deren Vorhandensein alle jene Dinge *schön* macht; deren Häufigkeit oder Seltenheit, falls sie der Häufigkeit oder Seltenheit zugänglich ist, diese Dinge *schöner oder weniger schön* macht; deren Nichtvorhandensein sie aufhören läßt, *schön* zu sein; die ihre Natur nicht ändern kann, ohne dadurch das *Schöne* der Gattung zu verändern; deren Gegenteil die *schönsten* Dinge unerfreulich und häßlich machen würde; kurzum: die Eigenschaft, mit der die *Schönheit* beginnt, zunimmt, sich bis ins Unendliche ändert, abnimmt und verschwindet. Nun läßt aber nur der Begriff der *Beziehungen* diese Wirkungen zu.

Als »*Schönes* außer mir« (beau hors de moi) bezeichne ich also alles, was in sich irgend etwas hat, das in meinem Verstand die Idee von Beziehungen zu erwecken vermag, und »*Schönes* in Beziehung auf mich« (beau par rapport à moi) nenne ich alles, was diese Idee in mir erweckt.

Wenn ich sage »alles«, schließe ich jedoch die Eigenschaften aus, die sich auf den Geschmacks- und Geruchssinn beziehen. Obwohl diese Eigenschaften in uns die Idee von Beziehungen erwecken können, nennt man doch die Gegenstände, in denen sie ihren Sitz haben, wenn man sie nur hinsichtlich dieser Eigenschaften betrachtet, nicht *schön.* Man spricht von einer *ausgezeichneten Speise,* einem *köstlichen Duft,* aber nicht von einer *schönen Speise* oder einem *schönen Duft.* Wenn man also sagt: *Das ist eine schöne Seezunge* oder: *Das ist eine schöne Rose,* dann betrachtet man in der Seezunge und in der Rose andere Eigenschaften als jene, die sich auf den Geschmacks- und Geruchssinn beziehen.

Wenn ich sage: *alles, was in sich irgend etwas hat, das in meinem Verstand die Idee von Beziehungen zu erwecken vermag* oder: *alles, was diese Idee erweckt,* dann heißt das, daß man die Formen, die den Gegenständen eigen sind, und den Begriff, den ich von ihnen habe, scharf unterscheiden muß. Mein Verstand legt nichts in die Dinge hinein und nimmt nichts von ihnen weg. Ob ich an die Fassade des Louvre denke oder nicht, so haben doch alle Teile, aus denen sie zusammengesetzt ist, immer diese oder jene Form und diese oder jene innere Anordnung. Ob es nun Menschen gibt oder nicht: sie ist immer gleich *schön* – allerdings nur für mögliche Wesen, die aus Körper und Geist bestehen wie wir; denn für andere könnte sie vielleicht *weder schön noch häßlich* oder sogar schlechthin *häßlich* sein. Daraus folgt, daß es zwar kein *absolutes Schönes* gibt, wohl aber in Beziehung auf uns zweierlei *Schönes:* ein *reales Schönes* und ein *wahrgenommenes Schönes.*

Wenn ich sage: *alles, was in uns die Idee von Beziehungen erweckt,* verstehe ich darunter nicht, daß man, um ein Ding *schön* zu nennen, die Art der Beziehungen bewerten (apprécier) müsse, die in ihm herrscht. Ich verlange nicht, daß jemand, der ein architektonisches Werk sieht, imstande sei, mit Sicherheit zu behaupten, was sogar der Architekt nicht zu wissen braucht: daß sich der eine Teil zu einem anderen so verhalte wie diese Zahl zu jener anderen Zahl. Ich verlange auch nicht, daß jemand, der ein Konzert hört, manchmal mehr wisse als der Musiker: daß der oder jener Ton zu einem bestimmten anderen Ton in einem Verhältnis von zwei zu vier oder von vier zu fünf stehe. Es genügt, wenn er wahrnimmt und empfindet, daß die Glieder dieses Bauwerkes und daß die Töne dieses Musikstückes entweder Beziehungen zueinander oder zu anderen Gegenständen haben. Es ist der Unbestimmtheit dieser Beziehungen, der Leichtigkeit, sie zu erfassen, und dem Wohlgefallen, das ihre Wahrnehmung begleitet, zuzuschreiben, daß die Vorstellung aufgekommen ist, das *Schöne* sei mehr eine Angelegenheit des Gefühls als der Vernunft. Ich wage zu behaupten, daß wir immer dann, wenn uns ein Prinzip seit der frühesten Jugend bekannt ist und wir es dank unserer Gewöhnung leicht und schnell auf die Gegenstände unserer Außenwelt anwenden, geneigt sind zu glauben, daß wir auf Grund des Gefühls urteilen; wir werden aber gezwungen sein, unseren Irrtum in allen Fällen zuzugeben, in denen die Kompliziertheit der Beziehungen und die Neuartigkeit des Gegenstandes einer Anwendung des Prinzips entgegenstehen: das Wohlgefallen wird in solchen Fällen erst spürbar werden, wenn der Verstand erklärt hat, der Gegenstand sei *schön.* Übrigens bezieht sich das Urteil in einem solchen Fall fast immer auf *relatives Schönes* und nicht auf *reales Schönes.*

Entweder betrachtet man die Beziehungen in den Sitten, dann hat man das *moralische Schöne,* oder man betrachtet sie in den Literaturwerken, dann hat man das *literarische Schöne,* oder man betrachtet sie in den Musikstücken, dann hat man das *musikalische Schöne,* oder man betrachtet sie in den Werken der Natur, dann hat man das *natürliche Schöne,* oder man betrachtet sie in den mechanischen Werken der Menschen, dann hat man das *künstliche Schöne,* oder man betrachtet sie in den Darstellungen der Werke der Kunst und der Natur, dann hat man das *Schöne der Nachahmung.* Je nach dem Gegenstand und je nach dem Gesichtspunkt, unter dem Sie die Beziehungen in ein und demselben Gegenstand betrachten, nimmt das *Schöne* verschiedene Namen an.

Aber ein und derselbe Gegenstand – welcher es auch sei – kann isoliert (solitairement) in sich selbst oder im Verhältnis (relativement) zu anderen Gegenständen betrachtet werden.

Wenn ich von einer Blume oder von einem Fisch sage, daß sie schön seien: Was verstehe ich darunter? Betrachte ich diese Blume oder diesen Fisch isoliert, so verstehe ich nichts anderes darunter, als daß ich in den Teilen, aus denen sie zusammengesetzt sind, Ordnung, Anordnung, Symmetrie, Beziehungen wahrnehme (denn alle diese Worte bezeichnen nur verschiedene Art und Weisen, die Beziehungen selbst ins Auge zu fassen). In diesem Sinne ist jede Blume *schön,* jeder Fisch *schön.* Auf welche Art *schön*? Auf die Art, die ich *reales Schönes* nenne.

Wenn ich die Blume und den Fisch im Verhältnis zu anderen Blumen und anderen Fischen betrachte, so bedeutet die Aussage, sie seien *schön*: Daß unter den Wesen ihrer Gattung – den Blumen und den Fischen – diese Blume hier und dieser Fisch hier in mir die meisten Ideen von Beziehungen, und zwar von bestimmten Beziehungen, erwecken; denn ich will sogleich deutlich machen, daß die Beziehungen, da sie nicht alle gleicher Natur sind, nicht in gleichem Maße zur *Schönheit* beitragen, sondern die einen mehr und die anderen weniger. Ich kann versichern, daß es bei dieser neuen Betrachtungsweise der Gegenstände *Schönes* und *Häßliches* gibt – aber was für *Schönes,* was für *Häßliches*? Dasjenige, das man *relativ* nennt.

Wenn man, anstatt eine Blume und einen Fisch zu nehmen, verallgemeinert und eine Pflanze und ein Tier nimmt, oder wenn man partikularisiert und eine Rose und eine Seezunge nimmt: immer wird man daraus die Unterscheidung des *relativen Schönen* und des *realen Schönen* herleiten können.

Daraus wird ersichtlich, daß es mehrere Arten von *relativ Schönem* gibt und daß eine Tulpe schön oder häßlich *unter den Tulpen,* schön oder häßlich *unter den Blumen,* schön oder häßlich *unter den Pflanzen* oder schön oder häßlich *unter den Erzeugnissen der Natur* sein kann. [...]

Wenn jemand die Geduld aufbringt, alle Dinge zu überdenken, denen wir die Bezeichnung *schön* zuerkennen, so wird er bald bemerken, daß es in dieser Menge unendlich viele gibt, bei denen auf die Kleinheit oder auf die Größe keine Rücksicht genommen wird[2]; Kleinheit und Größe sind immer dann unbeachtlich, wenn das Ding isoliert ist oder wenn man es, obwohl es ein Individuum einer zahlreichen Gattung ist, isoliert betrachtet. Als man von der ersten Wanduhr oder von der ersten Taschenuhr aussagte, sie sei *schön*, hat man da auf etwas anderes geachtet als auf ihren Mechanismus oder auf die gegenseitigen Beziehungen ihrer Teile? Wenn man heute sagt, die Uhr sei *schön*, zieht man da etwas anderes in Betracht als ihre Verwendung und ihren Mechanismus? Wenn demnach die allgemeine Definition des Schönen auf alle Dinge passen soll, denen man dieses Prädikat gibt, dann ist die Idee der Größe von ihr ausgeschlossen. Ich habe mich befleißigt, aus dem Begriff des *Schönen* den Begriff der Größe auszuschließen, weil es mir schien, daß er derjenige sei, den man am häufigsten mit ihm verbindet. In der Mathematik versteht man unter einem *schönen Problem* ein schwer zu lösendes Problem und unter einer *schönen Lösung* die einfache und leichte Lösung eines schwierigen und komplizierten Problems. Die Begriffe, *groß*, *erhaben*, *hoch* finden in diesen Fällen, in denen man nicht versäumt, die Bezeichnung *schön* anzuwenden, keinen Platz. Man gehe auf diese Weise alle Dinge durch, die *schön* genannt werden: das eine schließt die Größe aus, das andere schließt die Nützlichkeit aus, ein drittes die Symmetrie, einige sogar jeden deutlicheren Anschein von Ordnung und Symmetrie (ein solches Ding wäre das Gemälde eines Gewitters, eines Sturmes, eines Chaos); man ist also gezwungen zuzugeben, daß die einzige gemeinsame Eigenschaft, in der alle diese Wesen übereinstimmen, der Begriff von Beziehungen ist. [...]

Wenn man verlangt, daß der allgemeine Begriff des *Schönen* auf alle *schönen* Dinge passe, spricht man da nur von den

[2] Aristoteles, Poetik 1451a: »Das Schöne beruht nämlich auf der Größe und der Anordnung. Deshalb kann weder ein ganz kleines Lebewesen schön sein (die Anschauung verwirrt sich nämlich, wenn ihr Gegenstand einer nicht mehr wahrnehmbaren Größe nahekommt) noch ein ganz großes (die Anschauung kommt nämlich nicht auf einmal zustande, vielmehr entweicht dem Anschauenden die Einheit und die Ganzheit aus der Anschauung, wie wenn ein Lebewesen eine Größe von zehntausend Stadien hätte).«

Dingen, die dieses Prädikat hier und heute tragen, oder auch von denen, die in der Urzeit *schön* genannt wurden, die man vor fünftausend Jahren in einer Entfernung von dreitausend Meilen als *schön* bezeichnete und die man auch in den kommenden Jahrhunderten so bezeichnen wird; von denen, die wir in unserer Kindheit, unserer Reife und unserem Alter als solche betrachtet haben; von denen, die bei gesitteten Völkern Bewunderung hervorrufen, und denen, die Wilde begeistern? Ist die Wahrheit dieser Definition vielleicht an einen Ort, eine Besonderheit und einen Augenblick gebunden? Oder erstreckt sie sich auf alle Dinge, auf alle Zeiten, auf alle Menschen und alle Gegenden? Wenn man sich für das letztere entscheidet, so nähert man sich entschieden meinem Prinzip. Man wird kaum eine andere Möglichkeit finden, die Urteile eines Kindes und eines Erwachsenen miteinander zu vereinbaren; denn das Kind braucht nur eine Spur von Symmetrie und Nachahmung, um zu bewundern und sich zu ergötzen, der Erwachsene dagegen Paläste und Werke von riesigen Ausmaßen, um ergriffen zu werden. Man wird auch kaum eine andere Möglichkeit finden, um die Urteile des Wilden und des gesitteten (policé) Menschen miteinander zu vereinbaren; denn der Wilde wird schon vom Anblick eines Ohrgehänges aus Glas, eines Rings aus Blech oder eines Flitterarmbands bezaubert, während der zivilisierte Mensch seine Aufmerksamkeit nur den vollkommensten Werken schenkt; die ersten Menschen vergeudeten die Bezeichnungen wie *schön, großartig* und andere an Hütten, Schober und Scheunen, während die heutigen Menschen diese Bezeichnung auf die höchsten Erzeugnisse der menschlichen Leistungsfähigkeit beschränken.

Wenn Sie die Schönheit in die Wahrnehmung der Beziehungen legen, dann haben Sie die Geschichte ihrer Fortschritte seit der Entstehung der Welt bis zum heutigen Tage; wählen Sie als Unterscheidungsmerkmal des *Schönen* überhaupt aber irgendeine andere beliebige Eigenschaft, so beschränken Sie Ihren Begriff sofort auf irgendeinen Punkt des Raumes und der Zeit.

Die Wahrnehmung der Beziehungen ist folglich die

Grundlage des *Schönen;* demnach hat man die Wahrnehmung der Beziehungen in den Sprachen mit einer Unzahl verschiedener Namen bezeichnet, die aber alle nur verschiedene Arten des *Schönen* anzeigen. [...]

Nachdem wir versucht haben darzulegen, worin der Ursprung des *Schönen* besteht, haben wir nur noch den Ursprung der verschiedenen Anschauungen zu erforschen, welche die Menschen über die *Schönheit* haben. Diese Untersuchung wird unseren Prinzipien endgültige Gewißheit geben, denn wir werden beweisen, daß alle diese Unterschiede sich aus der Verschiedenartigkeit der Beziehungen ergeben, die ebensowohl an den Werken der Natur wie an denen der Kunst wahrgenommen oder in sie eingeführt (introduits) wurden.

[1] Das *Schöne,* das aus der Wahrnehmung einer einzigen Beziehung hervorgeht, ist gewöhnlich geringer als dasjenige, das aus der Wahrnehmung mehrerer Beziehungen hervorgeht. Der Anblick eines *schönen* Antlitzes oder eines *schönen* Gemäldes affiziert uns mehr als der einer einzigen Farbe; ein Sternenhimmel mehr als ein blauer Vorhang; eine Landschaft mehr als offenes Feld; ein Gebäude mehr als ebene Erde; ein Musikstück mehr als ein Ton. Man darf aber die Zahl der Beziehungen nicht bis ins Unendliche vermehren; die *Schönheit* folgt einer solchen Progression nicht: wir nehmen von den Beziehungen in den *schönen* Dingen nur soviel auf, wie ein fähiger Geist (bon esprit) deutlich und leicht zu erfassen vermag. Aber was ist ein fähiger Geist? Und wo findet sich in den Werken der Punkt, bei dessen Unterschreitung ein Mangel an Beziehungen und deshalb eine zu große Einförmigkeit vorliegt und bei dessen Überschreitung die Werke mit Beziehungen überladen sind? Das ist die *erste Quelle* der Verschiedenheit der Urteile. Hier beginnt die Uneinigkeit. Alle sind sich darüber einig, daß es ein *Schönes* gibt, daß es das Ergebnis der wahrgenommenen Beziehungen ist; aber je nachdem, ob ein Beurteiler mehr oder weniger Wissen und Erfahrung, mehr oder weniger Übung im Urteilen, Meditieren und Betrachten und mehr oder weniger natürliche Reichweite des Geistes hat, sagt er,

ein Gegenstand sei dürftig oder reich, verworren oder gehaltvoll, armselig oder überladen. [...]

[2] Unter den Beziehungen kann man unzählige Arten unterscheiden: es gibt solche, die sich gegenseitig verstärken, solche, die sich gegenseitig abschwächen, und solche, die sich gegenseitig modifizieren. Welch ein Unterschied besteht doch zwischen dem, was man von der *Schönheit* eines Gegenstandes denkt, wenn man alle Beziehungen erfaßt hat, und dem, was man darüber denkt, wenn man nur einen Teil erfaßt hat! Das ist die *zweite Quelle* der Verschiedenheit der Urteile. Es gibt unbestimmte und bestimmte Beziehungen. Bei der Zubilligung des Prädikats *schön* begnügen wir uns immer dann mit den unbestimmten Beziehungen, wenn es nicht unmittelbarer und einziger Zweck der Wissenschaft oder der Kunst ist, sie zu bestimmen. Wenn aber diese Bestimmung der unmittelbare und einzige Zweck einer Wissenschaft oder einer Kunst ist, dann fragen wir nicht nur nach Beziehungen, sondern auch nach ihrem zahlenmäßigen Betrag (valeur). Hier liegt der Grund, weshalb wir sagen: *ein schöner Lehrsatz* und weshalb wir nicht sagen: *ein schönes Axiom,* obgleich man nicht leugnen kann, daß das Axiom, das eine Beziehung ausdrückt, auch seine *reale Schönheit* hat. Wenn ich in der Mathematik sage, das Ganze sei größer als jeder seiner Teile, dann drücke ich sicher eine unendliche Menge von einzelnen Sätzen über die geteilte Quantität aus, bestimme aber in keiner Weise die genaue Differenz zwischen dem Ganzen und seinen einzelnen Teilen; es ist beinahe so, als ob ich sagte: »Der Zylinder ist größer als die ihm einbeschriebene Kugel und die Kugel größer als der ihr einbeschriebene Kegel.« Aber der eigentliche und unmittelbare Zweck der Mathematik besteht darin, zu bestimmen, wieviel größer oder kleiner einer dieser Körper ist als der andere; und derjenige, der bewiese, daß sie sich immer so zueinander verhalten wie die Zahlen 3, 2, 1, hätte einen bewunderungswürdigen Lehrsatz aufgestellt. Die *Schönheit,* die immer in den Beziehungen besteht, steht in diesem Falle in einem zusammengesetzten Verhältnis zur Zahl der Beziehungen und zu der Schwierigkeit, sie wahrzunehmen; der Lehrsatz, der

besagt, daß die Gerade, die vom Scheitel eines gleichschenkligen Dreiecks zur Mitte seiner Basis gezogen wird, den Winkel in zwei gleiche Winkel teilt, erscheint nicht wunderbar; derjenige aber, der besagt, daß sich die Asymptoten einer Kurve dieser immer mehr nähern, ohne sie je zu berühren, und daß die Strecken, die durch einen Teil der Achse, einen Teil der Kurve, die Asymptote und die Verlängerung der Ordinate gebildet werden, sich zueinander so verhalten wie eine bestimmte Zahl zu einer anderen bestimmten Zahl, ist *schön.* Ein Umstand, der in diesem Fall wie in vielen anderen Fällen für die *Schönheit* nicht gleichgültig ist, ist das Zusammenwirken der Verwunderung und der Beziehungen, das jedesmal eintritt, wenn der Lehrsatz, dessen Wahrheit man bewiesen hat, vorher als falsche Behauptung gegolten hat.

[3] Es gibt Beziehungen, die wir für mehr oder weniger wesentlich halten; eine solche ist die der verhältnismäßigen Größe des Mannes, der Frau und des Kindes. Wir sagen von einem Kinde, es sei *schön,* obwohl es klein ist; ein *schöner* Mann muß unbedingt groß sein; von einer Frau wird diese Eigenschaft weniger verlangt, und eine kleine Frau darf eher *schön* genannt werden als ein kleiner Mann. Mit scheint, daß wir dann die Wesen nicht mehr in sich selbst betrachten, sondern auch im Verhältnis zu dem Platz, den sie in der Natur, im großen All einnehmen: und je nachdem, ob dieses große Ganze mehr oder weniger bekannt ist, wird der Maßstab, den man sich von der Größe der Dinge macht, mehr oder weniger genau sein; wir wissen aber nie recht, wann er ganz richtig ist. Das ist *die dritte Quelle* der Verschiedenheit des Geschmacks und Urteils in den nachahmenden Künsten. Die großen Meister sahen es lieber, wenn ihr Maßstab etwas zu groß, als wenn er zu klein war. Aber keiner von ihnen hat den gleichen Maßstab wie ein anderer und vielleicht auch keiner den Maßstab der Natur.

[4] Interesse, Leidenschaften, Unwissenheit, Vorurteile, Bräuche, Sitten, Klima, Gewohnheiten, Regierungen, Kulte und Ereignisse verhindern oder befähigen die uns umgebenden Dinge, in uns viele Ideen zu erwecken oder nicht zu

erwecken, heben in ihnen höchst natürliche Beziehungen auf und stellen andere, sehr wunderliche und zufällige her. Das ist *die vierte Quelle* der Verschiedenheit der Urteile.

[5] Man führt alles auf die eigene Kunst und die eigenen Erkenntnisse zurück. Wir spielen alle mehr oder weniger den Kritiker des Apelles[3]: Obwohl wir nur etwas von Schuhwerk verstehen, urteilen wir auch über das Bein, oder wir lassen uns auch über den Schuh aus, obwohl wir nur etwas vom Bein verstehen. Aber diese Kühnheit oder diese Prahlerei in bezug auf Details fließt nicht nur in unser Urteil über Kunstwerke ein; auch unser Urteil über die Natur ist davon nicht frei. Unter den Tulpen eines Gartens ist für einen Blumenfreund diejenige die *schönste,* an der er ungewöhnliche Größenverhältnisse, Farben, Blätter und sonstige Abweichungen bemerkt. Aber der Maler, der sich mit Lichteffekten und Farbtönen, mit dem Helldunkel, mit Formen beschäftigt, die seine Kunst angehen, übersieht alle Merkmale, die der Blumenzüchter bewundert, und nimmt die Blume, die sogar der Blumenfreund mißachtet, zum Modell. Die Verschiedenheit der Talente und der Kenntnisse ist *die fünfte Quelle* der Verschiedenheit der Urteile.

[6] Die Seele besitzt das Vermögen, die Ideen, die sie getrennt empfangen hat, miteinander zu verbinden, die Gegenstände mit Hilfe der Ideen, die sie von ihnen hat, zu vergleichen, die Beziehungen, die sie zueinander haben, zu beobachten, ihre Ideen nach Belieben zu erweitern oder zu beschränken und jede der einfachen Ideen, die in der sinnlichen Empfindung, die sie von ihnen empfangen hat, vereint gewesen sein können, getrennt zu betrachten. Die letztgenannte Verrichtung der Seele heißt *Abstraktion.* Die Ideen von den körperlichen Substanzen sind aus verschiedenen einfachen Ideen zusammengesetzt, die ihre Eindrücke gemeinsam bewirkten, als sich die körperlichen Substanzen unseren Sin-

[3] Als der Maler Apelles von einem Schuster getadelt wurde, daß er an einem Schuh zu wenig Ösen gemalt habe, verbesserte er diesen Fehler, woraufhin der Schuster nun auch das Bein tadelte. Apelles entgegnete aber: Ne sutor ultra crepidam!, wörtlich etwa: Nicht über die Sandale hinaus, Schuster! Plinius, Naturgeschichte XXXV, 36, 22.

nen darboten. Man kann die Substanzen nur dadurch definieren, daß man diese sinnlichen Ideen bis ins einzelne spezifiziert. Derartige Definitionen können in einem Menschen, der eine Substanz nie unmittelbar wahrgenommen hat, eine ziemlich klare Idee von ihr hervorrufen, vorausgesetzt, daß er früher mit Hilfe der Sinne alle einfachen Ideen getrennt aufgenommen hat, die in die Zusammensetzung der komplexen Idee der definierten Substanz eingehen. Wenn ihm aber der Begriff von irgendeiner der einfachen Ideen fehlt, aus denen die Idee von der Substanz zusammengesetzt ist, und wenn er des Sinnes beraubt ist, der zu ihrer Wahrnehmung erforderlich ist, oder wenn dieser Sinn rettungslos verdorben ist, dann gibt es keine Definition, die in ihm diese Idee hervorrufen könnte, wenn er nicht früher von ihr eine Sinneswahrnehmung gehabt hat. Das ist *die sechste Quelle* der Verschiedenheit der Urteile, die die Menschen über die *Schönheit* einer Darstellung fällen; denn wie viele falsche Begriffe, wie viele Halbbegriffe von ein und demselben Gegenstand gibt es unter ihnen!

[7] Die Menschen können sich aber auch über die gedachten Dinge nicht besser einigen. Diese werden fast alle durch Zeichen repräsentiert, und es gibt unter diesen Zeichen fast keines, das so genau definiert wäre, daß seine Bedeutung für den einen Menschen nicht umfassender oder beschränkter wäre als für den anderen. Logik und Metaphysik wären der Vollkommenheit schon sehr nahe, wenn wir ein gutes Wörterbuch unserer Sprache hätten – aber ein solches Buch ist immer noch ein unerfüllter Wunsch. Da aber für Poesie und Rhetorik die Wörter Farben sind, mit denen sie malen: wie könnte man da eine Übereinstimmung im Urteil über das Gemälde erwarten, solange man nicht einmal weiß, woran man mit den Farben und ihren Nuancen ist? Das ist *die siebente Quelle* der Verschiedenheit der Urteile.

[8] Wie auch das Ding beschaffen sein mag, über das wir urteilen, so beruhen doch jedenfalls unser Wohlgeschmack oder Widerwillen (goût et dégoût), die durch Unterricht, Erziehung, Vorurteil oder durch eine gewisse künstliche Ordnung unserer Ideen hervorgerufen (excités) wurden, im-

mer auf unserer Anschauung, daß diese Gegenstände irgendeine Vollkommenheit oder irgendeinen Fehler in den Eigenschaften haben, für deren Wahrnehmung wir die entsprechenden Sinne oder Fähigkeiten besitzen. Das ist *die achte Quelle* der Verschiedenheit der Urteile.

[9] Man kann behaupten, daß die einfachen Ideen, die ein und derselbe Gegenstand in verschiedenen Personen hervorruft, ebenso verschieden sind wie der Wohlgeschmack oder Widerwillen, die man an ihnen bemerkt. Das ist sogar eine Wahrheit des Gefühls. Daß mehrere Personen in ein und demselben Augenblick bezüglich einfacher Ideen verschiedener Meinung sind, ist nicht schwerer zu begreifen, als daß ein und derselbe Mensch zu verschiedenen Zeitpunkten verschieden urteilt. Unsere Sinne befinden sich in einem Zustand unaufhörlicher Veränderung: an einem Tage hat man keine Augen, an einem anderen hört man schlecht und von heute auf morgen sieht, fühlt oder hört man anders. Das ist *die neunte Quelle* für die Verschiedenheit der Urteile mehrerer Menschen gleichen Alters oder auch ein und desselben Menschen in verschiedenen Lebensjahren.

[10] Durch Zufälligkeiten verbinden sich mit dem *schönsten* Gegenstand unerfreuliche Ideen[4]. Wenn man den spanischen Wein liebt, braucht man ihn nur mit einem Brechmittel vermischt zu trinken, um ihn verabscheuen zu lernen; es steht uns dann nicht mehr frei, bei seinem Anblick Übelkeit zu empfinden oder nicht: der spanische Wein ist gut geblieben, aber unser Zustand hat sich in Beziehung auf ihn geändert. Desgleichen ist diese Vorhalle immer noch prachtvoll, aber mein Freund ist darin ums Leben gekommen; und jenes Theater hat nicht aufgehört, *schön* zu sein, seitdem man mich darin ausgepfiffen hat, aber ich kann es nicht mehr sehen, ohne daß meine Ohren immer wieder durch die Pfiffe verletzt werden. So sehe ich nur noch meinen sterbenden Freund in jener Vorhalle und empfinde ihre *Schönheit* nicht mehr. Das ist *die zehnte Quelle* für die Verschiedenheit der Urteile – veranlaßt durch das Gefolge von zufälligen Ideen,

[4] Hutcheson, vgl. S. 147.

die wir nicht willkürlich von der Hauptidee trennen können. *Post equitem sedet atra cura*[5].

[11] Wenn es sich um zusammengesetzte Gegenstände handelt, die gleichzeitig natürliche und künstliche Formen darbieten, wie bei der Architektur, den Gärten, den Verzierungen und so weiter, dann ist unser Geschmack auf einer anderen Assoziation von Ideen begründet, die zum Teil vernünftig, zum Teil eine Sache des puren Einfalls sind: eine schwache Ähnlichkeit mit dem Gang, dem Schrei, der Form oder der Farbe eines schädlichen Gegenstandes, die in unserem Lande herrschende Meinung, die Gepflogenheiten unserer Landsleute und so weiter, alles beeinflußt unsere Urteile. Wenn diese Ursachen dahin wirken, uns die schreienden und lebhaften Farben als ein Merkmal der Eitelkeit oder einer anderen schlechten Veranlagung des Gemütes oder des Geistes betrachten zu lassen, oder wenn gewisse Formen bei den Bauern oder bei Leuten üblich sind, deren Beruf, Beschäftigung oder Charakter uns verhaßt oder verächtlich erscheint: so werden diese Nebenideen unwillkürlich mit den Ideen der Farbe und der Form in uns auftauchen, und wir werden uns gegen diese Farbe und diese Formen aussprechen, obwohl sie in sich nichts Unerfreuliches haben. Das ist *die elfte Quelle* der Verschiedenheit der Urteile.

[12] Welcher Gegenstand wird demnach in der Natur derjenige sein, über dessen *Schönheit* sich die Menschen vollkommen einig sind? Die Struktur der Pflanzen? Der Mechanismus der Tiere? Die Welt? Werden denn diejenigen Menschen, die von den Beziehungen, der Ordnung, der Symmetrie und den Zusammenhängen, die zwischen den Teilen dieses großen Alls herrschen, den stärksten Eindruck empfangen, die aber den Zweck nicht kennen, den der Schöpfer im Auge hatte, als er es schuf: werden diese Menschen nicht durch die Ideen, die sie von der Gottheit haben, dahin gebracht, daß sie sagen, das All sei vollkommen *schön*? Und betrachten sie die Schöpfung nicht hauptsächlich deshalb als ein Meisterwerk, weil es seinem Urheber weder an

[5] »Hinter dem Reiter sitzt die dunkle Sorge.« Horaz, Oden I, 1, 40.

der Allmacht noch am Willen gefehlt hat, um es dazu zu machen? Aber in wie vielen Fällen, in denen wir nicht das gleiche Recht haben, aus dem bloßen Namen des Meisters auf die Vollkommenheit des Werkes zu schließen, können wir nicht umhin, es zu bewundern? Dieses Gemälde ist von Raffael, das genügt. Das ist *die zwölfte Quelle,* wenn nicht von Verschiedenheiten, so doch mindestens von Irrtümern in den Urteilen.

Die rein imaginären Wesen, wie die Sphinx, die Sirene, der Faun, der Minotaurus, der ideelle Mensch (l'homme idéal) und so weiter, gehören zu denen, über deren Schönheit man sich weniger uneinig zu sein scheint, und das ist nicht verwunderlich: diese imaginären Wesen sind wahrhaftig gemäß den Beziehungen gebildet, die wir in den realen Dingen beachtet finden; aber das Modell, dem sie ähnlich sein sollen, ist unter alle Erzeugnisse der Natur verstreut und daher eigentlich überall und nirgends.

Wie immer es sich mit allen diesen Ursachen für die Verschiedenheit unserer Urteile auch verhalten mag, so liegt doch darin kein Grund, um anzunehmen, daß das *reale Schöne,* das in der Wahrnehmung der Beziehungen besteht, ein Trugbild (chimère) sei; die Anwendung des Prinzips vom *realen Schönen* kann bis ins Unendliche variieren, und seine zufälligen Modifikationen können zu Abhandlungen und literarischen Fehden Anlaß geben: das Prinzip steht nichtsdestoweniger fest. Es gibt vielleicht in der Welt nicht zwei Menschen, die an ein und demselben Gegenstand genau dieselben Beziehungen wahrnehmen und die es im gleichen Grade *schön* finden: wenn es aber einen einzigartigen Menschen gäbe, der von keinerlei Beziehungen in irgendeiner Gattung affiziert werden könnte, dann wäre er vollkommen stumpfsinnig; und wenn er nur für die Beziehungen in einigen Gattungen unempfindlich wäre, so würde diese Erscheinung einen Fehler in seinem Organismus (économie animale) verraten, und wir wären angesichts der allgemeinen Beschaffenheit seiner Artgenossen immer noch weit vom Skeptizismus entfernt.

9. Edmund Burke

Vor allem gegen die rationalistische Argumentation und die Verquickung des Schönen mit dem Nützlichen, wie sie Berkeley vorgeführt hatte, richtet sich *Edmund Burkes* (1729–1797) in London 1757 erschienene ›Philosophische Untersuchung über den Ursprung unserer Vorstellungen vom Erhabenen und Schönen‹[1]. Burke unterscheidet zwei menschliche Grundtriebe, einen Trieb zur Selbsterhaltung und einen Trieb zur Geselligkeit. Aus ersterem entspringe die Furcht, aus letzterem die Sympathie. Verbinde sich die Furcht mit dem Bewußtsein der Sicherheit, stelle sich eine erleichterte Freude (delight) ein, die man das Gefühl des *Erhabenen* (sublime) nenne, sei die Sympathie ohne Begierde, so stelle sich ein Vergnügen (pleasure) ein, das man mit dem Gefühl des *Schönen* (beautiful) bezeichne. Die Schönheit wird im Ausgang von der subjektiven sinnlichen Erfahrung als der Bereich der körperlichen Qualitäten bestimmt, der Liebe oder zärtliche Zuneigung erwecke. Unter Liebe (love) wird ein Wohlgefallen verstanden, das ohne Einsicht in außersinnliche Zusammenhänge unmittelbar eintritt und vom Streben nach dem Besitz des Gegenstandes frei bleibt, wodurch es sich von der Begierde (desire, lust) unterscheide. Die Ursache der Schönheit im Gegenstand könne nicht die Proportion sein, da die Proportionen der als schön wahrgenommenen Dinge überall so unterschiedlich seien, daß eine Gemeinsamkeit nicht festgestellt werden könne. Das gleiche Argument also, das Berkeley heranzieht, um die Beteiligung der Vernunft bei der Beurteilung der Schönheit zu erweisen, wird hier von Burke verwendet, um die ästhetische Irrelevanz der Proportion aufzuzeigen. Nur weil etwas korrekt proportioniert sei, müsse es noch lange nicht schön sein. Richtige Proportionen seien nur die Abwesenheit von Mißgestalt, wohingegen Schönheit eine »positive und machtvolle Qualität« sei. Auch die Zweckmäßigkeit (fitness) oder Brauchbarkeit (utility), nach der ja die Angemessenheit der Proportion gewöhnlich (so bei Berkeley) beurteilt werde, müsse durchaus von der Schönheit geschieden werden, denn vieles erfülle seinen Zweck vollkommen, ohne deshalb im mindesten schön zu sein, wie die Schnauze eines Schweines oder der Schnabelbeutel eines Pelikans. Im Gegenteil sei gerade das Nichtbrauchbare oft schöner als das vollkommen für

[1] A Philosophical Enquiry into the Origin of our Ideas of the Sublime and Beautiful. London 1757. Ab der zweiten Auflage 1759 mit dem vorangestellten ›Essay on Taste‹.

seinen Zweck Gerüstete. Gerade wo sich Schwäche und Unvollkommenheit zeige, werde die Liebe am leichtesten geweckt, denn »wir lieben das, was sich uns unterwirft«. Die wahren Qualitäten, die einen Gegenstand schön erscheinen ließen, würden weder durch den Intellekt (wie bei Berkeley) noch durch einen besonderen Schönheitssinn (wie bei Shaftesbury und Hutcheson) erfaßt, sondern mittels der gewöhnlichen Sinne und zwar *aller* Sinne (nicht nur des Gesichts- und Gehörsinns). Diese Qualitäten seien Kleinheit (smallness), Glätte (smoothness), die allmähliche Veränderung und die Zartheit (delicacy). Die der Tradition ganz fremde Ausdehnung des Schönheitsbegriffs auf *alle* Sinne macht deutlich, daß Burke die Unterscheidung zwischen dem Schönen und dem bloß Angenehmen, die noch Hutcheson gewahrt wissen wollte und Kant später wieder ausdrücklich zugrunde legte, der Sache nach aufgibt. Indem Burke unter dem Einfluß des Humeschen Sensualismus[2] das Schöne mit dem Angenehmen identifiziert, wird die Schönheit vollends subjektiviert. So wird auch die Frage, warum nun gerade die genannten und nicht ganz andere Qualitäten Liebe erregten, nicht mehr durch eine metaphysische *Wertung* der Qualitäten selbst beantwortet, sondern nunmehr mit dem Hinweis auf deren angebliche physiologische Auswirkungen. Denn Rauhigkeit, Eckigkeit und plötzliche Bewegungsänderungen ließen den Körper durch mechanische Einwirkung in einem schmerzvollen Spannungszustand verharren (und seien daher eher dem Erhabenen angemessen), während die Qualitäten des Schönen eine wohltuende Erschlaffung des Körpersystems erlaubten. Aus der physiologischen Vergleichbarkeit der Menschen folgt dann auch die Allgemeinheit des Geschmacksurteils.

[2] David Hume (1711–1776), A Treatise of Human Nature. London 1739, II, 1, 8: »Pleasure and Pain, therefore are not only necessary attendants of beauty and deformity, but constitute their very essence.« Nach Hume hält jeder das für schön, was ihm persönlich angenehm ist. So könne das Schönheitsurteil keine objektive Geltung beanspruchen. Es beziehe sich gar nicht auf den Gegenstand, sondern allein auf den eigenen subjektiven Zustand. Nur aufgrund der gemeinsamen Natur der Menschen gebe es eine Gleichförmigkeit des Geschmacks.

Edmund Burke
Philosophische Untersuchung über den Ursprung unserer Ideen vom Erhabenen und Schönen

Dritter Teil

1. Von der Schönheit

Ich will Schönheit zunächst insoweit untersuchen, als sie sich vom Erhabenen unterscheidet; im weiteren Verlaufe der Untersuchung wird zu prüfen sein, inwiefern beides zusammen bestehen kann. Vor alledem aber müssen wir einen kurzen Blick auf die Meinungen werfen, die man bisher über die Schönheit entwickelt hat. Ich glaube, daß sich diese Meinungen schwerlich auf irgendwelche feststehende Prinzipien zurückführen lassen; denn es ist üblich, von der Schönheit in bildlicher Weise, das heißt in außerordentlich unsicherer und unbestimmter Weise zu reden. Unter Schönheit verstehe ich die Qualität oder die Qualitäten eines Körpers, durch die er Liebe oder eine ähnliche Leidenschaft verursacht. Ich schränke diese Definition auf die rein sinnlichen Qualitäten der Dinge ein, weil ich die äußerste Einfachheit bei einem Gegenstande anstrebe, der uns völlig verwirren muß, wenn wir alle die verschiedenen Ursachen der Sympathie einbeziehen, aus denen uns irgendwelche Menschen oder Dinge vermöge sekundärer Zusammenhänge anziehen – und nicht vermöge der unmittelbaren Kraft, die sie bloß auf Grund ihres Gesehenwerdens ausüben. Unter Liebe verstehe ich die Befriedigung, die im Gemüt beim Betrachten irgendeines schönen Dinges aufkommt, von welcher Natur dieses auch sein mag. Ich unterscheide sie von Begierde oder Sinnenlust, also von einer Energie des Gemüts, welche uns zum Besitz gewisser Objekte treibt, die uns nicht durch *Schönheit,* sondern durch ganz andere Mittel affizieren. Wir können eine sehr starke Begierde nach einer Frau von sehr wenig Schönheit haben, während die vollkommenste Schönheit von Menschen oder anderen Lebewesen, obgleich sie Liebe hervorruft, doch keineswegs so etwas wie Begierde erregt. Dies zeigt, daß sich Schönheit und die von ihr verursachte Leidenschaft, die ich Liebe nenne, von Begierde durchaus unterscheidet, obgleich Begierde bisweilen mit ihr zusammenwirken mag. Und nicht den Wirkungen der Schönheit rein als solcher, sondern jener Begierde müssen wir die heftigen, stürmischen Leidenschaften und die daraus folgenden körperlichen Erregungen zuschreiben, die das begleiten, was in einer der herkömmlichen Bedeutungen des Wortes als Liebe bezeichnet wird.

2. Proportion ist nicht die Ursache der Schönheit im Pflanzenreich

Man sagt gewöhnlich, daß Schönheit in einer bestimmten Proportion von Teilen bestehe. Bei genauer Erwägung finde ich gute Gründe, daran zu zweifeln, daß Schönheit eine Idee sei, die überhaupt mit Proportion zusammenhängt. Proportion betrifft fast ausschließlich die Angemessenheit, wie dies jede Idee von etwas Geordnetem zu tun scheint, und muß deshalb eher für eine Schöpfung des Verstandes als für eine primäre Ursache angesehen werden, die auf Sinne und Einbildungskraft wirkt. Wenn wir finden, daß ein Objekt schön sei, so tun wir das nicht auf Grund einer langen Beobachtung und Untersuchung; Schönheit verlangt keine Unterstützung durch unser Räsonnement; selbst der Wille spielt nicht mit hinein; das Erscheinen von Schönheit verursacht vielmehr ebenso unmittelbar einen gewissen Grad von Liebe in uns, wie die Berührung von Eis oder Feuer die Ideen von Hitze oder Kälte hervorruft. Um in diesem Punkte zu einem befriedigenden Ergebnis zu kommen, wäre es sehr gut, einmal zu prüfen, was Proportion ist; denn manche, die das Wort gebrauchen, scheinen weder ein sehr klares Verständnis für seine Bedeutung zu haben, noch sehr deutliche Ideen über die Sache selbst. Proportion ist das Maß quantitativer Verhältnisse. Da jede Quantität teilbar ist, leuchtet es ein, daß jeder einzelne Teil, zu dem man durch Teilung irgend einer Quantität gelangt, ein bestimmtes Verhältnis zu den anderen Teilen und zum Ganzen haben muß. Diese Verhältnisse sind der Ursprung der Idee der Proportion. Sie werden durch Messung gefunden und sind die Objekte mathematischer Forschung. Ob aber irgendein Teil einer bestimmten Quantität ein Viertel, Fünftel, Sechstel oder die Hälfte des Ganzen sei und ob er dieselbe Länge wie ein anderer Teil – oder die doppelte oder die halbe – habe, das ist für das Gemüt eine durchaus gleichgültige Sache; es nimmt in dieser Frage eine neutrale Stellung ein; und gerade dieser absoluten Indifferenz und Ruhe des Gemütes verdanken die mathematischen Spekulationen einige ihrer beachtlichen Vorzüge; dort gibt es nämlich nichts, was die Einbildungskraft interessieren könnte; dort kann die Urteilskraft den entscheidenden Punkt frei und unbefangen prüfen. Alle Proportionen, alle quantitativen Anordnungen sind für den Verstand gleich, denn aus allen ergeben sich für ihn dieselben Wahrheiten – aus den größeren wie den kleineren, aus der Gleichheit wie der Ungleichheit. Aber Schönheit ist sicher keine Idee, die mit Messung zusammengehörte; und ebensowenig hat sie mit Rechnung und Geometrie zu tun. [...]

Wenden wir unsere Augen auf die pflanzliche Schöpfung, so finden wir dort nichts so Schönes wie Blumen. Aber es gibt Blumen von jeder Gestalt und jedem Bauprinzip; sie sind zu einer unendlichen Verschiedenheit von Formen entfaltet; und gemäß diesen Formen haben ihnen die Botaniker Namen gegeben, die fast ebenso verschiedenartig sind. Welche Proportion können wir nun entdecken zwischen den Stengeln und Blättern der Blumen, oder zwischen den Blättern und Staubgefäßen? Wie stimmt der schlanke Stengel der Rose mit dem dicken Kopfe zusammen, unter dem er sich biegt? Aber die Rose ist eine schöne Blume; und könnten wir nicht wagen zu behaupten, daß sie einen guten Teil ihrer Schönheit gerade einem Mangel an Proportion verdanke? Die Rose ist eine große Blume und erblüht doch an einem kleinen Strauche; die Apfelblüte ist sehr klein und erwächst auf einem großen Baume; und doch sind beide schön, Rose und Apfelblüte, – und die Pflanzen, die sie tragen, werden von ihnen aufs reizendste geschmückt: trotz dieser Disproportion. Könnte man unter allgemeiner Zustimmung irgendein Objekt schöner nennen als den Orangenbaum, wenn Blätter, Blüten und Früchte zugleich an ihm prangen? Und doch wäre es vergeblich, hier nach irgendeiner Proportion zu suchen zwischen Höhe und Breite und irgend etwas anderem, was die Dimensionen des Ganzen oder das Verhältnis der einzelnen Teile zueinander beträfe. Ich gebe zu, daß wir an vielen Blumen etwas von einer regelmäßigen Figur oder einer methodischen Anordnung der Blätter finden. Die Rose etwa hat eine derartige Figur und Anordnung der Blumenblätter; blickt man sie aber schräg an, so geht die Regelmäßigkeit der Figur zum guten Teil verloren, und die Ordnung der Blätter verwirrt sich, – und doch bleibt die Schönheit erhalten; die Rose ist sogar schöner, ehe sie voll erblüht ist, und die Knospe wiederum schöner, ehe sich eine exakte Figur gebildet hat; – und dies ist keineswegs das einzige Beispiel, an dem man finden kann, daß Methode und Exaktheit, die die Seele der Proportion sind, der Ursache der Schönheit eher im Wege als zur Seite stehen.

3. Proportion ist nicht die Ursache der Schönheit im Tierreich

Daß Proportion nur einen kleinen Anteil an der Bildung von Schönheit hat, ist auch bei Tieren evident. Hier ist die außerordentlich große Mannigfaltigkeit der Gestalten bei mangelnder Proportion ihrer Teile vorzüglich geeignet, diese Idee zu erwecken. Der Schwan – zugestandenermaßen ein schöner Vogel – hat einen Hals, der länger als der übrige Körper ist, und nur einen sehr kurzen Schweif. Ist diese Proportion schön? Wir müssen zugeben, daß sie das ist. Was sollten wir dann aber beim Pfau sagen, der einen verhältnismäßig nur kurzen Hals, dafür aber einen Schweif hat, der länger ist als Hals und Rumpf zusammengenommen? Und wie viele Vögel gibt es, die unendlich abweichen – sowohl von diesen beiden Beispielen wie von jedem anderen Maßstab, den man aufstellen könnte! Ihre Proportionen sind völlig verschieden und oft einander geradezu entgegengesetzt.

Und doch sind viele dieser Vögel außerordentlich schön. Wenn wir diese Mannigfaltigkeit betrachten, so finden wir in keinem ihrer Bestandteile etwas, das uns bestimmen könnte, *a priori* zu sagen, wie die anderen sein sollten, oder irgendwelche Vermutungen darüber zu hegen, wie sie sind; – es sei denn etwas, das die Erfahrung als voller Täuschungen und Irrtümer erweisen würde. Auch hinsichtlich der Farben, und zwar der Vögel wie der Blumen (denn es gibt etwas Ähnliches in der beiderseitigen Färbung), kann man nichts von einer Proportion bemerken – weder in der Raumerfüllung noch in der qualitativen Abstufung. Einige haben nur eine einzige Farbe, andere alle Farben des Regenbogens; einige zeigen Grundfarben, andere gemischte Farben; kurz: ein aufmerksamer Beobachter wird bald zu dem Schluß kommen, daß es in den Farben dieser Objekte ebensowenig Proportion gibt wie in ihren Gestalten. Gehen wir nun zu den Säugetieren über und betrachten zunächst den Kopf eines schönen Pferdes. Wenn wir seine Proportion zu Rumpf und Gliedern und deren Verhältnisse zueinander ermittelt und diese Proportionen zum Richtmaß der Schönheit erhoben haben – und dann einen Hund oder eine Katze oder irgendein anderes Tier nehmen und fragen, ob bei ihnen die gleichen Proportionen zwischen Kopf, Hals und Rumpf usw. bestehen: ich glaube, wir können ruhig sagen, daß sie bei jeder Gattung anders sind, ja daß dies bei vielen Gattungen sogar für die Individuen gilt, und zwar für Individuen von sehr auffallender Schönheit. Wenn man nun aber zugeben muß, daß sehr verschiedene und sogar gegensätzliche Formen und Bauarten mit Schönheit verträglich sind, so schließt dies, glaube ich, das Zugeständnis ein, daß keine bestimmten Maßstäbe, die auf einem natürlichen Prinzip beruhen, zur Hervorbringung der Schönheit erforderlich sind, – wenigstens soweit die Tiergattungen in Betracht kommen.

4. Proportion ist nicht die Ursache der Schönheit beim Menschengeschlecht

Auch beim Menschen sei die Ursache der Schönheit nicht Proportion, da es auch bei schönen Menschen große Abweichungen in den Proportionen gäbe, während umgekehrt die vollkommene Proportion noch keinen schönen Menschen mache. Auch seien beide Geschlechter der Proportion nach so unterschiedlich, daß beide nicht schön sein könnten, wenn es eine natürliche Proportion gäbe, die die Schönheit beim Menschen bedinge.

[...]

Welches Licht können uns jene vielgerühmten Proportionen bringen, wenn wir uns mit Gestaltungen der Kunst beschäftigen? Es erscheint mir erstaunlich, daß die Künstler – wenn sie davon, daß Proportion die Hauptursache der Schönheit ist, wirklich so fest überzeugt sind, wie sie zu sein behaupten – vermöge dessen nicht allezeit im Besitz exakter Maßstäbe für alle Arten schöner Lebewesen sind, die ihnen zu den richtigen Proportionen verhelfen, wenn sie irgend etwas Geschmackvolles ersinnen wollen; namentlich da sie häufig versichern, daß sie sich in ihrer Praxis nach der Beobachtung des Schönen in der Natur richten. Ich weiß, man sagt es schon lange genug, einer redet es dem anderen nach, und das Echo wiederholt es tausendmal in allen Richtungen: die Proportionen der Gebäude seien denen des menschlichen Körpers entnommen. Um diese künstliche Analogie durchzuführen, stellt man sich einen Mann vor, der seine Arme in voller Länge seitwärts ausstreckt, und beschreibt dann ein Viereck, in dem man durch die äußersten Punkte dieser seltsamen Figur Linien zieht[1]. Es erscheint mir aber völlig klar, daß die menschliche Gestalt dem Architekten niemals ir-

[1] Die Analogie geht zurück auf die Architektur- und Kunsttheorie der klassischen Antike. Gemäß der pythagoreischen Bestimmung von Wahrheit und Schönheit als Maß und Zahl sollte, bei Vitruv und anderen, der Leib des vollkommen gebauten Menschen in ein Quadrat oder einen Kreis umschrieben werden können. So entstand die Vorstellung des »quadratischen Menschen« (gr.: anér tetrágonos oder später lat.: homo quadratus).

gendeine seiner Ideen liefert. Denn erstens sieht man Menschen nur sehr selten in dieser anstrengenden Haltung; sie ist ihnen nicht natürlich und kommt ihnen auch nicht zu. Zweitens legt der Anblick einer menschlichen Gestalt in dieser Haltung natürlicherweise gar nicht die Idee eines Vierecks, sondern viel eher die eines Kreuzes nahe; denn der große leere Raum zwischen Armen und Erdboden müßte erst ausgefüllt werden, ehe er irgend jemand an ein Viereck denken lassen kann. Drittens haben viele Gebäude keineswegs die Form dieses eigentümlichen Vierecks, sind trotzdem von den besten Architekten entworfen worden und zeigen allesamt eine ebenso gute, ja vielleicht eine bessere Wirkung. Und sicher könnte es nichts Abstruseres geben, als wenn ein Architekt sein Werk nach der menschlichen Figur bilden wollte, denn es gibt sicher keine zwei Dinge, die weniger Ähnlichkeit oder Analogie miteinander haben wie ein Mensch einerseits und ein Haus oder Tempel andererseits. [...]

5. Weiteres über Proportion. Gewohnheit

Wenn ich nicht irre, entstammen die Vorurteile zugunsten der Proportion – wenigstens zum guten Teil – weniger einer Beobachtung über irgendwelche feste Maße, die in schönen Körpern zu finden wären, als vielmehr einer irrigen Idee über das Verhältnis zwischen Mißgestalt und Schönheit, nämlich insofern man dieses Verhältnis als einen Gegensatz betrachtete. Aus diesem Prinzip schloß man, daß natürlicherweise immer Schönheit zutage treten müßte, wenn die Ursachen einer Mißgestaltung beseitigt würden. Das ist nach meiner Auffassung ein Irrtum. Denn *Mißgestalt* ist nicht der Gegensatz zu Schönheit, sondern zur *vollständigen, normalen Gestalt.* Wenn ein Bein eines Menschen kürzer ist als das andere, so ist der Mensch mißgestaltet; denn es fehlt etwas zur Erfüllung der vollständigen Idee, die wir uns von einem Menschen bilden; – und zwar hat dies die gleiche Wirkung bei natürlichen Mängeln wie bei Verstümmelungen, die durch Unfälle verursacht worden sind. Wer einen Buckel hat, ist mißgestaltet; denn sein Rücken hat eine ungewöhnliche Form, die zur Idee einer Beschwerlichkeit oder eines Mißgeschicks Anlaß gibt. Wenn der Hals bei einem Menschen beträchtlich länger oder kürzer als bei anderen ist, so nennen wir den Menschen an diesem Körperteile mißgestaltet, weil eben Menschen gemeinhin nicht so beschaffen sind. Aber sicher kann uns die Erfahrung jeden Tag davon überzeugen, daß ein Mensch zwei gleich lange Beine haben kann, die einander in jeder Hinsicht entsprechen, ferner einen Hals von normaler Größe und einen völlig geraden Rücken, ohne daß an ihm zur gleichen Zeit auch nur die geringste Schönheit wahrzunehmen wäre. Indessen ist Schönheit so weit davon entfernt, zur Idee der Gewohnheit zu gehören, daß vielmehr das, was uns in dieser Weise affiziert, in Wirklichkeit äußerst selten und ungewöhnlich ist. Das Schöne fällt uns in gleichem Maße durch seine Neuheit auf wie das Mißgestaltete. Die Dinge liegen ebenso bei den Tierarten, die uns vertraut sind; und wenn uns ein Tier gezeigt würde, das einer uns noch unbekannten Gattung angehört, so würden wir nicht daran denken, vor der Entscheidung über seine Schönheit oder Häßlichkeit etwa zu warten, bis sich in uns durch Gewohnheit die Idee einer Proportion festgesetzt hätte; dies zeigt, daß die allgemeine Idee der Schönheit ebensowenig der Gewohnheit wie der natürlichen Proportion zu verdanken ist. Mißgestalt entspringt einem Mangel hinsichtlich der gewöhnlichen Proportionen[2]; sind diese aber gegeben, so ist Schönheit keineswegs ihr notwendiges Resultat. Wenn wir annehmen möchten, daß Proportion in natürlichen Dingen relativ auf Gewohnheit und Gebrauch sei, so zeigt dagegen die Natur von Gebrauch und Gewohnheit, daß Schönheit als eine *positive* und machtvolle Qualität nicht aus ihnen resultieren kann. [...] Der wahre Gegensatz zur Schönheit ist nicht Disproportion oder Mißgestalt, sondern *Häßlichkeit*; da diese aber aus Ursachen hervorgeht, die denen der positiven Schönheit entgegengesetzt sind, so können wir sie nicht näher betrachten, ehe wir die Schönheit unter-

[2] Vgl. Hutcheson, S. 142.

sucht haben. Zwischen Schönheit und Häßlichkeit gibt es eine Art Mittelmäßigkeit, bei der die aufgestellten Proportionen fast immer zu finden sind, die aber keinerlei Wirkung auf unsere Leidenschaften hat.

6. Brauchbarkeit ist nicht die Ursache der Schönheit

Man hat gesagt, daß die Idee der Nützlichkeit oder die gute Eignung eines Teils zur Erreichung seiner Ziele die Ursache der Schönheit sei – oder sogar die Schönheit selbst. Nur auf Grund dieser These ist es der Lehre von der Proportion möglich gewesen, sich so lange zu halten[3]. Die Welt wäre es bald müde geworden, von Maßen zu hören, die sich auf nichts beziehen, weder auf ein natürliches Prinzip, noch auf eine Brauchbarkeit zur Erreichung gewisser Ziele. Diejenige Idee von Proportion, die die Menschen am allerhäufigsten im Auge haben, ist das Passen von Mitteln für bestimmte Zwecke; wo dies nicht in Frage kommt, dort kümmern sie sich nur sehr selten um die Wirkung der verschiedenen Maße der Dinge. Deshalb ist es für jene Theorie notwendig, darauf zu bestehen, daß nicht nur künstliche, sondern auch natürliche Objekte ihre Schönheit der Brauchbarkeit ihrer Teile für deren verschiedene Zwecke verdanken. Aber ich befürchte, daß man bei der Aufstellung dieser Theorie die Erfahrung nicht genügend zu Rate gezogen hat. Denn nach diesem Prinzip würde die keilförmige Schnauze eines Schweines mit den zähen Knorpeln am Ende, seine kleinen, tiefliegenden Augen und die ganze Beschaffenheit seines Kopfes, der der Aufgabe des Wühlens und Grabens so trefflich angepaßt ist, außerordentlich schön sein. Der große Beutel, der am Schnabel des Pelikans hängt und für dieses Tier ein höchst nützliches Ding ist, müßte in gleichem Grade schön für unsere Augen sein. Der Igel, der durch seine stachelige Haut gegen alle Angriffe so wohl gesichert ist, und das Stachelschwein mit seinen stark hervortretenden Stacheln müßten dann als recht hübsche Geschöpfe betrachtet werden. Es gibt wenige

[3] Wie Berkeleys Argumentation zeigt (vgl. S. 153ff.).

Tiere, deren Teile sinnvoller erdacht wären als die eines Affen: er hat die Hände eines Menschen und die elastischen Gliedmaßen eines Tieres; er ist bewunderungswürdig eingerichtet zum Laufen, Springen, Hängen und Klettern – und doch gibt es in den Augen der Menschheit wenig Tiere, die geringer an Schönheit wären. Ich brauche kaum etwas über den Rüssel des Elefanten zu sagen, der von so mannigfachem Nutzen ist und so wenig zur Schönheit seines Besitzers beiträgt. Wie wohlgebaut ist der Wolf zum Rennen und Springen, wie bewunderungswürdig ist der Löwe zum Kampf gerüstet! Aber will deshalb irgend jemand Elefant, Wolf und Löwe als schöne Tiere bezeichnen? Ich glaube, niemand wird die Beine des Menschen für so geeignet zum Rennen halten wie die des Pferdes, des Hundes, des Rehes und vieler anderer Geschöpfe; wenigstens sehen sie nicht so aus, und doch wird ein wohlgebildetes menschliches Bein alle anderen bei weitem an Schönheit überragen. Wenn die Brauchbarkeit der Teile das wäre, was die Lieblichkeit ihrer Form ausmachte, so würde ihr wirklicher Gebrauch ohne Zweifel diese Lieblichkeit erheblich steigern; aber obgleich sich die Dinge auf Grund anderer Prinzipien bisweilen tatsächlich so verhalten, ist das keineswegs immer der Fall. Ein Vogel ist im Fluge nicht so schön wie im Sitzen[4]; ja es gibt verschiedene Hausvögel, die man selten fliegen sieht und die nichtsdestoweniger schön sind; aber Vögel sind in ihrer Gestalt so außerordentlich verschieden von Säugetieren und Menschen, daß man ihnen auf Grund des Prinzips der Brauchbarkeit nichts Anziehendes zusprechen dürfte, ohne bedacht zu haben, daß ihre Teile für ganz andere Zwecke bestimmt sind. Ich hatte in meinem Leben niemals die Gelegenheit, einen Pfau fliegen zu sehen, und doch war ich schon lange – sehr lange, ehe ich in seiner Gestalt irgendeine Eignung zu einem Leben in den Lüften bemerkt hätte – von der ungewöhnlichen Schönheit betroffen worden, die den Pfau weit über viele der am besten fliegenden Vögel der Welt erhebt; obgleich doch sein Lebensweg nach allem, was ich sah, weit

[4] Schiller wird nur wenig später genau die gegenteilige Ansicht vertreten (vgl. S. 275).

mehr Ähnlichkeit mit dem des Schweines hatte, das auf dem Gutshof mit ihm herumfraß. Dasselbe kann man von Hähnen, Hühnern und dergleichen sagen: sie gehören nach ihrer Gestalt zu den fliegenden Tieren, in ihrer tatsächlichen Bewegungsart aber unterscheiden sie sich nur wenig von Menschen und Säugetieren. Um nun diese Beispiele aus fremden Gattungen zu verlassen: wenn Schönheit in unserer eigenen Gattung an den Nutzen geknüpft wäre, so müßten Männer viel lieblicher sein als Frauen, und Stärke und Behendigkeit müßten als die einzigen Arten von Schönheit betrachtet werden. Aber um Stärke als Schönheit anzusprechen, um nur eine einzige Bezeichnung zu haben für die fast in jeder Hinsicht so völlig verschiedenen Qualitäten einer Venus und eines Herkules, – dazu gehört sicher eine absonderliche Verwirrung der Ideen oder ein ebenso absonderlicher Mißbrauch von Wörtern. Die Ursache dieser Verwirrung liegt nach meiner Auffassung darin, daß Körperteile von Menschen oder anderen Lebewesen, die sehr schön sind, oft zugleich auch ihren Zwecken sehr gut angepaßt sind. Wir werden getäuscht durch einen Fehlschluß, der das für eine Ursache nehmen läßt, was lediglich ein begleitender Umstand ist: das ist der Fehlschluß der Fliege, die sich einbildete, großen Staub aufzuwirbeln, weil sie auf dem Wagen saß, der das wirklich tat. Magen, Lunge, Leber und andere Körperteile sind ihren Zwecken aufs allerbeste angepaßt und sind doch weit von jeder Schönheit entfernt. Auf der anderen Seite sind viele Dinge sehr schön, in denen man keinerlei Idee von Nützlichkeit entdecken kann. Und ich berufe mich auf die ersten und natürlichsten Gefühle jedes Menschen und frage, ob sich bei der Betrachtung eines schönen Auges, eines wohlgebildeten Mundes, eines gutgeformten Beines ihm irgendwelche Ideen davon darbieten, daß sie zum Sehen, Essen und Laufen besonders brauchbar wären? Welche Idee von Nützlichkeit erregen wohl die Blumen, der schönste Teil der Pflanzenwelt? Es ist wahr, der unermeßlich weise und gütige Schöpfer hat aus überquellender Gebelust oft auch noch Schönheit an die Dinge geknüpft, die er für uns nützlich gemacht hat; aber das beweist nicht, daß Nutzen und Schönheit ein und dieselbe Idee wären oder irgendwie voneinander abhingen.

[...]

9. Vollkommenheit ist nicht die Ursache der Schönheit

Es gibt noch eine andere verbreitete Vorstellung, die mit der soeben erörterten sehr nahe verwandt ist: daß nämlich *Vollkommenheit* die grundlegende Ursache der Schönheit sei. Diese These ist in einem Sinne aufgestellt worden, daß sie sich weit über die sinnlichen Objekte hinaus erstreckt. Aber in sinnlichen Objekten ist Vollkommenheit, als solche betrachtet, so wenig die Ursache von Schönheit, daß die Qualität der Schönheit, wo sie im höchsten Grade vorhanden ist – nämlich im weiblichen Geschlecht –, fast immer eine Idee von Schwäche und Unvollkommenheit mit sich führt. Frauen wissen das recht gut; aus diesem Grunde üben sie sich darin, zu lispeln, unsicher zu laufen und den Anschein von Schwäche und sogar von Krankheit zu bieten. Zu alledem werden sie von der Natur angeleitet. Schönheit in der Not ist vielfach die eindrucksvollste Schönheit. Erröten hat kaum geringere Macht; und im allgemeinen wird Bescheidenheit – ein stillschweigendes Eingeständnis von Unvollkommenheit – schon an sich als eine liebenswürdige Qualität betrachtet und erhöht sicher die Liebenswürdigkeit jeder anderen. Ich weiß, es ist in jedermanns Munde, daß wir Vollkommenheit lieben *sollten*. Das ist für mich ein hinreichender Beweis dafür, daß sie nicht das eigentliche Objekt der Liebe ist. Wer würde jemals sagen, wir »sollten« eine hübsche Frau lieben – oder auch nur irgendwelche schöne Tiere, die uns gefallen. Um hier affiziert zu werden, ist nicht erst die Mitwirkung unseres Willens nötig.

10. Inwiefern die Idee der Schönheit auf Qualitäten des Gemüts anwendbar ist

Die Bemerkung am Schluß des vorigen Abschnitts läßt sich im allgemeinen ebensogut auf Qualitäten des Gemüts anwenden. Die Tugenden, die Bewunderung verursachen und zu der erhabenen Art gehören, bringen eher Schrecken als Liebe hervor: so etwa Tapferkeit, Gerechtigkeit, Weisheit und ähnliche. Niemals war jemand kraft solcher Qualitäten liebenswürdig. Die Tugenden, die unser Herz für sich einnehmen, die in uns einen Eindruck von Lieblichkeit hervorrufen – wie Ungezwungenheit, Mitgefühl, Freundlichkeit oder Freigebigkeit –, sind sanfter, obgleich sie sicher von weniger unmittelbarer Wichtigkeit für die Gesellschaft und auch von geringerer Würde sind. Aber gerade aus diesem Grunde sind sie so liebenswürdig. [...]

12. Die wahre Ursache der Schönheit

Nachdem wir zu zeigen versucht haben, was Schönheit nicht ist, bleibt uns noch übrig, mit mindestens gleicher Sorgfalt zu prüfen, worin sie nun in Wirklichkeit besteht. Schönheit ist ein viel zu eindrucksvolles Ding, um nicht auf irgendwelchen positiven Qualitäten beruhen zu müssen. Und da sie keine Schöpfung unserer Vernunft ist; da sie uns ohne jede Beziehung zu einem Nutzen berührt, ja selbst dort, wo überhaupt kein Nutzen festzustellen ist; da schließlich Ordnung und Methode der Natur im allgemeinen sehr verschieden von unseren Maßen und Proportionen sind: so müssen wir schließen, daß Schönheit in der Hauptsache irgendeine Qualität an Körpern ist, die durch Vermittlung der Sinne in mechanischer Weise auf das menschliche Gemüt einwirkt. Wir müssen also sorgfältig untersuchen, wie die sinnlichen Qualitäten solcher Dinge geartet sind, die wir erfahrungsgemäß schön finden oder die in uns die Leidenschaft der Liebe oder irgendeinen entsprechenden Affekt erregen.

13. Schöne Objekte sind klein

Der augenfälligste Punkt, der sich uns bei der Prüfung irgend eines Objektes darbietet, ist dessen Ausdehnung oder Quantität. Und welches Maß von Ausdehnung bei Körpern vorherrscht, die für schön gehalten werden, kann man aus der Art entnehmen, in der man sich über sie auszudrücken pflegt. Ich habe mir berichten lassen, daß man in den meisten Sprachen von den Objekten der Liebe mit Diminutiven, also mit Wörtern spricht, die einen verkleinernden Zusatz enthalten. Jedenfalls geschieht das bei allen Sprachen, in denen ich irgendwelche Kenntnisse habe. Im Griechischen sind das ιον und andere Diminutiv-Endungen fast durchweg Zeichen der Zuneigung und Zärtlichkeit. Diese Diminutiv-Endungen wurden von den Griechen gewöhnlich den Namen solcher Personen beigefügt, mit denen sie in Ausdrücken der Freundschaft und Vertraulichkeit verkehren wollten. Obgleich die Römer ein Volk von weniger lebhaften und feinen Gefühlen waren, so verfielen sie doch bei den gleichen Gelegenheiten natürlicherweise ebenfalls in die verkleinernde Ausdrucksweise. Im alten Englisch wurde das verkleinernde »ling« den Namen der Personen und Dinge beigefügt, die Objekte der Liebe waren. Einige solche Ausdrücke haben sich noch erhalten, wie »darling« (oder little dear, kleines Liebes) und wenige andere. In der Umgangssprache ist es überhaupt noch heutzutage üblich, allen Dingen, die wir lieben, das Zärtlichkeitswort »little« (klein) hinzuzufügen. Die Franzosen und Italiener gebrauchen solche gefühlvolle Diminutiva noch häufiger als wir. In der Welt der Lebewesen außerhalb unserer eigenen Gattung ist es das Kleine, gegenüber dem wir zur Zärtlichkeit geneigt sind: kleine Vögel und einige kleinere Säugetiere. Ein großes schönes Ding – das ist eine Ausdrucksweise, die kaum jemals zu hören ist; aber von einem großen häßlichen Ding spricht man alle Tage. Es besteht ein sehr erheblicher Unterschied zwischen Bewunderung und Liebe. Das Erhabene, das die Ursache der Bewunderung ist, hat seinen Sitz nur in großen und schrecklichen Objekten; Liebe betrifft kleine, angenehme Objekte; wir unterwerfen uns dem, was wir bewundern, aber wir lieben das, was sich uns unterwirft; in dem einen Falle wird unsere Zustimmung erzwungen, im anderen erschmeichelt. Kurz, die Ideen des Erhabenen und des Schönen stehen auf so verschiedenen Fundamenten, daß schwerlich – fast hätte ich gesagt: überhaupt nicht – daran zu denken ist, sie in ein und demselben Gegenstand zur Versöhnung zu bringen, ohne die Wirkung einer der beiden Ideen auf die Leidenschaften erheblich zu beeinträchtigen. Das heißt in quantitativer Hinsicht, daß schöne Objekte verhältnismäßig klein sind.

14. Glätte

Die nächste Eigentümlichkeit, die an schönen Objekten ständig beobachtet werden kann, ist *Glätte* – eine Qualität, die der Schönheit so wesentlich ist, daß ich mich keines schönen Dinges erinnere, das nicht glatt wäre. An Bäumen und Blumen sind glatte Blätter schön, in Gärten glatte Abhänge, in der Landschaft ein glatter Wasserlauf; in der Tierwelt ist schön ein glattes Vogelgefieder oder ein glatter Tierpelz; an einer hübschen Frau eine glatte Haut; und an den verschiedenen Arten von Zierat ist schön eine glatte, polierte Oberfläche. [...]

15. Allmähliche Änderung

Aber wie die vollkommen schönen Körper nicht aus winkeligen Teilen zusammengesetzt sein können, so bewegen sich ihre Teile auch nicht lange in derselben geraden Linie. Sie ändern ihre Richtung jeden Augenblick – und ändern sie unter dem Auge des Beobachters durch eine ununterbrochen fortschreitende Abweichung, für deren Beginn oder Ende es aber schwer wäre, einen festen Punkt anzugeben. Der Anblick eines schönen Vogels wird diese Bemerkung illustrieren. Wir sehen hier den Kopf unmerklich nach der Mitte hin zunehmen und von dort aus allmählich wieder abnehmen, bis er in den Hals übergeht; der Hals seinerseits verliert sich in einem stärkeren Anschwellen, das sich bis zur Mitte des Rumpfes fortsetzt; von dort aus nimmt der ganze Körper wieder gegen den Schwanz hin ab; der Schwanz schlägt eine neue Richtung ein, verändert sich aber bald erneut und kommt wieder mit den anderen Teilen zusammen; so wechselt der Umriß fortgesetzt, und auf jeder Seite geht es ständig auf und ab. Bei dieser Beschreibung habe ich die Idee einer

Taube vor meinem Auge, die sehr gut mit den meisten Bedingungen der Schönheit zusammenstimmt: sie ist glatt und flaumig; ihre Teile sind (um diesen Ausdruck zu gebrauchen) ineinander verschmolzen; nichts tritt an dem Ganzen plötzlich hervor, und doch ist das Ganze in beständigem Wechsel. Man betrachte den Teil einer schönen Frau, der vielleicht der schönste ist – den um Hals und Brust: die Glätte, die Weichheit, das leichte, unmerkliche Anschwellen; die wechselnde Oberfläche, die sich niemals auch nur an der kleinsten Stelle gleichbleibt; den täuschungsvollen Irrgarten, durch den das unstete Auge schwankend fortgleitet, ohne zu wissen, wo es sich festhalten soll und wohin es verführt wird. Ist dies nicht ein Musterbeispiel jenes Wechsels der Oberfläche – ununterbrochen und doch an keinem bestimmten Punkte deutlich wahrnehmbar –, der eine der großen Grundlagen der Schönheit bildet? Es macht mir nicht wenig Vergnügen, zu finden, daß ich mich zur Stützung meiner Theorie in diesem Punkte auf die Meinungen des sehr geistvollen Herrn Hogarth[5] berufen kann, dessen Idee von der Schönheitslinie ich im allgemeinen für außerordentlich richtig halte. Aber die Idee der Änderung – ohne scharfe Beachtung der *Art und Weise* der Änderung – führte ihn dazu, auch winklige Figuren als schön zu betrachten. Solche Figuren, es ist wahr, ändern sich stark; aber sie ändern sich in plötzlicher und abrupter Weise; und ich kenne kein natürliches Objekt, das winklig und zu gleicher Zeit schön wäre. Tatsächlich sind wenige natürliche Objekte vollständig winklig; aber ich meine: diejenigen, die dem am nächsten kommen, sind die häßlichsten. Ich muß hinzufügen: obgleich die sich ändernde Linie die einzige ist, in der vollkommene Schönheit begründet ist, so gibt es doch – soweit ich die Natur beobachten konnte – keine einzelne Linie, die an höchstvollkommenem Schönen immer zu finden wäre und deshalb allen anderen Linien an Schönheit überlegen wäre. Wenigstens konnte ich dies niemals bemerken.

[5] William Hogarth (1697–1764), Analysis of Beauty. London 1753. Hogarth führt alle Schönheit auf die Schlangenlinie als line of beauty zurück.

16. Zartheit

Ein Anflug von Robustheit und Stärke ist der Schönheit sehr abträglich. Ein Anschein von *Zartheit* und selbst von Gebrechlichkeit ist ihr beinahe wesentlich. Jeder, der die pflanzliche und tierische Schöpfung untersucht, wird diese Bemerkung in der Natur begründet finden. Nicht die Eiche, die Esche, die Ulme oder sonst einen robusten Baum des Waldes finden wir schön; diese Bäume sind nur ehrfurchtgebietend und majestätisch und flößen eine Art von Verehrung ein. Aber die zarte Myrte, der Orangen- und der Mandelbaum, der Jasmin, der Weinstock: – sie sind es, die wir als pflanzliche Schönheit ansehen. Gerade die Blumengattungen, die durch Schwäche und kurze Lebensdauer hervorstechen, geben uns die lebhafteste Idee von Schönheit und Zierlichkeit. Unter den Tieren ist der Windhund schöner als der Bullenbeißer, und die Zartheit eines Zelter, einer Barbe oder eines Araberhengstes ist viel liebenswürdiger als die Stärke und Stabilität eines Kriegs- oder Zugpferdes. Ich brauche nur wenig über das schöne Geschlecht zu sagen, da mir dort, glaube ich, dieser Punkt gern zugestanden werden wird. Die Schönheit der Frauen ist in beträchtlichem Maße ihrer Schwäche oder Zartheit zuzuschreiben und wird noch durch Schüchternheit erhöht – eine Qualität des Gemüts, die der Zartheit analog ist. [...]

17. Schönheit in der Farbe

Was die Farben betrifft, die gewöhnlich an schönen Körpern gefunden werden, so mag ihre Feststellung ein wenig schwierig sein, da es insoweit in den verschiedenen Teilen der Natur eine unendliche Mannigfaltigkeit gibt. Aber selbst aus dieser Mannigfaltigkeit können wir einiges herausheben, woran man sich halten kann. Erstens dürfen die Farben schöner Körper nicht düster und trübe, sondern müssen rein und hell sein. Zweitens dürfen sie nicht besonders grell sein. Diejenigen, die zu Schönheit am besten passen, sind die sanfteren Töne jeder Klasse: ein lichtes Grün, ein sanftes Blau,

ein schwaches Weiß, Rosarot und Violett. Drittens muß ein Objekt, wenn schon seine Farben grell und lebhaft sind, doch wenigstens mehrere verschiedene Farben aufweisen, darf sich also nicht auf eine grelle Farbe beschränken; es müssen immer etwa so viel Farben vorhanden sein (wie bei buntgefleckten Blumen), daß Grellheit und Glanz der einzelnen Farben einigermaßen gemildert erscheinen. Bei einer hübschen Gesichtsfarbe gibt es nicht nur eine gewisse Mannigfaltigkeit der Färbung, vielmehr dürfen auch von den Farben weder das Weiß noch das Rot grell und glänzend sein. Außerdem müssen sie so allmählich ineinander übergehen, daß es unmöglich ist, feste Grenzen zu bestimmen. Auf dem gleichen Prinzip beruht es, daß die schillernden Farben an Hals und Schwanz des Pfaus und um den Kopf des Enterichs so erfreulich sind. In Wirklichkeit sind also die Schönheit der Gestalt und die Schönheit der Farbe so nahe miteinander verwandt, wie wir uns das bei Dingen so verschiedener Natur überhaupt als möglich vorstellen können.
[...]

20. Das Auge

Ich habe bisher absichtlich unterlassen, vom *Auge,* das einen so großen Anteil an der Schönheit lebendiger Geschöpfe hat, zu sprechen, weil es nicht so leicht ist, es unter die oben behandelten Titel zu bringen, obwohl es tatsächlich auf die gleichen Prinzipien zurückzuführen ist. Ich glaube also, daß die Schönheit des Auges erstens in seiner *Klarheit* besteht. Welche *Farbe* des Auges am meisten gefällt, hängt zum guten Teil von besonderen Neigungen ab; aber keinem Menschen gefällt ein Auge, dessen Wasser (um diesen Ausdruck zu gebrauchen) matt und trüb ist. Uns gefällt ein klares Auge auf Grund des gleichen Prinzips wie Diamanten, klares Wasser, Glas und ähnliche durchsichtige Substanzen. Zweitens trägt die Bewegung des Auges, der ständige Wandel der Blickrichtung, zu seiner Schönheit bei; aber eine langsame, zarte Bewegung ist schöner als eine plötzliche; die zweite belebt, die erste wirkt lieblich. Drittens ist im Hinblick auf

das Verhältnis des Auges zu den benachbarten Teilen die Regel festzuhalten, die für andere schöne Teile gilt: das Auge soll weder eine schroffe Abweichung von der Richtung der benachbarten Teile noch die Neigung zeigen, eine exakte geometrische Gestalt anzunehmen. Außer von alledem hängt der Eindruck, den ein Auge macht, von den Qualitäten des Gemüts ab, die es zum Ausdruck bringt; und hier entspringt im allgemeinen seine höchste Macht – so daß auf das Auge all das übertragen werden kann, was wir soeben über die Physiognomie gesagt haben.
[...]

22. Anmut

Anmut ist eine Idee, die von Schönheit nicht weit entfernt ist; beide haben zum großen Teil dieselben Bestandteile. Anmut ist eine Idee, die sich auf *Haltung* und *Bewegung* bezieht. Zur Anmutigkeit von Haltung und Bewegung ist erforderlich, daß kein Anschein von Schwierigkeit besteht, daß die Biegung des Körpers nicht groß ist und daß die Verfassung der Teile sowohl ihre gegenseitige Behinderung wie auch den Anschein einer Trennung durch scharfe und plötzliche Winkel ausschließt. Sind diese Voraussetzungen gegeben, so besteht alle Zauberkraft der Anmut und das, was man ihr »Je ne sai quoi«[6] nennt, in diesem Gerundetsein, dieser Zartheit in Stellung und Bewegung. Das wird jedem einleuchten, der aufmerksam die Mediceische Venus, den Antinous oder eine andere Statue betrachtet, die allgemein als in hohem Grade anmutig anerkannt ist.

23. Zierlichkeit und Glanz

Ich nenne einen Körper *zierlich*, wenn er aus glatten Teilen besteht, die einander nicht drücken, die keine Rauheit aufweisen und das Auge nicht verwirren, und wenn er gleichzeitig einer gewissen *regelmäßigen Gestalt* nahekommt. Das

[6] Vgl. S. 118, Anm. 2.

Zierliche ist mit dem Schönen eng verwandt und unterscheidet sich von ihm nur durch seine *Regelmäßigkeit.* Da diese Regelmäßigkeit aber eine sehr deutliche Eigenart des hervorgerufenen Affektes bewirkt, begründet sie trotz jener Verwandtschaft sehr wohl eine besondere Gattung. Zu dieser Gattung rechne ich die zarten, durch Regelmäßigkeit ausgezeichneten Werke der Kunst, die kein bestimmtes Objekt der Natur nachahmen – wie zierliche Gebäude und häuslichen Zierat. – Wenn irgendein Objekt an den ebenerwähnten Qualitäten oder an denen schöner Körper teilhat, aber zugleich große Dimensionen aufweist, so entfernt es sich von der Idee reiner Schönheit; ich nenne es *glanzvoll.*

24. Das Schöne für den Gefühlssinn

Die vorangegangene Beschreibung solcher Schönheit, wie sie das Auge in sich aufnimmt, kann sehr gut illustriert werden durch Beschreibung der Natur der Objekte, die eine ähnliche Wirkung mittels des Tastsinnes hervorbringen. Ich nenne dies das Schöne für den *Gefühlssinn.* Es entspricht in wunderbarer Weise dem Schönen, das die gleiche Art Vergnügen für das Auge verursacht. Zwischen allen unseren Empfindungen gibt es eine Verbindung; sie sind alle nur verschiedene Arten von Gefühlen und sind so angelegt, daß sie zwar durch verschiedene Arten von Objekten, aber doch alle in gleicher Weise affiziert werden. Alle Körper, die dem Tastsinn Vergnügen machen, tun dies durch die Schwäche des Widerstands, den sie bieten. Den Widerstand bieten sie entweder einer Bewegung entlang der Oberfläche oder einer Pressung der Teile gegeneinander. Wenn der erstgenannte Widerstand schwach ist, nennen wir den Körper glatt, ist es der andere, so nennen wir den Körper weich. Das hauptsächlichste Vergnügen, das wir durch den Gefühlssinn empfangen, betrifft eine dieser beiden Qualitäten; sind beide Qualitäten miteinander verbunden, so ist unser Vergnügen bedeutend gesteigert. Dies ist so offenbar, daß es eher geeignet ist, andere Dinge zu illustrieren, als selbst einer Illustration durch Beispiele zu bedürfen. Die nächste Quelle des

Vergnügens ist bei diesem Sinne – wie bei jedem anderen – die unausgesetzte Darbietung von irgend etwas Neuem; und wir finden, daß Körper, deren Oberfläche einen dauernden Wechsel zeigt, vielfach die angenehmsten oder schönsten für das Gefühl sind, – wie jedermann an seinem eigenen Vergnügen erfahren kann. Die dritte Eigentümlichkeit solcher Objekte besteht darin, daß die Bewegungsrichtungen ihrer Oberflächen zwar in einem ständigen, niemals aber in einem plötzlichen Wechsel begriffen sind. Kommen wir mit etwas Plötzlichem in Berührung, so ist dies sogar dann unangenehm, wenn der Eindruck selbst nichts Heftiges an sich hat. Berührt uns ohne Ankündigung ein Finger, der ein wenig kälter oder wärmer als gewöhnlich ist, so fahren wir zusammen. Ein leichter, unerwarteter Schlag auf die Schulter hat die gleiche Wirkung. Daher kommt es, daß eckige Körper und Körper, deren Oberfläche plötzlich die Richtung ändert, dem Gefühlssinn so wenig Vergnügen machen. Jeder solche Wechsel ist eine Art von Steigen und Fallen im kleinen; so daß Vierecke, Dreiecke und andere eckige Figuren weder für den Gesichts- noch für den Gefühlssinn schön sind. [...]

25. Das Schöne in Tönen

Beim Gehörssinn finden wir die gleiche Fähigkeit, in einer weichen und zarten Weise affiziert zu werden; und inwieweit süße und schöne Töne in Analogie zu der von uns beschriebenen Schönheit bei anderen Sinnen stehen, muß die Erfahrung jedes einzelnen entscheiden. [... Doch] muß ich noch ein oder zwei Anmerkungen hinzufügen. Die erste geht dahin, daß das Schöne in der Musik weder jenen Lärm und jene Stärke der Töne verträgt, die zur Erregung anderer Leidenschaften dienlich sein mögen, noch schrille, rauhe und dunkle Töne; es stimmt am besten mit klaren, ruhigen, sanften und leisen Tönen zusammen. Zweitens möchte ich anmerken, daß eine große Mannigfaltigkeit des Taktes oder schnelle Übergänge von einem Takt oder Ton zum anderen dem Genius des Schönen in der Musik zuwiderlaufen. Solche Übergänge* erregen oft Lustigkeit oder andere plötzliche und lärmende Leidenschaften, aber nicht jenes Hinsinken, Hinschmelzen, Schwachwerden, das die charakteristische Wirkung des Schönen bei allen Sinnen ist. Die Leidenschaft, die durch Schönheit hervorgerufen wird, steht einer Art Melancholie in der Tat näher als der Fröhlichkeit und Lustigkeit. [...]

26. Geschmack und Geruch

Die allgemeine Übereinstimmung der Sinne ist noch einleuchtender, wenn man Geschmack und Geruch genau betrachtet. Wir wenden die Idee der Süße bildlich auf Gesehenes und Gehörtes an; da aber die Qualitäten, vermöge deren die Körper im Gesichts- und Gehörsinn entweder Vergnügen oder Schmerz hervorzurufen fähig sind, nicht so in die Augen fallen wie bei anderen Sinnen, so verweisen wir die Aufklärung der hier bestehenden Analogie – die eine sehr enge ist – in denjenigen Teil unserer Untersuchung, in dem wir die gemeinsame effektive Ursache der Schönheit im Hinblick auf alle Sinne betrachten werden. Wie ich glaube, gibt es keinen besseren Weg zur Aufstellung einer klaren und gefestigten Idee der visuellen Schönheit als die Prüfung der entsprechenden Vergnügungen anderer Sinne; denn was bisweilen bei einem der Sinne klar ist, ist beim anderen dunkler, und wo es eine klare Parallelität zwischen allen gibt, dort können wir auch bei jedem einzelnen Sinn mit größerer Sicherheit sprechen. Auf diesem Wege legen die Sinne wechselseitig füreinander Zeugnis ab; die Natur wird sozusagen selbst befragt, und wir berichten über sie nur das, was wir ihren eigenen Informationen verdanken.

* I ne'er am merry when I hear sweet music. (Ich bin nie lustig, wenn ich süße Musik höre.) Shakespeare, Sommernachtstraum, Akt V, 1. Auftritt.

27. Vergleich des Erhabenen und Schönen

Am Schlusse dieses allgemeinen Blicks auf die Schönheit kommen wir natürlicherweise zu einem Vergleich mit dem Erhabenen. In diesem Vergleich tritt ein bemerkenswerter Gegensatz zutage: Erhabene Objekte sind riesig in ihren Dimensionen, schöne aber verhältnismäßig klein. Schönheit verlangt Glätte und Ebenheit; das Große kann rauh und ungehobelt sein. Schönheit muß die gerade Linie vermeiden, darf aber von ihr nur unmerklich abweichen; das Große liebt in vielen Fällen die gerade Linie, läßt aber, wenn sie einmal von ihr abweicht, auch eine sehr starke Abweichung zu. Schönheit darf nicht dunkel, das Große muß finster und düster sein. Schönheit muß licht und zart, das Große muß fest und sogar massiv sein. – Das sind in der Tat Ideen von sehr verschiedener Natur: die eine im Schmerz, die andere im Vergnügen begründet; und wie weit sie auch späterhin von der unmittelbaren Natur ihrer Ursachen abweichen mögen, so halten diese Ursachen doch eine unüberbrückbare Trennung zwischen ihnen aufrecht – eine Trennung, die von niemand vergessen werden darf, der sich damit beschäftigt, Leidenschaften zu erregen. Bei der unendlichen Mannigfaltigkeit der natürlichen Kombinationen müssen wir gewärtig sein, auch die Qualitäten von Dingen, die voneinander soweit wie irgend vorstellbar entfernt sind, in ein und demselben Objekt vereinigt zu finden. Wir müssen also auch gewärtig sein, Kombinationen der gleichen Art in den Werken der Kunst zu finden. Wenn wir aber die Macht eines Objektes über unsere Leidenschaften erwägen, so müssen wir erkennen: falls irgend etwas die Tendenz hat, das Gemüt kraft irgendeiner vorherrschenden Eigenschaft zu affizieren, so wird der hervorgerufene Affekt am einheitlichsten und vollkommensten sein, wenn auch die übrigen Eigenschaften und Qualitäten des Objektes von derselben Natur sind und zum gleichen Ziel tendieren wie die vorherrschende:

If black and white blend, soften and unite

A thousand ways, are there no black and white[7]?

Wenn die Qualitäten des Erhabenen und Schönen bisweilen in Verbindung miteinander gefunden werden: beweist das, daß sie irgendwie miteinander verwandt sind; beweist das auch nur, daß sie nicht in Gegensatz und Widerspruch zueinander stünden? Schwarz und Weiß mögen sich gegenseitig mildern und miteinander vermischen – und werden dadurch doch nicht identisch. Ist aber auch, wenn sie sich so gegenseitig mildern und miteinander oder mit anderen Farben vermischen, die Macht des Schwarzen als Schwarzen und des Weißen als Weißen ebenso stark wie dann, wenn jedes von ihnen einheitlich in sich und getrennt vom anderen dasteht?

[...]

Vierter Teil

19. Die physiologische Ursache der Liebe

Wenn wir solche Objekte vor uns haben, die Liebe und Zufriedenheit erregen, ist der Körper, soweit ich beobachten konnte, zumeist in folgender Weise affiziert: Der Kopf ist etwas nach einer Seite geneigt, die Augenlider sind mehr als gewöhnlich geschlossen, die Augen bewegen sich mit einer leichten Neigung nach dem Objekt hin, der Mund ist ein wenig geöffnet, der Atem geht langsam, ab und zu ertönt ein tiefer Seufzer, der ganze Körper ist in Ruhe, und die Hände hängen nachlässig zur Seite herab. All dies ist begleitet von einem inneren Gefühl der Rührung und der Schwäche. Diese Erscheinungen stehen immer in Proportion zum Grad der Schönheit im Objekt und der Sensibilität im Betrachter. Und diese gradweise Abstufung, die von der höchsten Spitze der Schönheit und Sensibilität bis zur Mittelmäßigkeit und Indifferenz reicht, muß mit den entsprechenden Wirkungen ins Auge gefaßt werden; sonst würde unsere Beschreibung

[7] »Wenn Schwarz und Weiß auch tausendfach zusammengehn, bleibt Schwarz, bleibt Weiß, nicht dennoch ganz bestehn?« (d. Hg.)

übertrieben erscheinen – was sie sicher nicht ist. Aus dieser Beschreibung läßt sich aber kaum ein anderer Schluß ziehen, als daß Schönheit wirkt, indem sie die Grundfesten des ganzen Systems erschlaffen läßt. Alle Anzeichen einer solchen Erschlaffung sind vorhanden; und eine Erschlaffung, die eine gewisse Herabsetzung der natürlichen Spannung enthält, scheint mir die Ursache allen positiven Vergnügens zu sein. Wem ist die Ausdrucksweise fremd, die alle Zeiten und Länder hindurch zu finden ist: man sei vom Vergnügen ermattet, erschlafft, geschwächt, aufgelöst, dahingeschmolzen? Die gemeinsame Stimme aller Menschen erhebt sich im Vertrauen auf ihre Gefühle, um jene allgemeine, gleiche Wirkung zu bestätigen; und wenn auch vielleicht einzelne besondere Beispiele gefunden werden könnten, in denen ein erheblicher Grad positiven Vergnügens ohne jeden Charakter von Erschlaffung vorhanden ist, so dürften wir deshalb durchaus nicht an dem Schlusse wankend werden, den wir aus dem Zusammenstimmen vieler Versuche gezogen haben; wir müßten ihn vielmehr aufrechterhalten und ihm die etwa vorkommenden Ausnahmen hinzufügen – gemäß der klugen Regel, die Isaac Newton im 3. Buch seiner Optik aufgestellt hat. Unser Standpunkt wird, glaube ich, über jeden Zweifel erhaben erscheinen, wenn wir zeigen können, daß die Dinge, die wir bereits als die ursprünglichen Grundlagen der Schönheit erkannt haben, jedes für sich genommen die natürliche Tendenz haben, die Fasern schlaff zu machen. Und wenn man uns zugeben muß, daß die Erscheinung eines menschlichen Körpers, in dem alle diese Grundlagen sich der Sinnlichkeit vereinigt darbieten, noch stärker zugunsten unserer Auffassung spricht, so dürfen wir, glaube ich, auch den Schluß wagen, daß die Leidenschaft, die wir Liebe nennen, durch jene Erschlaffung hervorgebracht wird. Nach derselben Methode des Räsonnements, die wir bei der Untersuchung der Ursachen des Erhabenen angewandt haben, ergibt sich hier der Schluß: wie das schöne Objekt, das dem Sinn dargeboten wird, durch Verursachung einer Erschlaffung des Körpers die Leidenschaft der Liebe im Gemüt erzeugt, so wird, wenn einmal auf irgendeine Weise die Leidenschaft ihren Ursprung zuerst im Gemüt haben sollte, ebenso sicher eine Erschlaffung der äußeren Organe in einem der Ursache proportionalen Grade folgen.

20. Warum Glätte schön ist

Um die wahre Ursache der visuellen Schönheit aufzuklären, rufe ich die anderen Sinne zu Hilfe. Wenn *Glätte* offenbar eine Hauptursache des Vergnügens für Tastsinn, Geschmack, Geruch und Gehör ist, so wird man sie auch als eine der Grundlagen visueller Schönheit anerkennen, – besonders nachdem wir gezeigt haben, daß diese Qualität fast ohne Ausnahme an allen Körpern zu finden ist, die einhellig für schön gehalten werden. Es kann kein Zweifel daran bestehen, daß rauhe und eckige Körper die Gefühlsorgane reizen und stören, indem sie ein Schmerzgefühl verursachen, das in einer heftigen Spannung oder Zusammenziehung der Muskelfasern besteht. Dagegen führt die Berührung glatter Körper zu einer Erschlaffung; ein zartes Streichen mit einer glatten Hand beruhigt heftige Schmerzen und Krämpfe, befreit die leidenden Teile von ihrer unnatürlichen Spannung und hat deshalb sehr oft eine recht erhebliche Wirkung bei der Beseitigung von Schwellungen und Verstopfungen. Der Gefühlssinn wird von glatten Körpern aufs angenehmste berührt. Ein glattes, weiches Bett, in dem man auf keinen irgendwie beträchtlichen Widerstand stößt, ist eine große Wohltat; es fördert eine allgemeine Erschlaffung und führt besser als alles andere zu jener besonderen Art von Erschlaffung, die wir Schlaf nennen.
[...]

22. Süße macht schlaff

Bei anderen Sinnen haben wir bemerkt, daß glatte Dinge schlaff machen. Jetzt wird sich herausstellen, daß süße Dinge, die beim Geschmack den glatten entsprechen, ebenfalls schlaff machen. Es ist bemerkenswert, daß es in manchen Sprachen für das Weiche und das Süße nur einen Namen

gibt. Im Französischen bezeichnet »doux« ebensowohl das Weiche wie das Süße. Das lateinische »dulcis« und das italienische »dolce« haben in vielen Fällen denselben Doppelsinn. Daß süße Dinge allgemein schlaff machen, leuchtet ein; denn sie alle – insbesondere die am meisten öligen – schwächen die Spannung des Magens erheblich, wenn man sie häufig oder in großen Quantitäten zu sich nimmt. Süße Gerüche, die eine große Verwandtschaft mit süßen Geschmäcken haben, machen in sehr deutlichem Maße schlaff. Der Duft von Blumen macht schläfrig, und seine erschlaffende Wirkung tritt noch deutlicher zutage in der Benommenheit, in die Leute von schwachen Nerven bei seinem Einatmen geraten.
[...]

23. Warum allmähliche Änderung schön ist

Eine andere Haupteigenschaft schöner Objekte besteht darin, daß ihre Oberflächenlinien laufend die Richtung ändern. Aber sie tun das durch kaum wahrnehmbare Abweichungen. Niemals erfolgt die Änderung so plötzlich, daß sie überraschen oder durch spitze Winkel einen Ruck oder eine Zukkung des Sehnerven verursachen könnte. Nichts, was sich lange in gleicher Weise fortsetzt, und nichts, was sich sehr plötzlich ändert, kann schön sein; denn beides steht im Gegensatz zu jener angenehmen Erschlaffung, die die charakteristische Wirkung der Schönheit ist. So ist es bei allen Sinnen. Eine Bewegung in gerader Linie ist nächst einem sanften Abstieg diejenige Bewegungsart, bei der wir den geringsten Widerstand antreffen; und doch ist sie nicht diejenige Bewegungsart, die uns nächst dem Abstieg am wenigsten ermüdet. Ruhe tendiert sicher zur Erschlaffung; aber es gibt eine Art Bewegung, die mehr erschlafft als Ruhe: nämlich eine leicht schwingende Bewegung, ein Steigen und Fallen. Wiegen bringt Kinder besser zum Schlafen als absolute Ruhe. Tatsächlich gibt es in diesem Alter kaum irgend etwas, was mehr Vergnügen macht, als gemächlich auf und nieder geschwungen zu werden. Die Art, in der die Ammen mit den Kindern spielen, und das Wiegen und Schaukeln, das diese späterhin als Lieblingsvergnügen betreiben, beweist dies zur Genüge. Die meisten Leute werden die Art Empfindung kennen, die man hat, wenn man in einem bequemen Wagen schnell auf weichem Rasen fährt, bald allmählich ansteigend, bald leicht abfallend. Dies kann eine bessere Idee des Schönen geben und seine wahrscheinliche Ursache besser hervortreten lassen als irgend etwas anderes. Wenn wir dagegen eilig auf einem rauhen, steinigen, holprigen Wege dahinfahren, so kann uns der Schmerz, den wir infolge der plötzlichen Unebenheiten fühlen, zeigen, warum entsprechende Anblicke, Gefühle und Töne so sehr in Widerspruch zur Schönheit stehen. Was das Fühlen betrifft, so ist es in der Wirkung genau oder doch beinahe dasselbe, ob ich meine Hand entlang der Oberfläche eines Körpers von gewisser Gestalt bewege oder ob dieser Körper entlang meiner Hand bewegt wird. Um nun aber diese Analogie der Sinne wieder auf den Gesichtssinn zurückzuführen: wenn ein Körper, der diesem Sinn dargeboten wird, eine derart wellige Oberfläche hat, daß die von ihm reflektierten Lichtstrahlen in einem beständigen unmerklichen Übergang vom Stärksten zum Schwächsten stehen (was überall bei einer Oberfläche der Fall ist, die sanfte Unebenheiten aufweist), so muß die Wirkung auf den Gesichtssinn derjenigen auf den Tastsinn völlig gleichen – nur daß die eine unmittelbar und die andere mittelbar ausgeübt wird. Und dieser Körper wird schön sein, wenn die Linien, die seine Oberfläche bilden, weder so gleichmäßig fortlaufen noch so starke Richtungsänderungen aufweisen, daß unsere Aufmerksamkeit ermüdet oder zerstreut wird. Die Abwechslung selbst muß beständig wechseln.

1750 und 1758, im selben Jahrzehnt wie Burkes ›Enquiry‹ und Diderots ›Enzyklopädie‹-Artikel über das Schöne, erschienen in Deutschland in lateinischer Sprache die zwei Bände der ›Aesthetica‹ *Alexander Gottlieb Baumgartens* (1714 – 1762), in denen der Begriff der Ästhetik zum ersten Mal Anwendung fand[1]. Der in seiner Zeit vielgerühmte *Christian Wolff* (1679 – 1754), als dessen Schüler sich Baumgarten verstand, hatte die Wissenschaften einer strengen Einteilung unterworfen und ihnen die Logik als Propädeutik vorgeordnet. Baumgartens Bestreben war es nun, die Systematik seines Lehrers zu ergänzen und der Logik als einer Wissenschaft der theoretischen Erkenntnis die Ästhetik als eine »Wissenschaft der sinnlichen Erkenntnis« (scientia cognitionis sensitivae) zur Seite zu stellen. Das Ziel dieser Wissenschaft sei es, die sinnliche Erkenntnis zur Vollkommenheit zu bringen, und diese Vollkommenheit im Sinnlichen (perfectio cognitionis sensitivae) sei nichts anderes als die Schönheit. Schönheit ist somit für Baumgarten primär weder eine Eigenschaft der Dinge noch ist sie identisch mit dem Gefühl des Angenehmen. Schönheit ist vielmehr der Ausdruck gelungener Erkenntnis im Bereich des Sinnlichen. Dieser werde hervorgebracht durch das harmonische Zusammenspiel verschiedener Erkenntnisqualitäten, zu denen Reichtum (ubertas), Größe (magnitudo), Wahrheit (veritas), Klarheit (claritas), Gewißheit (certitudo), sowie die daraus resultierende lebendige Bewegtheit (vita cognitionis) gehörten. Die Ästhetik, wie Baumgarten sie bestimmt, beschäftigt sich genausowenig wie die Logik mit den Gegenständen der Erkenntnis, sondern allein mit der Erkundung und Einhaltung der Bedingungen, unter denen überhaupt *Wahrheit* in Erscheinung treten kann. Die Ästhetik ist nach Baumgarten deshalb auch die »Kunst des schönen (oder: der Vernunft analogen) Denkens« (ars pulchre cogitandi, ars analogi rationis), das heißt, sie ist die Kunst, die sinnlichen Erscheinungen so für die Anschauung zu ordnen, daß in ihr Wahrheit aufscheint. Erschaffung und Erfahrung von Schönheit als Vollkommenheit sinnlicher Erkenntnis ist zugleich die Erlangung *ästhetischer Wahrheit* (veritas aesthetica), die ebenso wie die logische Wahrheit auf eine transzendente metaphysische Wahrheit bezogen bleibt. Aus der Verbindung von logischer und sinnlicher Vollkommenheit (Schönheit) erwachse die der metaphy-

[1] Alexander Gottlieb Baumgarten, Aesthetica. 2 Bde, Frankfurt a. M. 1750/58.

sischen Wahrheit am nächsten kommende *ästhetikologische Wahrheit.*

Alexander Gottlieb Baumgarten: Aesthetica

§ 1 Die Ästhetik (als Theorie der freien Künste, als untere Erkenntnislehre, als Kunst des schönen Denkens und als Kunst des der Vernunft analogen Denkens) ist die Wissenschaft der sinnlichen Erkenntnis.

[...]

§ 14 Das Ziel der Ästhetik ist die Vollkommenheit (Vervollkommnung) der sinnlichen Erkenntnis als solcher. Damit aber ist die Schönheit gemeint. Entsprechend ist die Unvollkommenheit der sinnlichen Erkenntnis als solcher, gemeint ist die Häßlichkeit, zu meiden. [...]

§ 17 Die sinnliche Erkenntnis ist gemäß der von ihrer wesentlichen Bedeutung hergeleiteten Benennung die Gesamtheit der Vorstellungen unterhalb der Schwelle streng logischer Unterscheidung. Wenn wir nun so, wie es ein Betrachter von ausgebildetem Geschmack tun mag, mit dem Verstand einen Überblick gewinnen wollten darüber, wie die Schönheit und Feinheit, und zugleich die Häßlichkeit dieser in Erscheinung tretenden sinnlichen Erkenntnis je für sich allein aussieht, so müßte der kritische Sinn, der für dieses wissenschaftliche Unternehmen unerläßlich ist, bald ermüden. Er würde gleichsam erdrückt von der Fülle der allgemeinen Schönheiten und Entstellungen, so wie sie in verschiedenen Klassen auftreten, und von ihren unzähligen Besonderheiten und Einzelheiten. Daher prüfen wir zuerst den universalen und allgemeingültigen Schönheitsbegriff, soweit er fast allen Möglichkeiten schöner sinnlicher Erkenntnis gemeinsam ist, und ebenso prüfen wir dessen Gegenbegriff.

§ 18 Die allgemeine Schönheit der sinnlichen Erkenntnis ist 1) die Übereinstimmung der Gedanken, soweit wir noch von deren Ordnung und deren Ausdrucksmitteln absehen;

unter sich zur Einheit, die Erscheinung genannt sei, d. h. die Schönheit der Sachen und Gedanken, [pulchritudo rerum et cogitationum], die von der Schönheit der Erkenntnis selbst, deren ersten und wichtigsten Teil sie darstellt, wohl zu unterscheiden ist, ebenso von der Schönheit der Gegenstände und der Materie, mit der sie wegen der allgemein angenommenen Bedeutung der »Sache« oft, aber fälschlicherweise verwechselt wird. Häßliche Dinge können als solche schön gedacht werden und schönere häßlich.

§ 19 Die allgemeine Schönheit der sinnlichen Erkenntnis ist, da es keine Vollkommenheit ohne Ordnung gibt, 2) die Übereinstimmung der Ordnung, in der wir die schön gedachten Sachen überdenken, mit sich selbst und mit den Sachen, soweit sie in Erscheinung tritt, d. h. die Schönheit der Ordnung [pulchritudo ordinis] und der Disposition.

§ 20 Die allgemeine Schönheit der sinnlichen Erkenntnis ist, da wir das Bezeichnete nicht ohne Zeichen erfassen können, 3) die Übereinstimmung der Zeichen (Ausdrucksmittel) unter sich und mit der Ordnung und den Sachen, soweit sie in Erscheinung tritt, d. h. die Schönheit des Ausdrucks [pulchritudo significationis], zum Beispiel die Formulierung und der Stil, wenn das Ausdrucksmittel die Rede oder das Gespräch ist, und der Vortrag, wenn das Gespräch mündlich abgehalten wird. Damit sind die drei allgemein gültigen Vorzüge der Erkenntnis genannt.

§ 21 Entsprechend gibt es ebensoviele Häßlichkeiten, Fehler, störende Flecken in der sinnlichen Erkenntnis, die man zu vermeiden hat, entweder in den Gedanken und den Sachen (§ 18) oder in der Verbindung mehrerer Gedanken (§ 19) oder im Ausdruck (§ 20), gemäß der Reihenfolge der Aufzählung im § 13.

§ 22 Aus dem Reichtum, der Größe, der Wahrheit, der Klarheit und Gewißheit, der lebendigen Bewegtheit der Erkenntnis erwächst die Vollkommenheit jeder Erkenntnis. Dies gilt, soweit diese Qualitäten in einer Vorstellung und unter sich harmonieren, zum Beispiel der Reichtum und die Größe mit der Klarheit, die Wahrheit und Klarheit mit der Gewißheit, alle übrigen mit der Lebendigkeit, ebenso soweit die andern Merkmale der Erkenntnis (§ 18–20) mit ihnen übereinstimmen. Wenn diese Qualitäten in Erscheinung treten, bringen sie die Schönheit der sinnlichen Erkenntnis hervor, und zwar die allgemeingültige, vor allem der Sachen und Gedanken, in denen uns erfreut die Fülle, die edle Art, das Licht der bewegenden Wahrheit.

§ 23 Die Beschränktheit, der billige Effekt, die Falschheit, die schwer durchschaubare Dunkelheit, das unentschiedene Schwanken, die Trägheit, das sind die Unvollkommenheiten jeder Erkenntnisart. Soweit sie zur Erscheinung kommen, entstellen sie die sinnliche Erkenntnis ganz allgemein, vor allem als Mißgriffe im Bereich der Sachen und Gedanken.

§ 24 Die Schönheit der sinnlichen Erkenntnis und die Feinheit der ästhetischen Gegenstände selbst stellen zusammengesetzte Vollkommenheiten dar, und zwar allgemeingültige. Dies ergibt sich auch daraus, daß wir keine einfache Vollkommenheit kennen, die zur Erscheinung käme. Daher läßt man auch überaus viele Ausnahmen gelten, die nicht zu den Fehlern zu zählen sind, auch wenn sie in Erscheinung treten, wenn sie nur die größtmögliche Harmonie der Erscheinung nicht stören, wenn sie also möglichst gering und unscheinbar sind.

[...]

§ 423 Die dritte Aufgabe[1] im Bereich des schönen Denkens ist die Wahrheit, und zwar die ästhetische, das heißt: die Wahrheit, soweit sie sinnlich erkennbar ist. [...]

Die Wahrheit wird, soweit sie intellektuell erfaßbar ist, vom Ästhetiker nicht direkt angestrebt. Wenn sie indirekt aus mehreren ästhetischen Wahrheiten als Ganzheit hervortritt oder mit dem ästhetisch Wahren in der Tat zusammenfällt, kann sich der wissenschaftlich denkende Ästhetiker dazu nur beglückwünschen. Es ist aber nicht diese logische Wahrheit, was er gerade am eifrigsten gesucht hat.

[...]

§ 431 Zur ästhetischen Wahrheit gehört I) die Möglichkeit

[1] Als erste und zweite Aufgabe wurden der ästhetische Reichtum (§ 115) und die ästhetische Größe (§ 177) behandelt.

der Gegenstände schönen Denkens, und zwar 1) die absolute, soweit sie sinnlich erkennbar ist. Das heißt: In dem ästhetischen Objekt darf, vorausgesetzt, daß man es für sich betrachten will, auch von den Sinnen und vom Analogon der Vernunft keinerlei Widerspruch zwischen Merkmalen, die sich gegenseitig ausschließen, angetroffen werden. Eine gewisse Ungleichheit der Vergehen enthält diese Möglichkeit in sich und ist daher auch ästhetisch wahr. [...]

§ 432 Zur ästhetischen Wahrheit gehört 2) die hypothetische Möglichkeit ihrer Gegenstände, diese wiederum ist A) die natürliche Möglichkeit, soweit sie nicht näher mit einer bestimmten Freiheit verbunden ist und soweit sie vom Analogon der Vernunft beurteilt werden kann. [...]

§ 433 Die ästhetische Wahrheit erfordert B) die moralische Möglichkeit ihrer Gegenstände, und zwar a) im weiteren Sinne, damit dasjenige, was nur aus der Freiheit hergeleitet werden kann, von solcher Art und solcher Bedeutung ist, wie es dem Analogon der Vernunft aus einer bestimmten Freiheit, aus einer bestimmten Persönlichkeit und aus dem sittlichen Charakter eines bestimmten Menschen hervorzugehen scheint.

[...]

§ 435 Zur ästhetischen Wahrheit gehört die moralische Möglichkeit, und zwar b) im engeren Sinne, nicht nur im denkenden Menschen selbst (24.–26. Abschnitt), sondern auch in den Gegenständen, die von ihm in seinen künstlerischen Überlegungen, sei es deutlich und klar, sei es in verborgener Art und Weise, kurz geprüft werden müssen, zum Beispiel wenn jemand den Acheron beschreibt, aber nur diejenige Möglichkeit, die den Sinnen zugänglich ist und in den Bereich des der Vernunft analogen Denkens fällt.

[...]

§ 437 Zur ästhetischen Wahrheit gehört II) der Zusammenhang der Gegenstände schönen Denkens mit Gründen und Folgen, soweit er durch das Analogon der Vernunft sinnlich erfaßbar ist.

[...]

§ 439 Die ästhetische Wahrheit erfordert die absolute und

die hypothetische Möglichkeit ihrer Gegenstände, soweit sie sinnlich erfaßt wird. Jede Möglichkeit erfordert Einheit, die absolute eine absolute, die hypothetische eine hypothetische. Daher verlangt die ästhetische Wahrheit für die Gegenstände des schönen Denkens beide Arten der Einheit, soweit sie sinnlich erkannt werden können, nämlich die Untrennbarkeit der Bestimmungen in den Gedanken, vorausgesetzt, daß die Schönheit der gesamten Vorstellung unangetastet bleibt. Diese Einheit der Gegenstände, die, soweit sie in Erscheinung tritt, die ästhetische genannt werden muß, ist entweder die Einheit der innern Bestimmungen, wozu die Einheit der Handlung gehört, falls der Gegenstand des schönen Denkens eine Handlung ist, oder die Einheit der äußern Bestimmungen, der Beziehungen und der Umstände, wozu die Einheiten des Ortes und der Zeit zu rechnen sind: »Schließlich sei's, was es will, nur einfach und eine Einheit.« Und so wird man zugleich jene gefällige, abgerundete Kürze und den schönen Zusammenhang der Darstellung erreichen. So gefiel auch dem Augustin die Einheit in dem Maße, daß er sie »die Form jeder Schönheit« nannte.

[...]

§ 444 Die Wahrheit der im strengen Sinne wahren Dinge ist nur so weit ästhetische Wahrheit, als jene sinnlich als wahr erkannt werden, und zwar durch sinnliche Eindrücke oder durch Einbildungen oder auch durch Zukunftsbilder, die mit Vorahnungen verbunden sind. Damit ist ihr Bereich erschöpft. [...]

§ 445 Die ästhetische Falschheit ist die subjektive Falschheit und die Diskrepanz zwischen den Gedanken und der Wahrheit der Gegenstände des Denkens, soweit sie sinnlich erfaßt werden kann.

[...]

§ 556 [...] Die geringste Wahrheit ist die geringste Erkenntnis der geringsten metaphysischen Wahrheit. Je reicher also, 2) je bedeutender und angemessener, 3) je exakter, 4) je klarer und deutlicher, 5) je zuverlässiger und gediegener, 6) je leuchtender die Vorstellung eines Gegenstandes ist, 7) je mehr, 8) je bedeutendere, je gewichtigere Einzelheiten dieser enthält, 9) je stärker die Bezüge sind, durch die jene Einzelheiten zusammengehalten werden, 10) je besser alles zusammenpaßt, was der Gegenstand enthält, um so bedeutender ist die ästhetikologische Wahrheit[2].

[2] Die Zusammenstimmung logischer und ästhetischer Wahrheit.

11. Immanuel Kant

Die im 18. Jahrhundert immer stärker hervortretende Tendenz zur Subjektivierung des Schönheitsbegriffs erreichte ihren Höhepunkt in der Transzendentalphilosophie *Immanuel Kants* (1724–1804). Der ›Kritik der reinen Vernunft‹ (1781), in welcher Kant die *logische* Gesetzgebung des Verstandes für das Erkenntnisvermögen in Ansehung der Natur, und der ›Kritik der praktischen Vernunft‹ (1788), in der er die *praktische* Gesetzgebung der Vernunft für das Begehrungsvermögen in Ansehung der Freiheit untersuchte, folgte 1790 die ›Kritik der Urteilskraft‹, deren Aufgabe es sein sollte, eine systematische Verbindung zwischen den Bereichen der Natur und der Freiheit sowie theoretischer und praktischer Vernunft herzustellen. Die Urteilskraft ist dasjenige Vermögen zwischen Vernunft und Verstand, dessen Funktion es sei, »das Besondere als enthalten unter dem Allgemeinen zu denken[1].« Der *bestimmenden* Urteilskraft obliegt es nach Kant, die besondere Erscheinung unter die Gesetze zu fassen, die ihr vom Verstand als notwendige Bedingung der Möglichkeit von Erfahrung a priori auferlegt werden. Doch erhalte die Erscheinung durch diese transzendentalen Gesetze zwar eine allgemeinste Ordnung, aber in der Mannigfaltigkeit ihrer *besonderen* Formen keine durchgängige Bestimmung. Da die Urteilskraft aber ihrem Wesen nach alles Besondere unter Gesetze zu subsumieren suche, könne sie nicht anders als der Natur (nun nicht mehr bestimmend, sondern nur reflektierend) auch dort eine durchgängige und erkennbare Ordnung und somit eine Einheit nach Art der Gesetzgebung durch den Verstand zu *unterstellen,* wo die Gesetzgebung des Verstandes selbst nicht mehr statthabe. Indem die Natur so als den Bedürfnissen der Erkenntnisvermögen angemessen gedacht werde, müsse die Zweckmäßigkeit der Naturordnung bezüglich der Erkenntnisvermögen als transzendentales Prinzip der reflektierenden Urteilskraft, das heißt ohne den Anspruch auf *objektive Richtigkeit,* aber gleichwohl mit *subjektiver Notwendigkeit,* angenommen werden. Wenn nun eine gegebene Vorstellung dieser Zweckmäßigkeit tatsächlich und ohne Zwang entspreche, stelle sich ein Gefühl der *Lust* ein. Dieses Lustgefühl ist der Ausgangspunkt von Kants Theorie des Schönen im ersten, die *Analytik des Schönen* überschriebenen Abschnitt der ›Kritik der Urteilskraft‹. Während Hutcheson, Diderot und Burke immerhin

[1] Kritik der Urteilskraft B XXV.

noch versucht hatten, wenigstens die gegenständlichen *Bedingungen* der Schönheitserfahrung zu bestimmen, um der Konsequenz einer Beliebigkeit des Geschmacksurteils auszuweichen, scheint bei Kant der sinnliche Gegenstand, der die Schönheitserfahrung veranlaßt, zum ersten Mal außerhalb jeglicher Betrachtung zu bleiben. Das Geschmacksurteil der Schönheit sei von jeder Erkenntnis frei und könne sich daher ausschließlich auf das Gefühl, welches das Subjekt *von sich selbst* habe, das heißt auf das Gefühl von Lust oder Unlust, beziehen. Die besondere Art des Wohlgefallens, die die Vorstellung eines schönen Gegenstandes begleite, müsse aber gerade deshalb von solchen Arten des Wohlgefallens unterschieden werden, die irgendein *Interesse am Gegenstand* mit sich führten. Sowohl das Wohlgefallen am *Angenehmen* als auch das Wohlgefallen am *Guten* beziehe nämlich das Begehrungsvermögen mit ein, insofern ersteres auch von der *Existenz* des Gegenstandes, letzteres aber von seinem *objektiven Wert* abhänge. Allein das Wohlgefallen am Schönen sei frei von jedem Interesse am Gegenstand. Doch unterscheide sich das Schöne vom bloß Angenehmen auch durch den Anspruch, den das Geschmacksurteil auf allgemeine Zustimmung erhebe. Diesen Anspruch teile es zwar mit dem moralischen Urteil, doch setze dieses einen Begriff (nämlich des Guten) voraus, durch welchen das Urteil *objektive Gemeingültigkeit* erlange, das Geschmacksurteil hingegen nicht. Der subjektive Anspruch auf Allgemeinheit lasse sich aber nur aufrechterhalten, wenn der Beurteilung nicht das Gefühl der Lust zugrunde liege, denn dieses sei seiner Natur nach privat und nicht zu verallgemeinern. Allgemein mitteilbar seien hingegen nur Erkenntnisse. Zur Erkenntnis aber gehörten Begriffe, die vom Geschmacksurteil ja gerade ausgeschlossen würden. Schön sei eben das, was *ohne Begriff* allgemein gefalle. So bleibe allein die Möglichkeit, den Grund des Urteils in derjenigen harmonischen Zusammenstimmung der Erkenntniskräfte zu erblicken, die zu jeder bestimmten Erkenntnis immer erforderlich sei. Dieses ideale Verhältnis sei dann gegeben, wenn die Einbildungskraft (deren Funktion nach Kant darin besteht, die sinnliche Mannigfaltigkeit zur Einheit der Vorstellung zusammenzufassen) selbsttätig (also nicht von Begriffen des Verstandes eingeschränkt) sein könne und zugleich in einem Gegenstand *zufällig* diejenige Form vorfinde, die sie selbst ihm geben würde, damit er mit der allgemeinen Gesetzmäßigkeit des Verstandes zusammenstimme. Da kein bestimmter Begriff vorgegeben sein dürfe, unter den die schöne Erscheinung sich ordnen ließe, befänden sich *Ein-*

bildungskraft und *Verstand* in einem *freien Spiel*, aus dem eben das Gefühl der Lust entstehe, welches die Vorstellung des Schönen begleite. Jeder Anschein von Zwang beeinträchtige deshalb die Schönheit. Indem die schöne Natur gleichsam von sich aus mit der allgemeinen Gesetzmäßigkeit des Verstandes zusammenstimme, müsse sie als zweckmäßig (für die Erkenntnis) vorgestellt werden, doch komme ihr eben eine nur subjektive und formale Zweckmäßigkeit zu, die sich von jeder objektiven dadurch unterscheide, daß sie nicht mit der Vorstellung eines bestimmten Zweckes (d.i. nämlich eines Begriffes) verbunden werden könne. Wo immer der innere oder äußere Zweck eines Gegenstandes (seine Vollkommenheit oder Nützlichkeit) für die Beurteilung Berücksichtigung fände, sei das Geschmacksurteil schon nicht mehr *rein*. Allein die Form der Zweckmäßigkeit gehöre der Schönheit notwendig zu. Um diese Form in ihrer Reinheit zu wahren, müsse einerseits die Natur wie Kunst wirken, andererseits aber die Kunst wie Natur. Die hier geforderte zwecklose Zweckmäßigkeit in der Vorstellung eines schönen Gegenstandes läßt sich auch als Identität von Gesetzmäßigkeit und Freiheit in der Erscheinung fassen. Nicht nur die Einbildungskraft befreit sich in der Schönheitserfahrung vom Diktat der Vernunft qua Verstand, sondern zugleich mit ihr auch der Gegenstand in der Anschauung. So verkehrt sich der scheinbar radikale Subjektivismus der Kantischen Ästhetik vielleicht unversehens in sein Gegenteil. Indem nämlich das Subjekt im Geschmacksurteil sich scheinbar nur auf sich selbst konzentriert und ganz vom Gegenstand absieht, ihn weder dem Begriff noch dem Begehren unterwirft, verzichtet es darauf, sich den Gegenstand zu eigen zu machen und läßt ihm gerade dadurch zum ersten Mal die Möglichkeit, in seinem Selbstsein, seiner besonderen und irreduziblen Wirklichkeit, die sich wie die praktische Vernunft selbst ihr Gesetz zu geben scheint, hervorzutreten. So kann das Schöne, indem es eben die Freiheit zur Anschauung bringt, die von der praktischen Vernunft als Bedingung der Möglichkeit moralischen Handelns gefordert wurde, zu einem »Symbol des Sittlichen« werden. Die Analytik des Schönen schlägt eine Brücke zwischen der durch Naturgesetze durchgängig bestimmten Erscheinungswelt und der freien intelligiblen Welt der Dinge an sich, den zwei Welten der Kantischen Transzendentalphilosophie, und auf diesem Brückenschlag gründet sich das »intellektuelle Interesse«, das der Mensch am Schönen nehme, denn nur in der Schönheitserfahrung kann sich das Bestreben der Vernunft nach systematischer Einheit erfüllen.

Immanuel Kant
Analytik des Schönen

Erster Abschnitt
Analytik der Ästhetischen Urteilskraft
Erstes Buch
Analytik des Schönen
Erstes Moment des Geschmacksurteils*, der Qualität nach

§ 1 Das Geschmacksurteil ist ästhetisch

Um zu unterscheiden, ob etwas schön sei oder nicht, beziehen wir die Vorstellung nicht durch den Verstand auf das Objekt zum Erkenntnisse, sondern durch die Einbildungskraft (vielleicht mit dem Verstande verbunden) auf das Subjekt und das Gefühl der Lust oder Unlust desselben. Das Geschmacksurteil ist also kein Erkenntnisurteil, mithin nicht logisch, sondern ästhetisch, worunter man dasjenige versteht, dessen Bestimmungsgrund *nicht anders als subjektiv* sein kann. Alle Beziehung der Vorstellungen, selbst die der Empfindungen, aber kann objektiv sein (und da bedeutet sie das Reale einer empirischen Vorstellung); nur nicht die auf das Gefühl der Lust und Unlust, wodurch gar nichts im Objekte bezeichnet wird, sondern in der das Subjekt, wie es durch die Vorstellung affiziert wird, sich selbst fühlt. [...]

§ 2 Das Wohlgefallen, welches das Geschmacksurteil bestimmt, ist ohne alles Interesse

Interesse wird das Wohlgefallen genannt, was wir mit der Vorstellung der Existenz eines Gegenstandes verbinden. Ein solches hat daher immer zugleich Beziehung auf das Begehrungsvermögen, entweder als Bestimmungsgrund desselben, oder doch als mit dem Bestimmungsgrunde desselben not-

* Die Definition des Geschmacks, welche hier zum Grunde gelegt wird, ist: daß er das Vermögen der Beurteilung des Schönen sei. Was aber dazu erfordert wird, um einen Gegenstand schön zu nennen, das muß die Analyse der Urteile des Geschmacks entdecken.

wendig zusammenhängend. Nun will man aber, wenn die Frage ist, ob etwas schön sei, nicht wissen, ob uns, oder irgend jemand, an der Existenz der Sache irgend etwas gelegen sei, oder auch nur gelegen sein könne; sondern, wie wir sie in der bloßen Betrachtung (Anschauung oder Reflexion) beurteilen. Wenn mich jemand fragt, ob ich den Palast, den ich vor mir sehe, schön finde: so mag ich zwar sagen: ich liebe dergleichen Dinge nicht, die bloß für das Angaffen gemacht sind, oder, wie jener irokesische *Sachem,* ihm gefalle in Paris nichts besser als die Garküchen; ich kann noch überdem auf die Eitelkeit der Großen auf gut *Rousseauisch* schmälen, welche den Schweiß des Volks auf so entbehrliche Dinge verwenden; ich kann mich endlich gar leicht überzeugen, daß, wenn ich mich auf einem unbewohnten Eilande, ohne Hoffnung, jemals wieder zu Menschen zu kommen, befände, und ich durch meinen bloßen Wunsch ein solches Prachtgebäude hinzaubern könnte, ich mir auch nicht einmal diese Mühe darum geben würde, wenn ich schon eine Hütte hätte, die mir bequem genug wäre. Man kann mir alles dieses einräumen und gutheißen; nur davon ist jetzt nicht die Rede. Man will nur wissen, ob die bloße Vorstellung des Gegenstandes in mir mit Wohlgefallen begleitet sei, so gleichgültig ich auch immer in Ansehung der Existenz des Gegenstandes dieser Vorstellung sein mag. Man sieht leicht, daß es auf dem, was ich aus dieser Vorstellung in mir selbst mache, nicht auf dem, worin ich von der Existenz des Gegenstandes abhänge, ankomme, um zu sagen, er sei schön, und zu beweisen, ich habe Geschmack. Ein jeder muß eingestehen, daß dasjenige Urteil über Schönheit, worin sich das mindeste Interesse mengt, sehr parteilich und kein reines Geschmacksurteil sei. Man muß nicht im mindesten für die Existenz der Sache eingenommen, sondern in diesem Betracht ganz gleichgültig sein, um in Sachen des Geschmacks den Richter zu spielen. [...]

§ 5. Vergleichung der drei spezifisch verschiedenen Arten des Wohlgefallens

Das Angenehme und Gute haben beide eine Beziehung auf das Begehrungsvermögen, und führen sofern, jenes ein pathologisch-bedingtes (durch Anreize, stimulos), dieses ein reines praktisches Wohlgefallen bei sich, welches nicht bloß durch die Vorstellung des Gegenstandes, sondern zugleich durch die vorgestellte Verknüpfung des Subjekts mit der Existenz desselben bestimmt wird. Nicht bloß der Gegenstand, sondern auch die Existenz desselben gefällt. Daher ist das Geschmacksurteil bloß *kontemplativ,* d.i. ein Urteil, welches, indifferent in Ansehung des Daseins eines Gegenstandes, nur seine Beschaffenheit mit dem Gefühl der Lust und Unlust zusammenhält. Aber diese Kontemplation selbst ist auch nicht auf Begriffe gerichtet; denn das Geschmacksurteil ist kein Erkenntnisurteil (weder ein theoretisches noch praktisches), und daher auch nicht auf Begriffe *gegründet,* oder auch auf solche *abgezweckt.*

Das Angenehme, das Schöne, das Gute bezeichnen also drei verschiedene Verhältnisse der Vorstellungen zum Gefühl der Lust und Unlust, in Beziehung auf welches wir Gegenstände, oder Vorstellungsarten, von einander unterscheiden. Auch sind die jedem angemessenen Ausdrücke, womit man die Komplazenz in denselben bezeichnet, nicht einerlei. Angenehm heißt jemandem das, was ihn *vergnügt; schön,* was ihm bloß *gefällt; gut,* was *geschätzt, gebilligt,* d.i. worin von ihm ein objektiver Wert gesetzt wird. Annehmlichkeit gilt auch für vernunftlose Tiere; Schönheit nur für Menschen, d.i. tierische, aber doch vernünftige Wesen, aber auch nicht bloß als solche (z.B. Geister) sondern zugleich als tierische; das Gute aber für jedes vernünftige Wesen überhaupt. Ein Satz, der nur in der Folge seine vollständige Rechtfertigung und Erklärung bekommen kann. Man kann sagen: daß, unter allen diesen drei Arten des Wohlgefallens, das des Geschmacks am Schönen einzig und allein ein uninteressiertes und *freies* Wohlgefallen sei; denn kein Interesse, weder das der Sinne, noch das der Vernunft, zwingt den

Beifall ab. Daher könnte man von dem Wohlgefallen sagen: es beziehe sich in den drei genannten Fällen auf *Neigung*, oder *Gunst*, oder *Achtung*. Denn *Gunst* ist das einzige freie Wohlgefallen. Ein Gegenstand der Neigung, und einer, welcher durch ein Vernunftgesetz uns zum Begehren auferlegt wird, lassen uns keine Freiheit, uns selbst irgend woraus einen Gegenstand der Lust zu machen. Alles Interesse setzt Bedürfnis voraus, oder bringt eines hervor; und, als Bestimmungsgrund des Beifalls, läßt es das Urteil über den Gegenstand nicht mehr frei sein. [...]

Aus dem ersten Momente gefolgerte Erklärung des Schönen:
Geschmack ist das Beurteilungsvermögen eines Gegenstandes oder einer Vorstellungsart durch ein Wohlgefallen, oder Mißgefallen, *ohne alles Interesse*. Der Gegenstand eines solchen Wohlgefallens heißt *schön*.

Zweites Moment des Geschmacksurteils, nämlich seiner Quantität nach

§ 6. Das Schöne ist das, was ohne Begriffe, als Objekt eines allgemeinen Wohlgefallens vorgestellt wird

Diese Erklärung des Schönen kann aus der vorigen Erklärung desselben, als eines Gegenstandes des Wohlgefallens ohne alles Interesse, gefolgert werden. Denn das, wovon jemand sich bewußt ist, daß das Wohlgefallen an demselben bei ihm selbst ohne alles Interesse sei, das kann derselbe nicht anders als so beurteilen, daß es einen Grund des Wohlgefallens für jedermann enthalten müsse. Denn da es sich nicht auf irgend eine Neigung des Subjekts (noch auf irgend ein anderes überlegtes Interesse) gründet, sondern da der Urteilende sich in Ansehung des Wohlgefallens, welches er dem Gegenstande widmet, völlig *frei* fühlt: so kann er keine Privatbedingungen als Gründe des Wohlgefallens auffinden, an die sich sein Subjekt allein hinge, und muß es daher als in demjenigen begründet ansehen, was er auch bei jedem andern voraussetzen kann; folglich muß er glauben Grund zu haben, jedermann ein ähnliches Wohlgefallen zuzumuten. Er wird daher vom Schönen so sprechen, als ob Schönheit eine Beschaffenheit des Gegenstandes und das Urteil logisch (durch Begriffe vom Objekt eine Erkenntnis desselben ausmache) wäre; ob es gleich nur ästhetisch ist und bloß eine Beziehung der Vorstellung des Gegenstandes auf das Subjekt enthält: darum, weil es doch mit dem logischen die Ähnlichkeit hat, daß man die Gültigkeit desselben für jedermann daran voraussetzen kann. Aber aus Begriffen kann diese Allgemeinheit auch nicht entspringen. Denn von Begriffen gibt es keinen Übergang zum Gefühle der Lust oder Unlust (ausgenommen in reinen praktischen Gesetzen, die aber ein Interesse bei sich führen, dergleichen mit dem reinen Geschmacksurteile nicht verbunden ist). Folglich muß dem Geschmacksurteile, mit dem Bewußtsein der Absonderung in demselben von allem Interesse, ein Anspruch auf Gültigkeit für jedermann, ohne auf Objekte gestellte Allgemeinheit anhängen, d.i. es muß damit ein Anspruch auf subjektive Allgemeinheit verbunden sein.

§ 7. Vergleichung des Schönen mit dem Angenehmen und Guten durch obiges Merkmal

In Ansehung des *Angenehmen* bescheidet sich ein jeder: daß sein Urteil, welches er auf ein Privatgefühl gründet, und wodurch er von einem Gegenstande sagt, daß er ihm gefalle, sich auch bloß auf seine Person einschränke. Daher ist er es gern zufrieden, daß, wenn er sagt: der Kanariensekt ist angenehm, ihm ein anderer den Ausdruck verbessere und ihn erinnere, er solle sagen: er ist *mir* angenehm; und so nicht allein im Geschmack der Zunge, des Gaumens und des Schlundes, sondern auch in dem, was für Augen und Ohren jedem angenehm sein mag. Dem einen ist die violette Farbe sanft und lieblich, dem andern tot und erstorben. Einer liebt den Ton der Blasinstrumente, der andre den von den Saiteninstrumenten. Darüber in der Absicht zu streiten, um das Urteil anderer, welches von dem unsrigen verschieden ist, gleich als ob es diesem logisch entgegen gesetzt wäre, für unrichtig zu schelten, wäre Torheit;

in Ansehung des Angenehmen gilt also der Grundsatz: *ein jeder hat seinen eigenen Geschmack* (der Sinne).

Mit dem Schönen ist es ganz anders bewandt. Es wäre (gerade umgekehrt) lächerlich, wenn jemand, der sich auf seinen Geschmack etwas einbildete, sich damit zu rechtfertigen gedächte: dieser Gegenstand (das Gebäude, was wir sehen, das Kleid, was jener trägt, das Konzert, was wir hören, das Gedicht, welches zur Beurteilung aufgestellt ist) ist für mich schön. Denn er muß es nicht schön nennen, wenn es bloß ihm gefällt. Reiz und Annehmlichkeit mag für ihn vieles haben, darum bekümmert sich niemand; wenn er aber etwas für schön ausgibt, so mutet er andern eben dasselbe Wohlgefallen zu: er urteilt nicht bloß für sich, sondern für jedermann, und spricht alsdann von der Schönheit, als wäre sie eine Eigenschaft der Dinge. Er sagt daher, die *Sache* ist schön; und rechnet nicht etwa darum auf anderer Einstimmung in sein Urteil des Wohlgefallens, weil er sie mehrmalen mit dem seinigen einstimmig befunden hat, sondern *fordert* es von ihnen. Er tadelt sie, wenn sie anders urteilen, und spricht ihnen den Geschmack ab, von dem er doch verlangt, daß sie ihn haben sollen; und sofern kann man nicht sagen: ein jeder hat seinen besondern Geschmack. Dieses würde so viel heißen, als: es gibt gar keinen Geschmack, d.i. kein ästhetisches Urteil, welches auf jedermanns Beistimmung rechtmäßigen Anspruch machen könnte. [...]

In Ansehung des Guten machen die Urteile zwar auch mit Recht auf Gültigkeit für jedermann Anspruch; allein das Gute wird nur *durch einen Begriff* als Objekt eines allgemeinen Wohlgefallens vorgestellt, welches weder beim Angenehmen noch beim Schönen der Fall ist. [...]

§ 9. Untersuchung der Frage: Ob im Geschmacksurteile das Gefühl der Lust vor der Beurteilung des Gegenstandes, oder diese vor jener vorhergehe

Die Auflösung dieser Aufgabe ist der Schlüssel zur Kritik des Geschmacks, und daher aller Aufmerksamkeit würdig.

Ginge die Lust an dem gegebenen Gegenstande vorher,

und nur die allgemeine Mitteilbarkeit derselben sollte im Geschmacksurteile der Vorstellung des Gegenstandes zuerkannt werden, so würde ein solches Verfahren mit sich selbst im Widerspruche stehen. Denn dergleichen Lust würde keine andere, als die bloße Annehmlichkeit in der Sinnenempfindung sein, und daher ihrer Natur nach nur Privatgültigkeit haben können, weil sie von der Vorstellung, wodurch der Gegenstand *gegeben wird,* unmittelbar abhinge.

Also ist es die allgemeine Mitteilungsfähigkeit des Gemütszustandes in der gegebenen Vorstellung, welche, als subjektive Bedingung des Geschmacksurteils, demselben zum Grunde liegen, und die Lust an dem Gegenstande zur Folge haben muß. Es kann aber nichts allgemein mitgeteilt werden, als Erkenntnis, und Vorstellung, sofern sie zum Erkenntnis gehört. Denn sofern ist die letztere nur allein objektiv, und hat nur dadurch einen allgemeinen Beziehungspunkt, womit die Vorstellungskraft aller zusammenzustimmen genötiget wird. Soll nun der Bestimmungsgrund des Urteils über diese allgemeine Mitteilbarkeit der Vorstellung bloß subjektiv, nämlich ohne einen Begriff vom Gegenstande gedacht werden, so kann er kein anderer als der Gemütszustand sein, der im Verhältnisse der Vorstellungskräfte zu einander angetroffen wird, sofern sie eine gegebene Vorstellung auf *Erkenntnis überhaupt* beziehen.

Die Erkenntniskräfte, die durch diese Vorstellung ins Spiel gesetzt werden, sind hierbei in einem freien Spiele, weil kein bestimmter Begriff sie auf eine besondere Erkenntnisregel einschränkt. Also muß der Gemütszustand in dieser Vorstellung der eines Gefühls des freien Spiels der Vorstellungskräfte an einer gegebenen Vorstellung zu einem Erkenntnisse überhaupt sein. Nun gehören zu einer Vorstellung, wodurch ein Gegenstand gegeben wird, damit überhaupt daraus Erkenntnis werde, *Einbildungskraft* für die Zusammensetzung des Mannigfaltigen der Anschauung, und *Verstand* für die Einheit des Begriffs, der die Vorstellungen vereinigt. Dieser Zustand eines *freien Spiels* der Erkenntnisvermögen, bei einer Vorstellung, wodurch ein Gegenstand gegeben wird, muß sich allgemein mitteilen lassen: weil Erkenntnis, als Bestimmung des Objekts, womit gegebene Vorstellungen (in welchem Subjekte es auch sei) zusammen stimmen sollen, die einzige Vorstellungsart ist, die für jedermann gilt.

Die subjektive allgemeine Mitteilbarkeit der Vorstellungsart in einem Geschmacksurteile, da sie, ohne einen bestimmten Begriff vorauszusetzen, Statt finden soll, kann nichts anders als der Gemütszustand in dem freien Spiele der Einbildungskraft und des Verstandes (sofern sie unter einander, wie es zu einem *Erkenntnisse überhaupt* erforderlich ist, zusammen stimmen) sein, indem wir uns bewußt sind, daß dieses zum Erkenntnis überhaupt schickliche subjektive Verhältnis eben so wohl für jedermann gelten und folglich allgemein mitteilbar sein müsse, als es eine jede bestimmte Erkenntnis ist, die doch immer auf jenem Verhältnis als subjektiver Bedingung beruht.

Diese bloß subjektive (ästhetische) Beurteilung des Gegenstandes, oder der Vorstellung, wodurch er gegeben wird, geht nun vor der Lust an demselben vorher, und ist der Grund dieser Lust an der Harmonie der Erkenntnisvermögen; auf jener Allgemeinheit aber der subjektiven Bedingungen der Beurteilung der Gegenstände gründet sich allein diese allgemeine subjektive Gültigkeit des Wohlgefallens, welches wir mit der Vorstellung des Gegenstandes, den wir schön nennen, verbinden. [...]

Aus dem zweiten Moment gefolgerte Erklärung des Schönen:
Schön ist das, was ohne Begriff allgemein gefällt.
[...]

§ 15. Das Geschmacksurteil ist von dem Begriffe der Vollkommenheit gänzlich unabhängig

Die *objektive* Zweckmäßigkeit kann nur vermittelst der Beziehung des Mannigfaltigen auf einen bestimmten Zweck, also nur durch einen Begriff erkannt werden. Hieraus allein schon erhellet: daß das Schöne, dessen Beurteilung eine bloß formale Zweckmäßigkeit, d.i. eine Zweckmäßigkeit ohne Zweck, zum Grunde hat, von der Vorstellung des Guten ganz unabhängig sei, weil das letztere eine objektive Zweckmäßigkeit, d.i. die Beziehung des Gegenstandes auf einen bestimmten Zweck, voraussetzt.

Die objektive Zweckmäßigkeit ist entweder die äußere, d.i. die *Nützlichkeit,* oder die innere, d.i. die *Vollkommenheit* des Gegenstandes. Daß das Wohlgefallen an einem Gegenstande, weshalb wir ihn schön nennen, nicht auf der Vorstellung seiner Nützlichkeit beruhen könne, ist aus beiden vorigen Hauptstücken hinreichend zu ersehen: weil es alsdann nicht ein unmittelbares Wohlgefallen an dem Gegenstande sein würde, welches letztere die wesentliche Bedingung des Urteils über Schönheit ist. Aber eine objektive innere Zweckmäßigkeit, d.i. Vollkommenheit, kommt dem Prädikate der Schönheit schon näher, und ist daher auch von namhaften Philosophen[1], doch mit dem Beisatze, *wenn sie verworren gedacht wird,* für einerlei mit der Schönheit gehalten worden. Es ist von der größten Wichtigkeit, in einer Kritik des Geschmacks zu entscheiden, ob sich auch die Schönheit wirklich in den Begriff der Vollkommenheit auflösen lasse.

Die objektive Zweckmäßigkeit zu beurteilen, bedürfen wir jederzeit den Begriff eines Zwecks, und (wenn jene Zweckmäßigkeit nicht eine äußere (Nützlichkeit), sondern eine innere sein soll) den Begriff eines innern Zwecks, der den Grund der innern Möglichkeit des Gegenstandes enthalte. So wie nun Zweck überhaupt dasjenige ist, dessen *Begriff* als der Grund der Möglichkeit des Gegenstandes selbst angesehen werden kann: so wird, um sich eine objektive Zweckmäßigkeit an einem Dinge vorzustellen, der Begriff von diesem, *was es für ein Ding sein solle,* voran gehen; und die Zusammenstimmung des Mannigfaltigen in demselben zu diesem Begriffe (welcher die Regel der Verbindung desselben an ihm gibt) ist die *qualitative Vollkommenheit* eines Dinges. Hiervon ist die *quantitative,* als die Vollständigkeit

[1] Leibniz, Wolff, G. F. Meier, auch Baumgarten.

eines jeden Dinges in seiner Art, gänzlich unterschieden, und ein bloßer Größenbegriff (der Allheit); bei welchem, *was das Ding sein solle,* schon zum voraus als bestimmt gedacht, und nur, ob alles dazu Erforderliche an ihm sei, gefragt wird. Das Formale in der Vorstellung eines Dinges, d.i. die Zusammenstimmung des Mannigfaltigen zu Einem (unbestimmt was es sein solle) gibt, für sich, ganz und gar keine objektive Zweckmäßigkeit zu erkennen; weil, da von diesem Einem, *als Zweck* (was das Ding sein solle) abstrahiert wird, nichts als die subjektive Zweckmäßigkeit der Vorstellungen im Gemüte des Anschauenden übrig bleibt, welche wohl eine gewisse Zweckmäßigkeit des Vorstellungszustandes im Subjekt, und in diesem eine Behaglichkeit desselben, eine gegebene Form in die Einbildungskraft aufzufassen, aber keine Vollkommenheit irgend eines Objekts, das hier durch keinen Begriff eines Zwecks gedacht wird, angibt. Wie z.B., wenn ich im Walde einen Rasenplatz antreffe, um welchen die Bäume im Zirkel stehen, und ich mir dabei nicht einen Zweck, nämlich daß er etwa zum ländlichen Tanze dienen solle, vorstelle, nicht der mindeste Begriff von Vollkommenheit durch die bloße Form gegeben wird. Eine formale *objektive* Zweckmäßigkeit aber ohne Zweck, d.i. die bloße Form einer *Vollkommenheit* (ohne alle Materie und *Begriff* von dem wozu zusammengestimmt wird, wenn es auch bloß die Idee einer Gesetzmäßigkeit überhaupt wäre), sich vorzustellen, ist ein wahrer Widerspruch.

Nun ist das Geschmacksurteil ein ästhetisches Urteil, d.i. ein solches, was auf subjektiven Gründen beruht, und dessen Bestimmungsgrund kein Begriff, mithin auch nicht der eines bestimmten Zwecks sein kann. Also wird durch die Schönheit, als eine formale subjektive Zweckmäßigkeit, keinesweges eine Vollkommenheit des Gegenstandes, als vorgeblich-formale, gleichwohl aber doch objektive Zweckmäßigkeit gedacht; und der Unterschied zwischen den Begriffen des Schönen und Guten, als ob beide nur der logischen Form nach unterschieden, die erste bloß ein verworrener, die zweite ein deutlicher Begriff der Vollkommenheit, sonst aber dem Inhalte und Ursprunge nach einerlei wären, ist nichtig: weil alsdann zwischen ihnen kein *spezifischer* Unterschied, sondern ein Geschmacksurteil eben so wohl ein Erkenntnisurteil wäre[2], als das Urteil, wodurch etwas für gut erklärt wird; so wie etwa der gemeine Mann, wenn er sagt: daß der Betrug unrecht sei, sein Urteil auf verworrene, der Philosoph auf deutliche, im Grunde aber beide auf einerlei Vernunft-Prinzipien gründen. Ich habe aber schon angeführt, daß ein ästhetisches Urteil einig in seiner Art sei, und schlechterdings kein Erkenntnis (auch nicht ein verworrenes) vom Objekt gebe: welches letztere nur durch ein logisches Urteil geschieht; da jenes hingegen die Vorstellung, wodurch ein Objekt gegeben wird, lediglich auf das Subjekt bezieht, und keine Beschaffenheit des Gegenstandes, sondern nur die zweckmäßige Form in der Bestimmung der Vorstellungskräfte, die sich mit jenem beschäftigen, zu bemerken gibt. Das Urteil heißt auch eben darum ästhetisch, weil der Bestimmungsgrund desselben kein Begriff, sondern das Gefühl (des innern Sinnes) jener Einhelligkeit im Spiele der Gemütskräfte ist, sofern sie nur empfunden werden kann. Dagegen, wenn man verworrene Begriffe und das objektive Urteil, das sie zum Grunde hat, wollte ästhetisch nennen, man einen Verstand haben würde, der sinnlich urteilt, oder einen Sinn, der durch Begriffe seine Objekte vorstellte, welches beides sich widerspricht. Das Vermögen der Begriffe, sie mögen verworren oder deutlich sein, ist der Verstand; und, obgleich zum Geschmacksurteil, als ästhetischem Urteile, auch (wie zu allen Urteilen) Verstand gehört, so gehört er zu demselben doch nicht als Vermögen der Erkenntnis eines Gegenstandes, sondern der Bestimmung desselben und seiner Vorstellung (ohne Begriff) nach dem Verhältnis derselben auf das Subjekt und dessen inneres Gefühl, und zwar sofern dieses Urteil nach einer allgemeinen Regel möglich ist.

[2] Wie Baumgarten annahm.

§ 16. Das Geschmacksurteil, wodurch ein Gegenstand unter der Bedingung eines bestimmten Begriffs für schön erklärt wird, ist nicht rein

Es gibt zweierlei Arten von Schönheit: freie Schönheit (pulchritudo vaga), oder die bloß anhängende Schönheit (pulchritudo adhaerens). Die erstere setzt keinen Begriff von dem voraus, was der Gegenstand sein soll; die zweite setzt einen solchen und die Vollkommenheit des Gegenstandes nach demselben voraus. Die erstern heißen (für sich bestehende) Schönheiten dieses oder jenes Dinges; die andere wird, als einem Begriffe anhängend (bedingte Schönheit), Objekten, die unter dem Begriffe eines besondern Zwecks stehen, beigelegt.

Blumen sind freie Naturschönheiten. Was eine Blume für ein Ding sein soll, weiß, außer dem Botaniker, schwerlich sonst jemand; und selbst dieser, der daran das Befruchtungsorgan der Pflanze erkennt, nimmt, wenn er darüber durch Geschmack urteilt, auf diesen Naturzweck keine Rücksicht. Es wird also keine Vollkommenheit von irgend einer Art, keine innere Zweckmäßigkeit, auf welche sich die Zusammensetzung des Mannigfaltigen beziehe, diesem Urteile zum Grunde gelegt. Viele Vögel (der Papagei, der Kolibrit, der Paradiesvogel), eine Menge Schaltiere des Meeres sind für sich Schönheiten, die gar keinem nach Begriffen in Ansehung seines Zwecks bestimmten Gegenstande zukommen, sondern frei und für sich gefallen. So bedeuten die Zeichnungen à la grecque, das Laubwerk zu Einfassungen, oder auf Papiertapeten u.s.w. für sich nichts: sie stellen nichts vor, kein Objekt unter einem bestimmten Begriffe, und sind freie Schönheiten. Man kann auch das, was man in der Musik Phantasien (ohne Thema) nennt, ja die ganze Musik ohne Text, zu derselben Art zählen.

In der Beurteilung einer freien Schönheit (der bloßen Form nach) ist das Geschmacksurteil rein. Es ist kein Begriff von irgend einem Zwecke, wozu das Mannigfaltige dem gegebenen Objekt dienen, und was dieses also vorstellen solle, vorausgesetzt; wodurch die Freiheit der Einbildungskraft, die in Beobachtung der Gestalt gleichsam spielt, nur eingeschränkt werden würde.

Allein die Schönheit eines Menschen (und unter dieser Art die eines Mannes, oder Weibes, oder Kindes), die Schönheit eines Pferdes, eines Gebäudes (als Kirche, Palast, Arsenal, oder Gartenhaus) setzt einen Begriff vom Zwecke voraus, welcher bestimmt, was das Ding sein soll, mithin einen Begriff seiner Vollkommenheit; und ist also bloß adhärierende Schönheit. So wie nun die Verbindung des Angenehmen (der Empfindung) mit der Schönheit, die eigentlich nur die Form betrifft, die Reinigkeit des Geschmacksurteils verhinderte: so tut die Verbindung des Guten (wozu nämlich das Mannigfaltige dem Dinge selbst, nach seinem Zwecke, gut ist) mit der Schönheit der Reinigkeit desselben Abbruch.

Man würde vieles unmittelbar in der Anschauung Gefallende an einem Gebäude anbringen können, wenn es nur nicht eine Kirche sein sollte; eine Gestalt mit allerlei Schnörkeln und leichten doch regelmäßigen Zügen, wie die Neuseeländer mit ihrem Tätowieren tun, verschönern können, wenn es nur nicht ein Mensch wäre; und dieser könnte viel feinere Züge und einen gefälligeren sanfteren Umriß der Gesichtsbildung haben, wenn er nur nicht einen Mann, oder gar einen kriegerischen vorstellen sollte.

Nun ist das Wohlgefallen an dem Mannigfaltigen in einem Dinge in Beziehung auf den innern Zweck, der seine Möglichkeit bestimmt, auf einem Begriffe gegründetes Wohlgefallen; das an der Schönheit aber ist ein solches, welches keinen Begriff voraussetzt, sondern mit der Vorstellung, wodurch der Gegenstand gegeben (nicht wodurch er gedacht) wird, unmittelbar verbunden ist. Wenn nun das Geschmacksurteil, in Ansehung des letzteren, vom Zwecke in dem ersteren, als Vernunfturteile, abhängig gemacht und dadurch eingeschränkt wird, so ist jenes nicht mehr ein freies und reines Geschmacksurteil. [...]

§ 17. Vom Ideale der Schönheit

Es kann keine objektive Geschmacksregel, welche durch Begriffe bestimmte, was schön sei, geben. Denn alles Urteil aus dieser Quelle ist ästhetisch; d.i. das Gefühl des Subjekts, und kein Begriff eines Objekts, ist sein Bestimmungsgrund. Ein Prinzip des Geschmacks, welches das allgemeine Kriterium des Schönen durch bestimmte Begriffe angäbe, zu suchen, ist eine fruchtlose Bemühung, weil, was gesucht wird, unmöglich und an sich selbst widersprechend ist. Die allgemeine Mitteilbarkeit der Empfindung (des Wohlgefallens oder Mißfallens), und zwar eine solche, die ohne Begriff Statt findet; die Einhelligkeit, so viel möglich, aller Zeiten und Völker in Ansehung dieses Gefühls in der Vorstellung gewisser Gegenstände: ist das empirische, wiewohl schwache und kaum zur Vermutung zureichende, empirische Kriterium der Abstammung eines so durch Beispiele bewährten Geschmacks von dem tief verborgenen allen Menschen gemeinschaftlichen Grunde der Einhelligkeit in Beurteilung der Formen, unter denen ihnen Gegenstände gegeben werden.

Daher sieht man einige Produkte des Geschmacks als *exemplarisch* an: nicht als ob Geschmack könne erworben werden, indem er anderen nachahmt. Denn der Geschmack muß ein selbst eigenes Vermögen sein; wer aber ein Muster nachahmt, zeigt, sofern als er es trifft, zwar Geschicklichkeit, aber nur Geschmack, sofern er dieses Muster selbst beurteilen kann. Hieraus folgt aber, daß das höchste Muster, das Urbild des Geschmacks, eine bloße Idee sei, die jeder in sich selbst hervorbringen muß, und wonach er alles, was Objekt des Geschmacks, was Beispiel der Beurteilung durch Geschmack sei, und selbst den Geschmack von jedermann, beurteilen muß. *Idee* bedeutet eigentlich einen Vernunftbegriff, und *Ideal* die Vorstellung eines einzelnen als einer Idee adäquaten Wesens. Daher kann jenes Urbild des Geschmacks, welches freilich auf der unbestimmten Idee der Vernunft von einem Maximum beruht, aber doch nicht durch Begriffe, sondern nur in einzelner Darstellung kann vorgestellt werden, besser das Ideal des Schönen genannt werden, dergleichen wir, wenn wir gleich nicht im Besitze desselben sind, doch in uns hervorzubringen streben. Es wird aber bloß ein Ideal der Einbildungskraft sein, eben darum, weil es nicht auf Begriffen, sondern auf der Darstellung beruht; das Vermögen der Darstellung aber ist die Einbildungskraft. – Wie gelangen wir nun zu einem solchen Ideale der Schönheit? A priori oder empirisch? Imgleichen: welche Gattung des Schönen ist eines Ideals fähig?

Zuerst ist wohl zu bemerken, daß die Schönheit, zu welcher ein Ideal gesucht werden soll, keine *vage,* sondern durch einen Begriff von objektiver Zweckmäßigkeit *fixierte* Schönheit sein, folglich keinem Objekte eines ganz reinen, sondern zum Teil intellektuierten Geschmacksurteils angehören müsse. D. i. in welcher Art von Gründen der Beurteilung ein Ideal Statt finden soll, da muß irgend eine Idee der Vernunft nach bestimmten Begriffen zum Grunde liegen, die a priori den Zweck bestimmet, worauf die innere Möglichkeit des Gegenstandes beruhet. Ein Ideal schöner Blumen, eines schönen Ameublements, einer schönen Aussicht läßt sich nicht denken. Aber auch von einer bestimmten Zwecken anhängenden Schönheit, z. B. einem schönen Wohnhause, einem schönen Baume, schönen Garten u. s. w. läßt sich kein Ideal vorstellen; vermutlich weil die Zwecke durch ihren Begriff nicht genug bestimmt und fixiert sind, folglich die Zweckmäßigkeit beinahe so frei ist, als bei der *vagen* Schönheit. Nur das, was den Zweck seiner Existenz in sich selbst hat, der *Mensch,* der sich durch Vernunft seine Zwecke selbst bestimmen, oder, wo er sie von der äußern Wahrnehmung hernehmen muß, doch mit wesentlichen und allgemeinen Zwecken zusammenhalten, und die Zusammenstimmung mit jenem alsdann auch ästhetisch beurteilen kann: dieser *Mensch* ist also eines Ideals der *Schönheit,* so wie die Menschheit in seiner Person, als Intelligenz, des Ideals der *Vollkommenheit,* unter allen Gegenständen in der Welt allein fähig.

Hierzu gehören aber zwei Stücke: *erstlich* die ästhetische *Normalidee,* welche eine einzelne Anschauung (der Einbildungskraft) ist, die das Richtmaß seiner Beurteilung, als eines zu einer besonderen Tierspezies gehörigen Dinges, vorstellt; *zweitens* die *Vernunftidee,* welche die Zwecke der Menschheit, sofern sie nicht sinnlich vorgestellt werden können, zum Prinzip der Beurteilung einer Gestalt macht, durch welche, als ihre Wirkung in der Erscheinung, sich jene offenbaren. Die Normalidee muß ihre Elemente zur Gestalt eines Tiers von besonderer Gattung aus der Erfahrung nehmen; aber die größte Zweckmäßigkeit in der Konstruktion der Gestalt, die zum allgemeinen Richtmaß der ästhetischen Beurteilung jedes einzelnen dieser Spezies tauglich wäre, das Bild, was gleichsam absichtlich der Technik der Natur zum Grunde gelegen hat, dem nur die Gattung im ganzen, aber kein einzelnes abgesondert adäquat ist, liegt doch bloß in der Idee der Beurteilenden, welche aber, mit ihren Proportionen, als ästhetische Idee, in einem Musterbilde völlig in concreto dargestellt werden kann. Um, wie dieses zugehe, einigermaßen begreiflich zu machen (denn wer kann der Natur ihr Geheimnis gänzlich ablocken?), wollen wir eine psychologische Erklärung versuchen.

Es ist anzumerken: daß, auf eine uns gänzlich unbegreifliche Art, die Einbildungskraft nicht allein die Zeichen für Begriffe gelegentlich, selbst von langer Zeit her, zurückzurufen; sondern auch das Bild und die Gestalt des Gegenstandes aus einer unaussprechlichen Zahl von Gegenständen verschiedener Arten, oder auch einer und derselben Art, zu reproduzieren; ja auch, wenn das Gemüt es auf Vergleichungen anlegt, allem Vermuten nach wirklich, wenn gleich nicht hinreichend zum Bewußtsein, ein Bild gleichsam auf das andere fallen zu lassen, und, durch die Kongruenz der mehrern von derselben Art, ein Mittleres herauszubekommen wisse, welches allen zum gemeinschaftlichen Maße dient. Jemand hat tausend erwachsene Mannspersonen gesehen. Will er nun über die vergleichungsweise zu schätzende Normalgröße urteilen, so läßt (meiner Meinung nach) die Einbildungskraft eine große Zahl der Bilder (vielleicht alle jene tausend) auf einander fallen; und, wenn es mir erlaubt ist, hiebei die Analogie der optischen Darstellung anzuwenden, in dem Raum, wo die meisten sich vereinigen, und innerhalb dem Umrisse, wo der Platz mit der am stärksten aufgetragenen

Farbe illuminiert ist, da wird die *mittlere Größe* kenntlich, die sowohl der Höhe als Breite nach von den äußersten Grenzen der größten und kleinsten Staturen gleich weit entfernt ist; und dies ist die Statur für einen schönen Mann. (Man könnte ebendasselbe mechanisch heraus bekommen, wenn man alle tausend mäße, ihre Höhen unter sich und Breiten (und Dicken) für sich zusammen addierte, und die Summe durch tausend dividierte. Allein die Einbildungskraft tut eben dieses durch einen dynamischen Effekt, der aus der vielfältigen Auffassung solcher Gestalten auf das Organ des innern Sinnes entspringt.) Wenn nun auf ähnliche Art für diesen mittlern Mann der mittlere Kopf, für diesen die mittlere Nase u. s. w. gesucht wird, so liegt diese Gestalt der Normalidee des schönen Mannes, in dem Lande, *wo* diese Vergleichung angestellt wird, zum Grunde; daher ein Neger notwendig unter diesen empirischen Bedingungen eine andere Normalidee der Schönheit des Gestalt haben muß, als ein Weißer, der Chinese eine andere, als der Europäer. Mit dem Muster eines schönen Pferdes oder Hundes (von gewisser Rasse) würde es eben so gehen. – Diese *Normalidee* ist nicht aus von der Erfahrung hergenommenen Proportionen, *als bestimmten Regeln,* abgeleitet; sondern nach ihr werden allererst Regeln der Beurteilung möglich. Sie ist das zwischen allen einzelnen, auf mancherlei Weise verschiedenen, Anschauungen der Individuen schwebende Bild für die ganze Gattung, welches die Natur zum Urbilde ihren Erzeugungen in derselben Spezies unterlegte, aber in keinem einzelnen völlig erreicht zu haben scheint. Sie ist keinesweges das ganze *Urbild der Schönheit* in dieser Gattung, sondern nur die Form, welche die unnachlaßliche Bedingung aller Schönheit ausmacht, mithin bloß die *Richtigkeit* in Darstellung der Gattung. Sie ist, wie man *Polyklets* berühmten *Doryphorus* nannte, die *Regel* (eben dazu konnte auch *Myrons* Kuh in ihrer Gattung gebraucht werden). Sie kann eben darum auch nichts Spezifisch-Charakteristisches enthalten; denn sonst wäre sie nicht *Normalidee* für die Gattung. Ihre Darstellung gefällt auch nicht durch Schönheit, sondern bloß, weil sie keiner Bedingung, unter welcher allein ein

Ding dieser Gattung schön sein kann, widerspricht[3]. Die Darstellung ist bloß schulgerecht**.

Von der *Normalidee* des Schönen ist doch noch das *Ideal* desselben unterschieden, welches man lediglich an der *menschlichen Gestalt* aus schon angeführten Gründen erwarten darf. An dieser nun besteht das Ideal in dem Ausdrucke des *Sittlichen,* ohne welches der Gegenstand nicht allgemein, und dazu positiv (nicht bloß negativ in einer schulgerechten Darstellung), gefallen würde. Der sichtbare Ausdruck sittlicher Ideen, die den Menschen innerlich beherrschen, kann zwar nur aus der Erfahrung genommen werden; aber ihre Verbindung mit allem dem, was unsere Vernunft mit dem Sittlich-Guten in der Idee der höchsten Zweckmäßigkeit verknüpft, die Seelengüte, oder Reinigkeit, oder Stärke, oder Ruhe u. s. w. in körperlicher Äußerung (als Wirkung des Innern) gleichsam sichtbar zu machen: Dazu gehören reine Ideen der Vernunft und große Macht der Einbildungskraft in demjenigen vereinigt, welcher sie nur beurteilen, vielmehr noch, wer sie darstellen will. Die Richtigkeit eines solchen Ideals der Schönheit beweiset sich darin, daß es keinem Sinnenreiz sich in das Wohlgefallen an seinem Objekte zu mischen erlaubt, und dennoch ein großes Interesse daran nehmen läßt; welches dann beweiset, daß die Beurteilung nach einem solchen Maßstabe niemals rein ästhetisch sein könne, und die Beurteilung nach einem Ideale der Schönheit kein bloßes Urteil des Geschmacks sei.

[3] Vgl. hierzu Edmund Burkes Ausführungen über die Gleichgültigkeit richtiger Proportion für das Schönheitsempfinden.

** Man wird finden, daß ein vollkommen regelmäßiges Gesicht, welches der Maler ihm zum Modell zu sitzen bitten möchte, gemeiniglich nichts sagt; weil es nichts Charakteristisches enthält, also mehr die Idee der Gattung, als das Spezifische einer Person ausdrückt. Das Charakteristische von dieser Art, was übertrieben ist, d.i. welches der Normalidee (der Zweckmäßigkeit der Gattung) selbst Abbruch tut, heißt *Karikatur.* Auch zeigt die Erfahrung: daß jene ganz regelmäßigen Gesichter im Innern gemeiniglich *auch* nur einen mittelmäßigen Menschen verraten; vermutlich (wenn angenommen werden darf, daß die Natur im Äußeren die *Proportionen* des Inneren ausdrücke) deswegen: weil, wenn keine von den Gemütsanlagen über diejenige Proportion hervorstechend ist, die erfordert wird, bloß einen fehlerfreien Menschen auszumachen, nichts von dem, was man *Genie* nennt, erwartet werden darf, in welchem die Natur von ihren gewöhnlichen Verhältnissen der Gemütskräfte zum Vorteil einer einzigen abzugehen scheint.

Aus diesem dritten Momente geschlossene Erklärung des Schönen:
Schönheit ist Form der *Zweckmäßigkeit* eines Gegenstandes, sofern sie, *ohne Vorstellung eines Zwecks,* an ihm wahrgenommen wird.

Viertes Moment des Geschmacksurteils, nach der Modalität des Wohlgefallens an dem Gegenstande

§ 18. Was die Modalität eines Geschmacksurteils sei

Von einer jeden Vorstellung kann ich sagen: wenigstens es sei *möglich,* daß sie (als Erkenntnis) mit einer Lust verbunden sei. Von dem, was ich *angenehm* nenne, sage ich, daß es in mir *wirklich* Lust bewirke. Vom *Schönen* aber denkt man sich, daß es eine *notwendige* Beziehung auf das Wohlgefallen habe. Diese Notwendigkeit nun ist von besonderer Art: nicht eine theoretische objektive Notwendigkeit, wo a priori erkannt werden kann, daß jedermann dieses Wohlgefallen an dem von mir schön genannten Gegenstande *fühlen werde;* auch nicht eine praktische, wo durch Begriffe eines reinen Vernunftwillens, welcher freihandelnden Wesen zur Regel dient, dieses Wohlgefallen die notwendige Folge eines objektiven Gesetzes ist, und nichts anders bedeutet, als daß man schlechterdings (ohne weitere Absicht) auf gewisse Art handeln solle. Sondern sie kann als Notwendigkeit, die in einem ästhetischen Urteile gedacht wird, nur *exemplarisch* genannt werden, d.i. eine Notwendigkeit der Beistimmung *aller* zu einem Urteil, was wie Beispiel einer allgemeinen Regel, die man nicht angeben kann, angesehen wird. Da ein ästhetisches Urteil kein objektives und Erkenntnisurteil ist, so kann diese Notwendigkeit nicht aus bestimmten Begriffen abgeleitet werden, und ist also nicht apodiktisch. Viel weniger kann sie aus der Allgemeinheit der Erfahrung (von einer durchgängigen Einhelligkeit der Urteile über die Schönheit eines gewissen Gegenstandes) geschlossen werden. Denn nicht allein, daß die Erfahrung hierzu schwerlich hinreichend viele Belege schaffen würde, so läßt sich auf empirische Urteile kein Begriff der Notwendigkeit dieser Urteile gründen.

§ 19. Die subjektive Notwendigkeit, die wir dem Geschmacksurteile beilegen, ist bedingt

Das Geschmacksurteil sinnet jedermann Beistimmung an; und, wer etwas für schön erklärt, will, daß jedermann dem vorliegenden Gegenstande Beifall geben und ihn gleichfalls für schön erklären *solle.* Das *Sollen* im ästhetischen Urteile wird also selbst nach allen Datis, die zur Beurteilung erfordert werden, doch nur bedingt ausgesprochen. Man wirbt um jedes andern Beistimmung, weil man dazu einen Grund hat, der allen gemein ist; auf welche Beistimmung man auch rechnen könnte, wenn man nur immer sicher wäre, daß der Fall unter jenem Grunde als Regel des Beifalls richtig subsumiert wäre.

§ 20. Die Bedingung der Notwendigkeit, die ein Geschmacksurteil vorgibt, ist die Idee eines Gemeinsinnes

Wenn Geschmacksurteile (gleich den Erkenntnisurteilen) ein bestimmtes objektives Prinzip hätten, so würde der, welcher sie nach dem letztern fället, auf unbedingte Notwendigkeit seines Urteils Anspruch machen. Wären sie ohne alles Prinzip, wie die des bloßen Sinnengeschmacks, so würde man sich gar keine Notwendigkeit derselben in die Gedanken kommen lassen. Also müssen sie ein subjektives Prinzip haben, welches nur durch Gefühl und nicht durch Begriffe, doch aber allgemeingültig bestimme, was gefalle oder mißfalle. Ein solches Prinzip aber könnte nur als ein *Gemeinsinn* angesehen werden; welcher vom gemeinen Verstande, den man bisweilen auch Gemeinsinn (sensus communis) nennt, wesentlich unterschieden ist: indem letzterer nicht nach Gefühl, sondern jederzeit nach Begriffen, wiewohl gemeiniglich nur als nach dunkel vorgestellten Prinzipien, urteilt.

Also nur unter der Voraussetzung, daß es einen Gemeinsinn gebe (wodurch wir aber keinen äußern Sinn, sondern die Wirkung aus dem freien Spiel unserer Erkenntniskräfte, verstehen), nur unter Voraussetzung, sage ich, eines solchen Gemeinsinns kann das Geschmacksurteil gefällt werden. [...]

§ 22. Die Notwendigkeit der allgemeinen Beistimmung, die in einem Geschmacksurteil gedacht wird, ist eine subjektive Notwendigkeit, die unter der Voraussetzung eines Gemeinsinns als objektiv vorgestellt wird

In allen Urteilen, wodurch wir etwas für schön erklären, verstatten wir keinem, anderer Meinung zu sein; ohne gleichwohl unser Urteil auf Begriffe, sondern nur auf unser Gefühl zu gründen: welches wir also nicht als Privatgefühl, sondern als ein gemeinschaftliches zum Grunde legen. Nun kann dieser Gemeinsinn zu diesem Behuf nicht auf der Erfahrung gegründet werden; denn er will zu Urteilen berechtigen, die ein Sollen enthalten: er sagt nicht, daß jedermann mit unserm Urteile übereinstimmen werde, sondern damit zusammenstimmen *solle.* Also ist der Gemeinsinn, von dessen Urteil ich mein Geschmacksurteil hier als ein Beispiel angebe und weswegen ich ihm *exemplarische* Gültigkeit beilege, eine bloße idealische Norm, unter deren Voraussetzung man ein Urteil, welches mit ihr zusammenstimmte, und das in demselben ausgedrückte Wohlgefallen an einem Objekt, für jedermann mit Recht zur Regel machen könnte: weil zwar das Prinzip nur subjektiv, dennoch aber, für subjektiv-allgemein (eine jedermann notwendige Idee) angenommen, was die Einhelligkeit verschiedener Urteilenden betrifft, gleich einem objektiven, allgemeine Beistimmung fordern könnte; wenn man nur sicher wäre, darunter richtig subsumiert zu haben.

Diese unbestimmte Norm eines Gemeinsinns wird von uns wirklich vorausgesetzt: das beweiset unsere Anmaßung, Geschmacksurteile zu fällen. Ob es in der Tat einen solchen Gemeinsinn, als konstitutives Prinzip der Möglichkeit der

Erfahrung gebe, oder ein noch höheres Prinzip der Vernunft es uns nur zum regulativen Prinzip mache, allererst einen Gemeinsinn zu höhern Zwecken in uns hervorzubringen; ob also Geschmack ein ursprüngliches und natürliches, oder nur die Idee von einem noch zu erwerbenden und künstlichen Vermögen sei, so daß ein Geschmacksurteil, mit seiner Zumutung einer allgemeinen Beistimmung, in der Tat nur eine Vernunftforderung sei, eine solche Einhelligkeit der Sinnesart hervorzubringen, und das Sollen, d. i. die objektive Notwendigkeit des Zusammenfließens des Gefühls von jedermann mit jedes seinem besondern, nur die Möglichkeit, hierin einträchtig zu werden, bedeute, und das Geschmacksurteil nur von Anwendung dieses Prinzips ein Beispiel aufstelle: das wollen und können wir hier noch nicht untersuchen, sondern haben vor jetzt nur das Geschmacksvermögen in seine Elemente aufzulösen, und sie zuletzt in der Idee eines Gemeinsinns zu vereinigen.

Aus dem vierten Moment gefolgerte Erklärung vom Schönen:
Schön ist, was ohne Begriff als Gegenstand eines notwendigen Wohlgefallens erkannt wird.

Allgemeine Anmerkung zum ersten Abschnitte der Analytik:

Wenn man das Resultat aus den obigen Zergliederungen zieht, so findet sich, daß alles auf den Begriff des Geschmacks herauslaufe: daß er ein Beurteilungsvermögen eines Gegenstandes in Beziehung auf die *freie Gesetzmäßigkeit* der Einbildungskraft sei. Wenn nun im Geschmacksurteile die Einbildungskraft in ihrer Freiheit betrachtet werden muß, so wird sie erstlich nicht reproduktiv, wie sie den Assoziationsgesetzen unterworfen ist, sondern als produktiv und selbsttätig (als Urheberin willkürlicher Formen möglicher Anschauungen) angenommen; und, ob sie zwar bei der Auffassung eines gegebenen Gegenstandes der Sinne an eine bestimmte Form dieses Objekts gebunden ist und sofern kein freies Spiel (wie im Dichten) hat, so läßt sich doch noch wohl begreifen: daß der Gegenstand ihr gerade eine solche Form an die Hand geben könne, die eine Zusammensetzung des Mannigfaltigen enthält, wie sie die Einbildungskraft, wenn sie sich selbst frei überlassen wäre, in Einstimmung mit der *Verstandesgesetzmäßigkeit* überhaupt entwerfen würde. Allein daß die *Einbildungskraft frei* und doch *von selbst gesetzmäßig* sei, d.i. daß sie eine Autonomie bei sich führe, ist ein Widerspruch. Der Verstand allein gibt das Gesetz. Wenn aber die Einbildungskraft nach einem bestimmten Gesetze zu verfahren genötigt wird, so wird ihr Produkt, der Form nach, durch Begriffe bestimmt, wie es sein soll; aber alsdenn ist das Wohlgefallen, wie oben gezeigt, nicht das am Schönen, sondern am Guten (der Vollkommenheit, allenfalls bloß der formalen), und das Urteil ist kein Urteil durch Geschmack. Es wird also eine Gesetzmäßigkeit ohne Gesetz, und eine subjektive Übereinstimmung der Einbildungskraft zum Verstande, ohne eine objektive, da die Vorstellung auf einen bestimmten Begriff von einem Gegenstande bezogen wird, mit der freien Gesetzmäßigkeit des Verstandes (welche auch Zweckmäßigkeit ohne Zweck genannt worden) und mit der Eigentümlichkeit eines Geschmacksurteils allein zusammen bestehen können.

Nun werden geometrisch-regelmäßige Gestalten, eine Zirkelfigur, ein Quadrat, ein Würfel u.s.w. von Kritikern des Geschmacks gemeiniglich als die einfachsten und unzweifelhaftesten Beispiele der Schönheit angeführt; und dennoch werden sie eben darum regelmäßig genannt, weil man sie nicht anders vorstellen kann als so, daß sie für bloße Darstellungen eines bestimmten Begriffs, der jener Gestalt die Regel vorschreibt (nach der sie allein möglich ist), angesehen werden. Eines von beiden muß also irrig sein: entweder jenes Urteil der Kritiker, gedachten Gestalten Schönheit beizulegen; oder das unsrige, welches Zweckmäßigkeit ohne Begriff zur Schönheit nötig findet.

Niemand wird leichtlich einen Menschen von Geschmack dazu nötig finden, um an einer Zirkelgestalt mehr Wohlgefallen, als an einem kritzligen Umrisse, an einem gleichseitigen und gleicheckigen Viereck mehr, als an einem schiefen ungleichseitigen, gleichsam verkrüppelten, zu finden; denn dazu gehört nur gemeiner Verstand und gar kein Geschmack. Wo eine Absicht, z. B. die Größe eines Platzes zu beurteilen, oder das Verhältnis der Teile zu einander und zum Ganzen in einer Einteilung faßlich zu machen, wahrgenommen wird: da sind regelmäßige Gestalten, und zwar die von der einfachsten Art, nötig; und das Wohlgefallen ruht nicht unmittelbar auf dem Anblicke der Gestalt, sondern der Brauchbarkeit derselben zu allerlei möglicher Absicht. Ein Zimmer, dessen Wände schiefe Winkel machen, ein Gartenplatz von solcher Art, selbst alle Verletzung der Symmetrie, sowohl in der Gestalt der Tiere (z. B. einäugig zu sein), als der Gebäude, oder der Blumenstücke, mißfällt, weil es zweckwidrig ist, nicht allein praktisch in Ansehung eines bestimmten Gebrauchs dieser Dinge, sondern auch für die Beurteilung in allerlei möglicher Absicht; welches der Fall im Geschmacksurteile nicht ist, welches, wenn es rein ist, Wohlgefallen oder Mißfallen, ohne Rücksicht auf den Gebrauch oder einen Zweck, mit der bloßen *Betrachtung* des Gegenstandes unmittelbar verbindet.

Die Regelmäßigkeit, die zum Begriffe von einem Gegenstande führt, ist zwar die unentbehrliche Bedingung (conditio sine qua non), den Gegenstand in eine einzige Vorstellung zu fassen und das Mannigfaltige in der Form desselben zu bestimmen. Diese Bestimmung ist ein Zweck in Ansehung der Erkenntnis; und in Beziehung auf diese ist sie auch jederzeit mit Wohlgefallen (welches die Bewirkung einer jeden auch bloß problematischen Absicht begleitet) verbunden. Es ist aber alsdann bloß die Billigung der Auflösung, die einer Aufgabe Gnüge tut, und nicht eine freie und unbestimmt-zweckmäßige Unterhaltung der Gemütskräfte, mit dem, was wir schön nennen, und wobei der Verstand der Einbildungskraft und nicht diese jenem zu Diensten ist.

An einem Dinge, das nur durch eine Absicht möglich ist, einem Gebäude, selbst einem Tier, muß die Regelmäßigkeit, die in der Symmetrie besteht, die Einheit der Anschauung ausdrücken, welche den Begriff des Zwecks begleitet, und gehört mit zum Erkenntnisse. Aber wo nur ein freies Spiel der Vorstellungskräfte (doch unter der Bedingung, daß der Verstand dabei keinen Anstoß leide) unterhalten werden soll, in Lustgärten, Stubenverzierung, allerlei geschmackvollem Geräte und dergleichen wird die Regelmäßigkeit, die sich als Zwang ankündigt, so viel möglich vermieden; daher der englische Geschmack in Gärten, der Barockgeschmack an Möbeln die Freiheit der Einbildungskraft wohl eher bis zur Annäherung zum Grotesken treibt, und in dieser Absonderung von allem Zwange der Regel eben den Fall setzt, wo der Geschmack in Entwürfen der Einbildungskraft seine größte Vollkommenheit zeigen kann. [...]

Deduktion der reinen ästhetischen Urteile
[...]

§ 42. Vom intellektuellen Interesse am Schönen

Es geschah in gutmütiger Absicht, daß diejenigen, welche alle Beschäftigungen der Menschen, wozu diese die innere Naturanlage antreibt, gerne auf den letzten Zweck der Menschheit, nämlich das Moralisch-Gute richten wollten, es für ein Zeichen eines guten moralischen Charakters hielten, am Schönen überhaupt ein Interesse zu nehmen. Ihnen ist aber nicht ohne Grund von andern widersprochen worden, die sich auf die Erfahrung berufen, daß Virtuosen des Geschmacks, nicht allein öfter, sondern wohl gar gewöhnlich, eitel, eigensinnig, und verderblichen Leidenschaften ergeben, vielleicht noch weniger wie andere auf den Vorzug der Anhänglichkeit an sittliche Grundsätze Anspruch machen könnten; und so scheint es, daß das Gefühl für das Schöne nicht allein (wie es auch wirklich ist) vom moralischen Gefühl spezifisch unterschieden, sondern auch das Interesse, welches man damit verbinden kann, mit dem moralischen schwer, keineswegs aber durch innere Affinität, vereinbar sei.

Ich räume nun zwar gerne ein, daß das Interesse am *Schönen der Kunst* (wozu ich auch den künstlichen Gebrauch der

Naturschönheiten zum Putze, mithin zur Eitelkeit, rechne) gar keinen Beweis einer dem Moralischguten anhänglichen, oder auch nur dazu geneigten Denkungsart abgebe. Dagegen aber behaupte ich, daß ein *unmittelbares Interesse* an der Schönheit der *Natur* zu nehmen (nicht bloß Geschmack haben, um sie zu beurteilen) jederzeit ein Kennzeichen einer guten Seele sei; und daß, wenn dieses Interesse habituell ist, es wenigstens eine dem moralischen Gefühl günstige Gemütsstimmung anzeige, wenn es sich mit der *Beschauung der Natur* gerne verbindet. Man muß sich aber wohl erinnern, daß ich hier eigentlich die schönen *Formen* der Natur meine, die *Reize* dagegen, welche sie so reichlich auch mit jenen zu verbinden pflegt, noch zur Seite setze, weil das Interesse daran zwar auch unmittelbar, aber doch empirisch ist.

Der, welcher einsam (und ohne Absicht, seine Bemerkungen andern mitteilen zu wollen) die schöne Gestalt einer wilden Blume, eines Vogels, eines Insekts u.s.w. betrachtet, um sie zu bewundern, zu lieben, und sie nicht gerne in der Natur überhaupt vermissen zu wollen, ob ihm gleich dadurch einiger Schaden geschähe, vielweniger ein Nutzen daraus für ihn hervorleuchtete, nimmt ein unmittelbares und zwar intellektuelles Interesse an der Schönheit der Natur. D.i. nicht allein ihr Produkt der Form nach, sondern auch das Dasein desselben gefällt ihm, ohne daß ein Sinnenreiz daran Anteil hätte, oder er auch irgend einen Zweck damit verbände.

Es ist aber hiebei merkwürdig, daß, wenn man diesen Liebhaber des Schönen insgeheim hintergangen, und künstliche Blumen (die man den natürlichen ganz ähnlich verfertigen kann) in die Erde gesteckt, oder künstlich geschnitzte Vögel auf Zweige von Bäumen gesetzt hätte, und er darauf den Betrug entdeckte, das unmittelbare Interesse, was er vorher daran nahm, alsbald verschwinden, vielleicht aber ein anderes, nämlich das Interesse der Eitelkeit, sein Zimmer für fremde Augen damit auszuschmücken, an dessen Stelle sich einfinden würde. Daß die Natur jene Schönheit hervorgebracht hat: dieser Gedanke muß die Anschauung und Reflexion begleiten; und auf diesem gründet sich allein das unmittelbare Interesse, was man daran nimmt. Sonst bleibt entweder ein bloßes Geschmacksurteil ohne alles Interesse, oder nur ein mit einem mittelbaren, nämlich auf die Gesellschaft bezogenen verbundenes übrig: welches letztere keine sichere Anzeige auf moralisch-gute Denkungsart abgibt.

Dieser Vorzug der Naturschönheit vor der Kunstschönheit, wenn jene gleich durch diese der Form nach sogar übertroffen würde, dennoch allein ein unmittelbares Interesse zu erwecken, stimmt mit der geläuterten und gründlichen Denkungsart aller Menschen überein, die ihr sittliches Gefühl kultiviert haben. Wenn ein Mann, der Geschmack genug hat, um über Produkte der schönen Kunst mit der größten Richtigkeit und Feinheit zu urteilen, das Zimmer gern verläßt, in welchem jene, die Eitelkeit und allenfalls gesellschaftlichen Freuden unterhaltenden, Schönheiten anzutreffen sind, und sich zum Schönen der Natur wendet, um hier gleichsam Wollust für seinen Geist in einem Gedankengange zu finden, den er sich nie völlig entwickeln kann: so werden wir diese seine Wahl selber mit Hochachtung betrachten, und in ihm eine schöne Seele voraussetzen, auf die kein Kunstkenner und Liebhaber, um des Interesse willen, das er an seinen Gegenständen nimmt, Anspruch machen kann. – Was ist nun der Unterschied der so verschiedenen Schätzung zweierlei Objekte, die im Urteile des bloßen Geschmacks einander kaum den Vorzug streitig machen würden?

Wir haben ein Vermögen der bloß ästhetischen Urteilskraft, ohne Begriffe über Formen zu urteilen, und an der bloßen Beurteilung derselben ein Wohlgefallen zu finden, welches wir zugleich jedermann zur Regel machen, ohne daß dieses Urteil sich auf einem Interesse gründet, noch ein solches hervorbringt. – Andererseits haben wir auch ein Vermögen einer intellektuellen Urteilskraft, für bloße Formen praktischer Maximen (sofern sie sich zur allgemeinen Gesetzgebung von selbst qualifizieren) ein Wohlgefallen a priori zu bestimmen, welches wir jedermann zum Gesetze machen, ohne daß unser Urteil sich auf irgend einem Interesse gründet, *aber doch ein solches hervorbringt.* Die Lust oder

Unlust im ersteren Urteile heißt die des Geschmacks, die zweite des moralischen Gefühls.

Da es aber die Vernunft auch interessiert, daß die Ideen (für die sie im moralischen Gefühle ein unmittelbares Interesse bewirkt) auch objektive Realität haben, d.i. daß die Natur wenigstens eine Spur zeige, oder einen Wink gebe, sie enthalte in sich irgend einen Grund, eine gesetzmäßige Übereinstimmung ihrer Produkte zu unserm von allem Interesse unabhängigen Wohlgefallen (welches wir a priori für jedermann als Gesetz erkennen, ohne dieses auf Beweisen gründen zu können) anzunehmen: so muß die Vernunft an jeder Äußerung der Natur von einer dieser ähnlichen Übereinstimmung ein Interesse nehmen; folglich kann das Gemüt über die Schönheit der *Natur* nicht nachdenken, ohne sich dabei zugleich interessiert zu finden. Dieses Interesse aber ist der Verwandtschaft nach moralisch; und der, welcher es am Schönen der Natur nimmt, kann es nur sofern an demselben nehmen, als er vorher schon sein Interesse am Sittlichguten wohlgegründet hat. Wen also die Schönheit der Natur unmittelbar interessiert, bei dem hat man Ursache, wenigstens eine Anlage zu guter moralischer Gesinnung zu vermuten.

Man wird sagen: diese Deutung ästhetischer Urteile auf Verwandtschaft mit dem moralischen Gefühl sehe gar zu studiert aus, um sie für die wahre Auslegung der Chiffreschrift zu halten, wodurch die Natur in ihren schönen Formen figürlich zu uns spricht. Allein erstlich ist dieses unmittelbare Interesse am Schönen der Natur wirklich nicht gemein, sondern nur denen eigen, deren Denkungsart entweder zum Guten schon ausgebildet, oder dieser Ausbildung vorzüglich empfänglich ist; und dann führt die Analogie zwischen dem reinen Geschmacksurteile, welches, ohne von irgend einem Interesse abzuhangen, ein Wohlgefallen fühlen läßt, und es zugleich a priori als der Menschheit überhaupt anständig vorstellt, mit dem moralischen Urteile, welches eben dasselbe aus Begriffen tut, auch ohne deutliches, subtiles und vorsätzliches Nachdenken, auf ein gleichmäßiges unmittelbares Interesse an dem Gegenstande des ersteren, so wie an dem des letzteren: nur daß jenes ein freies, dieses ein auf objektive Gesetze gegründetes Interesse ist. Dazu kommt noch die Bewunderung der Natur, die sich an ihren schönen Produkten als Kunst, nicht bloß durch Zufall, sondern gleichsam absichtlich, nach gesetzmäßiger Anordnung und als Zweckmäßigkeit ohne Zweck, zeigt: welchen letzteren, da wir ihn äußerlich nirgend antreffen, wir natürlicher Weise in uns selbst, und zwar in demjenigen, was den letzten Zweck unseres Daseins ausmacht, nämlich der moralischen Bestimmung, suchen (von welcher Nachfrage nach dem Grunde der Möglichkeit einer solchen Naturzweckmäßigkeit aber allererst in der Teleologie die Rede sein wird).

Daß das Wohlgefallen an der schönen Kunst im reinen Geschmacksurteile nicht eben so mit einem unmittelbaren Interesse verbunden ist, als das an der schönen Natur, ist auch leicht zu erklären. Denn jene ist entweder eine solche Nachahmung von dieser, die bis zur Täuschung geht: und alsdann tut sie die Wirkung als (dafür gehaltene) Naturschönheit; oder sie ist eine absichtlich auf unser Wohlgefallen sichtbarlich gerichtete Kunst: alsdann aber würde das Wohlgefallen an diesem Produkte zwar unmittelbar durch Geschmack Statt finden, aber kein anderes als mittelbares Interesse an der zum Grunde liegenden Ursache, nämlich einer Kunst, welche nur durch ihren Zweck, niemals an sich selbst, interessieren kann. Man wird vielleicht sagen, daß dieses auch der Fall sei, wenn ein Objekt der Natur durch seine Schönheit nur in sofern interessiert, als ihr eine moralische Idee beigesellet wird; aber nicht dieses, sondern die Beschaffenheit derselben an sich selbst, daß sie sich zu einer solchen Beigesellung qualifiziert, die ihr also innerlich zukommt, interessiert unmittelbar.

Die Reize in der schönen Natur, welche so häufig mit der schönen Form gleichsam zusammenschmelzend angetroffen werden, sind entweder zu den Modifikationen des Lichts (in der Farbengebung) oder des Schalles (in Tönen) gehörig. Denn diese sind die einzigen Empfindungen, welche nicht bloß Sinnengefühl, sondern auch Reflexion über die Form dieser Modifikationen der Sinne verstatten, und so gleichsam eine Sprache, die die Natur zu uns führt, und die einen höhern Sinn zu haben scheint, in sich enthalten. So scheint die weiße Farbe der Lilie das Gemüt zu Ideen der Unschuld, und nach der Ordnung der sieben Farben, von der roten an bis zur violetten, 1) zur Idee der Erhabenheit, 2) der Kühnheit, 3) der Freimütigkeit, 4) der Freundlichkeit, 5) der Bescheidenheit, 6) der Standhaftigkeit, und 7) der Zärtlichkeit zu stimmen. Der Gesang der Vögel verkündigt Fröhlichkeit und Zufriedenheit mit seiner Existenz. Wenigstens so deuten wir die Natur aus, es mag dergleichen ihre Absicht sein oder nicht. Aber dieses Interesse, welches wir hier an Schönheit nehmen, bedarf durchaus, daß es Schönheit der Natur sei; und es verschwindet ganz, sobald man bemerkt, man sei getäuscht, und es sei nur Kunst: Sogar, daß auch der Geschmack alsdann nichts Schönes, oder das Gesicht etwas Reizendes mehr daran finden kann. Was wird von Dichtern höher gepriesen, als der bezaubernd schöne Schlag der Nachtigall, in einsamen Gebüschen, an einem stillen Sommerabende, bei dem sanften Lichte des Mondes? Indessen hat man Beispiele, daß, wo kein solcher Sänger angetroffen wird, irgend ein lustiger Wirt seine zum Genuß der Landluft bei ihm eingekehrten Gäste dadurch zu ihrer größten Zufriedenheit hintergangen hatte, daß er einen mutwilligen Burschen, welcher diesen Schlag (mit Schilf oder Rohr im Munde) ganz der Natur ähnlich nachzumachen wußte, in einem Gebüsche verbarg. Sobald man aber inne wird, daß es Betrug sei, so wird niemand es lange aushalten, diesem vorher für so reizend gehaltenen Gesange zuzuhören; und so ist es mit jedem anderen Singvogel beschaffen. Es muß Natur sein, oder von uns dafür gehalten werden, damit wir an dem Schönen als einem solchen ein unmittelbares *Interesse* nehmen können; noch mehr aber, wenn wir gar andern zumuten dürfen, daß sie es daran nehmen sollen; welches in der Tat geschieht, indem wir die Denkungsart derer für grob und unedel halten, die kein *Gefühl* für die schöne Natur haben (denn so nennen wir die Empfänglichkeit eines Interesse an ihrer Betrachtung), und sich bei der Mahlzeit oder der Bouteille am Genusse bloßer Sinnesempfindungen halten. [...]

§ 45. Schöne Kunst ist eine Kunst, sofern sie zugleich Natur zu sein scheint

An einem Produkte der schönen Kunst muß man sich bewußt werden, daß es Kunst sei, und nicht Natur; aber doch muß die Zweckmäßigkeit in der Form desselben von allem Zwange willkürlicher Regeln so frei scheinen, als ob es ein Produkt der bloßen Natur sei. Auf diesem Gefühle der Freiheit im Spiele unserer Erkenntnisvermögen, welches doch zugleich zweckmäßig sein muß, beruht diejenige Lust, welche allein allgemein mitteilbar ist, ohne sich doch auf Begriffe zu gründen. Die Natur war schön, wenn sie zugleich als Kunst aussah; und die Kunst kann nur schön genannt werden, wenn wir uns bewußt sind, sie sei Kunst, und sie uns doch als Natur aussieht.

Denn wir können allgemein sagen, es mag die Natur- oder die Kunstschönheit betreffen: *schön ist das, was in der bloßen Beurteilung* (nicht in der Sinnenempfindung, noch durch einen Begriff) *gefällt.* Nun hat Kunst jederzeit eine bestimmte Absicht, etwas hervorzubringen. Wenn dieses aber bloße Empfindung (etwas bloß Subjektives) wäre, die mit Lust begleitet sein sollte, so würde dies Produkt, in der Beurteilung, nur vermittelst des Sinnengefühls gefallen. Wäre die Absicht auf die Hervorbringung eines bestimmten Objekts gerichtet, so würde, wenn sie durch die Kunst erreicht wird, das Objekt nur durch Begriffe gefallen. In beiden Fällen aber würde die Kunst nicht *in der bloßen Beurteilung,* d.i. nicht als schöne, sondern mechanische Kunst gefallen.

Also muß die Zweckmäßigkeit im Produkt der schönen Kunst, ob sie zwar absichtlich ist, doch nicht absichtlich scheinen; d.i. schöne Kunst muß als Natur anzusehen sein, ob man sich ihrer zwar als Kunst bewußt ist. Als Natur aber erscheint ein Produkt der Kunst dadurch, daß zwar alle *Pünktlichkeit* in der Übereinkunft mit Regeln, nach denen allein das Produkt das werden kann, was es sein soll, angetroffen wird; aber ohne *Peinlichkeit,* ohne daß die Schulform durchblickt, d.i. ohne eine Spur zu zeigen, daß die

Regel dem Künstler vor Augen geschwebt, und seinen Gemütskräften Fesseln angelegt habe.

§ 46. Schöne Kunst ist Kunst des Genies

Genie ist das Talent (Naturgabe), welches der Kunst die Regel gibt. Da das Talent, als angebornes produktives Vermögen des Künstlers, selbst zur Natur gehört, so könnte man sich auch so ausdrücken: *Genie* ist die angeborne Gemütsanlage (ingenium), *durch welche* die Natur der Kunst die Regel gibt. [...]

§ 59. Von der Schönheit als Symbol der Sittlichkeit

[...]

Nun sage ich: das Schöne ist das Symbol des Sittlich-guten; und auch nur in dieser Rücksicht (einer Beziehung, die jedermann natürlich ist, und die auch jedermann andern als Pflicht zumutet) gefällt es, mit einem Anspruche auf jedes andern Beistimmung, wobei sich das Gemüt zugleich einer gewissen Veredlung und Erhebung über die bloße Empfänglichkeit einer Lust durch Sinneneindrücke bewußt ist, und anderer Wert auch nach einer ähnlichen Maxime ihrer Urteilskraft schätzet. [...]

Wir wollen einige Stücke dieser Analogie anführen, indem wir zugleich die Verschiedenheit derselben nicht unbemerkt lassen.

1) Das Schöne gefällt *unmittelbar* (aber nur in der reflektierenden Anschauung, nicht, wie Sittlichkeit, im Begriffe). 2) Es gefällt *ohne alles Interesse* (das Sittlich-gute zwar notwendig mit einem Interesse, aber nicht einem solchen, was vor dem Urteile über das Wohlgefallen vorhergeht, verbunden, sondern was dadurch allererst bewirkt wird). 3) Die *Freiheit* der Einbildungskraft (also der Sinnlichkeit unseres Vermögens) wird in der Beurteilung des Schönen mit der Gesetzmäßigkeit des Verstandes als einstimmig vorgestellt (im moralischen Urteile wird die Freiheit des Willens als Zusammenstimmung des letzteren mit sich selbst nach allgemeinen Vernunftgesetzen gedacht). 4) Das subjektive Prin-

zip der Beurteilung des Schönen wird als *allgemein*, d.i. für jedermann gültig, aber durch keinen allgemeinen Begriff kenntlich, vorgestellt (das objektive Prinzip der Moralität wird auch für allgemein, d.i. für alle Subjekte, zugleich auch für alle Handlungen desselben Subjekts, und dabei durch einen allgemeinen Begriff kenntlich, erklärt). Daher ist das moralische Urteil nicht allein bestimmter konstitutiver Prinzipien fähig, sondern ist nur durch Gründung der Maximen auf dieselben und ihre Allgemeinheit möglich.

Die Rücksicht auf diese Analogie ist auch dem gemeinen Verstande gewöhnlich: und wir benennen schöne Gegenstände der Natur, oder der Kunst, oft mit Namen, die eine sittliche Beurteilung zum Grunde zu legen scheinen. Wir nennen Gebäude oder Bäume majestätisch und prächtig, oder Gefilde lachend und fröhlich; selbst Farben werden unschuldig, bescheiden, zärtlich genannt, weil sie Empfindungen erregen, die etwas mit dem Bewußtsein eines durch moralische Urteile bewirkten Gemütszustandes Analogisches enthalten. Der Geschmack macht gleichsam den Übergang vom Sinnenreiz zum habituellen moralischen Interesse, ohne einen zu gewaltsamen Sprung, möglich, indem er die Einbildungskraft auch in ihrer Freiheit als zweckmäßig für den Verstand bestimmbar vorstellt, und sogar an Gegenständen der Sinne auch ohne Sinnenreiz ein freies Wohlgefallen finden lehrt.

Ihren großen Einfluß gewann die Kantische Ästhetik vor allem durch die Rezeption *Friedrich Schillers* (1759–1805). An die im freien Spiel der Erkenntniskräfte implizierte, aber von Kant bewußt nur angedeutete Befreiung des Gegenstands von seiner Bevormundung durch das Subjekt knüpft die Schönheitstheorie Schillers mit der Absicht an, den abstrakten moralischen Pflichtbegriff Kants mit der sinnlichen Natur des Menschen zu versöhnen. Den transzendentalphilosophischen Ansatz aus der ›Kritik der Urteilskraft‹ nachvollziehend, doch noch nicht bereit, mit Kant auf ein objektives und apriorisch einsehbares Prinzip der Schönheit zu verzichten, plante Schiller, die theoretische Begründung eines solchen Prinzips in Form eines Dialogs auszuarbeiten und unter dem Titel ›Kallias oder Über die Schönheit‹ im Frühjahr 1793 zu veröffentlichen. Das geplante Werk wurde nie ausgeführt, aber ein erster Entwurf ist in den Briefen erhalten, die Schiller zur Prüfung seiner Ideen im Januar und Februar desselben Jahres an Gottfried Körner schrieb. Der objektive Bestimmungsgrund der Schönheit, den Schiller im Ausgang von Kant sich dort herauszuarbeiten bemüht, ist die Freiheit. Nun ist aber die Schönheit nur für die Anschauung gegeben, während die Freiheit ihrem Wesen nach gemäß der Kantischen Vernunftkritik überhaupt nicht anschaulich werden kann. Da Schiller mit Kant die notwendige Geltung des Kausalitätsgesetzes für die gesamte Erscheinungswelt eingesteht, muß ihm der Freiheitsbegriff *empirisch* problematisch werden. Wenn Schönheit gleichwohl durch die Freiheit bestimmt werden soll, nämlich als *Freiheit in der Erscheinung,* so kann dies also nicht heißen: erscheinende Freiheit, sondern allenfalls scheinbare Freiheit, denn nichts in der erscheinenden Natur kann nach Kantischer Theorie *wirklich* frei sein. Nur ein »Analogon der Freiheit« sei deshalb in der Naturordnung überhaupt möglich, dann nämlich, wenn die *praktische* Vernunft ihre Form (d.i. die Freiheit der Selbstbestimmung) der Natur *leihe.* Hierzu müsse sie aber erst durch irgend etwas im Gegenstand *genötigt* werden. Weil die Selbstbestimmung jedoch eine Idee der Vernunft sei, könne sie in der Natur nicht nur nicht wirklich sein, sondern *positiv* noch nicht einmal *erscheinen.* So kann die vernunftanaloge Freiheit nur *negativ,* nämlich durch die scheinbare Abwesenheit von Fremdbestimmung, aufgewiesen werden. Subjektive Voraussetzung hierfür sei, daß ganz von der begrifflich zu erfassenden Kausalitätsnotwendigkeit abstrahiert und der Gegenstand allein als sinnliche Erscheinung betrachtet werde. Damit die Abwesenheit von Fremdbestimmung aber überhaupt in den Blick kommen könne, müsse *objektiv* der Gegenstand so beschaffen sein, daß erstens der Verstand nach einer Regel als Bestimmungsgrund der Gegenstandsform zu suchen veranlaßt werde, und er zweitens diese Regel nicht außerhalb des Gegenstandes, sondern in ihm selbst suche (ohne sie aber *finden* zu dürfen). Ersteres sei gegeben, wenn die Form des Gegenstandes »kunstmäßig« oder »technisch« sei, letzteres, wenn sie außerdem noch aus der Natur des Gegenstandes zu entspringen scheine, d.h. wenn sie weder eine äußere Zweckbestimmung noch die Einwirkung physischer Gewalt erkennen lasse. Alles Allgemeine (wie die Schwerkraft) sei der *besonderen* Natur des Gegenstandes fremd und dürfe darum, soll der Gegenstand als frei gedacht werden können, nicht zur Erscheinung kommen. Um also schön zu sein, dürfe der Gegenstand allein der Regel, die er sich selbst gebe, zu folgen scheinen. Die Beispiele, die Schiller zur Illustration seiner Auffassung anführt, sind ausgesprochen anschaulich, können aber letztlich auch ihn selbst nicht darüber hinwegtäuschen, daß seine Begründungen sich im Kreis bewegen und es ihm nicht gelingt, ein objektives Prinzip der Schönheit aufzuweisen. Denn ob ein Gegenstand sich die Regel, der er folgt, selbst gegeben hat oder nicht, kann in der Erscheinung sowenig ausgedrückt werden wie die Freiheit selbst. So scheitert Schillers Definition der Schönheit als Freiheit in der Erscheinung gerade an der transzendentalen Kluft zwischen Natur und Freiheit, die zu schließen sie gedacht war. Da der Mensch für die Wirklichkeit der Freiheit nur in sich selbst eine Bestätigung zu finden vermag, kann allein die auf Shaftesbury zurückweisende »moralische Schönheit« des Menschen, um die es Schiller besonders zu tun ist, als »Pflichterfüllung ohne Reflexion«, als Einheit von Natur und Freiheit bzw. Neigung und Pflicht, theoretisch nachvollzogen werden. Die sich dieser Aufgabe ganz zuwendenden Abhandlungen über ›Anmut und Würde‹ (1793) und ›Über die ästhetische Erziehung des Menschen‹ (1795) neigen daher zu einer Gleichsetzung des Schönen mit dem Menschlichen. Sie nehmen den Platz ein, die dem ›Kallias‹ zugedacht war.

Friedrich Schiller
Kallias oder über die Schönheit. Briefe an Gottfried Körner

Jena, den 25. Januar 1793

Die Untersuchungen über das Schöne, wovon beinahe kein Teil der Ästhetik zu trennen ist, führen mich in ein sehr weites Feld, wo für mich noch ganz fremde Länder liegen. Und doch muß ich mich schlechterdings des Ganzen bemächtigt haben, wenn ich etwas Befriedigendes leisten soll. Die Schwierigkeit, einen Begriff der Schönheit objektiv aufzustellen und ihn aus der Natur der Vernunft völlig a priori zu legitimieren, so daß die Erfahrung ihn zwar durchaus bestätigt, aber daß er diesen Ausspruch der Erfahrung zu seiner Gültigkeit gar nicht nötig hat, diese Schwierigkeit ist fast unübersehbar. Ich habe wirklich eine Deduktion meines Begriffs vom Schönen versucht, aber es ist ohne das Zeugnis der Erfahrung nicht auszukommen. Diese Schwürigkeit bleibt immer, daß man mir meine Erklärung bloß darum zugeben wird, weil man findet, daß sie mit den einzelnen Urteilen des Geschmackes zutrifft, und nicht (wie bei einer Erkenntnis aus objektiven Prinzipien doch sein sollte) sein Urteil über das einzelne Schöne in der Erfahrung deswegen richtig findet, weil es mit meiner Erklärung übereinstimmt. Du wirst sagen, daß dies etwas viel gefordert sei, aber solang man es nicht dahin bringt, so wird der Geschmack immer empirisch bleiben, so wie Kant es für unvermeidlich hält. Aber eben von dieser Unvermeidlichkeit des Empirischen, von dieser Unmöglichkeit eines objektiven Prinzips für den Geschmack kann ich mich noch nicht überzeugen.

Es ist interessant zu bemerken, daß meine Theorie eine vierte mögliche Form ist, das Schöne zu erklären. Entweder man erklärt es objektiv oder subjektiv; und zwar entweder sinnlich subjektiv (wie Burke u.a.), oder subjektiv rational (wie Kant), oder rational objektiv (wie Baumgarten, Mendelssohn und die ganze Schar der Vollkommenheitsmänner), oder endlich sinnlich objektiv: ein Terminus, wobei Du Dir freilich jetzt noch nicht viel wirst denken können, außer wenn Du die drei andern Formen miteinander vergleichst.

Jede dieser vorhergehenden Theorien hat einen Teil der Erfahrung für sich und enthält offenbar einen Teil der Wahrheit, und der Fehler scheint bloß der zu sein, daß man diesen Teil der Schönheit, der damit übereinstimmt, für die Schönheit selbst genommen hat. Der Burkianer hat gegen den Wolfianer vollkommen recht, daß er die Unmittelbarkeit des Schönen, seine Unabhängigkeit von Begriffen behauptet; aber er hat unrecht gegen den Kantianer, daß er es in die bloße Affektibilität der Sinnlichkeit setzt. Der Umstand, daß bei weitem die meisten Schönheiten der Erfahrung, die ihnen in Gedanken schweben, keine völlig freie Schönheiten, sondern logische Wesen sind, die unter dem Begriff eines Zwekkes stehen, wie alle Kunstwerke und die meisten Schönheiten der Natur, dieser Umstand scheint alle, welche die Schönheit in eine anschauliche Vollkommenheit setzen, irregeführt zu haben; denn nun wurde das logisch Gute mit dem Schönen verwechselt. Kant will diesen Knoten dadurch zerhauen, daß er eine pulchritudo vaga und fixa, eine freie und intellektuierte Schönheit annimmt, und er behauptet, etwas sonderbar, daß jede Schönheit, die unter dem Begriff eines Zweckes stehe, keine reine Schönheit sei: daß also eine Arabeske und was ihr ähnlich ist, als Schönheit betrachtet, reiner sei als die höchste Schönheit des Menschen. Ich finde, daß seine Bemerkung den großen Nutzen haben kann, das Logische von dem Ästhetischen zu scheiden, aber eigentlich scheint sie mir doch den Begriff der Schönheit völlig zu verfehlen. Denn eben darin zeigt sich die Schönheit in ihrem höchsten Glanz, wenn sie die *logische* Natur ihres Objektes überwindet, und wie kann sie überwinden, wo kein Widerstand ist? Wie kann sie dem völlig formlosen Stoff ihre Form erteilen? Ich bin wenigstens überzeugt, daß die Schönheit nur die Form einer Form ist und daß das, was man ihren Stoff nennt, schlechterdings ein geformter Stoff sein muß. Die Vollkommenheit ist die Form eines Stoffes, die Schönheit hingegen ist die Form dieser Vollkommenheit; die sich also gegen die Schönheit wie der Stoff zu der Form verhält.

Jena, den 8. Februar 1793

Wir verhalten uns gegen die *Natur* (als Erscheinung) entweder *leidend* oder *tätig*, oder leidend und tätig *zugleich. Leidend:* wenn wir ihre Wirkungen bloß *empfinden; tätig*, wenn *wir* ihre Wirkungen bestimmen; beides *zugleich*, wenn wir sie uns *vorstellen.*

Es gibt zweierlei Arten, sich die Erscheinungen vorzustellen. Entweder wir sind mit Absicht auf ihre Erkenntnis gerichtet: wir *beobachten* sie; oder wir lassen uns von den Dingen selbst zu ihrer Vorstellung einladen. Wir *betrachten* sie bloß.

Bei *Betrachtung* der Erscheinung verhalten wir uns *leidend*, indem wir ihre Eindrücke empfangen: *tätig*, indem wir diese Eindrücke unsern *Vernunftformen* unterwerfen (dieser Satz wird aus der Logik postuliert).

Die Erscheinungen nämlich müssen sich in unsrer Vorstellung nach den Formalbedingungen der Vorstellungskraft richten (denn eben das macht sie zu *Erscheinungen*), sie müssen die Form von unserem Subjekt erhalten.

Alle Vorstellungen sind ein Mannigfaltiges oder Stoff; die Verbindungsweise dieses Mannigfaltigen ist seine Form. Das Mannigfaltige gibt der *Sinn;* die Verbindung gibt die Vernunft (in allerweitester Bedeutung), denn Vernunft heißt das Vermögen der Verbindung.

Wird also dem Sinne ein Mannigfaltiges gegeben, so versucht die Vernunft demselben ihre Form zu erteilen, d.i. es nach ihren Gesetzen zu verbinden.

Form der Vernunft ist die Art und Weise, wie sie ihre Verbindungskraft äußert. Es gibt aber zwei verschiedene Hauptäußerungen der verbindenden Kraft, also auch ebenso viele Hauptformen der Vernunft. Die Vernunft verbindet entweder Vorstellung mit Vorstellung zur Erkenntnis (theoretische Vernunft) oder sie verbindet Vorstellungen mit dem Willen zur Handlung (praktische Vernunft).

So wie es zwei verschiedene Formen der Vernunft gibt, so gibt es auch zweierlei Materien für jede dieser Formen. Die theoretische Vernunft wendet ihre Form auf Vorstellungen an, und diese lassen sich in unmittelbare (Anschauung) und in mittelbare (Begriffe) einteilen. Jene sind durch den Sinn, diese durch die Vernunft selbst (obschon nicht ohne Zutun des Sinnes) gegeben. In den ersten, der Anschauung, ist es zufällig, ob sie mit der Form der Vernunft übereinstimmen; in den Begriffen ist es notwendig, wenn sie sich nicht selbst aufheben sollen. Hier findet also die Vernunft Übereinstimmung mit ihrer Form; dort wird sie überrascht, wenn sie sie findet.

Ebenso ist es mit der praktischen (handelnden) Vernunft. Diese wendet ihre Form auf Handlungen an, und diese lassen sich entweder als freie oder als nicht freie Handlungen, Handlungen durch oder nicht durch Vernunft, betrachten. Die praktische Vernunft fordert von den ersten eben das, was die theoretische von den Begriffen. Übereinstimmung freier Handlungen mit der Form der praktischen Vernunft ist also notwendig; Übereinstimmung *nicht-freier* mit dieser Form ist zufällig.

Man drückt sich daher richtiger aus, wenn man diejenigen Vorstellungen, welche nicht durch theoretische Vernunft sind und doch mit ihrer Form übereinstimmen, Nachahmungen von Begriffen, diejenigen Handlungen, welche nicht durch praktische Vernunft sind und doch mit ihrer Form übereinstimmen, Nachahmungen freier Handlungen; kurz, wenn man beide Arten Nachahmungen (Analoga) der Vernunft nennt.

Ein Begriff kann keine Nachahmung der Vernunft sein, denn er ist durch Vernunft, und Vernunft kann sich nicht selbst nachahmen; er kann der Vernunft nicht bloß *analog*, er muß wirklich vernunftmäßig sein. Eine Willenshandlung kann der Freiheit nicht bloß analog, sie muß – oder soll wenigstens – wirklich frei sein. Hingegen kann eine mechanische Wirkung (jede Wirkung durchs Naturgesetz) nie als wirklich *frei*, sondern bloß der Freiheit analog beurteilt werden.

Hier will ich Dich einen Augenblick ausschnaufen lassen, besonders um Dich auf den letzten Absatz aufmerksam zu machen, weil ich ihn in der Folge wahrscheinlich nötig haben werde, um einen Einwurf, den ich von Dir gegen meine Theorie erwarte, zu beantworten. Ich fahre fort.

Die theoretische Vernunft geht auf Erkenntnis. Indem sie also ein gegebenes Objekt ihrer Form unterwirft, so prüft sie, ob Erkenntnis daraus zu machen sei, d.i. ob es mit einer schon vorhandenen Vorstellung verbunden werden könne. Nun ist die gegebene Vorstellung entweder ein Begriff oder eine Anschauung. Ist sie ein Begriff, so ist sie schon durch ihre Entstehung, durch sich selbst, notwendig auf Vernunft bezogen, und eine Verbindung, die schon ist, wird bloß ausgesagt. Eine Uhr zum Beispiel ist eine solche Vorstellung. Man beurteilt sie bloß nach dem Begriff, durch den sie entstanden ist. Die Vernunft braucht also bloß zu entdecken, daß die gegebene Vorstellung ein Begriff ist, so entscheidet sie eben dadurch, daß sie mit ihrer Form übereinstimme.

Ist aber die gegebene Vorstellung eine Anschauung, und soll die Vernunft dennoch eine Übereinstimmung derselben mit ihrer Form entdecken, so muß sie (regulativ, nicht, wie im ersten Falle, konstitutiv) und zu ihrem eigenen Behuf der gegebenen Vorstellung einen Ursprung durch theoretische Vernunft *leihen*, um sie nach Vernunft beurteilen zu können. Sie legt daher aus eigenem Mittel in den gegebenen Gegenstand einen Zweck hinein und entscheidet, ob er sich diesem Zwecke gemäß verhält. Dies geschieht bei der *teleologischen*, jenes bei jeder *logischen* Naturbeurteilung. Das Objekt der logischen ist *Vernunftmäßigkeit*, das Objekt der *teleologischen Vernunftähnlichkeit*. [...]

Die praktische Vernunft abstrahiert von aller Erkenntnis und hat bloß mit Willensbestimmungen, innern Handlungen zu tun. Praktische Vernunft und Willensbestimmung aus bloßer Vernunft sind eins. *Form* der praktischen Vernunft ist unmittelbare Verbindung des Willens mit Vorstellungen der Vernunft, also *Ausschließung jedes äußern* Bestimmungsgrundes; denn ein Wille, der nicht durch die bloße Form der praktischen Vernunft bestimmt ist, ist von außen, materiell, heteronomisch bestimmt. Die Form der praktischen Vernunft annehmen oder nachahmen heißt also bloß: nicht von außen, sondern durch sich selbst bestimmt sein, autonomisch bestimmt sein oder so erscheinen.

Nun kann die praktische Vernunft, ebenso wie die theoretische, ihre Form sowohl auf das, was durch sie selbst ist (freie Handlungen), als auf das, was nicht durch sie ist (Naturwirkungen), anwenden.

Ist es eine Willenshandlung, worauf sie ihre Form bezieht, so bestimmt sie bloß, was ist; sie sagt aus, ob die Handlung das ist, was sie sein *will* und *soll.* Jede moralische Handlung ist von dieser Art. Sie ist ein Produkt des reinen, d.i., des durch bloße Form und also autonomisch bestimmten Willens, und sobald die Vernunft sie dafür erkennt, sobald sie weiß, daß es eine Handlung des reinen Willens ist, so versteht es sich auch schon von selbst, daß sie der Form der praktischen Vernunft gemäß ist: denn das ist völlig identisch.

Ist der Gegenstand, auf den die praktische Vernunft ihre Form anwendet, nicht durch einen Willen, nicht durch praktische Vernunft da, so macht sie es ebenso mit ihm, wie die theoretische es mit Anschauungen machte, die Vernunftähnlichkeit zeigten. Sie leiht dem Gegenstande (regulativ und nicht, wie bei der moralischen Beurteilung, konstitutiv) ein Vermögen, sich selbst zu bestimmen, einen Willen, und betrachtet ihn alsdann unter der Form dieses *seines* Willens (ja nicht *ihres* Willens, denn sonst würde das Urteil ein moralisches werden). Sie sagt nämlich von ihm aus, *ob er das,* was er ist, durch *seinen reinen Willen,* d.i. durch seine sich selbstbestimmende Kraft, ist; denn ein reiner *Wille* und Form der praktischen Vernunft ist eins.

Von einer *Willenshandlung* oder moralischen Handlung fordert sie *imperativ,* daß sie durch reine Form der Vernunft sei; von einer *Naturwirkung* kann sie (nicht fordern) aber wünschen, daß sie durch *sich selbst sei,* daß sie Autonomie zeige. (Aber hier muß noch einmal bemerkt werden, daß die praktische Vernunft von einem solchen Gegenstand durchaus nicht verlangen kann, daß er durch *sie,* nämlich durch praktische Vernunft, sei; denn da wäre er nicht durch sich selbst, nicht autonomisch, sondern durch etwas Äußres [weil sich jede Bestimmung durch Vernunft gegen ihn als etwas Äußres, als Heteronomie verhält], also durch einen fremden Willen bestimmt.) *Reine Selbstbestimmung* überhaupt ist Form der praktischen Vernunft. Handelt also ein Vernunftwesen, so muß es aus *reiner Vernunft* handeln, wenn es reine Selbstbestimmung zeigen soll. Handelt ein bloßes Naturwesen, so muß es aus *reiner Natur* handeln, wenn es reine Selbstbestimmung zeigen soll; denn das Selbst des Vernunftwesens ist Vernunft, das Selbst des Naturwesens ist Natur. Entdeckt nun die praktische Vernunft bei Betrachtung eines Naturwesens, daß es durch sich selbst bestimmt ist, so schreibt sie demselben (wie die theoretische Vernunft in gleichem Fall einer Anschauung *Vernunftähnlichkeit* zugestand) *Freiheitähnlichkeit* oder kurzweg *Freiheit* zu. Weil aber diese Freiheit dem Objekt von der Vernunft bloß geliehen wird, *da nichts frei sein kann als das Übersinnliche und Freiheit selbst nie als solche in die Sinne fallen kann* – kurz – da es hier bloß darauf ankommt, daß ein Gegenstand frei erscheine, nicht wirklich ist: so ist diese Analogie eines Gegenstandes mit der Form der praktischen Vernunft nicht Freiheit in der Tat, sondern bloß *Freiheit in der Erscheinung, Autonomie in der Erscheinung.*

Hieraus ergibt sich also eine vierfache Beurteilungsart und eine ihr entsprechende vierfache Klassifikation der vorgestellten Erscheinung.

Beurteilung von Begriffen nach der Form der Erkenntnis ist logisch: Beurteilung von Anschauungen nach eben dieser Form ist teleologisch. Eine Beurteilung freier Wirkungen (moralischer Handlungen) nach der Form des reinen Willens ist moralisch; eine Beurteilung nichtfreier Wirkungen nach der Form des reinen Willens ist ästhetisch. *Übereinstimmung* eines Begriffs mit der Form der Erkenntnis ist *Vernunftmäßigkeit* (Wahrheit, Zweckmäßigkeit, Vollkommenheit sind bloß Beziehungen dieser letztern), Analogie einer Anschauung mit der Form der Erkenntnis ist *Vernunftähnlichkeit* (Teleophanie, Logophanie möchte ich sie nennen), Übereinstimmung einer Handlung mit der Form des reinen Willens ist *Sittlichkeit.* Analogie einer Erscheinung mit der Form des reinen Willens oder der Freiheit ist *Schönheit* (in weitester Bedeutung).

Schönheit also ist nichts anders als Freiheit in der Erscheinung.

Jena, den 18. Februar 1793

Es gibt also eine solche Ansicht der Natur oder der Erscheinungen, wo wir von ihnen nichts weiter als Freiheit verlangen, wo wir bloß darauf sehen, ob sie das, was sie sind, durch sich selbst sind. Eine solche Art der Beurteilung ist bloß wichtig und möglich durch die praktische Vernunft, weil der Freiheitsbegriff sich in der theoretischen gar nicht findet und nur bei der praktischen Vernunft Autonomie über alles geht. Die praktische Vernunft, auf freie Handlungen angewendet, verlangt, daß die Handlung bloß um der Handlungsweise (Form) willen geschehe und daß weder Stoff noch Zweck (der immer auch Stoff ist) darauf Einfluß gehabt habe. Zeigt sich nun ein Objekt in der Sinnenwelt bloß durch sich selbst bestimmt, stellt es sich den Sinnen so dar, daß man an ihm keinen Einfluß des Stoffes oder eines Zweckes bemerkt, so wird es als ein *Analogon* der reinen Willensbestimmung (ja nicht als Produkt einer Willensbestimmung) beurteilt. Weil nun ein Wille, der sich nach bloßer Form bestimmen kann, *frei* heißt, so ist diejenige Form in der Sinnenwelt, die bloß durch sich selbst bestimmt erscheint, eine *Darstellung der Freiheit;* denn dargestellt heißt eine Idee, die mit einer Anschauung so verbunden wird, daß beide *eine* Erkenntnisregel miteinander teilen.

Die Freiheit in der Erscheinung ist also nichts anders als die Selbstbestimmung an einem Dinge, insofern sie sich in der Anschauung offenbart. Man setzt ihr jede Bestimmung von außen entgegen, ebenso wie man einer moralischen Handlungsart jede Bestimmung durch materielle Gründe entgegensetzt. Ein Objekt erscheint aber gleich wenig frei – es mag nun seine Form entweder von einer physischen Gewalt oder von einem verständigen Zwecke erhalten haben, sobald man den Bestimmungsgrund seiner Form in einem von diesen beiden *entdeckt;* denn alsdann liegt ja derselbe nicht *in ihm,* sondern außer ihm und es ist ebensowenig *schön,* als eine *Handlung aus Zwecken* eine moralische ist.

Wenn das Geschmacksurteil völlig rein ist, so muß ganz und gar davon abstrahiert werden, was für einen (theoretischen oder praktischen) Wert das schöne Objekt für sich selbst habe, aus welchem Stoff es gebildet und zu welchem Zweck es vorhanden sei. Mag es sein, was es will! Sobald wir es ästhetisch beurteilen, so wollen wir bloß wissen, ob es das, was es ist, durch sich selbst sei. Wir fragen so wenig nach einer logischen Beschaffenheit desselben, daß wir ihm vielmehr »die Unabhängigkeit von Zwecken und Regeln zum höchsten Vorzug anrechnen«. – Nicht zwar, als ob Zweckmäßigkeit und Regelmäßigkeit an sich mit der Schönheit unverträglich wären; jedes schöne Produkt muß sich vielmehr Regeln unterwerfen: sondern darum, weil der *bemerkte* Einfluß eines Zwecks und einer Regel sich als Zwang ankündigt und Heteronomie für das Objekt bei sich führt. Das schöne Produkt darf und muß sogar regelmäßig sein, aber es muß *regelfrei erscheinen.*

Nun ist aber kein Gegenstand in der Natur und noch viel weniger in der Kunst zweck- und regelfrei, keiner *durch sich selbst bestimmt,* sobald wir über ihn nachdenken. Jeder ist durch einen andern da, jeder um eines andern willen da, keiner hat Autonomie. Das einzige existierende Ding, das sich selbst bestimmt und um seiner selbst willen ist, muß man außerhalb der Erscheinung in der intelligibeln Welt aufsuchen. Schönheit aber wohnt nur im Feld der Erscheinungen, und es ist also gar keine Hoffnung da, vermittelst der bloßen theoretischen Vernunft und auf dem Wege des Nachdenkens auf eine Freiheit in der Sinnenwelt zu stoßen.

Aber alles wird anders, wenn man die theoretische Untersuchung hinwegläßt und die Objekte bloß nimmt, *wie sie erscheinen.* Eine Regel, ein Zweck kann *nie erscheinen,* denn es sind Begriffe und keine Anschauungen. Der Realgrund der Möglichkeit eines Objekts fällt also nie in die Sinne, und er ist so gut als gar nicht vorhanden, »sobald der Verstand nicht zu Aufsuchung desselben veranlaßt wird«. Es kommt also hier lediglich auf das völlige Abstrahieren von einem Bestimmungsgrunde an, um ein Objekt in der Erscheinung als frei zu beurteilen (denn das Nichtvonaußenbestimmtsein ist eine negative Vorstellung des Durchsichselbstbestimmtseins, und zwar die einzig mögliche Vorstellung desselben, weil man die Freiheit nur denken und nie erkennen kann, und selbst der Moralphilosoph muß sich mit dieser negativen Vorstellung der Freiheit behelfen). Eine Form erscheint also frei, sobald wir den Grund derselben weder außer ihr finden, *noch außer ihr zu suchen veranlaßt werden.* Denn würde der Verstand veranlaßt, nach dem Grund derselben zu fragen, so würde er diesen Grund *notwendig* außer dem Dinge finden müssen; weil es entweder durch einen *Begriff* oder durch einen Zufall bestimmt sein muß, beides aber sich gegen das Objekt als Heteronomie verhält. Man wird also folgendes als einen Grundsatz aufstellen können: daß ein Objekt sich in der Anschauung als frei darstellt, wenn die Form desselben den reflektierenden Verstand nicht zu Aufsuchung eines Grundes nötigt. Schön also heißt eine Form, die sich selbst erklärt; sich selbst erklären heißt aber hier, sich ohne Hilfe eines Begriffs erklären. Ein Triangel erklärt sich selbst, aber nur vermittelst eines Begriffes. Eine Schlangenlinie erklärt sich selbst ohne das Medium eines Begriffs[1].

Schön, kann man also sagen, ist eine Form, die *keine Erklärung fordert,* oder auch eine solche, die sich *ohne Begriff erklärt.* [...]

Jede Form also, die wir nur unter Voraussetzung eines Begriffs möglich finden, zeigt Heteronomie in der Erscheinung. Denn jeder Begriff ist etwas Äußres gegen das Objekt. Eine solche Form ist jede strenge Regelmäßigkeit (worunter die mathematische obenan steht), weil sie uns den Begriff *aufdringt,* aus dem sie entstanden ist: eine solche Form ist jede strenge Zweckmäßigkeit (besonders die des *Nützlichen,* weil dies immer auf etwas anders bezogen wird), weil sie uns die Bestimmung und den Gebrauch des Objekts in Erinnerung bringt, wodurch notwendigerweise die Autonomie in der Erscheinung zerstört wird.

Gesetzt nun, wir führen mit einem Objekt eine moralische Absicht aus, so wird die Form dieses Objekts durch eine

[1] Vgl. S. 196, Anm. 5.

Idee der praktischen Vernunft, also nicht durch sich selbst bestimmt sein, also Heteronomie erleiden. Daher kommt es, daß die moralische Zweckmäßigkeit eines Kunstwerks, oder auch einer Handlungsart, zur Schönheit derselben so wenig beiträgt, daß jene vielmehr sehr verborgen werden und aus der Natur des Dinges völlig frei und zwanglos hervorzugehen den Anschein haben muß, wenn diese, die Schönheit, nicht darüber verlorengehen soll. Ein Dichter würde sich also vergebens mit der moralischen Absicht seines Werks entschuldigen, wenn sein Gedicht ohne Schönheit wäre. Das Schöne wird zwar jederzeit auf die praktische Vernunft bezogen, weil Freiheit kein Begriff der theoretischen sein kann – aber bloß der *Form*, nicht der Materie nach. Ein moralischer *Zweck* gehört aber zur Materie oder zum Inhalt und nicht zur bloßen Form. Um diesen Unterschied – an dem Du gestrauchelt zu haben scheinst – noch mehr ins Licht zu setzen, füge ich noch folgendes hinzu. Praktische Vernunft verlangt Selbstbestimmung. Selbstbestimmung des Vernünftigen ist reine Vernunftbestimmung, Moralität; Selbstbestimmung des Sinnlichen ist reine Naturbestimmung, Schönheit. Wird die Form des Nichtvernünftigen durch Vernunft bestimmt (theoretische oder praktische, das gilt hier gleichviel), so erleidet seine reine Naturbestimmung Zwang, also kann Schönheit nicht statthaben. Es ist alsdann ein *Produkt*, kein *Analogon*, eine Wirkung, keine Nachahmung der Vernunft, denn zur Nachahmung eines Dinges gehört, daß das Nachahmende mit dem Nachgeahmten bloß die Form und nicht den Inhalt, nicht den Stoff gemein habe.

Deswegen wird sich ein moralisches Betragen, wenn es nicht zugleich mit Geschmack verbunden ist, in der Erscheinung immer als Heteronomie darstellen, gerade weil es ein Produkt der Autonomie des Willens ist. Denn eben darum, weil *Vernunft* und *Sinnlichkeit* einen verschiedenen Willen haben, so wird der Wille der Sinnlichkeit gebrochen, wenn die Vernunft den ihrigen durchsetzt. Nun ist unglücklicherweise der Wille der Sinnlichkeit gerade derjenige, der in die Sinne fällt; gerade also wenn die Vernunft ihre Autonomie ausübt (die nie in der Erscheinung vorkommen kann), so wird unser Auge durch eine Heteronomie in der Erscheinung beleidigt. Indessen wird der Begriff der Schönheit doch auch im uneigentlichen Sinn auf das Moralische angewendet, und diese Anwendung ist nichts weniger als leer. Obgleich Schönheit nur an der Erscheinung haftet, so ist *moralische Schönheit* doch ein Begriff, dem etwas in der Erfahrung korrespondiert. Ich kann Dir keinen bessern empirischen Beweis für die Wahrheit meiner Schönheitstheorie aufstellen, als wenn ich Dir zeige, daß selbst der uneigentliche Gebrauch dieses Worts nur in solchen Fällen stattfindet, wo sich Freiheit in der Erscheinung zeigt. Ich will deswegen, meinem ersten Plane zuwider, in den empirischen Teil meiner Theorie vorausspringen und Dir zur Erholung eine Geschichte erzählen.

»Ein Mensch ist unter Räuber gefallen, die ihn nackend ausgezogen und bei einer strengen Kälte auf die Straße geworfen haben.

Ein Reisender kommt an ihm vorbei, dem klagt er seinen Zustand und fleht ihn um Hülfe. ›Ich leide mit dir‹, ruft dieser gerührt aus, ›und gerne will ich dir geben, was ich habe. Nur fordre keine andern Dienste, denn dein Anblick greift mich an. Dort kommen Menschen, gib ihnen diese Geldbörse, und sie werden dir Hülfe schaffen.‹ – ›Gut gemeint‹, sagte der Verwundete, ›aber man muß auch das Leiden *sehen* können, wenn die Menschenpflicht es fordert. Der Griff in deinen Beutel ist nicht halb soviel wert als eine kleine Gewalt über deine weichlichen Sinne.‹«

Was war diese Handlung? Weder nützlich, noch moralisch, noch großmütig, noch schön. Sie war bloß passioniert, gutherzig aus Affekt.

»Ein zweiter Reisender erscheint, der Verwundete erneuert seine Bitte. Diesem zweiten ist sein Geld lieb, und doch möchte er gern seine Menschenpflicht erfüllen. ›Ich versäume den Gewinn eines Guldens‹, sagte er, ›wenn ich die Zeit mit dir verliere. Willst du mir soviel, als ich versäume, von deinem Gelde geben, so lade ich dich auf meine Schultern und bringe dich in einem Kloster unter, das nur eine Stunde von hier entfernt liegt.‹ – ›Eine kluge Auskunft‹, versetzt der andre. ›Aber man muß bekennen, daß deine Dienstfertigkeit dir nicht hoch zu stehen kommt. Ich sehe dort einen Reuter kommen, der mir die Hülfe umsonst leisten wird, die dir nur um einen Gulden feil ist.‹«

Was war nun diese Handlung? Weder gutherzig, noch pflichtmäßig, noch großmütig, noch schön. Sie war bloß nützlich.

»Der dritte Reisende steht bei dem Verwundeten still und läßt sich die Erzählung seines Unglücks wiederholen. Nachdenkend und mit sich selbst kämpfend steht er da, nachdem der andre ausgeredet hat. ›Es wird mir schwer werden‹, sagt er endlich, ›mich von dem Mantel zu trennen, der meinem kranken Körper der einzige Schutz ist, und dir mein Pferd zu überlassen, da meine Kräfte erschöpft sind. Aber die Pflicht gebietet mir, dir zu dienen. Besteige also mein Pferd und hülle dich in meinen Mantel, so will ich dich hinführen, wo dir geholfen werden kann.‹ – ›Dank dir, braver Mann, für deine redliche Meinung‹, erwidert jener, ›aber du sollst, da du selbst bedürftig bist, um meinetwillen kein Ungemach leiden. Dort sehe ich zwei starke Männer kommen, die mir den Dienst werden leisten können, der dir sauer wird.‹«

Diese Handlung war *rein* (aber auch nicht mehr als) *moralisch,* weil sie gegen das Interesse der Sinne, aus Achtung fürs Gesetz unternommen wurde[2].

»Jetzt nähern sich die zwei Männer dem Verwundeten und fangen an, ihn um sein Unglück zu befragen. Kaum eröffnet er den Mund, so rufen beide mit Erstaunen: ›Er ists! Es ist der nämliche, den wir suchen.‹ Jener erkennt sie und erschrickt. Es entdeckt sich, daß beide ihren abgesagten Feind und den Urheber ihres Unglücks in ihm erkennen und dem sie nachgereist sind, um eine blutige Rache an ihm zu nehmen. ›Befriedigt jetzt euren Haß und eure Rache‹, fängt jener an, ›der Tod und nicht Hülfe ist es, was ich von euch erwarten kann.‹ – ›Nein‹, erwidert einer von ihnen, ›damit

[2] Kant läßt eine Handlung nur dann als moralisch gelten, wenn sie aus unbedingter Achtung vor dem Gesetz der Vernunft und ohne jede Einmischung der Neigung geschieht.

du siehst, wer *wir* sind und wer *du* bist, so nimm diese Kleider und bedecke dich. Wir wollen dich zwischen uns in die Mitte nehmen und dich hinbringen, wo dir geholfen werden kann.‹ – ›Großmütiger Feind‹, ruft der Verwundete voll Rührung, ›du beschämst mich, du entwaffnest meinen Haß. Komm jetzt, umarme mich und mache deine Wohltat vollkommen durch eine herrliche Vergebung.‹ – ›Mäßige dich, Freund‹, erwidert der andere frostig. ›Nicht weil ich dir verzeihe, will ich dir helfen, sondern weil du elend bist.‹ – ›So nimm auch deine Kleidung zurück‹, ruft der Unglückliche, indem er sie von sich wirft. ›Werde aus mir, was da will. Eher will ich elendiglich umkommen, als einem stolzen Feind meine Rettung verdanken.‹

Indem er aufsteht und den Versuch macht, sich wegzubegeben, nähert sich ein fünfter Wanderer, der eine schwere Last auf dem Rücken trägt. ›Ich bin so oft getäuscht worden‹, denkt der Verwundete, ›und der sieht mir nicht aus wie einer, der mir helfen wollte. Ich will ihn vorübergehen lassen.‹ – Sobald der Wandrer ihn ansichtig wird, legt er seine Bürde nieder. ›Ich sehe‹, fängt er aus eignem Antrieb an, ›daß du verwundet bist und deine Kräfte dich verlassen. Das nächste Dorf ist noch ferne, und du wirst dich verbluten, ehe du davor anlangst. Steige auf meinen Rücken, so will ich mich frisch aufmachen und dich hinbringen.‹ – ›Aber was wird aus deinem Bündel werden, das du hier auf freier Landstraße zurücklassen mußt?‹ – ›Das weiß ich nicht, und das bekümmert mich nicht‹, sagt der Lastträger. ›Ich weiß aber, daß du Hülfe brauchst und daß ich schuldig bin, sie dir zu geben.‹«

den 19. Februar 1793

Die Schönheit der fünften Handlung muß in demjenigen Zuge liegen, den sie mit keiner der vorhergehenden gemein hat.

Nun haben: 1. Alle fünf helfen wollen. 2. Die meisten haben ein zweckmäßiges Mittel dazu erwählt. 3. Mehrere wollten es sich etwas kosten lassen. 4. Einige haben eine *große* Selbstüberwindung dabei bewiesen. Einer darunter hat aus dem reinsten moralischen Antrieb gehandelt. Aber nur der fünfte hat *unaufgefordert* und ohne mit sich zu Rat zu gehen geholfen, obgleich es auf seine Kosten ging. Nur der fünfte hat sich selbst ganz dabei vergessen und »seine Pflicht mit einer Leichtigkeit erfüllt, als wenn bloß der Instinkt aus ihm gehandelt hätte«. – Also wäre eine moralische Handlung alsdann erst eine schöne Handlung, wenn sie aussieht wie eine sich von selbst ergebende Wirkung der Natur. Mit einem Worte: eine freie Handlung ist eine schöne Handlung, wenn die Autonomie des Gemüts und Autonomie in der Erscheinung koinzidieren.

Aus diesem Grunde ist das Maximum der Charaktervollkommenheit eines Menschen moralische Schönheit, denn sie tritt nur alsdann ein, *wenn ihm die Pflicht zur Natur geworden ist.*

Offenbar hat die Gewalt, welche die praktische Vernunft bei moralischen Willensbestimmungen gegen unsere Triebe ausübt, etwas Beleidigendes, etwas Peinliches in der Erscheinung. Wir wollen nun einmal nirgends Zwang sehen, auch nicht, wenn die Vernunft selbst ihn ausübt; auch die Freiheit der Natur wollen wir respektiert wissen, weil wir »jedes Wesen in der ästhetischen Beurteilung als einen Selbstzweck« betrachten und es uns, denen Freiheit das Höchste ist, ekelt (empört), daß etwas dem anderen aufgeopfert werden und zum Mittel dienen soll. Daher kann eine moralische Handlung niemals schön sein, wenn wir der Operation zusehen, wodurch sie der Sinnlichkeit abgeängstigt wird. Unsre sinnliche Natur muß also im Moralischen frei erscheinen, obgleich sie es nicht wirklich ist, und es muß das Ansehen haben, als wenn die Natur bloß den Auftrag unsrer Triebe vollführte, indem sie sich, den Trieben gerade entgegen, unter die Herrschaft des reinen Willens beugt.

Jena, den 23. Februar 1793

Das Resultat meiner bisher geführten Beweise ist dieses: Es gibt eine solche Vorstellungsart der Dinge, wobei von allem übrigen abstrahiert und bloß darauf gesehen wird, ob sie frei, d.i. durch sich selbst bestimmt erscheinen. Diese Vorstellungsart ist notwendig, denn sie fließt aus dem Wesen der Vernunft, die in ihrem praktischen Gebrauche Autonomie der Bestimmungen unnachläßlich fordert.

Daß diejenige Eigenschaft der Dinge, die wir mit dem Namen Schönheit bezeichnen, mit dieser Freiheit in der Erscheinung eins und dasselbe sei, ist noch gar nicht bewiesen; und das soll von jetzt an mein Geschäft sein. Ich habe also zweierlei darzutun: *erstlich,* daß dasjenige Objektive an den Dingen, wodurch sie in den Stand gesetzt werden, frei zu erscheinen, gerade auch dasjenige sei, welches ihnen, wenn es da ist, Schönheit verleiht, und wenn es fehlt, ihre Schönheit vernichtet; selbst wenn sie im ersten Fall gar keinen und im letzten alle andern Vorzüge besäßen. *Zweitens* habe ich zu beweisen, daß Freiheit in der Erscheinung eine solche Wirkung auf das Gefühlsvermögen notwendig mit sich führe, die derjenigen völlig gleich ist, die wir mit der Vorstellung des Schönen verbunden finden[3]. [...]

Ich habe neulich schon berührt, daß keinem Dinge in der Sinnenwelt *Freiheit* wirklich zukomme, sondern bloß scheinbar sei. Aber positiv frei kann es auch nicht einmal *scheinen,* weil dies bloß eine Idee der Vernunft ist, der keine Anschauung adäquat sein kann. Wenn aber die Dinge, insofern sie in der Erscheinung vorkommen, Freiheit weder besitzen noch zeigen, wie kann man einen objektiven Grund dieser Vorstellung in den Erscheinungen suchen? Dieser objektive Grund müßte eine solche Beschaffenheit derselben sein, deren Vorstellung uns schlechterdings *nötigt,* die Idee der Freiheit in uns hervorzubringen und auf das Objekt zu beziehen. Dies ist, was jetzt bewiesen werden muß.

Frei sein und durch sich selbst bestimmt sein, von innen heraus bestimmt sein, ist eins. Jede Bestimmung geschieht entweder von außen oder nicht von außen (von innen), was also nicht von außen bestimmt erscheint und doch als bestimmt erscheint, muß als von innen bestimmt vorgestellt

[3] Diese zweite Aufgabe besteht darin, eine notwendige Beziehung zwischen Freiheit in der Erscheinung einerseits und dem *Gefühl der Lust* (welches die Schönheit begleitet) andererseits aufzuzeigen. Sie wird im ›Kallias‹ nicht mehr ausgeführt, ist aber schon vorher in den Briefen an den Herzog von Augustenburg behandelt worden.

werden. »*Sobald also das Bestimmtsein gedacht wird,* so ist das Nichtvonaußenbestimmtsein indirecte zugleich die Vorstellung des Voninnenbestimmtseins oder der Freiheit.«

Wie wird nun dieses Nichtvonaußenbestimmtsein selbst wieder vorgestellt? Hierauf beruht alles; denn wird dieses an einem Gegenstand nicht notwendig vorgestellt, so ist auch gar kein Grund da, das Voninnenbestimmtsein oder die Freiheit vorzustellen. *Notwendig* aber muß die Vorstellung des letztern sein, weil unser Urteil vom Schönen Notwendigkeit enthält und jedermanns Beistimmung *fordert.* Es darf also nicht dem Zufall überlassen sein, ob wir bei der Vorstellung eines Objekts auf seine Freiheit Rücksicht nehmen wollen, sondern die Vorstellung desselben muß auch die Vorstellung des Nichtvonaußenbestimmtseins schlechterdings und notwendig mit sich führen.

Dazu wird nun erfordert, daß uns der Gegenstand selbst durch seine objektive Beschaffenheit einladet, oder vielmehr nötigt, auf die Eigenschaft des Nichtvonaußenbestimmtseins an ihm zu merken; weil eine bloße Negation nur dann bemerkt werden kann, *wenn ein Bedürfnis nach ihrem positiven Gegenteile vorausgesetzt wird.*

Ein Bedürfnis nach der Vorstellung des Voninnenbestimmtseins (Bestimmungsgrundes) kann nur durch Vorstellung des *Bestimmtseins* entstehen. Zwar ist alles, was uns vorgestellt werden kann, etwa Bestimmtes, aber nicht alles wird als ein solches vorgestellt, und was nicht vorgestellt wird, ist für uns so gut als gar nicht vorhanden. Etwas muß an dem Gegenstande sein, was ihn aus der unendlichen Reihe des Nichtssagenden und Leeren heraushebt und unsern Erkenntnistrieb reizt, denn das Nichtssagende ist dem Nichts beinahe gleich. Es muß sich als ein *Bestimmtes* darstellen, denn er soll uns auf das *Bestimmende* führen.

Nun ist aber der Verstand das Vermögen, welches den Grund zu der Folge sucht, folglich muß der Verstand ins Spiel gesetzt werden. Der Verstand muß veranlaßt werden, über die Form des Objekts zu reflektieren: über die *Form,* denn der Verstand hat es nur mit der Form zu tun.

Das Objekt muß also eine solche Form besitzen und zeigen, die eine Regel zuläßt: denn der Verstand kann sein Geschäft nur nach Regeln verwalten. Es ist aber nicht nötig, daß der Verstand diese Regel *erkennt* (denn Erkenntnis der Regel würde allen Schein der Freiheit zerstören, wie bei jeder strengen Regelmäßigkeit wirklich der Fall ist), es ist genug, daß der Verstand auf eine Regel – unbestimmt welche – geleitet wird. Man darf nur ein einzelnes Baumblatt betrachten, so dringt sich einem sogleich die Unmöglichkeit auf, daß sich das Mannigfaltige an demselben von ohngefähr und ohne alle Regel so habe ordnen können, wenn man auch gleich von der teleologischen Beurteilung abstrahiert. Die unmittelbare Reflexion über den Anblick desselben lehrt es, ohne daß man nötig hat, diese Regel einzusehen und sich einen Begriff von der Struktur desselben zu bilden.

Eine Form, welche auf eine Regel deutet (sich nach einer Regel behandeln läßt), heißt kunstmäßig oder *technisch*. Nur die technische Form eines Objektes veranlaßt den Verstand, den Grund zu der Folge zu suchen und das Bestimmende zu dem Bestimmten; und insofern also eine solche Form ein Bedürfnis erweckt, nach einem Grund der Bestimmung zu fragen, so führt hier die Negation des *Vonaußenbestimmtseins* ganz notwendig auf die Vorstellung des *Voninnenbestimmtseins* oder der Freiheit.

Freiheit kann also nur mit Hülfe der Technik sinnlich *dargestellt* werden, so wie Freiheit des Willens nur mit Hülfe der Kausalität und materiellen Willensbestimmungen gegenüber gedacht werden kann. Mit anderen Worten: der negative Begriff der Freiheit ist nur durch den positiven Begriff seines Gegenteils denkbar, und so wie die Vorstellung der Naturkausalität nötig ist, um uns auf die Vorstellung der Willensfreiheit zu leiten, so ist eine Vorstellung von Technik nötig, um uns im Reich der Erscheinungen auf Freiheit zu leiten.

Hieraus ergibt sich nun eine zweite Grundbedingung des Schönen, ohne welche die erste bloß ein leerer Begriff sein würde. Freiheit in der Erscheinung ist zwar der Grund der Schönheit, aber *Technik* ist die notwendige Bedingung unsrer *Vorstellung* von der Freiheit.

Man könnte dieses auch so ausdrücken:

Der Grund der Schönheit ist überall Freiheit in der Erscheinung. Der Grund unsrer Vorstellung von Schönheit ist Technik in der Freiheit.

Vereinigt man beide Grundbedingungen der Schönheit und der Vorstellung der Schönheit, so ergibt sich daraus folgende Erklärung:

Schönheit ist Natur in der Kunstmäßigkeit.

Ehe ich aber von dieser Erklärung einen sichern und philosophischen Gebrauch machen kann, muß ich erst den Begriff *Natur* bestimmen und vor jeder Mißdeutung sicherstellen. Der Ausdruck Natur ist mir darum lieber als *Freiheit,* weil er zugleich das Feld des Sinnlichen bezeichnet, worauf das Schöne sich einschränkt, und neben dem Begriffe der *Freiheit* auch sogleich ihre Sphäre in der Sinnenwelt andeutet. Der Technik gegenübergestellt, ist *Natur,* was durch sich selbst ist, *Kunst* ist, was durch eine Regel ist. *Natur in der Kunstmäßigkeit,* was sich selber die Regel gibt – was durch seine eigene Regel ist. (Freiheit in der Regel, Regel in der Freiheit.)

Wenn ich sage: *die Natur des Dinges: das Ding folgt seiner Natur, es bestimmt sich durch seine Natur:* so setze ich darin die Natur allem demjenigen entgegen, was von dem Objekt verschieden ist, was bloß als zufällig an demselben betrachtet wird und hinweggedacht werden kann, ohne zugleich sein Wesen aufzuheben. Es ist gleichsam die Person des Dings, wodurch es von allen andern Dingen, die nicht seiner Art sind, unterschieden wird. Daher werden diejenigen Eigenschaften, welche ein Objekt mit allen anderen gemein hat, nicht eigentlich zu seiner Natur gerechnet, ob es gleich diese Eigenschaften nicht ablegen kann, ohne daß es aufhörte, zu existieren. Bloß dasjenige wird durch den Ausdruck *Natur* bezeichnet, wodurch es das bestimmte Ding wird, was es ist. Alle Körper z.B. sind schwer, aber zur *Natur* eines körperlichen Dings gehören nur diejenigen Wirkungen der Schwere, welche aus seiner speziellen Beschaffenheit resultieren. Sobald die Schwerkraft an einem Dinge, für sich selbst und unabhängig von seiner speziellen Beschaffenheit, bloß als *allgemeine Naturkraft* wirkt, so wird sie als eine fremde Gewalt angesehen, und ihre Wirkungen verhalten sich als Heteronomie gegen die Natur des Dinges. Ein Beispiel mag dies ins Licht setzen. Eine Vase ist, als Körper betrachtet, der Schwerkraft unterworfen, aber die Wirkungen der Schwerkraft müssen, wenn sie die *Natur einer Vase* nicht verleugnen soll, durch die Form der Vase modifiziert, d.i. besonders bestimmt und durch diese spezielle Form notwendig gemacht worden sein. Jede Wirkung der Schwerkraft an einer Vase aber ist zufällig, welche unbeschadet ihrer Form als Vase kann hinweggenommen werden. Alsdann wirkt die Schwerkraft gleichsam außerhalb der Ökonomie, außerhalb der Natur des Dinges und erscheint sogleich als eine fremde Gewalt. Dies geschieht, wenn die Vase in einen weiten und breiten Bauch sich *endigt,* weil es da aussieht, als ob die Schwere der Länge genommen hätte, was sie der Breite gegeben, kurz als ob die Schwerkraft über die Form, nicht die Form über die Schwerkraft geherrscht hätte.

Ebenso ist es mit Bewegungen. Eine Bewegung gehört zur *Natur* des Dinges, wenn sie aus der speziellen Beschaffenheit oder aus der Form des Dinges notwendig fließt. Eine Bewegung aber, welche dem Dinge unabhängig von seiner speziellen Form durch das allgemeine Gesetz der Schwere vorgeschrieben wird, liegt außerhalb der Natur desselben und zeigt Heteronomie. Man stelle ein schweres Wagenpferd neben einen leichten spanischen Zelter. Die Last, welche jenes zu ziehen gewöhnt worden ist, hat seinen Bewegungen die Natürlichkeit genommen, daß es, auch ohne einen Wagen hinter sich her zu schleppen, ebenso mühsam und schwerfällig einhertrabt, als wenn es einen zu ziehen hätte. Seine Bewegungen entspringen nicht mehr aus seiner speziellen Natur, sondern verraten die geschleppte Last des Wagens. Der leichte Zelter hingegen ist nie gewöhnt worden, eine größere Kraft anzuwenden, als er auch in seiner größten Freiheit zu äußern sich angetrieben fühlt. Jede seiner Bewegungen ist also eine Wirkung seiner sich selbst überlassenen Natur. Daher bewegt er sich so leicht, als wenn er gar keine Last wäre, über dieselbe Fläche hinweg, die das Kutschpferd mit bleischweren Füßen tritt. »Man wird bei ihm gar nicht daran erinnert, daß er ein *Körper* ist, so sehr hat die spezielle Pferdeform die allgemeine Körpernatur, die der Schwere gehorchen muß, überwunden.« Hingegen macht die Schwerfälligkeit der Bewegung das Kutschpferd augenblicklich in unsrer Vorstellung zur Masse, und die *eigentümliche* Natur des Rosses wird in demselben von der *allgemeinen* Körpernatur unterdrückt.

Wenn man einen flüchtigen Blick durch das Tierreich wirft, so findet man, daß die Schönheit der Tiere in demselben Verhältnis abnimmt, als sie sich der Masse nähern und bloß der Schwerkraft zu dienen scheinen. Die Natur eines Tiers (in der ästhetischen Bedeutung dieses Worts) äußert sich entweder in seinen Bewegungen oder in seinen Formen, und beide werden eingeschränkt durch die Masse. Hat die Masse Einfluß gehabt auf die Form, so nennen wir diese plump; hat die Masse Einfluß gehabt auf die Bewegung, so heißt diese unbehülflich. Im Bau des Elefanten, des Bären, des Stiers usf. ist es die Masse, welche an der Form sowohl als an der Bewegung dieser Tiere einen sichtbaren Anteil hat. Die Masse aber muß jederzeit der Schwerkraft gehorchen, die sich gegen die *eigene* Natur des organischen Körpers als eine fremde Potenz verhält.

Dagegen nehmen wir überall Schönheit wahr, *wo die Masse von der Form* und (im Tier- und Pflanzenreich) von den lebendigen Kräften (in die ich die Autonomie des Organischen setze) *völlig beherrscht* wird.

Die Masse eines Pferdes ist bekanntlich von ungleich größerem Gewicht als die Masse einer Ente oder eines Krebses; nichtsdestoweniger ist die Ente schwer und das Pferd leicht; bloß weil sich die lebendigen Kräfte zur Masse bei beiden ganz verschieden verhalten. Dort ist es der Stoff, der die Kraft beherrscht; hier ist die Kraft Herr über den Stoff.

Unter den Tiergattungen ist das Vögelgeschlecht der beste Beleg meines Satzes. Ein Vogel im Flug ist die glücklichste Darstellung des durch die Form bezwungenen Stoffs, der durch die Kraft überwundenen Schwere[4]. Es ist nicht unwichtig zu bemerken, daß die Fähigkeit, über die Schwere zu siegen, oft zum Symbol der Freiheit gebraucht wird. Wir drücken die Freiheit der Phantasie aus, indem wir ihm Flügel geben; wir lassen Psyche mit Schmetterlingsflügeln sich über das Irdische erheben, wenn wir ihre Freiheit von den Fesseln des Stoffes bezeichnen wollen. Offenbar ist die Schwerkraft eine Fessel für jedes Organische, und ein Sieg über dieselbe gibt daher kein unschickliches Sinnbild der Freiheit ab. Nun gibt es aber keine treffendere Darstellung der besiegten Schwere als ein geflügeltes Tier, das sich aus innerem Leben (Autonomie des Organischen) der Schwerkraft directe entgegen bestimmt. Die Schwerkraft verhält sich ohngefähr ebenso gegen die lebendige Kraft des Vogels, wie sich – bei reinen Willensbestimmungen – die Neigung zu der gesetzgebenden Vernunft verhält. [...]

Natur an einem technischen Dinge, inwiefern wir sie dem nichttechnischen entgegensetzen, ist seine technische Form selbst, gegen welche alles andre, was nicht zu dieser technischen Ökonomie gehört, als etwas Auswärtiges, und wenn es darauf Einfluß gehabt hat, als Heteronomie und als Gewalt betrachtet wird. Aber es ist damit noch nicht genug, daß ein Ding nur durch seine Technik bestimmt erscheine – rein technisch sei; denn das ist auch jede streng mathematische Figur, ohne deswegen schön zu sein. Die Technik selbst muß wieder durch die Natur des Dinges bestimmt erscheinen, welches man den freiwilligen Konsens des Dinges zu seiner Technik nennen könnte. Hier wird also die Natur des Dings von seiner Technik wieder unterschieden, da sie doch kurz vorher für identisch mit derselben erklärt wurde. Aber der Widerspruch ist nur scheinbar. Gegen äußre Bestimmungen verhält sich die technische Form des Dinges als Natur, aber gegen das innere Wesen des Dings kann sich die technische Form wieder als etwas Äußres und Fremdes verhalten; z.B. es ist die Natur eines Zirkels, daß er eine Linie

[4] Vgl. dagegen Burkes Ansicht, daß »ein Vogel im Flug nicht so schön« sei wie »ein Vogel im Sitzen«.

sei, die in jedem Punkte ihrer Richtung von einem gegebenen Punkte gleich weit absteht. Schneidet nun ein Gärtner einen Baum zu einer Zirkelfigur aus[5], so fordert die Natur des Zirkels, daß er vollkommen rund geschnitten sei. Sobald also eine Zirkelfigur an dem Baume *angekündigt* wird, so muß sie erfüllt werden, und es beleidigt unser Auge, wenn dagegen gesündigt wird. Aber was die Natur des Zirkels fordert, das widerstreitet der Natur des Baums, und weil wir nicht umhin können, dem Baume seine eigene Natur, seine Persönlichkeit zuzugestehen, so verdrüßt uns diese Gewalttätigkeit und es gefällt uns, wenn er die ihm aufgedrungene Technik aus innerer Freiheit vernichtet. Die Technik ist also überall etwas Fremdes, wo sie nicht aus dem Dinge selbst entsteht, nicht mit der ganzen Existenz desselben eins ist, nicht von innen heraus, sondern von außen hereinkommt, nicht dem Dinge notwendig und angeboren, sondern ihm gegeben und also zufällig ist. [...]

Was wäre also Natur in dieser Bedeutung? Das innere Prinzip der Existenz an einem Dinge, zugleich als der Grund seiner Form betrachtet; *die innere Notwendigkeit der Form.* Die Form muß im eigentlichsten Sinne zugleich selbstbestimmend und selbstbestimmt sein; nicht bloße Autonomie, sondern Heautonomie[6] muß da sein. Aber, wirst Du hier einwenden, wenn die Form mit der Existenz des Dinges zusammen eins ausmachen muß, um Schönheit hervorzubringen, wo bleiben die Schönheiten der Kunst, welche diese Heautonomie niemals haben können? Ich will Dir darauf antworten, wenn wir erst zu dem Schönen der Kunst gekommen sind, denn dieses erfordert ein ganz eigenes Kapitel. Nur so viel kann ich Dir im voraus sagen, daß diese Forderung von der Kunst nicht darf abgewiesen werden, und daß auch die Formen der Kunst mit der Existenz des

[5] Wie es in der französischen Gartenarchitektur des Klassizismus üblich war. Der sogenannte Englische Garten, der sich im Gegensatz hierzu bewußt an die Naturformen anlehnt, verdrängte im späten 18. Jahrhundert zunehmend den französischen Geschmack.

[6] Der Begriff der Heautonomie hat im Unterschied zum Autonomiebegriff einen reflexiven Sinn, meint also deutlicher noch das sich-selbst-Gesetz-Sein.

Geformten *eins* ausmachen müssen, wenn sie auf die höchste Schönheit Anspruch machen sollen: und da sie dieses in der Wirklichkeit nicht können, weil die menschliche Form an einem Marmor immer zufällig bleibt, so müssen sie wenigstens so erscheinen.

Was ist also Natur in der Kunstmäßigkeit? Autonomie in der Technik? Sie ist die reine Zusammenstimmung des innern Wesens mit der Form, *eine Regel, die von dem Dinge selbst zugleich befolgt und gegeben ist.* (Aus diesem Grunde ist in der Sinnenwelt nur das Schöne ein Symbol des in sich Vollendeten oder des Vollkommenen, weil es nicht wie das Zweckmäßige auf etwas außer sich braucht bezogen zu werden, sondern sich selbst zugleich gebietet und gehorcht und sein eigenes Gesetz vollbringt.)

Ich hoffe, Dich nunmehr in den Stand gesetzt zu haben, mir ungehindert zu folgen, wenn ich von Natur, von Selbstbestimmung, von Autonomie und Heautonomie, von Freiheit und von Kunstmäßigkeit spreche. Du wirst auch mit mir darüber einig sein, daß diese Natur und diese Heautonomie objektive Beschaffenheiten der Gegenstände sind, denen ich sie zuschreibe, denn sie bleiben ihnen, auch wenn das vorstellende Subjekt ganz hinweggedacht wird. Der Unterschied zwischen zwei Naturwesen, worunter das eine ganz Form ist und eine vollkommene Herrschaft der lebendigen Kraft über die Masse zeigt, das andre aber von seiner Masse unterjocht worden ist, bleibt übrig, auch nach völliger Hinwegdenkung des beurteilenden Subjekts. Ebenso ist der Unterschied zwischen einer Technik durch Verstand und einer Technik durch Natur (wie bei allem Organischen) gänzlich unabhängig von der Existenz des vernünftigen Subjekts. Er ist also objektiv, und also ist es auch der Begriff von einer Natur in der Technik, der sich darauf gründet.

Freilich ist die Vernunft nötig, um von dieser objektiven Eigenschaft der Dinge gerade einen solchen Gebrauch zu machen, wie bei dem Schönen der Fall ist. Aber dieser subjektive Gebrauch hebt die Objektivität des Grundes nicht auf, denn auch mit dem Vollkommenen, mit dem Guten, mit dem Nützlichen hat es dieselbe Bewandnis, ohne daß darum die Objektivität dieser Prädikate weniger gegründet wäre. »Freilich wird der Begriff der Freiheit selbst, oder das *Positive,* von der Vernunft erst in das Objekt hineingelegt, indem sie dasselbe unter der Form des Willens betrachtet, aber das *Negative* dieses Begriffs gibt die Vernunft dem Objekte nicht, sondern sie findet es in demselben schon vor. Der Grund der dem Objekte zugesprochenen Freiheit liegt also doch in *ihm* selbst, obgleich die *Freiheit* nur in der Vernunft liegt.«

Kant stellt in seiner ›Kritik der Urteilskraft‹, pag. 177, einen Satz auf, der von ungemeiner Fruchtbarkeit ist und der, wie ich denke, erst aus meiner Theorie seine Erklärung erhalten kann. Natur, sagt er, ist schön, wenn sie aussieht wie Kunst; Kunst ist schön, wenn sie aussieht wie Natur. Dieser Satz macht also die Technik zu einem wesentlichen Requisit des Naturschönen und die Freiheit zur wesentlichen Bedingung des Kunstschönen. Da aber das Kunstschöne schon an sich selbst die Idee der Technik, das Naturschöne die Idee der Freiheit mit einschließt, so gesteht also Kant selbst ein, daß Schönheit nichts anderes als Natur in der Technik, Freiheit in der Kunstmäßigkeit sei.

Wir müssen *erstlich* wissen, daß das schöne Ding ein Naturding ist, d.i. daß es durch sich selbst ist; *zweitens* muß es uns vorkommen, als ob es durch eine Regel wäre, denn er sagt ja, es muß aussehen wie Kunst. Beide Vorstellungen: *es ist durch sich selbst,* und *es ist durch eine Regel,* lassen sich aber nur auf eine einzige Art vereinigen, nämlich, wenn man sagt: *es ist durch eine Regel, die es sich selbst gegeben hat.* Autonomie in der Technik, Freiheit in der Kunstmäßigkeit.

Es könnte aus dem Bisherigen scheinen, als ob *Freiheit* und *Kunstmäßigkeit* einen völlig gleichen Anspruch auf das Wohlgefallen hätten, das uns die Schönheit einflößt, als ob die Technik mit der Freiheit in gleicher Reihe stünde, und da hätte ich freilich sehr unrecht, daß ich in meiner Erklärung vom Schönen (Autonomie in der Erscheinung) bloß auf die Freiheit Rücksicht nahm und der Technik gar nicht erwähnte. Aber meine Definition ist sehr genau abgewogen worden. Technik und Freiheit haben nicht dasselbe Verhältnis zum

Schönen. *Freiheit* allein ist der Grund des Schönen, Technik ist nur der Grund unserer Vorstellung von der Freiheit, jene also der unmittelbare Grund, dieses nur mittelbar die Bedingung der Schönheit. Technik nämlich trägt nur insofern zur Schönheit bei, als sie dazu dient, die Vorstellung der Freiheit zu erregen. [...]

Dieses leitet mich nun von selbst auf den Unterschied zwischen dem Schönen und dem Vollkommenen. Alles Vollkommene, das Absolutvollkommene ausgenommen, welches das Moralische ist, ist unter dem Begriff der Technik enthalten, weil es in der Übereinstimmung des Mannigfaltigen zu Einem besteht. Da nun die Technik bloß mittelbar zu der Schönheit beiträgt, insofern sie die Freiheit bemerkbar macht, das Vollkommene aber unter dem Begriff der Technik enthalten ist, so sieht man gleich, daß es nur die *Freiheit in der Technik* ist, was das Schöne von dem Vollkommenen unterscheidet. Das Vollkommene kann Autonomie haben, insofern seine Form durch seinen Begriff rein bestimmt worden ist; aber Heautonomie hat nur das Schöne, weil nur an diesem die Form durch das innere Wesen bestimmt ist.

Das Vollkommene, dargestellt mit Freiheit, wird sogleich in das Schöne verwandelt. Es wird aber mit Freiheit dargestellt, wenn die Natur des Dinges mit seiner Technik zusammenstimmend erscheint, wenn es aussieht, als wenn diese aus dem Dinge selbst freiwillig hervorgeflossen wäre. Man kann das Bisherige auch kurz so ausdrücken: Vollkommen ist ein Gegenstand, wenn alles Mannigfaltige an ihm zur Einheit seines Begriffs übereinstimmt; schön ist er, wenn seine Vollkommenheit als Natur erscheint. Die Schönheit wächst, wenn die Vollkommenheit zusammengesetzter wird und die Natur dabei nichts leidet; denn die Aufgabe der Freiheit wird mit der zunehmenden Menge des Verbundenen schwüriger und ihre glückliche Auflösung eben darum überraschender.

Zweckmäßigkeit, Ordnung, Proportion, Vollkommenheit – Eigenschaften, in denen man die Schönheit so lange gefunden zu haben glaubte – haben mit derselben ganz und gar nichts zu tun. Wo aber Ordnung, Proportion etc. zur

Natur eines Dinges gehören, wie bei allem Organischen, da sind sie auch eo ipso unverletzbar, aber nicht um ihrer selbst willen, sondern weil sie von der Natur des Dinges unzertrennlich sind. Eine grobe Verletzung der Proportion ist häßlich, aber nicht, weil Beobachtung der Proportion Schönheit ist. Ganz und gar nicht, sondern weil sie eine Verletzung der Natur ist, also Heteronomie andeutet. Ich bemerke überhaupt, daß der ganze Irrtum derer, welche die Schönheit in der Proportion oder in der Vollkommenheit suchten, davon herrührt: sie fanden, daß die Verletzung derselben den Gegenstand häßlich machte, daraus zogen sie gegen alle Logik den Schluß, daß die Schönheit in der genauen Beobachtung dieser Eigenschaften enthalten sei. Aber alle diese Eigenschaften machen bloß die *Materie* des Schönen, welche sich bei jedem Gegenstand abändern kann; sie können zur Wahrheit gehören, welche auch nur die Materie der Schönheit ist. Die Form des Schönen ist nur ein freier Vortrag der Wahrheit, der Zweckmäßigkeit, der Vollkommenheit.

Wir nennen ein Gebäude vollkommen, wenn sich alle Teile desselben nach dem Begriff und dem Zwecke des Ganzen richten und seine *Form* durch seine Idee rein bestimmt worden ist. Schön aber nennen wir es, wenn wir diese Idee nicht zu Hülfe nehmen müssen, um die Form einzusehen, wenn sie freiwillig und absichtslos aus sich selbst hervorzuspringen und alle Teile sich durch sich selbst zu beschränken scheinen. Ein Gebäude kann deswegen (beiläufig zu sagen) nie ein ganz freies Kunstwerk sein und nie ein Ideal der Schönheit erreichen, weil des schlechterdings unmöglich ist, an einem Gebäude, das Treppen, Türen, Kamine, Fenster und Öfen braucht, ohne Hülfe eines Begriffs auszureichen und also Heteronomie zu verbergen. Völlig rein kann also nur diejenige Kunstschönheit sein, deren Original in der Natur selbst sich findet. [...]

Wann sagt man wohl, daß eine Person schön gekleidet sei? Wenn weder das Kleid durch den Körper, noch der Körper durch das Kleid an seiner Freiheit etwas leidet; wenn dieses aussieht, als wenn es mit dem Körper nichts zu verkehren hätte und doch aufs vollkommenste seinen Zweck erfüllt. Die Schönheit oder vielmehr der Geschmack betrachtet alle Dinge als *Selbstzwecke* und duldet schlechterdings nicht, daß eins dem andern als Mittel dient oder das Joch trägt. In der ästhetischen Welt ist jedes Naturwesen ein freier Bürger, der mit dem Edelsten gleiche Rechte hat, und *nicht einmal um des Ganzen willen* darf *gezwungen* werden, sondern zu allem schlechterdings *konsentieren* muß. In dieser ästhetischen Welt, die eine ganz andere ist als die vollkommenste platonische Republik, fordert auch der Rock, den ich auf dem Leibe trage, Respekt von mir für seine Freiheit, und er verlangt von mir, gleich einem verschämten Bedienten, daß ich niemanden merken lasse, daß er mir *dient.* Dafür aber verspricht er mir auch reciproce, seine Freiheit so bescheiden zu gebrauchen, daß die meinige nichts dabei leidet; und wenn beide Wort halten, so wird die ganze Welt sagen, daß ich schön angezogen sei. *Spannt* hingegen der Rock, so verlieren wir beide, der Rock und ich, von unserer Freiheit. Deswegen sind alle *ganz enge* und *ganz weite* Kleidungsarten gleich wenig schön, denn nicht zu rechnen, daß beide die Freiheit der Bewegungen einschränken, so zeigt bei der engen Kleidung der Körper seine Figur nur auf Kosten des Kleides, und bei der weiten Kleidung verbirgt der Rock die Figur des Körpers, indem er sich selbst mit der seinigen aufbläht und seinen Herrn zu seinem bloßen Träger herabsetzt.

Eine Birke, eine Fichte, eine Pappel ist schön, wenn sie schlank emporsteigt, eine Eiche, wenn sie sich krümmt; die Ursache ist, weil diese sich selbst überlassen die krumme, jene hingegen die gerade Richtung lieben. Zeigt sich also die Eiche schlank und die Birke verbogen, so sind sie beide nicht schön, weil ihre Richtungen fremden Einfluß, Heteronomie verraten. Wird hingegen die Pappel vom Winde gebogen, so finden wir dies wieder schön, weil sie durch ihre schwankende Bewegung ihre Freiheit äußert.

Welchen Baum wird sich der Maler am liebsten aufsuchen, um ihn in Landschaften zu benutzen? Denjenigen gewiß, der von der Freiheit Gebrauch macht, die ihm bei aller Technik seines Baues gelassen ist – der sich nicht nach seinem Nachbar sklavisch richtet, sondern sich, selbst mit einiger Kühnheit, etwas herausnimmt, aus seiner Ordnung tritt, sich eigensinnig dahin oder dorthin wendet, wenn er auch gleich hier eine Lücke lassen, dort etwas durch seine ungestüme Dazwischenkunft verwirren müßte. An demjenigen hingegen, der immer in einerlei Richtung verharrt, auch wenn ihm seine Gattung weit mehr Freiheit vergönnt, dessen Äste ängstlich in Reih und Glied bleiben, als wenn sie nach der Schnur gezogen wären, wird er mit Gleichgültigkeit vorübergehen. [...]

Ich könnte noch Beispiele genug anhäufen, um zu zeigen, daß alles, was wir schön nennen, sich dieses Prädikat bloß durch die Freiheit in seiner Technik erwerbe. Aber an den angeführten Proben mag es vorjetzt genug sein. Weil also *Schönheit* an keiner Materie haftet, sondern bloß in der Behandlung besteht; alles aber, was [sich] den Sinnen vorstellt, technisch oder nicht technisch, frei oder nicht frei erscheinen kann, so folgt daraus, daß sich das Gebiet des Schönen sehr weit erstrecke, weil die Vernunft bei allem, was Sinnlichkeit und Verstand ihr unmittelbar vorstellen, nach der Freiheit fragen kann und muß. Darum ist das Reich des Geschmacks ein Reich der Freiheit – die schöne Sinnenwelt das glückliche Symbol, wie die moralische sein soll, und jedes schöne Naturwesen außer mir ein glücklicher Bürger, der mir zuruft: Sei frei wie ich.

Darum stört uns jede sich aufdringende Spur der despotischen Menschenhand in einer freien Naturgegend, darum jeder Tanzmeisterzwang im Gange und in den Stellungen, darum jede Künstelei in den Sitten und Manieren, darum alles Eckige im Umgang, darum jede Beleidigung der Naturfreiheit in Verfassungen, Gewohnheiten und Gesetzen.

Es ist auffallend, wie sich der gute Ton (Schönheit des Umgangs) aus meinem Begriff der Schönheit entwickeln läßt. Das erste Gesetz des guten Tones ist: *Schone fremde Freiheit.* Das zweite: *Zeige selbst Freiheit.* Die pünktliche Erfüllung beider ist ein unendlich schweres Problem, aber der gute Ton fordert sie unerläßlich, und sie macht allein den vollendeten Weltmann. Ich weiß für das Ideal des schönen Umgangs kein passenderes Bild als einen gut getanzten und aus vielen verwickelten Touren komponierten englischen Tanz. Ein Zuschauer aus der Galerie sieht unzählige Bewegungen, die sich aufs bunteste durchkreuzen und ihre Richtung lebhaft und mutwillig verändern und doch *niemals zusammenstoßen.* Alles ist so geordnet, daß der eine schon Platz gemacht hat, wenn der andere kommt, alles fügt sich so geschickt und doch wieder so kunstlos ineinander, daß jeder nur seinem eigenen Kopf zu folgen scheint und doch nie dem andern in den Weg tritt. Es ist das treffendste Sinnbild der behaupteten eigenen Freiheit und der geschonten Freiheit des anderen.

13. Friedrich Wilhelm Joseph Schelling

Die Aporie, in die Schiller sich verstrickt hatte, konnte erst aufgelöst oder vielmehr von Anfang an verhindert werden, nachdem *Johann Gottlieb Fichte* (1762–1814) den transzendentalen Ansatz Kants radikalisiert und die *ganze* Natur (statt nur ihre allgemeinen Gesetze) aus einer ursprünglichen und notwendigen Tathandlung eines intelligiblen Ichs abgeleitet hatte[1]. Durch die gleichursprüngliche Setzung von Subjekt und Objekt als Ich und Nicht-Ich waren Geist und Natur bei Fichte *ihrer Quelle nach* identisch geworden, doch immer noch so, daß bereits in der Setzung die grundsätzliche Verschiedenheit wiederhergestellt wurde. Den entscheidenden Schritt über Fichte hinaus machte dann *Friedrich Wilhelm Joseph Schelling* (1775–1854) dadurch, daß er die Identität von Subjekt und Objekt durch die Trennung hindurch aufrechterhielt, indem er dem Subjekt als subjektivem Subjekt-Objekt nunmehr ein objektives Subjekt-Objekt entgegenstellte. Diese Annahme einer andauernden Identität machte es möglich und sogar notwendig, die Freiheit (oder die praktische Vernunft) als real in der Naturerscheinung enthalten zu denken. Doch mußte die Freiheit auch *tatsächlich* anschaubar gemacht werden können, wenn das Identitäts-Postulat in seiner Gültigkeit legitimiert werden sollte. An diesem Punkt setzt Schellings ästhetische Philosophie an[2]. Fichtes Ich wird Schelling zur urbildlichen Natur, dem *Absoluten* als göttlichem Einheitsgrund von Denken und Sein vor allen Gegensätzen. Die erscheinende Natur ist dem Geist nun nicht mehr wie bei Fichte entgegengesetzt, sondern selbst objektivierter Geist. Schon in der Stereometrie ihrer toten Formen[3], in der Gestalt und dem Leben der Pflanzen und noch viel mehr im kunstvollen Tun der Tiere zeige sie ihre lebendige Urkraft, den Geist, der das »Leben der Dinge« sei. Erkenntnis im unbewußten Schaffen, Einheit von Begriff und Tat, sei deshalb das Wesen der Natur, und ihre Schönheit sei um so größer, je inniger Begriff und Materie, das Ideale und das

[1] Johann Gottlieb Fichte, Grundlage der gesamten Wissenschaftslehre. Als Handschrift für seine Zuhörer, Jena, Leipzig 1794/95.

[2] Bruno oder Über das göttliche und natürliche Princip der Dinge. Berlin 1802; Über das Verhältnis der bildenden Künste zu der Natur. 1807; Philosophie der Kunst. Stuttgart, Augsburg 1859 (auf Vorlesungen aus den Jahren 1802/3 und 1804/5 zurückgehend).

[3] Die Betonung der Schaffenskraft als dem Wesentlichen hinter der Form weist zurück auf den Einfluß Shaftesburys.

Reale, das Allgemeine und das Besondere, das Unendliche und das Endliche und schließlich Freiheit und Notwendigkeit miteinander verflochten seien. Schön sei ein Gegenstand dann, wenn das Besondere dem Begriff so angemessen sei, daß er vollständig eintreten könne und so der Begriff *ganz anschaubar* werde. Auf diese Weise offenbare die geschaffene Natur die Wahrheit des Absoluten, die mit der höchsten Schönheit in eins falle. Auch das Erhabene, von Kant in Anlehnung an Burke ja gerade durch die in ihm aufscheinende Diskrepanz zwischen dem Unendlichen und dem Endlichen vom Schönen scharf unterschieden, wird bei Schelling in die Versöhnung der Gegensätze, in der unschwer das Kantische Spiel von Einbildungskraft und Verstand (ins Objektive übertragen), aber auch die Plotinische Beherrschung des Stoffes durch die Form wiederzuerkennen ist, miteinbezogen[4]. Im Erhabenen hebe die Fülle der Form die Form selbst (für die Anschauung) auf. Da alles Endliche notwendig begrenzt sei, werde auch im Erhabenen das Unendliche im Endlichen dargestellt, so daß der Gegensatz zwischen dem Schönen und Erhabenen nur quantitativ sein könne. Alles sinnlich Schöne sei auch erhaben, alles Erhabene auch schön. Doch gleichgültig, welche Tendenz überwiege, könne die Darstellung des Unendlichen im Endlichen in der Natur doch nur in unvollkommener Weise geschehen, da die wesenhafte Zeitlichkeit der geschaffenen Natur den Dingen nicht erlaube, die absolute Wahrheit länger als einen Augenblick lang zur Anschauung zu bringen. Darum müsse das Wahre der Natur (d.i. der Begriff oder der Geist) durch die *Kunst* aus der Zufälligkeit seiner zeitlichen Existenz befreit werden. Was die Natur nicht vermöchte, fällt nun der Kunst zu: die Dinge zu zeigen, wie sie an sich, das heißt im Absoluten, seien. An sich betrachtet seien aber alle Dinge vollkommen, denn die notwendige Unvollkommenheit der zeitlichen Dinge (als bloßer Abbilder) hebe sich im Unendlichen auf. Die unbedingteste, weil von allen äußeren Beziehungen unbetroffene Vollkommenheit sei nun die wahre Schönheit, von der die zeitlichen Dinge nur ein verworrenes, undeutliches Zeugnis ablegen könnten. Wahrhaft schön sei allein der Begriff, und die zeitlichen Dinge (ganz in der platonischen Tradition) nur schön, insoweit sie am Begriff oder, was für Schelling dasselbe ist, an der Wahrheit teilhätten. Der Künstler könne deshalb (wie die schaffende Natur in der Einheit von bewußtloser und bewußter Tätigkeit, oder mit Kant zu spre-

[4] Auch Friedrich Schlegel rückt das Erhabene nah an das Schöne heran. Bei ihm ist das Schöne die Mitte und die Vereinigung des Erhabenen und des Reizenden.

chen: sich selbst das Gesetz seines Schaffens gebend) ein Gegenbild zur urbildlichen Wahrheit und Schönheit nur dann schaffen, wenn er die zeitliche Natur nicht einfach nachahme, sondern die ihr innewohnenden Begriffe rein zur Darstellung bringe. Durch die größtmögliche Einbildung des Endlichen ins Unendliche (oder des Unendlichen ins Endliche) könne das Kunstwerk eine Schönheit erlangen, die als *Indifferenz* von Besonderem und Allgemeinem ein Gegenbild von deren absoluter *Identität* im Göttlichen sei. Aus der Erfahrung der Schönheit entspränge so die Gewißheit der ursprünglichen Identität aller Gegensätze und somit ein Wissen um die absolute Wahrheit, die dem diskursiven Verstand verschlossen bleiben müsse. Als Objektivation intellektualer *Anschauung* sei die Kunst darum das einzig wahre Organon und Dokument der Philosophie.

Friedrich Wilhelm Joseph Schelling
Bruno oder Über das göttliche und natürliche Princip der Dinge

Anselmo: Willst du uns wiederholen, o Lucian, was du gestern, als wir von der Einrichtung der Mysterien sprachen, über die Wahrheit und Schönheit behauptet?

Lucian: Meine Meinung war, daß in vielen Werken die höchste Wahrheit seyn könne, ohne daß ihnen darum auch der Preis der Schönheit zuerkannt werden dürfte.

Anselmo: Du aber, Alexander, erklärtest dagegen, daß die Wahrheit allein alle Forderungen der Kunst erfülle, und daß einzig durch diese ein Werk wahrhaft schön werde.

Alexander: So behauptete ich.

Anselmo: Die Wahrheit also über alles und selbst über die Schönheit setzend, o Freund, wirst du um so weniger anstehn können, ihr auch ferner die höchsten Eigenschaften beizulegen, und diesen ehrwürdigen Namen nicht wie es kommt auf alles anwenden lassen, was man insgemein darunter begreift.

Alexander: Gewiß.

Anselmo: Du wirst demnach die Eigenschaft der Wahrheit

keiner Erkenntniß zugestehen, welche nur eine gegenwärtige oder überhaupt vergängliche Gewißheit mit sich führt.

Alexander: Keineswegs werde ich.

Anselmo: Du wirst aus diesem Grunde niemals einer solchen Erkenntniß, welche nur durch die unmittelbaren Affektionen des Leibes vermittelt ist, oder sich unmittelbar nur auf sie bezieht, Wahrheit zuschreiben.

Alexander: Unmöglich, da ich weiß, daß diese, zusammt dem Gegenstande, der sie erleidet, den Bedingungen der Zeit unterworfen sind.

Anselmo: Aus demselben Grunde wirst du keiner Erkenntniß Wahrheit zugestehn, die verworren, undeutlich, unangemessen der Sache, wie sie an sich, ist.

Alexander: Keine, denn eine jede ist bloß sinnlicher Art und durch Affektionen vermittelt.

Anselmo: Würdest du aber ferner, was überhaupt zwar eine bleibende, aber doch insofern nur untergeordnete Gewißheit hat, daß es nur für die menschliche oder irgend eine andere Betrachtungsweise, welche nicht die höchste ist, Gültigkeit hätte, mit dem erhabenen Namen der Wahrheit bezeichnen?

Alexander: Auch dieses nicht, wenn es eine solche gebe.

Anselmo: Du zweifelst, ob es eine solche gebe. Laß demnach sehn, was du jener von uns vergänglich genannten entgegenstellest, oder worein du die unvergängliche Gewißheit setzest.

Alexander: Nothwendig in diejenige Wahrheit, die nicht nur von einzelnen Dingen, sondern von allen, und nicht nur für eine bestimmte Zeit, sondern für alle Zeit gilt.

Anselmo: Solltest du wirklich die unvergängliche Gewißheit in das setzen, was zwar für alle Zeit, aber doch überhaupt in Beziehung auf Zeit Gültigkeit hat? Ist es nicht offenbar, daß die Wahrheit, die überhaupt für die Zeit und Dinge in der Zeit gilt, unvergänglich ist nur in Bezug auf das, was selbst nicht ewig ist, also nicht schlechthin und an sich betrachtet? Es ist aber undenkbar, daß, was überhaupt nur vom Endlichen, obgleich es allgemein davon gilt, einen höheren Werth habe als dieses selbst, und daß wir ihm eine mehr als relative Wahrheit zugestehn können, da es mit dem Endlichen zugleich steht und fällt. Denn wer der Menschen wird leugnen, daß einer jeden Wirkung ihre Ursache vorausgehe, und daß diese Gewißheit, ohne an den Gegenständen geprüft zu werden, unmittelbar die bloße Beziehung des endlichen Erkennens auf den Begriff des Erkennens, unzweifelhaft sey? Wenn aber derselbe Satz außer der Beziehung auf das an sich Endliche keine Bedeutung hat, so ist es auch unmöglich, daß ihm Wahrheit zukomme. Denn bist du nicht mit mir übereingekommen, daß, was nur für eine untergeordnete Betrachtungsweise Gewißheit hat, nicht im ächten Sinne für wahr gehalten werden könne?

Alexander: Freilich.

Anselmo: Du wirst aber ferner nicht in Abrede seyn können, daß die Erkenntnis des Endlichen und Zeitlichen, als solche, selbst nur im endlichen Erkennen, nicht aber im absoluten, statthabe. Würdest du dich aber mit der Wahrheit begnügen, welche bloß für das Erkennen endlicher Wesen, und nicht schlechthin und auch in Ansehung Gottes und des höchsten Erkennens Wahrheit ist, oder geht nicht alles unser Bestreben darauf, die Dinge so zu erkennen, wie sie auch in jenem urbildlichen Verstande vorgebildet sind, von dem wir in dem unsrigen die bloßen Abbilder erblicken.

Alexander: Es ist schwer zu leugnen.

Anselmo: Dieses höchste Erkennen aber, kannst du es überhaupt unter Zeitbedingungen denken?

Alexander: Unmöglich.

Anselmo: Oder auch nur als bestimmt durch Begriffe, die, obgleich an sich allgemein und unendlich, dennoch sich nur auf die Zeit und das Endliche beziehen?

Alexander: Als bestimmt durch solche Begriffe zwar nicht, aber wohl als bestimmend diese Begriffe.

Anselmo: Dies gilt uns hier gleichviel; denn wir im endlichen Erkennen erscheinen uns nicht als bestimmend jene Begriffe, sondern als durch sie bestimmt, und wenn als bestimmend, offenbar durch ein höheres Erkennen. Wir müssen daher auf jeden Fall es als einen ausgemachten Satz annehmen, daß derjenigen Erkenntniß, die sich überhaupt auf die Zeit oder das zeitliche Daseyn der Dinge bezieht, gesetzt auch, daß sie nicht selbst zeitlich entstehe und für die unendliche Zeit so wie für alle Dinge in der Zeit gelte, dennoch keine absolute Wahrheit zukomme, denn sie setzt ein höheres Erkennen voraus, welches von der Art ist, unabhängig von aller Zeit, und ohne allen Bezug auf die Zeit, an sich selbst, demnach schlechthin ewig zu seyn.

Alexander: Diese Folge ist unvermeidlich nach den ersten Voraussetzungen.

Anselmo: Wir werden also erst dann auf dem Gipfel der Wahrheit selbst angekommen seyn, und die Dinge sowohl mit Wahrheit erkennen als darstellen, nachdem wir mit unsern Gedanken zu dem unzeitlichen Daseyn der Dinge und den ewigen Begriffen derselben gelangt sind.

Alexander: Ich kann es nicht leugnen, obgleich du noch nicht gezeigt hast, wie wir dazu gelangen können.

Anselmo: Auch geht uns diese Frage hier nicht an, da wir uns bloß um die Idee der Wahrheit bekümmern, die wir darum tiefer zu stellen, oder von ihrer Höhe herabzusetzen, damit sie den meisten leichter zu erreichen sey, für unwürdig halten. – Aber ist es dir gefällig, daß wir auf diese Weise in unsern Untersuchungen fortgehen?

Alexander: Allerdings.

Anselmo: So laß uns weiter den Unterschied des ewigen und zeitlichen Erkennens betrachten. Hältst du es also für möglich, daß, was wir irrig, verkehrt, unvollkommen u.s.w. nennen, alles dies wirklich an sich, oder daß es solches vielmehr nur in Ansehung unserer Betrachtungsweise sey?

Alexander: Ich kann mir nicht denken, daß z.B. die Unvollkommenheit irgend eines menschlichen Werks nicht wirklich in Ansehung dieses Werkes stattfinde, noch, daß, was wir uns nothwendig als irrig denken, nicht auch wirklich falsch sey.

Anselmo: Laß dir, o Freund, den Sinn der Frage nicht entgehen. Nicht davon rede ich, was das Werk sey, einzeln betrachtet, losgetrennt vom Ganzen. Daß also jener anstatt eines vollkommenen Werks etwas durchaus Verkehrtes, dieser statt wahrer keine andern als falsche Sätze hervorbringt, ist, wahrhaft betrachtet, weder Verkehrtheit noch Irrthum. Vielmehr wenn jener, so beschaffen als er ist, etwas Vollkommenes und irgend etwas anderes als das Widersinnige und Thörichte hervorbringen könnte, so wäre dies vielmehr ein Irrthum und eine wirkliche Verkehrtheit der Natur zu nennen, welches beides unmöglich ist. Da nun keiner etwas anderes hervorbringt, als was theils aus der Eigenthümlichkeit seiner Natur, theils aus den Einwirkungen, welche auf ihn von außen geschehen sind, nothwendig folgt, so drückt jeder, der eine durch seinen Irrthum, der andere durch die Unvollkommenheit seines Werks, die höchste Wahrheit und die höchste Vollkommenheit des Ganzen aus, und bestätigt eben durch sein Beispiel, daß in der Natur keine Lüge möglich sey[1].

Alexander: Du scheinst dich in deinen eignen Reden zu fangen. Denn daß der Irrthum des einen Wahrheit, die Unvollkommenheit des andern Vollkommenheit sey, folgt freilich aus der zugestandenen Verkehrtheit ihrer Natur, –

Anselmo: Die wiederum an sich betrachtet keine Verkehrtheit ist. Denn nachdem z. B. jener von einem solchen Vater gezeugt, dieser durch solche Einwirkungen von außen bestimmt worden ist, so ist ihre jetzige Beschaffenheit ganz in der Regel und in der allgemeinen Ordnung der Dinge nothwendig.

Alexander: Nach dieser Ansicht wirst du dich nur hüten müssen, einen Anfang der Unvollkommenheit zuzulassen.

Anselmo: Freilich, so wie es überhaupt unmöglich ist, einen Anfang des Zeitlichen zu denken. Alle Unvollkommenheit findet nur in derjenigen Ansicht statt, für welche das

[1] Ein Anklang an die mittelalterliche Vorstellung, daß auch das Unvollkommene und Häßliche seinen notwendigen Platz in der göttlichen Weltordnung einnehme. Vgl. S. 84.

Gesetz der Ursache und Wirkung selbst Princip, nicht für die höhere, die, da sie keinen Anfang des Endlichen zugibt, auch das Unvollkommene von Ewigkeit bei dem Vollkommenen, daß heißt selbst als Vollkommenheit setzt. – Scheint es dir aber nicht, daß, was wir bisher mehr auf die Werke der Menschen eingeschränkt, auch auf die Werke der Natur und überhaupt alle Dinge ausgedehnt werden müsse, nämlich, daß an sich betrachtet nichts mangelhaft, unvollkommen und unharmonisch sey?

Alexander: Es scheint so.

Anselmo: Dagegen daß sie unvollkommen seyen, nur für die bloß zeitliche Betrachtungsweise, oder war es nicht so?

Alexander: Auch dieß.

Anselmo: Laß uns nun weiter gehen, und sage mir, ob nicht anzunehmen ist, daß der schaffenden Natur bei allen ihren Hervorbringungen, im Ganzen nicht nur, sondern auch im Einzelnen, ein Typus vorgeschrieben sey, nach welchem sie sowohl die Gattungen als die Individuen bildet.

Alexander: Offenbar ist dieß, da wir nicht nur die verschiedenen Gattungen der Thiere und Pflanzen näher oder entfernter eben dieselbe Grundform ausdrücken sehen, sondern auch in den Individuen der Gattung sich genau dieselbe Anlage wiederholt.

Anselmo: Wenn wir nun die Natur, sofern sie der lebendige Spiegel ist, worin alle Dinge vorgebildet sind, die urbildliche, die Natur aber, sofern sie jene Vorbilder in der Substanz ausprägt, die hervorbringende nennen, so sage mir, ob wir die urbildliche Natur oder die hervorbringende dem Gesetz der Zeit und des Mechanismus unterworfen denken müssen?

Alexander: Nicht die urbildliche, wie mir scheint, denn das Urbild jedes Geschöpfes muß gedacht werden als sich immer gleich und unwandelbar, ja sogar als ewig, sonach auf keine Weise der Zeit unterworfen und weder als entstanden noch als vergänglich.

Anselmo: So sind es also die Dinge in der hervorbringenden Natur, welche nicht freiwillig, sondern gezwungen dem Dienst der Eitelkeit unterworfen sind. Jene ewigen Urbilder aber der Dinge sind gleichsam die unmittelbaren Söhne und Kinder Gottes, daher auch in einer heiligen Schrift gesagt wird, daß die Creatur sich sehne und verlange nach der Herrlichkeit der Kinder Gottes, welche die Vortrefflichkeit jener ewigen Urbilder ist. Denn es ist nothwendig, daß in der urbildlichen Natur oder in Gott alle Dinge, weil sie von den Bedingungen der Zeit befreit sind, auch viel herrlicher und vortrefflicher seyen, als sie an sich selbst sind. Die Erde z.B., welche gemacht worden, ist nicht die wahre Erde, sondern ein Abbild der Erde, insofern sie nicht gemacht, und weder entstanden ist, noch jemals vergehen wird. In der Idee der Erde aber sind auch die Ideen aller in ihr enthaltenen oder auf ihr zum Daseyn kommenden Dinge begriffen. Es ist also auch auf der Erde kein Mensch, kein Thier, kein Gewächs, kein Stein, dessen Bildniß nicht in der lebendigen Kunst und Weisheit der Natur weit herrlicher leuchtete als in dem todten Abdrukke der geschaffenen Welt. Da nun dieses vorgebildete Leben der Dinge weder jemals angefangen hat noch je aufhören wird, das nachgebildete dagegen unter dem Gesetz der Zeit, nicht frei und bloß seiner eignen Natur gemäß, sondern unter dem Zwange der Bedingungen entsteht und wieder vergeht, so werden wir also zugeben müssen, daß, so wenig als in seinem ewigen Daseyn irgend etwas unvollkommen und mangelhaft ist, so wenig auf zeitliche Art irgend eine Vollkommenheit, welche sie sey, entstehen könne, und daß vielmehr, zeitlich angesehen, nothwendig alles unvollkommen und mangelhaft sey.

Alexander: Wir werden nicht umhin können, dieß alles zu behaupten.

Anselmo: Nun sage mir, ob du die Schönheit für eine Vollkommenheit, den Mangel an Schönheit für eine Unvollkommenheit hältst?

Alexander: Freilich, und zwar halte ich dafür, daß die Schönheit, welche nur der äußere Ausdruck der organischen Vollkommenheit ist, die unbedingteste Vollkommenheit sey, die ein Ding haben könne, weil nämlich jede andere Vollkommenheit eines Dinges nach seiner Angemessenheit zu einem Zweck außer ihm geschätzt wird, die Schönheit aber bloß an sich selbst betrachtet und ohne alle Beziehung auf ein äußeres Verhältniß das ist, was sie ist.

Anselmo: So wirst du mir also noch viel mehr zugeben, daß die Schönheit, weil sie nämlich unter allen Vollkommenheiten die größte Unabhängigkeit von Bedingungen fordert, auf keine zeitliche Weise entstehe, und daß hinwiederum auf zeitliche Weise nichts schön genannt werden könne.

Alexander: Nach dieser Ansicht würden wir uns in einem großen Irrthum befinden, indem wir einige Dinge der Natur oder Kunst schön zu nennen pflegen.

Anselmo: Auch leugne ich nicht das Daseyn der Schönheit überhaupt, sondern das zeitliche Daseyn. Ueberdieß könnte ich dir dasselbe erwiedern, was Sokrates beim Plato, daß derjenige, welcher nicht etwa unlängst eingeweiht ist in den Mysterien, wenn er die sinnliche Schönheit erblickt, welche von der Schönheit an und für sich selbst den gleichen Namen borgt, durch jene nicht so leicht angetrieben wird, diese sich vorzustellen; wer aber jüngst eingeweiht worden, und solcher nun ein göttliches Angesicht erblickt, wo die Schönheit, oder vielmehr das unkörperliche Urbild nachgeahmt ist, erstaunt und zuerst erschrickt, indem eine der vormaligen ähnliche Furcht über ihn kommt, hernach aber sie als eine Gottheit anbetet. Diese, welche die Schönheit an und für sich selbst gesehen haben, sind auch gewohnt, ungestört von den Mängeln, welche der widerstrebenden Natur durch den Zwang der Ursachen aufgedrungen sind, in dem unvollkommenen Abdrucke das Urbild zu sehen, alles aber zu lieben, was sie an die vormalige Seligkeit des Anschauens erinnert. Das, was an jeder lebenden Gestalt dem Urbilde der Schönheit widerspricht, ist aus dem natürlichen Princip zu begreifen, niemals aber das, was ihm gemäß ist, denn dieses ist seiner Natur nach eher, der Grund davon aber liegt in der idealen Natur selbst und der Einheit, die wir zwischen der hevorbringenden und der urbildlichen Natur setzen müssen, welche auch daraus offenbar wird, daß die Schönheit allenthalben hervortritt, wo es der Naturlauf gestattet, sie selbst aber ist niemals entstanden, und überall, wo sie zu entstehen scheint (sie scheint es aber immer nur), kann sie nur entstehen, weil sie ist. Wenn du also ein Werk oder Ding schön nennest, so ist nur dieses Werk entstanden, die Schönheit aber nicht, welche ihrer Natur nach, also mitten in der Zeit, ewig ist. Indem wir also unsere Schlüsse überrechnen, so findet sich, nicht nur daß die ewigen Begriffe vortrefflicher und schöner seyen als die Dinge selbst, sondern vielmehr, daß sie auch allein schön, ja daß der ewige Begriff eines Dinges nothwendig schön sey.

Alexander: Gegen diese Schlußfolge ist nichts einzuwenden. Denn nothwendig ist, daß, wenn die Schönheit etwas Unzeitliches ist, jedes Ding nur durch seinen ewigen Begriff schön sey; nothwendig, wenn die Schönheit nie entstehen kann, daß sie das Erste, Positive, die Substanz der Dinge selbst sey; nothwendig, wenn das Entgegengesetzte der Schönheit bloße Verneinung und Einschränkung ist, daß diese nicht in jene Region dringen könne, wo nichts als Realität angetroffen wird, daß also auch die ewigen Begriffe aller Dinge allein und nothwendig schön seyen.

Anselmo: Sind wir aber nicht früher übereingekommen, daß eben diese ewigen Begriffe der Dinge auch allein und absolut wahr, alle andern täuschend oder nur relativ wahr seyen, und daß, die Dinge mit absoluter Wahrheit erkennen, so viel heiße als: sie in ihren ewigen Begriffen erkennen?

Alexander: Freilich sind wir übereingekommen.

Anselmo: Haben wir also nicht die höchste Einheit der Wahrheit und der Schönheit aufgezeigt?

Alexander: Ich kann nicht widersprechen, nachdem du mich in diese Schlußfolge verstrickt hast.

Anselmo: Du hattest also ganz recht, wenn du urtheiltest, daß ein Kunstwerk einzig durch seine Wahrheit schön sey, denn ich glaube nicht, daß du unter Wahrheit irgend etwas Schlechteres oder Geringeres verstanden habest als die der intellektualen Urbilder der Dinge. Außer dieser aber haben wir noch eine untergeordnete und trügerische

Wahrheit, die den Namen von jener leiht, ohne ihr der Sache nach gleich zu seyn, und die theils in einer verworrenen und undeutlichen, immer aber in einer bloß zeitlichen Erkenntniß besteht. Diese Art der Wahrheit, welche sich auch mit dem Unvollkommenen und Zeitlichen an den Gestalten, dem, was ihnen von außen aufgedrungen ist, nicht lebendig aus ihrem Begriff sich entwickelt hat, verträgt, kann nur der zur Regel und Norm der Schönheit machen, welcher nie unsterbliche und heilige Schönheit erblickte. Aus der Nachahmung dieser Wahrheit entstehen diejenigen Werke, an welchen wir nur die Kunst bewundern, mit der sie das Natürliche erreichen, ohne es mit dem Göttlichen verbinden zu können. Von dieser Wahrheit aber kann nicht einmal gesagt werden, wie Lucian gethan hat, daß sie der Schönheit untergeordnet sey, sondern vielmehr, daß sie gar nichts mit ihr gemein habe. Jene einzig hohe Wahrheit aber ist der Schönheit nicht zufällig, noch ist es diese jener, und wie die Wahrheit, die nicht Schönheit ist, auch nicht Wahrheit, so kann hinwiederum die Schönheit, welche nicht Wahrheit ist, auch nicht Schönheit seyn, wofür wir an den uns umgebenden Werken, wie mir dünkt, offenbare Beispiele haben. Denn sehen wir nicht die meisten zwischen zwei Extremen schwanken, und den einen, welcher die bloße Wahrheit hervorbringen will, statt dieser der rohen Natürlichkeit hingegeben, und indem er ganz auf jene geheftet ist, dagegen dasjenige versäumen, was durch keine Erfahrung gegeben werden kann, den andern, dem es ganz an Wahrheit gebricht, einen leeren und schwächlichen Schein von Form, den die Unwissenden als Schönheit bewundern, hervorbringen?

Friedrich Wilhelm Joseph Schelling
Philosophie der Kunst

§ 16 [....] Die Schönheit, kann man sagen, ist überall gesetzt, wo Licht und Materie, Ideales und Reales sich berühren. Die Schönheit ist weder bloß das Allgemeine oder Ideale (dies = Wahrheit) noch das bloß Reale (dies im Handeln), also sie ist nur die vollkommene Durchdringung oder Ineinsbildung beider. Schönheit ist da gesetzt, wo das Besondere (Reale) seinem Begriff so angemessen ist, daß dieser selbst, als Unendliches, eintritt in das Endliche und in concreto angeschaut wird. Hierdurch wird das *Reale,* in dem er (der Begriff) erscheint, dem Urbild, der Idee wahrhaft ähnlich und gleich, wo eben dieses Allgemeine und Besondere in absoluter Identität ist. Das Rationale wird als Rationales zugleich ein Erscheinendes, Sinnliches. [...]

Schönheit ist Indifferenz der Freiheit und der Notwendigkeit, in einem Realen angeschaut. Wir nennen z.B. schön eine Gestalt, in deren Entwurf die Natur mit der größten Freiheit und der erhabensten Besonnenheit, jedoch immer in den Formen, den Grenzen der strengsten Notwendigkeit und Gesetzmäßigkeit gespielt zu haben scheint. Schön ist ein Gedicht, in welchem die höchste Freiheit sich selbst wieder in der Notwendigkeit faßt. Kunst demnach eine absolute Synthese oder Wechseldurchdringung der Freiheit und der Notwendigkeit. [...]

§ 19. *Notwendigkeit und Freiheit verhalten sich wie Bewußtloses und Bewußtes. Kunst beruht daher auf der Identität der bewußten und der bewußtlosen Tätigkeit.* Die Vollkommenheit des Kunstwerks als solchen steigt in dem Verhältnis, in welchem es diese Identität in sich ausgedrückt enthält, oder in welchem Absicht und Notwendigkeit sich in ihm durchdrungen haben.

Noch einige andere allgemeine Folgerungen:

§ 20. *Schönheit und Wahrheit sind an sich oder der Idee nach eins.* – Denn die Wahrheit der *Idee* nach ist ebenso wie die Schönheit Identität des Subjektiven und Objektiven, nur jene subjektiv oder vorbildlich angeschaut, wie die Schönheit gegenbildlich oder objektiv.

Anmerkung. Die Wahrheit, die nicht Schönheit ist, ist auch nicht absolute Wahrheit, und umgekehrt. – Der sehr gemeine Gegensatz von Wahrheit und Schönheit in der Kunst beruht darauf, daß unter Wahrheit die trügerische, nur das Endliche erreichende Wahrheit verstanden wird. Aus der Nachahmung dieser Wahrheit entstehen jene Kunstwerke, an welchen wir nur die Künstlichkeit bewundern, mit der das Natürliche an ihr erreicht ist, ohne es mit dem Göttlichen zu verbinden. *Diese* Art der Wahrheit aber ist noch nicht Schönheit in der Kunst, und nur absolute Schönheit in der Kunst ist auch die rechte und eigentliche Wahrheit.

Aus dem gleichen Grund ist die Güte, die nicht Schönheit ist, auch nicht absolute Güte, und umgekehrt. Denn auch die Güte in ihrer Absolutheit wird zur *Schönheit* – in jedem Gemüt z.B., dessen Sittlichkeit nicht mehr auf dem Kampfe der Freiheit mit der Notwendigkeit beruht, sondern die absolute Harmonie und Versöhnung ausdrückt.

Zusatz. Wahrheit und Schönheit, so wie Güte und Schönheit, verhalten sich daher niemals als Zweck und Mittel; sie sind vielmehr eins, und nur ein harmonisches Gemüt – Harmonie aber = wahre Sittlichkeit – ist auch für Poesie und für Kunst wahrhaft empfänglich. Poesie und Kunst lassen sich nie eigentlich lehren.

§ 21. *Das Universum ist in Gott als absolutes Kunstwerk und in ewiger Schönheit gebildet.*

Unter Universum ist nicht das reale oder ideale All, sondern die absolute Identität beider verstanden. Ist nun die Indifferenz des Realen und Idealen im realen oder idealen All Schönheit, und zwar gegenbildliche Schönheit, so ist die absolute Identität des realen und idealen All notwendig die urbildliche, d.h. absolute Schönheit selbst, und insofern verhält sich auch das Universum, wie es in Gott ist, als absolutes Kunstwerk, in welchem unendliche Absicht mit unendlicher Notwendigkeit sich durchdringt.

Anmerkung. Es folgt zugleich von selbst, daß ebenso vom

Standpunkt der Totalität betrachtet, oder betrachtet, wie sie an sich sind, alle Dinge in absoluter Schönheit gebildet, die Urbilder aller Dinge, wie sie absolut wahr, auch absolut schön sind, das Verkehrte, Häßliche daher, ebenso wie der Irrtum oder das Falsche, in einer bloßen Privation besteht und nur zur zeitlichen Betrachtung der Dinge gehört. [...]

§ 24. *Die wahre Konstruktion der Kunst ist Darstellung ihrer Formen als Formen der Dinge, wie sie an sich, oder wie sie im Absoluten sind.* – Denn nach Satz 21 ist das Universum in Gott als ewige Schönheit und als absolutes Kunstwerk gebildet; nicht minder sind alle Dinge, wie sie an sich oder in Gott sind, ebenso absolut schön, als sie absolut wahr sind. Demnach sind auch die Formen der Kunst, da sie die Formen schöner Dinge sind, Formen der Dinge, wie sie in Gott, oder wie sie an sich sind, und da alle Konstruktion Darstellung der Dinge im Absoluten ist, so ist die Konstruktion der Kunst insbesondere *Darstellung ihrer Formen* als Formen der Dinge, wie sie im Absoluten sind, und demnach auch des Universums selbst als absoluten Kunstwerks, wie es in ewiger Schönheit in Gott gebildet ist. [...]

§ 33. *Das Grundgesetz aller Götterbildungen ist das Gesetz der Schönheit.* – Denn Schönheit ist das real angeschaute Absolute. Die Götterbildungen sind das Absolute selbst im Besonderen (oder synthetisiert mit der Begrenzung) real angeschaut. [...]

§ 39. [...] die Forderung der absoluten Kunstdarstellung ist: Darstellung mit *völliger Indifferenz,* so nämlich, daß das Allgemeine ganz das Besondere, das Besondere zugleich das ganze Allgemeine *ist,* nicht es bedeutet. Diese Forderung ist poetisch gelöst in der Mythologie. Denn jede Gestalt in ihr ist zu nehmen als das, was sie ist, denn eben dadurch wird sie auch genommen als das, was sie bedeutet. Die Bedeutung ist hier zugleich das Sein selbst, übergegangen in den Gegenstand, mit ihm eins. Sobald wir diese Wesen etwas *bedeuten* lassen, sind sie selbst *nichts mehr.* Allein die Realität ist bei ihnen mit der Idealität eins (§ 29), d.h. auch ihre *Idee,* ihr Begriff, wird zerstört, wofern sie nicht als wirklich gedacht werden. Ihr höchster Reiz beruht eben darauf, daß sie, indem sie bloß *sind* ohne alle Beziehung – in sich selbst absolut –, doch zugleich immer die Bedeutung durchschimmern lassen. Wir begnügen uns allerdings nicht mit dem bloßen *bedeutungslosen Sein,* dergleichen z. B. das bloße Bild gibt, aber ebensowenig mit der bloßen Bedeutung, sondern wir wollen, was Gegenstand der absoluten Kunstdarstellung sein soll, so konkret, nur sich selbst gleich wie das Bild, und doch so allgemein und sinnvoll wie der Begriff; daher die deutsche Sprache Symbol vortrefflich als Sinnbild wiedergibt.

Selbst an den Naturwesen, z. B. der Pflanze ist die Allegorie nicht zu verkennen, sie ist gleichsam die antizipierte sittliche Schönheit, sie würde aber keinen Reiz für die Phantasie, keine Befriedigung für die Anschauung enthalten, wenn sie um dieser Bedeutung willen und nicht zuerst um ihrer selbst willen wäre. Eben in diesem unabsichtlichen, unbefangenen, nach außen unzweckmäßigen Sein doch zugleich das Bedeutende, Sinnvolle zu erkennen, entzückt uns. Es als Absicht darin zu erblicken, hebt den Gegenstand selbst für uns auf, der, da er seiner Natur nach absolut sein soll, um keines Zwecks willen, der außer ihm liegt, dasein darf. [...]

§ 65 [...] Die Anschauung des Erhabenen tritt dann ein, wenn die sinnliche Anschauung für die Größe des sinnlichen Gegenstandes unangemessen gefunden wird, und nun das wahre Unendliche hervortritt, für welches jenes bloß sinnliche Unendliche zum Symbol wird. Das Erhabene ist insofern eine Unterjochung des Endlichen, welches Unendlichkeit *lügt,* durch das wahre Unendliche. Es kann keine vollkommenere Anschauung des Unendlichen geben, als wo das Symbol, in welchem es angeschaut wird, in seiner Endlichkeit die Unendlichkeit heuchelt. [...]

Im *Schönen* darf das Endliche sich wieder zeigen, indem es im Schönen nicht anders als selbst schon eingebildet dem Unendlichen erscheint. Dort (im Erhabenen) zeigt sich das Endliche noch gleichsam in der Empörung gegen das Unendliche, obgleich es in diesem Verhältnis selbst zum Symbol von ihm wird. Hier (im Schönen) ist es ihm ursprünglich versöhnt. Daß dies das Verhältnis des Schönen zum Erhabenen sein müsse, *inwiefern* beide entgegengesetzt werden, geht übrigens durch den Gegensatz aus dem hervor, was von dem Erhabenen bewiesen worden ist. Allein eben daraus das Folgende.

§ 66. *Das Erhabene in seiner Absolutheit begreift das Schöne, wie das Schöne in seiner Absolutheit das Erhabene begreift.*

Dies ist allgemein schon daraus einzusehen, daß das Verhältnis beider wie das der beiden Einheiten ist, von denen aber jede gleichfalls in ihrer Absolutheit selbst die andere begreift. Das Erhabene, inwiefern es nicht *schön*, wird aus diesem Grunde auch nicht *erhaben*, sondern nur ungeheuer oder abenteuerlich sein. Ebenso muß die absolute Schönheit mehr oder weniger immer zugleich auch die furchtbare Schönheit sein. Da übrigens Schönheit immer und notwendig *Begrenzung* fordert, so wird die Begrenzungslosigkeit selbst zur Form wie in der Bildung des Jupiter, wo keine als die notwendige Begrenzung ist, nur damit überhaupt ein Bild sei, denn übrigens ist alle andere Begrenzung aufgehoben, z.B. weder jung noch alt. Ebenso ist Juno nur so viel begrenzt, als nötig ist weibliche Gestalt zu sein. Je geringer die Begrenzung, innerhalb welcher ein Bild als Schönheit ist, desto mehr neigt es gegen das Erhabene hin, ohne doch aufzuhören Schönheit zu sein. Apollos Schönheit hat mehr Begrenzung als Jupiters – er ist *jugendlich*-schön. Bei ihm ist die Begrenzung nicht bloß wie bei Jupiter so weit, daß nur überhaupt das Unendliche im Endlichen erscheint, das Endliche gilt auch schon für sich wieder als eingebildet dem Unendlichen. Näher liegt das Beispiel der männlichen und weiblichen Schönheit; dort zeigt auch die Natur nur das Notwendige von Begrenzung, hier ist sie freigebig mit derselben.

Hieraus folgt, daß zwischen Erhabenheit und Schönheit kein qualitativer und wesentlicher, sondern nur ein quantitativer Gegensatz. Das Mehr oder Weniger von Schönheit oder von Erhabenheit gehört (dient) selbst wieder zur Begrenzung: Juno = erhabene Schönheit, Minerva = schöne Erhabenheit. Je mehr aber die Begrenzung das Unendliche versöhnt, desto reiner schön.

Indes weil eben wegen der Indifferenz des Erhabenen und Schönen die Bestimmung auch wieder relativ wird, so daß dasselbe, was in einer Beziehung als Erhabenheit begriffen wird, z.B. das Bild der Juno, in einer andern Beziehung wieder als Schönheit im Gegensatz gegen Erhabenheit erscheinen kann (wie Juno im Vergleich mit Jupiter), so erhellt, daß überhaupt und in keiner Sphäre etwas schön genannt werden kann, das in anderer Beziehung nicht auch erhaben wäre, daß aber eben deswegen in jedem, das nur überhaupt für sich absolut ist, beides unauflöslich voneinander durchdrungen erscheine, wie z.B. Juno, nicht verglichen, sondern für sich betrachtet, oder um aus einer andern Sphäre Beispiele zu nehmen, Sophokles im Vergleich mit Aeschylos als schön, für sich aber und absolut betrachtet, als eine ganz unauflösbare Vereinigung des Schönen und Erhabenen erscheine.

Wollte man sich in Ansehung des Erhabenen etwa auf die bloße Vorstellung der Unbegrenztheit und Formlosigkeit berufen, welche damit in der Regel verbunden wird, so ist diese, wie bereits gezeigt, allerdings eine notwendige Bedingung des Erhabenen, aber nicht so, daß sie nicht selbst wieder innerhalb streng begrenzter Formen möglich wäre, sondern so vielmehr, daß eben die höchste Form (wo die Form in der Form nicht mehr erkannt wird) zur Formlosigkeit, wie in andern Fällen die Formlosigkeit selbst zur Form wird. Jenes, wie gesagt, in der Bildung des Jupiter und in dem Kopf der sogenannten Juno Ludovisi, wo das Erhabene so mit dem Schönen durchdrungen ist, daß es nicht geschieden werden kann. Winkelmann nimmt eine hohe Grazie an, und die Alten selbst haben die furchtbaren Grazien des Aeschylos gepriesen.

[...] was in dem Schönen an und für sich schlechthin eins ist, zerlegt sich in dem besonderen Objekt, dem einzelnen Kunstwerk, in die zwei Erscheinungsweisen des Erhabenen und Schönen, die übrigens auch wieder nur in ihrer Nicht-Absolutheit verschieden sind, so daß, wie in dem vollendeten Künstler Poesie und Kunst, ebenso in den höchsten Werken sich Erhabenheit und Schönheit unauflösbar durchdringen. Als Erhabenheit erscheint überall die absolute und allgemeine Form der Kunst, in welcher das Besondere nur ist, um die ganze Unendlichkeit in sich aufzunehmen. Als Schönheit insbesondere erscheint die besondere Form als versöhnt der absoluten und ganz in sie aufgenommen, ganz mit ihr eins.

14. Georg Wilhelm Friedrich Hegel

Daß die von Schelling eingeleitete Zurücksetzung des Naturschönen zugunsten des Kunstschönen sich in der ästhetischen Theorie des 19. Jahrhunderts gegen die gegenteilige Auffassung Kants durchsetzen konnte, ist der machtvollen Wirkung *Georg Wilhelm Friedrich Hegels* (1770–1831) zu verdanken. Die Identität, die Schelling an den Anfang seiner Philosophie gesetzt hatte, wird bei Hegel zum Endpunkt einer dialektischen Selbstentwicklung des absoluten Geistes, in deren Verlauf der Geist vom Außer-sich-Sein der natürlichen Wirklichkeit schließlich in den Objektivationen des menschlichen Geistes wieder zurück zu sich selbst findet, oder besser: gefunden hat, denn dieser Endpunkt ist die Hegelsche Philosophie selbst. Nicht in der Kantischen Selbstbeschränkung der Vernunft, sondern in Hegels Philosophie des absoluten Geistes fand das erwachte bürgerliche Selbstbewußtsein seinen ihm gemäßen Ausdruck. Obwohl Hegel in seinen 1817 bis 1829 in Heidelberg und Berlin gehaltenen ›Vorlesungen über die Ästhetik‹, die erst nach seinem Tod von seinen Schülern veröffentlicht wurden[1], das Kunstschöne noch deutlicher als Schelling über das Naturschöne erhebt, nimmt die Kunst doch einen vergleichsweise geringen Stellenwert im Gesamtsystem ein. Zwar offenbare sich in der Kunst bereits die Harmonie des absoluten Geistes, doch bleibe sie noch im Äußerlichen der Sinnlichkeit befangen. Höher als die Kunst stehe deshalb die Religion, welche den absoluten Geist innerlich, als Gefühl und Vorstellung offenbare. An der höchsten Stelle aber, noch über der Religion, stehe die Philosophie, die den absoluten Geist durch den reinen Begriff erst ganz zu sich selbst gebracht habe. So ist die Kunst für Hegel zwar eine Offenbarungsform des absoluten Geistes, aber eine, die historisch bereits als überwunden zu gelten habe. Alles, was Kunst überhaupt leisten könne, habe die griechische Klassik bereits vollbracht. In diesem Rahmen beschäftigen sich die ›Vorlesungen über die Ästhetik‹ mit dem spezifischen Offenbarungsvermögen der Kunst, das sich als Schönheit geltend mache. Diese wird in der Einleitung im Anschluß an die Hegelsche Logik als die anschauliche Einheit von Begriff und Realität bestimmt. Wenn die Erscheinung selbst den Begriff zur Wirklichkeit bringe und ihm so ganz gemäß werde und der Begriff mithin in der Erscheinung die Einheit mit sich selbst bewahren könne, dann sei

[1] 3 Bde, Berlin 1835–1838.

der Begriff *Idee,* »das allein wahrhaft Wirkliche«. Insofern die Idee als *objektive* oder *absolute Wahrheit* im Sinnlichen zur Erscheinung komme, sei sie zugleich *Schönheit,* und diese eben »das sinnliche Scheinen der Idee«. Weil die Schönheit die vollendete Einheit der Idee zum Ausdruck bringe, verwandle sie die endliche Unfreiheit, in der sowohl theoretische als auch praktische Vernunft den Gegenstand hielten, in unendliche Freiheit. Objekt wie Subjekt lösten sich aus ihrer gegenseitigen Verhaftung und träten in Freiheit hervor. In der Natur sei nun die Einheit von Begriff und Erscheinung am ehesten noch in den Lebewesen greifbar. Hier könne in der absichtslos scheinenden Zusammenstimmung aller Glieder die empfindende Seele als Prinzip der inneren Übereinstimmung immerhin *geahnt* werden. Doch sei das Leben der Seele im Tier noch so arm und gehaltlos, daß es sich noch nicht selbst erfasse und deshalb auch nicht nach außen dringen könne. Erst der Mensch werde sich seiner selbst bewußt, sei nicht mehr nur Einheit *an sich,* sondern auch Einheit *für sich.* Doch auch wenn der Mensch seine innere Einheit zum Ausdruck bringen könne, sei er doch so in äußere Zwänge eingebunden, daß an ihm die totale Lebendigkeit und Freiheit, die der Idee allein gemäß sei, niemals erscheinen könne. Immer werde er als Mittel zu fremden Zwecken gebraucht, der Natur bleibe er allenthalben unterworfen, und die staatlichen Verhältnisse täten das ihrige, um die ihm verbliebene Freiheit noch weiter zu beschränken, während seine äußere Gestalt die ganze Zufälligkeit seiner besonderen Existenz sichtbar werden lasse. Allein die Kunst könne darum die innere Lebendigkeit und Einheit auch *äußerlich* in Freiheit setzen, um auf diese Weise den Begriff ganz in seiner Erscheinung und diese in ihm aufgehen zu lassen. Erst dann blicke aus der Erscheinung »ein der Wahrheit würdiges Dasein« hervor.

Georg Wilhelm Friedrich Hegel
Vorlesungen über die Ästhetik

Einleitung in die Ästhetik

[...]
Der eigentliche Ausdruck jedoch für unsere Wissenschaft ist *Philosophie der Kunst* und bestimmter *Philosophie der schönen Kunst.*

I. Begrenzung und Sicherstellung der Ästhetik

1. Naturschönes und Kunstschönes

Durch diesen Ausdruck nun schließen wir sogleich das *Naturschöne* aus. Solche Begrenzung unseres Gegenstandes kann einerseits als willkürliche Bestimmung erscheinen, wie denn jede Wissenschaft sich ihren Umfang beliebig abzumarken die Befugnis habe. In diesem Sinne aber dürfen wir die Beschränkung der Ästhetik auf das Schöne der Kunst nicht nehmen. Im gewöhnlichen Leben zwar ist man gewohnt, von *schöner* Farbe, einem *schönen* Himmel, *schönem* Strome, ohnehin von *schönen* Blumen, *schönen* Tieren und noch mehr von *schönen* Menschen zu sprechen, doch läßt sich, obschon wir uns hier nicht in den Streit einlassen wollen, inwiefern solchen Gegenständen mit Recht die Qualität Schönheit beigelegt und so überhaupt das Naturschöne neben das Kunstschöne gestellt werden dürfe, hiegegen zunächst schon behaupten, daß das Kunstschöne *höher* stehe als die Natur. Denn die Kunstschönheit ist die *aus dem Geiste geborene und wiedergeborene* Schönheit, und um soviel der Geist und seine Produktionen höher steht als die Natur und ihre Erscheinungen, um soviel auch ist das Kunstschöne höher als die Schönheit der Natur. Ja *formell* betrachtet ist selbst ein schlechter Einfall, wie er dem Menschen wohl durch den Kopf geht, höher als irgendein Naturprodukt; denn in solchem Einfalle ist immer die Geistigkeit und Freiheit präsent. Dem *Inhalt* nach freilich erscheint z.B. die Sonne als ein *absolut notwendiges* Moment, während ein schiefer Einfall als *zufällig* und vorübergehend verschwindet; aber für sich genommen ist solche Naturexistenz wie die Sonne indifferent, nicht in sich frei und selbstbewußt, und betrachten wir sie in dem Zusammenhange ihrer Notwendigkeit mit anderem, so betrachten wir sie nicht für sich, und somit nicht als schön.

Sagten wir nun überhaupt, der Geist und seine Kunstschönheit stehe *höher* als das Naturschöne, so ist damit allerdings noch soviel als nichts festgestellt, denn höher ist ein ganz unbestimmter Ausdruck, der Natur- und Kunstschönheit noch als im Raume der Vorstellung nebeneinanderstehend bezeichnet und nur einen quantitativen und dadurch äußerlichen Unterschied angibt. Das *Höhere* des Geistes und seiner Kunstschönheit der Natur gegenüber ist aber nicht ein nur relatives, sondern der Geist erst ist das *Wahrhaftige*, alles in sich Befassende, so daß alles Schöne nur wahrhaft schön ist als dieses Höheren teilhaftig und durch dasselbe erzeugt. In diesem Sinne erscheint das Naturschöne nur als ein Reflex des dem Geiste angehörigen Schönen, als eine unvollkommene, unvollständige Weise, eine Weise, die ihrer Substanz nach im Geiste selber enthalten ist. – Außerdem wird uns die Beschränkung auf die schöne Kunst sehr natürlich vorkommen, denn soviel auch von Naturschönheiten – weniger bei den Alten als bei uns – die Rede ist, so ist doch wohl noch niemand auf den Einfall gekommen, den Gesichtspunkt der *Schönheit* der natürlichen Dinge herauszuheben und eine Wissenschaft, eine systematische Darstellung dieser Schönheiten machen zu wollen. Man hat wohl den Gesichtspunkt der *Nützlichkeit* herausgenommen und hat z. B. eine Wissenschaft der gegen die Krankheiten dienlichen natürlichen Dinge, eine materia medica, verfaßt, eine Beschreibung der Mineralien, chemischen Produkte, Pflanzen, Tiere, welche für die Heilung nützlich sind, aber aus dem Gesichtspunkte der *Schönheit* hat man die Reiche der Natur nicht zusammengestellt und beurteilt. Wir fühlen uns bei der Naturschönheit zu sehr im *Unbestimmten* ohne *Kriterium* zu sein, und deshalb würde solche Zusammenstellung zuwenig Interesse darbieten, sie zu unternehmen. [...]

1. Teil

[...]

Erstes Kapitel
Begriff des Schönen überhaupt

1. Die Idee

Wir nannten das Schöne die *Idee* des Schönen. Dies ist so zu verstehen, daß das Schöne selber als Idee, und zwar als Idee in einer bestimmten Form, als *Ideal,* gefaßt werden müsse. Idee nun überhaupt ist nichts anderes als der Begriff, die Realität des Begriffs und die Einheit beider. Denn der Begriff als solcher ist noch nicht die Idee, obschon Begriff und Idee oft promiscue gebraucht werden; sondern nur der in seiner Realität gegenwärtige und mit derselben in Einheit gesetzte Begriff ist Idee. Diese Einheit jedoch darf nicht etwa als bloße *Neutralisation* von Begriff und Realität vorgestellt werden, so daß beide ihre Eigentümlichkeit und Qualität verlören, – wie Kali und Säure sich im Salz, insofern sie aneinander ihren Gegensatz abgestumpft haben, neutralisieren. Im Gegenteil bleibt in dieser Einheit der Begriff das Herrschende. Denn er ist an sich schon seiner eigenen Natur nach diese Identität und erzeugt deshalb aus sich selbst die Realität als die seinige, in welcher er daher, indem sie seine Selbstentwicklung ist, nichts von sich aufgibt, sondern darin nur sich selbst, den Begriff, realisiert und darum mit sich in seiner Objektivität in Einheit bleibt. Solche Einheit des Begriffs und der Realität ist die abstrakte Definition der Idee.

[...]

a) Was nun die Natur *des Begriffs als solchen* anbetrifft, so ist er an sich selbst nicht etwa die *abstrakte Einheit* den *Unterschieden der Realität* gegenüber, sondern als Begriff schon die Einheit unterschiedener Bestimmtheiten und damit konkrete Totalität. So sind die Vorstellungen Mensch, blau usf. zunächst nicht Begriffe, sondern abstrakt-allgemeine Vorstellungen zu nennen, die erst zum Begriff werden, wenn in ihnen dargetan ist, daß sie unterschiedene Seiten in Einheit enthalten, – indem diese in sich selbst bestimmte Einheit den Begriff ausmacht: wie z.B. die Vorstellung

»blau« als Farbe die Einheit – und zwar spezifische Einheit – von Hell und Dunkel zu ihrem Begriffe hat und die Vorstellung »Mensch« die Gegensätze von Sinnlichkeit und Vernunft, Körper und Geist befaßt, der Mensch jedoch nicht nur aus diesen Seiten als gleichgültigen Bestandstücken zusammengesetzt ist, sondern dem Begriff nach dieselben in konkreter, vermittelter Einheit enthält. Der Begriff aber ist so sehr absolute Einheit seiner Bestimmtheiten, daß dieselben nichts für sich selber bleiben und zu selbständiger Vereinzlung, wodurch sie aus ihrer Einheit heraustreten würden, sich nicht realisieren können. Dadurch enthält der Begriff alle seine Bestimmtheiten in Form dieser ihrer *ideellen* Einheit und Allgemeinheit, die seine *Subjektivität* im Unterschiede des Realen und Objektiven ausmacht. So ist z. B. das Gold von spezifischer Schwere, bestimmter Farbe, besonderem Verhältnis zu verschiedenartigen Säuren. Dies sind unterschiedene Bestimmtheiten und dennoch schlechthin in Einem. Denn jedes feinste Teilchen Gold enthält sie in untrennbarer Einheit. Für uns treten sie auseinander, an sich aber, ihrem Begriffe nach sind sie in ungetrennter Einheit. Von gleicher selbständigkeitsloser Identität sind die Unterschiede, welche der wahre Begriff in sich hat. Ein näheres Beispiel bietet uns die eigene Vorstellung, das selbstbewußte Ich überhaupt. Denn was wir Seele und näher Ich heißen, ist der Begriff selbst in seiner freien Existenz. Das Ich enthält eine Menge der unterschiedensten Vorstellungen und Gedanken in sich, es ist eine Welt der Vorstellungen; doch dieser unendlich mannigfaltige Inhalt, insofern er im Ich ist, bleibt ganz körperlos und immateriell und gleichsam zusammengepreßt in dieser ideellen Einheit, als das reine, vollkommen durchsichtige Scheinen des Ich in sich selbst. Dies ist die Weise, in welcher der Begriff seine unterschiedenen Bestimmungen in ideeller Einheit enthält.

Die näheren Begriffsbestimmungen nun, welche dem Begriff seiner eigenen Natur nach zugehören, sind das *Allgemeine*, *Besondere* und *Einzelne*. Jede dieser Bestimmungen für sich genommen wäre eine bloße einseitige Abstraktion. In dieser Einseitigkeit jedoch sind sie nicht im Begriffe vorhanden, da er ihre ideelle *Einheit* ausmacht. Der Begriff ist deshalb das *Allgemeine,* das sich einerseits durch sich selbst zur Bestimmtheit und *Besondrung* negiert, andererseits aber diese Besonderheit, als Negation des Allgemeinen, ebensosehr wieder *aufhebt.* Denn das Allgemeine kommt in dem Besonderen, welches nur die besonderen Seiten des *Allgemeinen selber* ist, zu keinem absolut Anderen und stellt deshalb im Besonderen seine Einheit mit sich als Allgemeinem wieder her. In dieser Rückkehr zu sich ist der Begriff unendliche Negation; Negation nicht gegen Anderes, sondern Selbstbestimmung, in welcher er sich nur auf sich beziehende affirmative Einheit bleibt. So ist er die wahrhafte *Einzelheit* als die in ihren Besonderheiten sich nur mit sich selber zusammenschließende Allgemeinheit. Als höchstes Beispiel dieser Natur des Begriffs kann das gelten, was oben über das Wesen des Geistes kurz ist berührt worden.

Durch diese Unendlichkeit in sich ist der Begriff an sich selbst schon Totalität. Denn er ist die Einheit mit sich im Anderssein und dadurch das Freie, das alle Negation nur als Selbstbestimmung und nicht als fremdartige Beschränkung durch Anderes hat. Als diese Totalität aber enthält der Begriff bereits alles, was die Realität als solche zur Erscheinung bringt und die Idee zur vermittelten Einheit zurückführt. Die da meinen, sie hätten an der Idee etwas ganz Anderes, Besonderes gegen den Begriff, kennen weder die Natur der Idee noch des Begriffes. Zugleich aber unterscheidet sich der Begriff von der Idee dadurch, daß er die Besonderung nur in abstracto ist, denn die Bestimmtheit, als im Begriff, bleibt in der Einheit und ideellen Allgemeinheit, welche das Element des Begriffs ist, gehalten.

Dann aber bleibt der Begriff selbst noch in der Einseitigkeit stehn und ist von dem Mangel behaftet, daß er, obschon an sich selbst die Totalität, dennoch nur der Seite der Einheit und Allgemeinheit das Recht freier Entwicklung vergönnt. Weil diese Einseitigkeit nun aber dem eigenen Wesen des Begriffs unangemessen ist, hebt der Begriff dieselbe seinem eigenen Begriff nach auf. Er negiert sich als diese ideelle Einheit und Allgemeinheit und entläßt nun, was dieselbe in ideeller Subjektivität in sich schloß, zu realer selbständiger *Objektivität.* Der Begriff durch eigene Tätigkeit setzt sich als die *Objektivität.*

b) Die Objektivität für sich betrachtet ist daher selber nichts anderes als die *Realität des Begriffs,* aber der Begriff in Form selbständiger Besonderung und *realer Unterscheidung* aller Momente, deren ideelle Einheit der Begriff als subjektiver war.

Da es nun aber nur der *Begriff* ist, der in der Objektivität sich Dasein und Realität zu geben hat, so wird die Objektivität an ihr selber den *Begriff* zur Wirklichkeit bringen müssen. Der Begriff jedoch ist die vermittelte *ideelle Einheit* seiner besonderen Momente. Innerhalb ihres realen Unterschiedes hat sich deshalb die ideelle, begriffsmäßige Einheit der Besonderheiten an ihnen selber ebensosehr wiederherzustellen. Wie die reale Besonderheit hat auch deren zur Idealität vermittelte Einheit an ihnen zu existieren. Dies ist die Macht des Begriffs, der seine Allgemeinheit nicht in der zerstreuten Objektivität aufgibt oder verliert, sondern diese seine Einheit gerade durch die Realität und in derselben offenbar macht. Denn es ist sein eigener Begriff: sich in seinem Anderen die Einheit mit sich zu bewahren. Nur so ist er die wirkliche und wahrhaftige Totalität.

c) Diese Totalität ist die *Idee.* Sie nämlich ist nicht nur die ideelle Einheit und Subjektivität des Begriffs, sondern in gleicher Weise die Objektivität desselben, aber die Objektivität, welche dem Begriffe nicht als ein nur Entgegengesetztes gegenübersteht, sondern in welcher der Begriff sich als auf sich selbst bezieht. Nach beiden Seiten des subjektiven und objektiven Begriffs ist die Idee ein Ganzes, zugleich aber die sich ewig vollbringende und vollbrachte Übereinstimmung und vermittelte Einheit dieser Totalitäten. Nur so ist die Idee die Wahrheit und alle Wahrheit.

2. Das Dasein der Idee

Alles Existierende hat deshalb nur Wahrheit, insofern es eine Existenz ist der Idee. Denn die Idee ist das allein wahrhaft Wirkliche. Das Erscheinende nämlich ist nicht dadurch schon wahr, daß es inneres oder äußeres Dasein hat und überhaupt Realität ist, sondern dadurch allein, daß diese Realität dem Begriff entspricht. Erst dann hat das Dasein Wirklichkeit und Wahrheit. Und zwar Wahrheit nicht etwa in dem *subjektiven* Sinne, daß eine Existenz *meinen* Vorstellungen sich gemäß zeige, sondern in der *objektiven* Bedeutung, daß das Ich oder ein äußerer Gegenstand, Handlung, Begebenheit, Zustand in seiner Wirklichkeit den Begriff selber realisiere. Kommt diese Identität nicht zustande, so ist das Daseiende nur eine Erscheinung, in welcher sich statt des totalen Begriffs nur irgendeine abstrakte Seite desselben objektiviert, welche, insofern sie sich gegen die Totalität und Einheit in sich verselbständigt, bis zur Entgegensetzung gegen den wahren Begriff verkümmern kann. So ist denn nur die dem Begriff gemäße Realität eine wahre Realität, und zwar wahr, weil sich in ihr die Idee selber zur Existenz bringt.

3. Die Idee des Schönen

Sagten wir nun, die Schönheit sei Idee, so ist *Schönheit* und *Wahrheit* einerseits *dasselbe.* Das Schöne nämlich muß wahr an sich selbst sein. Näher aber *unterscheidet* sich ebensosehr das Wahre von dem Schönen. *Wahr* nämlich ist die Idee, wie sie als Idee ihrem Ansich und allgemeinem Prinzip nach ist und als solches gedacht wird. Dann ist nicht ihre sinnliche und äußere Existenz, sondern in dieser nur die *allgemeine Idee* für das Denken. Doch die Idee soll sich auch äußerlich realisieren und bestimmte vorhandene Existenz als natürliche und geistige Objektivität gewinnen. Das Wahre, das als solches ist, existiert auch. Indem es nun in diesem seinem äußerlichen Dasein unmittelbar für das Bewußtsein ist und der Begriff unmittelbar in Einheit bleibt mit seiner äußeren Erscheinung, ist die Idee nicht nur wahr, sondern *schön.* Das *Schöne* bestimmt sich dadurch als das sinnliche *Scheinen* der Idee. Denn das Sinnliche und Objektive überhaupt bewahrt in der Schönheit keine Selbständigkeit in sich, sondern hat die Unmittelbarkeit seines *Seins* aufgegeben, da dies Sein nur Dasein und Objektivität des Begriffs und als eine Realität gesetzt ist, die den *Begriff* als in Einheit mit seiner Objektivität und deshalb in diesem objektiven Dasein das nur als Scheinen des Begriffs gilt, die Idee selber zur Darstellung bringt.

a) Aus diesem Grunde ist es denn auch für den Verstand nicht möglich, die Schönheit zu erfassen, weil der Verstand, statt zu jener Einheit durchzudringen, stets deren Unterschiede nur in selbständiger Trennung festhält, insofern ja die Realität etwas ganz anderes als die Idealität, das Sinnliche etwas ganz anderes als der Begriff, das Objektive etwas ganz anderes als das Subjektive sei und solche Gegensätze nicht vereinigt werden dürften. So bleibt der Verstand stets im Endlichen, Einseitigen und Unwahren stehen. Das Schöne dagegen ist in sich selber *unendlich* und frei. Denn wenn es auch von besonderem und dadurch wieder beschränktem Inhalt sein kann, so muß dieser doch als in sich unendliche Totalität und als *Freiheit* in seinem Dasein erscheinen, indem das Schöne durchweg der Begriff ist, der nicht seiner Objektivität gegenübertritt und sich dadurch in den Gegensatz einseitiger Endlichkeit und Abstraktion gegen dieselbe bringt, sondern sich mit seiner Gegenständlichkeit zusammenschließt und durch diese immanente Einheit und Vollendung in sich unendlich ist. In gleicher Weise ist der Begriff, indem er innerhalb seines realen Daseins dasselbe beseelt, dadurch in dieser Objektivität frei *bei sich* selber. Denn der Begriff erlaubt es der äußeren Existenz in dem Schönen nicht, für sich selber eigenen Gesetzen zu folgen, sondern bestimmt aus sich seine erscheinende Gliedrung und Gestalt, die als Zusammenstimmung des Begriffs mit sich selber in seinem Dasein eben das Wesen des Schönen ausmacht. Das Band aber und die Macht des Zusammenhaltes ist die Subjektivität, Einheit, Seele, Individualität.

b) Daher ist das Schöne, wenn wir es in Beziehung auf den *subjektiven* Geist betrachten, weder für die in ihrer *Endlichkeit* beharrende unfreie Intelligenz, noch für die Endlichkeit des Wollens.

Als endliche Intelligenz empfinden wir die innern und äußeren Gegenstände, beobachten sie, nehmen sie sinnlich wahr, lassen sie an unsere Anschauung, Vorstellung, ja selbst an die Abstraktionen unseres denkenden Verstandes kommen, der ihnen die abstrakte Form der Allgemeinheit gibt. Hierbei liegt nun die Endlichkeit und Unfreiheit darin, daß die Dinge als selbständig vorausgesetzt sind. Wir richten uns deshalb nach den Dingen, wir lassen sie gewähren und nehmen unsere Vorstellung usf. unter den Glauben an die Dinge gefangen, indem wir überzeugt sind, die Objekte nur richtig aufzufassen, wenn wir uns passiv verhalten und unsere ganze Tätigkeit auf das Formelle der Aufmerksamkeit und des negativen Abhaltens unserer Einbildungen, vorgefaßten Meinungen und Vorurteile beschränken. Mit dieser einseitigen Freiheit der Gegenstände ist unmittelbar die Unfreiheit der subjektiven Auffassung gesetzt. Denn für diese ist der Inhalt *gegeben*, und an die Stelle subjektiver Selbstbestimmung tritt das bloße Empfangen und Aufnehmen des Vorhandenen, wie es als Objektivität vorhanden ist. Die Wahrheit soll nur durch die Unterwerfung der Subjektivität zu erlangen sein.

Dasselbe findet, wenn auch in *umgekehrter* Weise, beim endlichen *Wollen* statt. Hier liegen die Interessen, Zwecke und Absichten im *Subjekt*, das dieselben gegen das Sein und die Eigenschaften der Dinge geltend machen will. Denn es kann seine Beschlüsse nur ausführen, insofern es die Objekte vernichtet oder sie doch verändert, verarbeitet, formiert, ihre Qualitäten aufhebt oder sie aufeinander einwirken läßt, Wasser z.B. auf Feuer, Feuer auf Eisen, Eisen auf Holz usf. Jetzt sind es also die Dinge, welchen ihre Selbständigkeit genommen wird, indem das Subjekt sie in seinen Dienst bringt und sie als *nützlich* betrachtet und behandelt: d.h. als Gegenstände, die ihren Begriff und Zweck nicht in sich, sondern im Subjekt haben, so daß ihre – und zwar dienende – Beziehung auf die subjektiven Zwecke ihr eigentliches Wesen ausmacht. Subjekt und Objekt haben wechselweise ihre Rollen getauscht. Die Gegenstände sind unfrei, die Subjekte frei geworden.

In der Tat aber sind in beiden Verhältnissen *beide* Seiten endlich und einseitig und ihre Freiheit eine bloß gemeinte Freiheit.

Das *Subjekt* ist im *Theoretischen* endlich und unfrei durch die Dinge, deren Selbständigkeit vorausgesetzt ist; im *Praktischen* durch die Einseitigkeit, den Kampf und inneren Widerspruch der Zwecke und der von außen her erregten Triebe und Leidenschaften sowie durch den niemals ganz beseitigten Widerstand der Objekte. Denn die Trennung und der Gegensatz beider Seiten, der Gegenstände und der Subjektivität, macht die Voraussetzung in diesem Verhältnisse aus und wird als der wahre Begriff desselben angesehen. –

Gleiche Endlichkeit und Unfreiheit trifft das *Objekt* in beiden Verhältnissen. Im *Theoretischen* ist seine Selbständigkeit, obschon sie vorausgesetzt wird, nur eine scheinbare Freiheit. Denn die Objektivität als solche *ist* nur, ohne daß ihr Begriff als subjektive Einheit und Allgemeinheit innerhalb ihrer *für sie* wäre. Er ist außerhalb ihrer. Jedes Objekt in dieser Äußerlichkeit des Begriffs existiert deshalb als bloße Besonderheit, die mit ihrer Mannigfaltigkeit nach außen gekehrt ist und in unendlichseitigen Verhältnissen dem Entstehen, Verändern, der Gewalt und dem Untergange durch andere preisgegeben erscheint. Im *praktischen* Verhältnis wird diese Abhängigkeit als solche ausdrücklich gesetzt, und der Widerstand der Dinge gegen den Willen bleibt relativ, ohne die Macht letztlicher Selbständigkeit in sich zu haben.

c) Die Betrachtung nun aber und das Dasein der Objekte als *schöner* ist die Vereinigung beider Gesichtspunkte, indem sie die Einseitigkeit beider in betreff des Subjekts wie seines Gegenstandes und dadurch die Endlichkeit und Unfreiheit derselben aufhebt.

Denn von seiten der *theoretischen* Beziehung her wird das *Objekt* nicht bloß als seiender einzelner Gegenstand genommen, welcher deshalb seinen subjektiven Begriff außerhalb seiner Objektivität hat und in seiner besonderen Realität sich mannigfach nach den verschiedensten Richtungen hin zu äußeren Verhältnissen verläuft und zerstreut; sondern der *schöne* Gegenstand läßt in seiner Existenz seinen eigenen Begriff als realisiert erscheinen und zeigt an ihm selbst die subjektive Einheit und Lebendigkeit. Dadurch hat das Objekt die Richtung nach außen in sich zurückgebogen, die

Abhängigkeit von anderem getilgt und für die Betrachtung seine unfreie Endlichkeit zu freier Unendlichkeit verwandelt.

Das Ich aber in der Beziehung auf das Objekt hört gleichfalls auf, nur die Abstraktion des Aufmerkens, sinnlichen Anschauens, Beobachtens und des Auflösens der einzelnen Anschauungen und Beobachtungen in abstrakte Gedanken zu sein. Es wird in sich selbst in diesem Objekte konkret, indem es die Einheit des Begriffs und Realität, die Vereinigung der bisher in Ich und Gegenstand getrennten und deshalb abstrakten Seiten in ihrer Konkretion selber für sich macht.

In betreff des *praktischen* Verhältnisses tritt, wie wir oben bereits weitläufiger sahen, bei Betrachtung des Schönen gleichfalls die Begierde zurück; das Subjekt hebt seine Zwecke gegen das Objekt auf und betrachtet dasselbe als selbständig in sich, als Selbstzweck. Dadurch löst sich die bloß endliche Beziehung des Gegenstandes auf, in welcher derselbe äußerlichen Zwecken als nützliches Ausführungsmittel diente und gegen die Ausführung derselben entweder unfrei sich wehrte oder den fremden Zweck in sich aufzunehmen gezwungen ward. Zugleich ist auch das unfreie Verhältnis des praktischen Subjekts verschwunden, da es sich nicht mehr in subjektiven Absichten usf. und deren Material und Mittel unterscheidet und in der endlichen Relation des bloßen Sollens bei Ausführung subjektiver Absichten stehnbleibt, sondern den vollendet realisierten Begriff und Zweck vor sich hat.

Deshalb ist die Betrachtung des Schönen liberaler Art, ein Gewährenlassen der Gegenstände als in sich freier und unendlicher, kein Besitzenwollen und Benutzen derselben als nützlich zu endlichen Bedürfnissen und Absichten, so daß auch das Objekt als Schönes weder von uns gedrängt und gezwungen erscheint, noch von den übrigen Außendingen bekämpft und überwunden[1].

Denn dem Wesen des Schönen nach muß in dem *schönen*

[1] Das Kantische Moment des interesselosen Wohlgefallens; vgl. S. 219ff.

Objekt sowohl der Begriff, der Zweck und die Seele desselben wie seine äußere Bestimmtheit, Mannigfaltigkeit und Realität überhaupt als aus sich selbst und nicht durch andere bewirkt erscheinen[2], indem es – wie wir sahen – nur als immanente Einheit und Übereinstimmung des bestimmten Daseins und echten Wesens und Begriffs Wahrheit hat. Da nun ferner der Begriff selbst das Konkrete ist, so erscheint auch seine Realität schlechthin als ein vollständiges Gebilde, dessen einzelne Teile sich ebensosehr als in ideeller Beseelung und Einheit zeigen. Denn das Zusammenstimmen von Begriff und Erscheinung ist vollendete Durchdringung. Deshalb bleibt die äußere Form und Gestalt nicht von dem äußeren Stoff getrennt oder demselben mechanisch zu sonstigen anderen Zwecken aufgedrückt, sondern sie erscheint als die der Realität ihrem Begriff nach inwohnende und sich herausgestaltende Form. Endlich aber, wie sehr die besonderen Seiten, Teile, Glieder des schönen Objekts auch zu ideeller Einheit zusammenstimmen und diese Einheit erscheinen lassen, so muß doch die Übereinstimmung nur so an ihnen sichtbar werden, daß sie gegeneinander den Schein selbständiger Freiheit bewahren; d. h. sie müssen nicht wie im *Begriff als solchen* eine *nur* ideelle Einheit haben, sondern auch die Seite selbständiger Realität herauskehren. Beides muß im schönen Objekte vorhanden sein: die durch den Begriff gesetzte *Notwendigkeit* im Zusammengehören der besonderen Seiten und der Schein ihrer *Freiheit* als für sich und *nicht nur* für die *Einheit* hervorgegangener Teile. Notwendigkeit als solche ist die Beziehung von Seiten, die ihrem Wesen nach so aneinandergekettet sind, daß mit der einen unmittelbar die andere gesetzt ist. Solche Notwendigkeit darf zwar in den schönen Objekten nicht fehlen, aber sie darf nicht in Form der Notwendigkeit selber hervortreten, sondern muß sich hinter dem Schein absichtsloser Zufälligkeit verbergen. Denn sonst verlieren die besonderen realen Teile die Stellung, auch ihrer eigenen Wirklichkeit wegen da zu sein, und erscheinen nur im Dienst ihrer ideellen Einheit, der sie abstrakt unterworfen bleiben.

[2] Vgl. Schiller, S. 261 ff.

Durch diese Freiheit und Unendlichkeit, welche der Begriff des Schönen wie die schöne Objektivität und deren subjektive Betrachtung in sich trägt, ist das Gebiet des Schönen der Relativität endlicher Verhältnisse entrissen und in das absolute Reich der Idee und ihrer Wahrheit emporgetragen.

Zweites Kapitel
Das Naturschöne

Das Schöne ist die Idee als unmittelbare Einheit des Begriffs und seiner Realität, jedoch die Idee, insofern diese ihre Einheit unmittelbar in sinnlichem und realem Scheinen da ist.

Das nächste Dasein nun der Idee ist die *Natur,* und die erste Schönheit die *Naturschönheit.*

A. Das Naturschöne als solches
1. Die Idee als Leben

[...] Die tote unorganische Natur ist der Idee nicht gemäß und nur die lebendig-organische eine Wirklichkeit derselben. Denn in der Lebendigkeit ist *erstens* die Realität der Begriffsunterschiede als realer vorhanden; *zweitens* aber die Negation derselben als bloß real unterschiedener, indem die ideelle Subjektivität des Begriffs sich diese Realität unterwirft; *drittens* das Seelenhafte als affirmative Erscheinung des Begriffs an seiner Leiblichkeit, als unendliche Form, die sich als Form in ihrem Inhalte zu erhalten die Macht hat. – [...]

2. Die natürliche Lebendigkeit als schöne

Als die sinnlich objektive Idee nun ist die Lebendigkeit in der Natur *schön,* insofern das Wahre, die Idee, in ihrer nächsten Naturform als Leben unmittelbar in einzelner gemäßer Wirklichkeit da ist. Dieser nur sinnlichen Unmittelbarkeit wegen ist jedoch das lebendige Naturschöne weder schön *für sich* selber, noch *aus sich* selbst als schön und der schönen Erscheinung wegen *produziert.* Die Naturschönheit ist nur schön für anderes, d. h. *für uns,* für das die Schönheit auffassende *Bewußtsein.* Es fragt sich deshalb, in welcher Weise und wodurch uns denn die Lebendigkeit in ihrem unmittelbaren Dasein als *schön* erscheint.

a) Betrachten wir das Lebendige zunächst in seinem praktischen Sichhervorbringen und -erhalten, so ist das erste, was in die Augen fällt, die *willkürliche Bewegung.* Diese als Bewegung überhaupt angesehen, ist nichts als die ganz abstrakte Freiheit der zeitlichen Ortsveränderung, in welcher sich das Tier als durchaus willkürlich und seine Bewegung als zufällig erweist. Die Musik, der Tanz dagegen haben zwar auch Bewegung in sich; diese jedoch ist nicht nur zufällig und willkürlich, sondern in sich selbst gesetzmäßig bestimmt, konkret und maßvoll, – wenn wir auch noch ganz von der Bedeutung, deren schöner Ausdruck sie ist, abstrahieren. Sehen wir die tierische Bewegung ferner als Realisierung eines inneren Zwecks an, so ist auch dieser als ein erregter Trieb selber durchaus zufällig und ein ganz beschränkter Zweck. Schreiten wir aber weiter vor und beurteilen die Bewegung als zweckmäßiges Tun und Zusammenwirkung aller Teile, so geht solche Betrachtungsweise nur aus der Tätigkeit unseres Verstandes hervor. – Derselbe Fall tritt ein, wenn wir darauf reflektieren, wie das Tier seine Bedürfnisse befriedigt, sich ernährt, wie es die Speise ergreift, verzehrt, verdaut und überhaupt alles vollbringt, was zu seiner Selbsterhaltung notwendig ist. Denn auch hier haben wir entweder nur den äußeren Anblick einzelner Begierden und deren willkürlichen und zufälligen Befriedigungen – wobei noch dazu die innere Tätigkeit des Organismus nicht einmal zur Anschauung kommt –; oder alle diese Tätigkeiten und ihre Äußerungsweisen werden Gegenstand des Verstandes, der das Zweckmäßige darin, das Zusammenstimmen der tierischen inneren Zwecke und der dieselben realisierenden Organe, zu verstehen sich bemüht.

Weder das sinnliche Anschaun der einzelnen zufälligen Begierden, willkürlichen Bewegungen und Befriedigungen, noch die Verstandesbetrachtung der Zweckmäßigkeit des Organismus machen für uns die tierische Lebendigkeit zum Naturschönen; sondern die *Schönheit* betrifft das Scheinen der einzelnen Gestalt in ihrer Ruhe wie in ihrer Bewegung, abgesehen von deren Zweckmäßigkeit für die Befriedigung der Bedürfnisse wie von der ganz vereinzelten Zufälligkeit des Sichbewegens. Die Schönheit kann aber nur in die *Gestalt* fallen, weil diese allein die äußerliche Erscheinung ist, in welcher der objektive Idealismus der Lebendigkeit für uns als Anschauende und sinnlich Betrachtende wird. Das Denken faßt diesen Idealismus in seinem *Begriffe* auf und macht denselben seiner *Allgemeinheit* nach für sich, die Betrachtung der Schönheit aber seiner *scheinenden Realität* nach. Und diese Realität ist die äußere Gestalt des gegliederten Organismus, der für uns ebenso ein Daseiendes als ein *Scheinendes* ist, indem die bloß reale Mannigfaltigkeit der besonderen Glieder in der *beseelten* Totalität der Gestalt als Schein gesetzt sein muß.

b) Nach dem bereits erläuterten Begriff der Lebendigkeit ergeben sich nun als nähere Art dieses Scheinens folgende Punkte: Die Gestalt ist räumliche Ausbreitung, Umgrenzung, Figuration, unterschieden in Formen, Färbung, Bewegung usf. und eine Mannigfaltigkeit solcher Unterschiede. Soll sich nun aber der Organismus als beseelt kundtun, so muß sich zeigen, daß derselbe an dieser *Mannigfaltigkeit* nicht seine wahre Existenz habe. Dies geschieht in der Art, daß die verschiedenen Teile und Weisen der Erscheinung, die für uns als sinnliche sind, sich zugleich zu einem Ganzen zusammenschließen und dadurch als ein *Individuum* erscheinen, das ein Eins ist und diese Besonderheiten, wenn auch als unterschiedene, dennoch als übereinstimmende hat.

α. Diese Einheit aber muß sich *erstens* als *absichtslose* Identität[3] dartun und deshalb sich nicht als abstrakte Zweckmäßigkeit geltend machen. Die Teile müssen weder nur als Mittel eines bestimmten Zweckes und als in seinem Dienste zur Anschauung kommen, noch dürfen sie ihre Unterscheidung in Bau und Gestalt gegeneinander aufgeben.

β. Im Gegenteil erhalten die Glieder *zweitens* für die Anschauung den Schein der *Zufälligkeit*, d.h. an dem einen ist

[3] Kants Moment der Zweckmäßigkeit ohne Zweck; vgl. S. 227f.

nicht die Bestimmtheit auch des andern gesetzt. Keines erhält diese oder jene Gestalt, weil sie das andere hat, wie dies z.B. bei der Regelmäßigkeit als solcher der Fall ist. In der Regelmäßigkeit bestimmt irgendeine abstrakte Bestimmtheit die Gestalt, Größe usf. aller Teile. Die Fenster z.B. an einem Gebäude sind alle gleich groß oder wenigstens die in ein und derselben Reihe stehenden; ebenso sind die Soldaten in einem Regimente regelmäßiger Truppen überein gekleidet. Hier erscheinen die besonderen Teile der Kleidung, ihre Form, Farbe usf. nicht als gegeneinander zufällig, sondern der eine hat seine bestimmte Form des andern wegen. Weder der Unterschied der Formen noch ihre eigentümliche Selbständigkeit kommt hier zu ihrem Recht. Bei dem organisch-lebendigen Individuum ist dies ganz anders. Da ist jeder Teil unterschieden, die Nase von der Stirn, der Mund von den Wangen, die Brust vom Halse, die Arme von den Beinen usf. Indem nun für die Anschauung jedes Glied nicht die Gestalt des anderen, sondern seine eigentümliche Form hat, welche nicht durch ein anderes Glied absolut bestimmt ist, so erscheinen die Glieder als in sich selbständig und dadurch gegeneinander frei und zufällig. Denn das materielle Zusammenhängen betrifft ihre Form als solche nicht.

γ. *Drittens* nun aber muß für die Anschauung dennoch ein innerer Zusammenhang in dieser Selbständigkeit sichtbar werden, obschon die Einheit nicht wie bei der Regelmäßigkeit abstrakt und äußerlich sein darf, sondern die eigentümlichen Besonderheiten, statt dieselben auszulöschen, vielmehr hervorrufen und bewahren muß. Diese Identität ist nicht sinnlich und unmittelbar für die Anschauung wie die Unterschiedenheit der Glieder gegenwärtig und bleibt deshalb eine geheime, *innere* Notwendigkeit und Übereinstimmung. Als *nur* innere, nicht auch äußerlich sichtbare aber wäre sie nur durch das Denken zu erfassen und entzöge sich der Anschauung gänzlich. Dann würde sie jedoch dem Anblick des Schönen mangeln und das Anschaun in dem Lebendigen nicht die Idee als real erscheinende vor sich sehn. Die Einheit deshalb muß auch ins Äußere heraustreten, wenn sie als das ideell Beseelende nicht bloß sinnlich und räumlich sein darf. Sie erscheint am Individuum als die allgemeine Idealität seiner Glieder, welche die haltende und tragende Grundlage, das Subjektum des lebendigen Subjektes ausmacht. Diese subjektive Einheit kommt im organischen Lebendigen als die Empfindung hervor. In der Empfindung und deren Ausdruck zeigt sich die Seele *als Seele.* Denn für sie hat das bloße Nebeneinanderbestehen der Glieder keine Wahrheit, und die Vielheit der räumlichen Formen ist für ihre subjektive Idealität nicht vorhanden. Sie setzt zwar die Mannigfaltigkeit, eigentümliche Bildung und organische Gliederung der Teile voraus; doch indem an ihnen die empfindende Seele und deren Ausdruck hervortritt, erscheint die allgegenwärtige innere Einheit gerade als das Aufheben der bloßen realen Selbständigkeiten, welche nun nicht mehr sich selbst allein, sondern ihre empfindende Beseelung darstellen.

c) Zunächst aber gibt der Ausdruck der seelenhaften Empfindung weder den Anblick einer notwendigen Zusammengehörigkeit der besonderen Glieder untereinander noch die Anschauung der notwendigen Identität der *realen* Gliederung und der *subjektiven* Einheit der Empfindung als solcher.

α. Soll die Gestalt nun dennoch als Gestalt diese innere Übereinstimmung und deren Notwendigkeit erscheinen lassen, so kann der Zusammenhang für uns als die *Gewohnheit* des Nebeneinanderstehens solcher Glieder sein, welches einen gewissen Typus und die wiederholten Bilder dieses Typus hervorbringt. Die Gewohnheit jedoch ist selbst nur wieder eine bloß *subjektive Notwendigkeit.* [...]

γ. Wenn wir daher in dieser Sphäre die innere totale Einheit des Lebens zum Bewußtsein bringen sollten, so könnte es nur durch das Denken und Begreifen geschehen; denn im Natürlichen kann sich die Seele *als solche* noch nicht erkennbar machen, weil die subjektive Einheit in ihrer Idealität noch nicht für sich selbst geworden ist. Erfassen wir nun aber die Seele durch das Denken ihrem Begriff nach, so haben wir zweierlei: die Anschauung der Gestalt und den gedachten Begriff der Seele als Seele. Dies soll nun aber in der Anschauung des Schönen nicht der Fall sein; der Gegenstand darf uns weder als Gedanke vorschweben noch als Interesse des Denkens einen Unterschied und Gegensatz gegen die Anschauung bilden. Es bleibt deshalb nichts übrig, als daß der Gegenstand für den *Sinn* überhaupt vorhanden sei, und als die echte Betrachtungsweise des Schönen, in der Natur, erhalten wir dadurch eine *sinnvolle* Anschauung der Naturgebilde. »Sinn« nämlich ist dies wunderbare Wort, welches selber in zwei entgegengesetzten Bedeutungen gebraucht wird. Einmal bezeichnet es die Organe der unmittelbaren Auffassung, das andre Mal aber heißen wir Sinn: die Bedeutung, den Gedanken, das Allgemeine der Sache. Und so bezieht sich der Sinn einerseits auf das unmittelbar Äußerliche der Existenz, andrerseits auf das innre Wesen derselben. Eine sinnvolle Betrachtung nun *scheidet* die beiden Seiten nicht etwa, sondern in der einen Richtung enthält sie auch die entgegengesetzte und faßt im sinnlichen unmittelbaren Anschaun zugleich das Wesen und den Begriff auf. Da sie aber eben diese Bestimmungen in noch ungetrennter Einheit in sich trägt, so bringt sie den Begriff nicht als solchen ins Bewußtsein, sondern bleibt bei der Ahnung derselben stehen. [...]

3. Betrachtungsweisen der natürlichen Lebendigkeit

So wäre denn also die Natur überhaupt als sinnliche Darstellung des konkreten Begriffs und der Idee schön zu nennen, insofern nämlich bei Anschauung der begriffsmäßigen Naturgestalten ein solches Entsprechen geahnt ist und bei sinnlicher Betrachtung dem Sinne zugleich die innere Notwendigkeit und das Zusammenstimmen der totalen Gliederung aufgeht. Weiter als bis zu dieser Ahnung des Begriffs dringt die Anschauung der Natur als schöner nicht vorwärts. Dann bleibt aber dies Auffassen, für welches die Teile, obschon sie als frei für sich selber hervorgegangen erscheinen, dennoch ihr Zusammenstimmen in Gestalt, Umrissen, Bewegung usf. sichtbar machen, nur *unbestimmt* und *abstrakt.* Die innere Einheit *bleibt innerlich*, sie tritt für die Anschauung nicht in konkret ideeller Form heraus, und die Betrachtung läßt es bei der Allgemeinheit eines notwendigen beseelenden Zusammenstimmens überhaupt bewenden. [...]

Erst das bewußte Ich ist das einfach Ideelle, welches als für sich selber ideell, von sich als dieser einfachen Einheit weiß und sich deshalb eine Realität gibt, die keine nur äußerlich sinnliche und leibliche, sondern selbst ideeller Art ist. Hier erst hat die Realität die Form des Begriffes selbst, der Begriff tritt sich gegenüber, hat *sich* zu seiner Objektivität und ist in derselben für sich. Das tierische Leben dagegen ist nur *an sich* diese Einheit, in welcher die Realität als Leiblichkeit eine andere Form hat als die ideelle Einheit der Seele. Das bewußte Ich aber ist *für sich* selbst diese Einheit, deren Seiten die gleiche Idealität zu ihrem Elemente haben. Als diese bewußte Konkretion manifestiert sich das Ich auch für Andre. Das Tier jedoch läßt durch seine Gestalt für die Anschauung eine Seele nur ahnen, denn es hat selber nur erst den trüben Schein einer Seele, als Hauch, Duft, der sich über das Ganze breitet, die Glieder zur Einheit bringt und im ganzen Habitus den ersten Beginn eines besonderen Charakters offenbar macht. Dies ist der nächste Mangel des Naturschönen, auch seiner höchsten Gestaltung nach betrachtet, ein Mangel, der uns auf die Notwendigkeit *des Ideals* als des *Kunstschönen* hinleiten wird. [...]

C. Mangelhaftigkeit des Naturschönen

[...]

1. Das Innere im Unmittelbaren als nur Inneres

a) Wir sahen bereits, der tierische Organismus erhalte sein Fürsichsein nur durch steten Prozeß in sich selbst und gegen eine ihm unorganische Natur, welche er verzehrt, verdaut, sich assimiliert, das Äußere in Inneres verwandelt und dadurch erst sein Insichsein wirklich macht. Zugleich fanden wir, daß dieser stete Prozeß des Lebens ein System von Tätigkeiten sei, welches sich zu einem System von Organen verwirklicht, in denen jene Tätigkeiten vor sich gehen. Dies in sich beschlossene System hat zu seinem einzigen Zwecke die Selbsterhaltung des Lebendigen durch diesen Prozeß, und das tierische Leben besteht deshalb nur in einem Leben der Begierde, deren Verlauf und Befriedigung sich an dem erwähnten Systeme der Organe realisiert. Das Lebendige in dieser Weise ist nach der *Zweckmäßigkeit* gegliedert; alle Glieder dienen nur als Mittel für den einen Zweck der Selbsterhaltung. Das Leben ist ihnen immanent; sie sind an das Leben, das Leben an sie gebunden. Das Resultat nun jenes Prozesses ist das Tier als Sichempfindendes, Beseeltes, wodurch es den Selbstgenuß seiner als Einzelnen erhält. Vergleichen wir in dieser Beziehung das Tier mit der Pflanze, so ist schon angedeutet, daß der Pflanze eben das Selbstgefühl und die Seelenhaftigkeit abgeht, indem sie nur immer neue Individuen an sich selber produziert, ohne sie zu dem negativen Punkt zu konzentrieren, welcher das einzelne Selbst ausmacht. Was wir nun aber vom tierischen Organismus in seiner Lebendigkeit vor uns sehn, ist nicht dieser *Einheitspunkt* des Lebens, sondern nur die *Mannigfaltigkeit* der Organe; das Lebendige hat noch die Unfreiheit, sich nicht *als* einzelnes punktuelles Subjekt gegen das Ausgelassensein in die äußere Realität seiner Glieder zur Erscheinung bringen zu können. Der eigentliche Sitz der Tätigkeiten des organischen Lebens bleibt uns verhüllt, wir sehen nur die äußeren Umrisse der Gestalt, und diese ist wieder durchweg mit Federn, Schuppen, Haaren, Pelz, Stacheln, Schalen überzogen. Dergleichen Bedeckung gehört freilich dem Animalischen an, doch als ein Hauptmangel der Schönheit im Tierisch-Lebendigen. Was uns vom Organismus sichtbar wird, ist nicht die Seele; was sich nach außen kehrt und allenthalben erscheint, ist nicht das innere Leben, – sondern es sind Formationen einer niedrigeren Stufe als die eigentliche Lebendigkeit. Das Tier ist *nur* in sich lebendig; d.h. das Insichsein wird nicht in der Form der Innerlichkeit selber real, und deshalb ist diese Lebendigkeit nicht überall zu erblicken. Weil das Innre ein *nur Innres* bleibt, erscheint auch das Äußere *nur* als ein *Äußeres* und nicht an jedem Teil von der Seele völlig durchdrungen.

b) Der *menschliche* Körper dagegen steht in dieser Beziehung auf einer höheren Stufe, indem sich an ihm durchgehends vergegenwärtigt, daß der Mensch ein beseeltes, empfindendes Eins ist. Die Haut ist nicht mit pflanzenhaft unlebendigen Hüllen verdeckt, das Pulsieren des Blutes scheint an der ganzen Oberfläche, das klopfende Herz der Lebendigkeit ist gleichsam allgegenwärtig und tritt auch in die äußere Erscheinung als eigentümliche Belebtheit, als turgor vitae, als dieses schwellende Leben hinaus. Ebenso erweist sich die Haut als durchweg empfindlich und zeigt die morbidezza, die Fleisch- und Nervenfarbe des Teints, dies Kreuz für die Künstler. Wie sehr nun aber auch der menschliche Körper im Unterschiede des tierischen seine Lebendigkeit nach außen hin erscheinen läßt, so drückt sich an dieser Oberfläche dennoch ebensosehr die Bedürftigkeit der Natur in der Vereinzelung der Haut, in den Einschnitten, Runzeln, Poren, Härchen, Äderchen usw. aus. Die Haut selbst, welche das innre Leben durch sich hindurchscheinen läßt, ist eine Bedeckung für die Selbsterhaltung nach außen, ein nur zweckmäßiges Mittel im Dienste natürlicher Bedürftigkeit. Der ungeheure Vorzug jedoch, welcher der Erscheinung des menschlichen Körpers bleibt, besteht in der Empfindlichkeit, die, wenn auch nicht durchweg wirkliches Empfinden, doch wenigstens die Möglichkeit desselben überhaupt dartut. Zugleich aber tritt auch hier wieder der Mangel ein, daß dies Empfinden sich nicht als innerlich in sich konzentriertes zur Gegenwart in allen Gliedern herausarbeitet, sondern daß im Körper selbst ein Teil der Organe und deren Gestalt nur animalischen Funktionen gewidmet ist, während ein anderer näher den Ausdruck des Seelenlebens, der Empfindungen und Leidenschaften in sich aufnimmt. Von dieser Seite scheint die Seele mit ihrem innern Leben auch nicht durch die ganze Realität der leiblichen Gestalt hindurch. [...]

2. Die Abhängigkeit des unmittelbaren einzelnen Daseins

Der nächste wichtige Punkt, der sich hieraus ergibt, ist folgender. Mit der Unmittelbarkeit des Einzelnen tritt die Idee in das wirkliche Dasein ein. Durch dieselbe Unmittelbarkeit nun aber wird sie zugleich in die Verwicklung mit der Außenwelt verflochten, in die Bedingtheit äußerer Umstände wie in die Relativität von Zwecken und Mitteln, überhaupt in die ganze Endlichkeit der Erscheinung hineingerissen. Denn die unmittelbare Einzelheit ist zunächst ein in sich abgerundetes Eins, sodann aber schließt es sich aus dem gleichen Grunde negativ gegen andres ab und wird seiner unmittelbaren Vereinzelung wegen, in welcher es nur eine bedingte Existenz hat, von der Macht der nicht in ihm selber wirklichen Totalität zum Bezug auf andres und zur mannigfaltigsten Abhängigkeit von anderem gezwungen. Die Idee hat in dieser Unmittelbarkeit alle ihre Seiten *vereinzelt* realisiert und bleibt deshalb nur die *innre* Macht, welche die einzelnen Existenzen, natürliche wie geistige, aufeinander bezieht. Dieser Bezug ist ihnen selbst ein äußerlicher und erscheint auch an ihnen als eine *äußerliche Notwendigkeit* der vielfachsten wechselseitigen Abhängigkeiten und des Bestimmtseins durch anderes. Die Unmittelbarkeit des Daseins ist von dieser Seite her ein System notwendiger Verhältnisse zwischen scheinbar selbständigen Individuen und Mächten, in welchem jedes Einzelne in dem Dienste ihm fremder Zwecke als Mittel gebraucht wird oder des ihm Äußerlichen selbst als Mittels bedarf. Und da sich hier die Idee überhaupt nur auf dem Boden des Äußerlichen realisiert, so erscheint zu gleicher Zeit auch das ausgelassene Spiel der Willkür und des Zufalls sowie die ganze Not der Bedürftigkeit losgebunden. Es ist das Bereich der Unfreiheit, in welcher das unmittelbar Einzelne lebt.

a) Das einzelne *Tier* z.B. ist sogleich an ein bestimmtes Naturelement, Luft, Wasser oder Land gefesselt, wodurch seine ganze Lebensweise, die Art der Ernährung und damit der ganze Habitus bestimmt ist. Dies gibt die großen Unterschiede des Tierlebens. Es treten dann wohl noch andere Mittelgeschlechter auf, Schwimmvögel und Säugetiere, welche im Wasser leben, Amphibien und Übergangsstufen; dies sind aber nur Vermischungen und keine höhere, umfassende Vermittlungen. Außerdem bleibt das Tier in seiner Selbsterhaltung in steter Unterwürfigkeit in betreff auf die äußere Natur, Kälte, Dürre, Mangel an Nahrung, und kann in dieser Botmäßigkeit durch die Kargheit seiner Umgebung die

Fülle seiner Gestalt, die Blüte seiner Schönheit verlieren, abmagern und nur den Anblick dieser allseitigen Dürftigkeit geben. Ob es, was ihm an Schönheit zugeteilt ist, bewahrt oder einbüßt, ist äußerlichen Bedingungen unterworfen.

b) Der *menschliche* Organismus in seinem leiblichen Dasein fällt, wenn auch nicht in demselben Maße, dennoch einer ähnlichen Abhängigkeit von den äußeren Naturmächten anheim und ist der gleichen Zufälligkeit, unbefriedigten Naturbedürfnissen, zerstörenden Krankheiten wie jeder Art des Mangels und Elendes bloßgestellt.

c) Weiter hinauf in der unmittelbaren Wirklichkeit der *geistigen* Interessen erscheint die Abhängigkeit erst recht in der vollständigsten Relativität. Hier tut sich die ganze Breite der Prosa im menschlichen Dasein auf. Schon der Kontrast der bloß physischen Lebenszwecke gegen die höheren des Geistes, indem sie sich wechselseitig hemmen, stören und auslöschen können, ist dieser Art. Sodann muß der einzelne Mensch, um sich in seiner Einzelheit zu erhalten, sich vielfach zum Mittel für andere machen, ihren beschränkten Zwecken dienen, und setzt die andern, um seine eigenen engen Interessen zu befriedigen, ebenfalls zu bloßen Mitteln herab. Das Individuum, wie es in dieser Welt des Alltäglichen und der Prosa erscheint, ist deshalb nicht aus seiner eigenen Totalität tätig und nicht aus sich selbst, sondern aus anderem verständlich. Denn der einzelne Mensch steht in der Abhängigkeit von äußeren Einwirkungen, Gesetzen, Staatseinrichtungen, bürgerlichen Verhältnissen, welche er vorfindet und sich ihnen, mag er sie als sein eigenes Innres haben oder nicht, beugen muß. Mehr noch ist das einzelne Subjekt für andre nicht als solche Totalität in sich, sondern tritt für sie nur nach dem nächsten vereinzelten Interesse hervor, das sie an seinen Handlungen, Wünschen und Meinungen haben. Was die Menschen zunächst interessiert, ist nur die Relation zu ihren eigenen Absichten und Zwecken. – Selbst die großen Handlungen und Begebenheiten, zu welchen eine Gesamtheit sich zusammentut, geben sich in diesem Felde relativer Erscheinungen nur als Mannigfaltigkeit einzelner Bestrebungen. Dieser oder jener bringt das Seinige hinzu, aus diesem oder jenem Zweck, der ihm mißlingt oder den er durchsetzt und im glücklichen Fall am Ende etwas erreicht, das gegen das Ganze gehalten sehr untergeordneter Art ist. Was die meisten Individuen vollführen, ist in dieser Beziehung im Vergleich mit der Größe der ganzen Begebenheit und des totalen Zwecks, für den sie ihren Beitrag liefern, nur ein Stückwerk; ja diejenigen selbst, welche an der Spitze stehn und das Ganze der Sache als das Ihrige fühlen und sich zum Bewußtsein bringen, erscheinen als in vielseitige besondere Umstände, Bedingungen, Hemmnisse und relative Verhältnisse verschlungen. Nach allen diesen Rücksichten hin gewährt das Individuum in dieser Sphäre nicht den Anblick der selbständigen und totalen Lebendigkeit und Freiheit, welche beim Begriffe der Schönheit zugrunde liegt. [...]

3. Die Beschränktheit des unmittelbaren einzelnen Daseins
Drittens nun aber steht das unmittelbar Einzelne der natürlichen und geistigen Welt nicht nur überhaupt in Abhängigkeit, sondern die absolute Selbständigkeit fehlt ihnen, weil es *beschränkt* und – näher – weil es in sich selbst *partikularisiert* ist.

a) Jedes einzelne Tier gehört einer bestimmten und dadurch beschränkten und festen Art an, über deren Grenze es nicht hinauszuschreiten vermag. Dem Geiste zwar schwebt ein allgemeines Bild der Lebendigkeit und deren Organisation vor Augen; in der wirklichen Natur aber schlägt sich dieser allgemeine Organismus zu einem Reich der Besonderheiten auseinander, von welchen jede ihren abgegrenzten Typus der Gestalt und ihre besondre Stufe der Ausbildung hat. Innerhalb dieser unübersteiglichen Schranke ferner drückt sich nur jener Zufall der Bedingungen, Äußerlichkeiten und die Abhängigkeit von denselben in jedem einzelnen Individuum in selbst zufälliger, partikulärer Weise aus und verkümmert auch von dieser Seite her den Anblick der Selbständigkeit und Freiheit, welche für die echte Schönheit erforderlich ist.

[...]

c) Diese Mangelhaftigkeit des unmittelbaren, sowohl physischen als geistigen Daseins ist wesentlich als eine *Endlichkeit* zu fassen, und näher als eine Endlichkeit, welche ihrem Begriff nicht entspricht und durch dieses Nichtentsprechen eben ihre Endlichkeit bekundet. Denn der Begriff und konkreter noch die Idee ist das in sich *Unendliche und Freie.* Das animalische Leben, obschon es als Leben *Idee* ist, stellt doch nicht die Unendlichkeit und Freiheit selber dar, welche nur zum Vorschein kommt, wenn der Begriff sich durch seine gemäße Realität so ganz hindurchzieht, daß er darin nur sich selbst hat und an ihr nichts anderes als sich selber hervortreten läßt. Dann erst ist er die wahrhaft freie, unendliche Einzelheit. Das natürliche Leben jedoch bringt es nicht über die Empfindung hinaus, die *in sich* bleibt, ohne die gesamte Realität total zu durchdringen, und sich außerdem in sich unmittelbar bedingt, beschränkt und abhängig findet, weil sie nicht frei durch sich, sondern durch anderes bestimmt ist. Das gleiche Los trifft die unmittelbare endliche Wirklichkeit des Geistes in seinem Wissen, Wollen, seinen Begebenheiten, Handlungen und Schicksalen.

Denn obschon auch hier sich wesentlichere Mittelpunkte bilden, so sind dies doch nur Mittelpunkte, welche ebensowenig als die besonderen Einzelheiten an und für sich selber Wahrheit haben, sondern dieselbe nur in der Beziehung aufeinander durch das Ganze darstellen. Dies Ganze als solches genommen entspricht wohl seinem Begriffe, ohne sich jedoch in seiner Totalität zu manifestieren, so daß es in dieser Weise nur ein Innres bleibt und deshalb nur für das Innre der denkenden Erkenntnis ist, statt als das volle Entsprechen selber in die äußere Realität sichtbar hinauszutreten und die tausend Einzelheiten aus ihrer Zerstreuung zurückzurufen, um sie zu *einem* Ausdruck und *einer* Gestalt zu konzentrieren.

Dies ist der Grund, weshalb der Geist auch in der Endlichkeit des Daseins und dessen Beschränktheit und äußerlichen Notwendigkeit den unmittelbaren Anblick und Genuß seiner wahren Freiheit nicht wiederzufinden vermag und das Bedürfnis dieser Freiheit daher auf einem anderen, höheren Boden zu realisieren genötigt ist. Dieser Boden ist die Kunst, und ihre Wirklichkeit das Ideal.

Die Notwendigkeit des Kunstschönen leitet sich also aus den Mängeln der unmittelbaren Wirklichkeit her, und die Aufgabe desselben muß dahin festgesetzt werden, daß es den Beruf habe, die Erscheinung der Lebendigkeit und vornehmlich der geistigen Beseelung auch äußerlich in ihrer Freiheit darzustellen und das Äußerliche seinem Begriffe gemäß zu machen. Dann erst ist das Wahre aus seiner zeitlichen Umgebung, aus seinem Hinaussichverlaufen in die Reihe der Endlichkeiten herausgehoben und hat zugleich eine äußere Erscheinung gewonnen, aus welcher nicht mehr die Dürftigkeit der Natur und der Prosa hervorblickt, sondern ein der Wahrheit würdiges Dasein, das nun auch seinerseits in freier Selbständigkeit dasteht, indem es seine Bestimmung in sich selber hat und sie nicht durch Anderes ihn sich hineingesetzt findet.

15. Karl Rosenkranz

In der Hegelschen Ästhetik war die Kunst als *schöne* Kunst bestimmt und als ihr Ideal die Versöhnung von Endlichkeit und Unendlichkeit postuliert worden. Zweck der Kunst war die Offenbarung des Absoluten, so daß die Möglichkeit einer prinzipiellen Unversöhnbarkeit der Gegensätze in ihr nicht vorgesehen war und demgemäß die Erfahrung der Häßlichkeit als Wirklichkeit ästhetischer Zerstörung von vornherein nicht in den Blick kommen konnte. Doch die Kunst der Gegenwart hatte den Idealismus, wie Hegel selbst sah, schon längst überholt und wandte sich mehr und mehr der erlebten Wirklichkeit und der Zerrissenheit der menschlichen Existenz zu. Die Nachfolger Hegels versuchten, dieser neuen Erfahrungsweise gerecht zu werden, indem sie die Häßlichkeit, die zum ersten Mal von *Friedrich Schlegel* (1772–1829) in seiner Abhandlung ›Über das Studium der griechischen Poesie‹ 1795 poetologisch reflektiert worden war[1], in das von Hegel vorgegebene System so integrierten, daß ihr das Ideal der Kunst nicht geopfert werden mußte. Den ersten Versuch in diese Richtung unternahm *Christian Hermann Weiße* (1801–1866) in seinem ›System der Ästhetik als Wissenschaft von der Idee der Schönheit‹ von 1830, gefolgt von *Friedrich Theodor Vischers* (1807–1887) ›Ästhetik oder Wissenschaft des Schönen‹ 1846–1857. Die erste eigenständige Untersuchung über das Häßliche aber, die der ganzen Vielfalt seiner Erscheinungsweisen Raum gab, war die 1853 erschienene und schon bald nach ihrem Erscheinen zu Unrecht wieder vergessene ›Ästhetik des Häßlichen‹ von *Karl Rosenkranz* (1805–1879). Obgleich Rosenkranz noch an dem Versöhnungsideal der idealistischen Ästhetik festhält, macht sich in seiner Darstellung doch immer wieder das Bewußtsein um die Abgründigkeit des Daseins und die ständige Vernichtungsdrohung, die über allem Schönen schwebt, geltend. Rosenkranz' auf Weiße zurückgehender Grundgedanke ist, daß das Schöne aus sich selbst heraus das Häßliche als seine eigene Negation erzeugen müsse. Dies bedeutet für Rosen-

[1] Friedrich Schlegel hatte versucht, das Wesen der gegenwärtigen Kunst durch den Begriff des Interessanten zu fassen. Nach dem Verlust des griechischen Formgefühls sollte das Interessante eine notwendige, aber schließlich zu überwindende Stufe auf dem Weg zur Wiedererlangung der vollkommenen Schönheit sein. Das Problem, das Schlegel letztlich nicht zu lösen vermochte, bestand aber darin, das Interessante vom Häßlichen abzugrenzen. Da ihm dies nicht gelang, konnte der Gegensatz zwischen Häßlichkeit und Schönheit kein absoluter mehr sein.

kranz aber weder, daß das Häßliche mit dem Schönen dem Grunde nach identisch wäre, noch daß das Schöne ohne das Häßliche nicht schön sein könnte. Die Schönheit sei die in sich selbständige und ursprüngliche Idee, während das Häßliche abgeleitet sei und des Schönen immer als seiner Voraussetzung bedürfe. Worauf es Rosenkranz aber ankommt, ist die keineswegs triviale und in letzter Konsequenz die idealistische Grundposition aushöhlende Erkenntnis, daß die Häßlichkeit auf *eben denselben* Grundlagen wie die Schönheit beruht, so daß die *Möglichkeit* der Schönheit immer zugleich die *Möglichkeit* der Häßlichkeit in sich trägt. Zwar kann die Häßlichkeit als das Negativschöne noch durch die versöhnende Kraft des *Komischen*[2] in die Einheit mit dem Schönen zurückgezwungen werden, doch bleibt das Häßliche eine ewige Mahnung an die Gefahr, die dem Schönen »an ihm selber droht«. Auch wächst die Drohung mit der Schönheit selbst, denn je größer die Schönheit einer Erscheinung, desto größer sei die Häßlichkeit, in die sie umschlagen könne. Die schönste Erscheinung ist darum für Rosenkranz zugleich die potentiell häßlichste. Während die anorganische Natur in ihrer »träumerischen Zufälligkeit« nur wenig Schönheit und somit auch wenig Häßlichkeit entfalten könne, sei die organische Natur durch die ihr notwendige Abgeschlossenheit der Gestalt, die sie (ganz im Sinne Hegels) zu größerer Schönheit befähige, auch der Gefahr der Häßlichkeit in viel größerem Maße ausgesetzt. Zunehmend verwandle im Anstieg von der Pflanze zum Tier jedes Zuviel oder Zuwenig die Schönheit der äußeren Gestalt in Häßlichkeit. Hingegen beeinträchtige die Schädlichkeit oder Gefährlichkeit von Pflanzen und Tieren nicht ihre Schönheit, da es nicht in ihrem Begriff liege zu schaden. Allein der Mensch, durch die Freiheit als seiner inneren Form zur höchsten Schönheit fähig, könne durch das Böse in Gestalt einzelner Laster korrumpiert werden und so seine Freiheit auch nach außen hin zur größten Häßlichkeit entstellen, wie er auch umgekehrt durch seinen Ausdruck die Häßlichkeit der äußeren Gestalt mit Schönheit überstrahlen könne. Doch gebe es sogar im Bösen eine Stufe, die sich selbst so natürlich sei und eine solche innere Harmonie zu erkennen gebe, daß ihr eine gewisse Schönheit nicht abgesprochen werden könne. Die menschliche

[2] Die humoristische Versöhnung der Diskrepanz zwischen der unübersteigbaren Endlichkeit menschlicher Existenz und dem Streben nach dem Unendlichen geht zurück auf die 1804 in der ›Vorschule der Ästhetik‹ entwickelte Theorie der Dichtkunst *Jean Pauls* (1763–1825). Die Vermittlungsfunktion des *Komischen* wird von Weiße und Vischer in der Folge übernommen.

Schönheit hänge immer am Ausdruck der inneren Freiheit, die Häßlichkeit am Ausdruck der Unfreiheit. Da nun das Wesen der Idee die Freiheit der Negation in sich schließe, könne die Kunst, wenn sie die Idee in ihrer Totalität erfassen wolle, auf die Darstellung der Häßlichkeit nicht verzichten. Nur das Schöne zu zeigen, wäre oberflächlich, doch auch das Häßliche könne nicht alleinstehen, sondern müsse im Schönen reflektiert werden. So vergegenwärtige die Kunst die Gefahr, »der das Schöne in der Freiheit seiner Beweglichkeit beständig ausgesetzt ist«, ohne sich ihr aber zu ergeben. So bleibt im Werk Rosenkranz' letztlich trotz aller bangen Ahnung eine optimistische Grundstimmung gewahrt.

Karl Rosenkranz
Ästhetik des Häßlichen
[...]

Daß das Häßliche ein Begriff sei, der als ein relativer nur in Verhältnis zu einem anderen Begriff gefaßt werden könne, ist unschwer einzusehen. Dieser andere Begriff ist der des Schönen, denn das Häßliche ist nur, sofern das Schöne ist, das seine *positive Voraussetzung* ausmacht. Wäre das Schöne nicht, so wäre das Häßliche gar nicht, denn es existiert nur als die Negation desselben. Das Schöne ist die göttliche, ursprüngliche Idee, und das Häßliche, seine Negation, hat eben als solche ein erst sekundäres Dasein. Es erzeugt sich an und aus dem Schönen. Nicht, als ob das Schöne, indem es das Schöne ist, zugleich häßlich sein könnte, wohl aber indem dieselben Bestimmungen, welche die Notwendigkeit des Schönen ausmachen, sich in ihr Gegenteil verkehren.

Dieser innere Zusammenhang des Schönen mit dem Häßlichen als seiner Selbstvernichtung begründet daher auch die Möglichkeit, daß das Häßliche sich wieder aufhebt, daß es, indem es als das *Negativschöne* existiert, seinen Widerspruch gegen das Schöne wieder auflöst und in die Einheit mit ihm zurückgeht. Das Schöne wird in diesem Prozeß als die Macht offenbar, welche die Empörung des Häßlichen seiner Herrschaft wieder unterwirft. In dieser Versöhnung entsteht eine unendliche Heiterkeit, die uns zum Lächeln, zum Lachen erregt. Das Häßliche befreit sich in dieser Bewegung von seiner hybriden, selbstischen Natur. Es gesteht seine Ohnmacht ein und wird *komisch.* Alles Komische begreift ein Moment in sich, welches sich gegen das reine, einfache Ideal negativ verhält; aber diese Negation wird in ihm zum Schein, zum Nichts heruntergesetzt. Das positive Ideal wird im Komischen anerkannt, weil und indem seine negative Erscheinung sich verflüchtigt.

Die Betrachtung des Häßlichen ist daher eine durch das Wesen desselben genau begrenzte. Das Schöne ist die positive Bedingung seiner Existenz, und das Komische ist die Form, durch welche es sich dem Schönen gegenüber von seinem nur negativen Charakter wieder erlöst. Das einfach Schöne verhält sich gegen das Häßliche schlechthin negativ, denn es ist nur schön, soweit es nicht häßlich ist, und das Häßliche ist häßlich nur, soweit es nicht schön ist. Nicht als wenn das Schöne, um schön zu sein, des Häßlichen bedürftig wäre. Es ist schön auch ohne seine Folie, aber das Häßliche ist die Gefahr, die ihm an ihm selber drohet, der Widerspruch, den es durch sein Wesen an sich selber hat. Mit dem Häßlichen ist es anders. Es ist, was es ist, *empirisch* freilich durch sich selber; daß es aber das Häßliche ist, das ist nur möglich durch seine Selbstbeziehung auf das Schöne, an welchem es sein Maß besitzt. Das Schöne ist also, wie das Gute, ein Absolutes, und das Häßliche, wie das Böse, ein nur *Relatives.*

Keineswegs jedoch so, als ob, was häßlich sei, in einem bestimmten Fall zweifelhaft sein könnte. Dies ist unmöglich, weil die Notwendigkeit des Schönen durch sich selbst bestimmt ist. Wohl aber ist das Häßliche relativ, weil es nicht durch sich selbst, sondern nur durch das Schöne gemessen werden kann. Im gewöhnlichen Leben mag jeder seinem Geschmack folgen, nach welchem ihm schön dünkt, was einem andern häßlich, häßlich, was einem andern schön. Soll aber diese Zufälligkeit des empirisch-ästhetischen Urteils aus ihrer Unsicherheit und Unklarheit herausgehoben werden, so bedarf sie sogleich der Kritik und damit der Vergegenwärtigung der höchsten Prinzipien. Das Gebiet des konventionell Schönen, der Mode, ist voll von Erscheinungen, die von der Idee des Schönen aus beurteilt, nur häßlich genannt werden können und welche doch, temporär, für schön gelten, nicht, weil sie es an und für sich wären, sondern nur, weil der Geist einer Zeit gerade in diesen Formen den angemessenen Ausdruck seiner Eigentümlichkeit findet und sich an sie gewöhnt.

[...]

In dem Sinne, daß das Schöne wesentlich Idee ist, kann auch von ihm gesagt werden, daß es das Vollkommene sei. Und so ist auch oft genug, namentlich auch in der Baumgartenschen Ästhetik des vorigen Jahrhunderts, der Begriff der Vollkommenheit mit dem der Schönheit identisch genommen. Allein Vollkommenheit ist ein Begriff, der mit dem der Schönheit nicht direkt zusammenhängt. Es kann ein Tier sehr zweckmäßig, also als lebendiges Individuum sehr vollkommen organisiert und eben deswegen sehr häßlich sein, wie das Kamel, das Unau, die Sepia, die Pipa usw. Ein Fehler im subjektiven Denken, ein unrichtiger Begriff, ein Irrtum, ein falsches Urteil, ein verkehrter Schluß sind Unvollkommenheiten der Intelligenz, die aber nicht unter die Kategorie des Ästhetischen gehören. Tugenden, die erst erworben werden, die also noch nicht zur Virtuosität der Gewohnheit durchgebildet sind, machen ethisch genommen den Eindruck der Unvollkommenheit, können aber in ihrer Werdelust ästhetisch sogar etwas unendlich Reizendes haben. Eine häßliche Gemütsart aber soll soviel heißen als eine böse.

Der Begriff des Unvollkommenen ist relativ. Es kommt für ihn immer auf das Maß an, von welchem für seine Schätzung ausgegangen wird. Das Blatt ist unvollkommen gegen die Blüte, die Blüte gegen die Frucht, wenn man nämlich von der Frucht als der Normalexistenz der Pflanze den Wert der Blüte abwägt. Ästhetisch wird die im botanischen oder besser ökonomischen Sinn unvollkommene Blüte in der Regel höher stehen als die Frucht. Die Unvollkommenheit ist in dieser Beziehung so wenig identisch mit Häßlichkeit, daß sie sogar das der Realität und Totalität nach Vollkommnere übertreffen kann. Ist in dem Unvollkommenen der Trieb des Echten, Wahren und Schönen tätig, so wird es auch schön sein können, wenngleich noch nicht so schön, als es in seiner Vollendung zu sein vermag. Die anfänglichen Werke eines wahrhaften Künstlers z.B. werden noch mannigfache Mängel an sich tragen, aber doch schon den Genius durchblicken lassen, der zu höheren Leistungen berufen ist. Die Jugendgedichte eines Schiller und Byron sind noch unvollkommen, verraten aber doch schon die Zukunft ihrer Urheber, oft gerade in der Art ihrer Unvollkommenheit.

Das Unvollkommene im Sinn der Anfänglichkeit darf daher nicht mit dem Begriff des Schlechten zusammengeworfen werden, für welches wir es allerdings gern euphemistisch gebrauchen. Das Unvollkommene als die notwendige Entwicklungsstufe ist immerhin auf dem Wege zur Vollkommenheit; das Schlechte dagegen ist diejenige Realität, welche nicht bloß zu wünschen übrigläßt, nicht bloß das Verlangen nach größerer Vollendung erweckt, sondern mit ihrem Begriff in positiven Widersprüchen befangen ist. Das Unvollkommene im positiven Sinn entbehrt nur der weiteren Gestaltung, sich ganz als das zu zeigen, was es an sich schon ist. Das Schlechte aber ist ein Unvollkommenes im negativen Sinn, das noch etwas anderes, Nichtseinsollendes in sich schließt. Eine Zeichnung kann noch unvollkommen und doch schön sein; eine schlechte Zeichnung aber ist eine fehlerhafte, die den ästhetischen Gesetzen widerspricht.

Für unsere Untersuchung ist vorzüglich der *Komparativ* des Schönen recht zu verstehen, der in der Kunst selber liegt und den man so ausdrücken kann, daß, weil etwas schöner als ein anderes, daraus nicht folgt, daß das weniger Schöne häßlich sei. Vielmehr ist dies ein gradueller Unterschied, der die Qualität des Schönen an sich noch nicht alteriert.

[...]

In der organischen Natur macht die Abgeschlossenheit der Gestalt das Prinzip ihrer Existenz aus. Hiervon ist die Folge, daß die Schönheit sich aus der träumerischen Zufälligkeit losmacht, die ihr in der unorganischen Natur anhaftet. Das organische Gebilde hat sofort einen bestimmten ästhetischen

Charakter, weil es ein wirkliches Individuum ist. Eben deshalb aber wird nun hier auch die Häßlichkeit in viel bestimmterer Weise möglich.
[...]

Die Pflanzen sind fast durchgängig schön. Die Giftpflanzen müßten, einer antiquierten Theologie zufolge, häßlich sein, und sie gerade bieten uns eine überschwengliche Fülle zierlicher Formen und köstlicher Farben. Ihre narkotische Kraft kann allerdings dem Leben den Tod bringen, allein was geht diese Wirkung die Pflanze an? Liegt es denn in ihrem Begriff, zu töten? Wie die Narkose letal wirken kann, so kann sie ja auch im Rausch, den sie erzeugt, entzücken; ja sie kann das Leben aus Erkrankungen retten. Gift ist ein ganz relativer Begriff, und das griechische Pharmakon bezeichnet ebensowohl Gift als Heilmittel.

Aber weil die Pflanze lebendig ist, so kann sie auch häßlich werden. Das Leben als die Freiheit der Gestaltung führt sie notwendig in diese Möglichkeit ein.
[...]

Fremd an sich ist der Pflanze die Gewalt, die ihr vom Sturm, vom Wasser, von der Glut, von Tieren und Menschen angetan werden kann. Diese Gewalt kann die Pflanze verhäßlichen, aber auch verschönen. Es kommt auf die nähere Art der Einwirkung an. Der Sturm kann einer Eiche das Laub abstreifen, die Äste zersplittern und so den stolzen Baum verkrüppeln. Er kann aber auch, wenn er mit rhythmischen Stößen in den laubreichen Ästen wühlt, durch die Bewegung des Baumes das Markige und Energische in seiner Schönheit erst recht zur Erscheinung bringen. Normale Veränderungen in der Metamorphose der Pflanze sind frei von Häßlichkeit, denn als notwendig sind sie nichts Krankhaftes. Der Übergang der Knospe zur Blüte, der Blüte zur Frucht ist von einem stillen, unsäglichen Reiz begleitet. Wenn zur Herbstzeit das Chlorophyll aus den Blättern entweicht und diese sich nun in tausend gelblichen, braunen und roten Tinten färben, so werden dadurch unendlich malerische Effekte hervorgebracht.

Und wie schön ist nicht die Anschauung der goldenen Saaten, wenn die nährenden Gräser reifen und gelben, d.h. abwelken!

Noch größer als bei der Pflanze wird die Möglichkeit des Häßlichen innerhalb der Tierwelt, weil hier der Reichtum der Formen ins unendliche hin wächst und das Leben energischer und selbstischer wird. Um das Häßliche der Tierform richtig zu verstehen, muß man erwägen, daß die Natur zunächst nur darauf ausgeht, das Leben und die Gattung zu schützen und sich, für diesen Zweck, gegen die Schönheit und gegen das Individuum gleichgültig zu verhalten. Hierin liegt der Grund, weshalb die Natur auch wirklich häßliche Tiere hervorbringt, d.h. Tiere, die nicht bloß durch Verstümmelung oder Alter und Krankheit häßlich werden, sondern bei denen die häßliche Form konstitutiv ist. Für unser ästhetisches Urteil schleichen sich hierbei viel Täuschungen ein, teils durch Gewöhnung an einen Typus, den wir dann für schön, so wie eine Abweichung von ihm für häßlich zu halten geneigt sind; teils durch die Isolierung des Tiers in der abstrakten Weise, wie ein Kupferstich oder ein Exemplar in einer Sammlung uns das Tier vorführt. Wie ganz anders erscheint ein Tier lebendig in seiner natürlichen Umgebung, der Frosch im Wasser, die Eidechse im Grase oder in der Felsenspalte, der Affe am Baum kletternd, der Eisbär auf der Eisscholle usw.

Die Kristalle können sich in ihrer starren Regelmäßigkeit, wenn sie im Akt ihrer Formation gehemmt werden, empirisch unvollkommen ausbilden, in ihrem Begriff aber liegt die Schönheit der stereometrischen Gestalt. Die Pflanzen können verstümmelt werden oder von innen her abwelken und sich entstalten, aber ihrem Begriff nach sind sie schön. Wenn sie in manchen Formen häßlich zu werden scheinen, mildern sie die Unförmlichkeit sogleich durch einen komischen Zug, wie das Geschlecht der Kaktus, der Rüben, der Cucurbitaceen, welche letztere namentlich von der Malerei schon öfter zu phantastisch komischen Figuren benutzt sind. Bei dem Tier dagegen, es ist nicht zu leugnen, erzeugen sich Formen von ursprünglicher Häßlichkeit, die ihren

Greuelanblick durch keinen komischen Zug aufheitern. Der Realgrund solcher Gestalten ist die Notwendigkeit der Natur, den Tierorganismus den verschiedenen Elementen, Zonen und Bodenformen einzuverleiben und ihn durch die verschiedenen Erdperioden hindurchzuleiten. Dieser Notwendigkeit sich unterwerfend, muß sie denselben Typus, z.B. den des Hundes, ins unendliche variieren. Gewisse Quallen, Sepien, Raupen, Spinnen, Rochen, Eidechsen, Frösche, Kröten, Nager, Pachydermaten, Affen sind positiv häßlich. Manche dieser Tiere sind uns wichtig, mindestens interessant, wie der Zitterroche. Andere imponieren uns in ihrer Häßlichkeit durch ihre Größe und Stärke, wie das Nilpferd, das Nashorn, das Kamel, der Elefant, die Giraffe. Zuweilen nimmt die Tiergestalt eine komische Wendung, wie bei einigen Reihern, Hornschnäblern, Pinguins, bei einigen Mäusen und Affen. Viele Tiere sind schön. Wie schön sind nicht manche Konchylien, Schmetterlinge, Käfer, Schlangen, Tauben, Papageien, Pferde! Wir sehen, daß die häßlichen Formen sich vorzüglich auf den Übergängen der Tierreiche erzeugen, weil auf ihnen sich ein gewisser Widerspruch, ein Schwanken zwischen verschiedenen Typen auch in der Gestalt kundgeben muß. Viele Amphibien z.B. sind häßlich, weil sie Land- und Wassertiere zugleich sind. Sie sind noch Fische und sind es auch nicht mehr, eine Amphibolie, die nun innerlich und äußerlich in ihrer Struktur und ihrem Verhalten zutage kommt. Die ungeheuerlichen Gestalten der Vorwelt sind vorzüglich dadurch entstanden, daß die gigantischen Organismen sich den extremen Verhältnissen der Bodenform und Temperatur anpassen mußten. Fisch- und Vogeleidechsen, mit Ruderflossen ausgestattete Riesenreptilien, konnten allein in diesen grenzenlosen Sumpfländern und in dieser glutdampfenden, versengenden Atmosphäre ausdauern. Die Zweideutigkeit der damaligen terrestrischen Zustände mußte sich auch in der Zweideutigkeit der Tiergestalt ausprägen. Finden wir doch jetzt noch, wo die Bodenform noch unreif und die Vegetation jungfräulich ist, solche Zwitterexistenzen, wie in Australiens Schnabeltieren.

Das Tier kann also schon in seinem unmittelbaren Typus

häßlich sein. Allein es kann auch, wenngleich derselbe primitiv schön ist, häßlich werden, denn es kann, wie die Pflanzen, durch Verstümmelung von außen oder durch Erkrankung von innen der Mißbildung unterworfen werden. In beiden Fällen übersteigt seine Häßlichkeit die der Pflanze bei weitem, weil sein Organismus viel einheitlicher und abgeschlossener ist, während die Pflanze ins Unbestimmte hinausrankt und daher im Umriß ihrer Gestalt einer gewissen Zufälligkeit unterliegt. Die Gliederung des Tiers ist eine an und für sich bestimmte. Wird also bei ihm ein Glied verletzt oder weggenommen, so wird dadurch das Tier sofort verhäßlicht. Das Tier kann von seinem Organismus nichts entbehren, mit Ausnahme des vegetativen Überflusses von Haaren, Hörnern u. dgl., den es zu erneuern vermag. Von einem Rosenstrauch kann man eine Rose pflücken, ohne damit die Pflanze an sich zu schädigen oder ihre Gestalt zu verunschönen. Einem Vogel kann man nicht einen Flügel wegschneiden, einer Katze nicht den Schwanz abhacken, ohne sie damit unförmlich zu machen und in ihrem Lebensgenuß zu beeinträchtigen. – Wegen der in sich *a priori* abgeschlossenen Artikulation wird nun die Tiergestalt auch umgekehrt häßlich durch einen Überfluß, der nicht in ihrem Begriff liegt. Die Glieder des animalischen Organismus sind der Zahl und der Lage nach genau bestimmt, denn sie stehen untereinander in harmonischer Wechselwirkung. Ein Glied mehr oder ein Glied an einer andern Stelle, als dem Begriff nach stattfinden sollte, widerspricht demnach der Grundgestalt und macht sie häßlich. Wird z. B. ein Schaf mit acht Füßen geboren, so ist diese Verdoppelung der ihm notwendigen Anzahl eine Monstrosität und Häßlichkeit.

Eben die genaue, von innen sich entwickelnde Maßbestimmtheit der Tiergestalt hat auch zur Folge, daß jedes Glied seine normale, im sogenannten Balancement der Organe liegende Größe hat und daß also, wenn dieselbe über dies Maß hinaus vergrößert oder verkleinert wird, ein Mißverhältnis sich erzeugt, das notwendig häßlicher Art ist. Solche Übervergrößerung oder Überverkleinerung ist jedoch in der Regel schon Folge von Krankheit, deren Ursprung auch eine erbliche, aus der Tiefe des eigensten Lebens sich entwickelnde Anlage sein kann. Die Verbildung kann schon im Ei, im Samen, im Uterus, während der Fötalperiode beginnen. Krankheit zerstört den Organismus erst partiell, endlich total, und mit dieser Zerstörung ist durchschnittlich Entfärbung und Verunstaltung verbunden. Je schöner das Tier seinem Begriff nach ist, um so häßlicher wird dann der Anblick seiner verkümmerten, vermagerten, verschwollenen, verfahlten, wohl gar mit Geschwüren bedeckten Gestalt. Das Pferd ist unstreitig das schönste Tier, allein eben deshalb ist es auch dasjenige, welches krank, veraltert, mit Triefaugen, mit Hängebauch, mit vorstehenden Knochen, mit sich durchzeichnenden Rippen, mit stellenweiser Enthaarung einen überaus widrigen Anblick gewährt.

Daß die Blutgier der Carnivoren und das Gift mancher Tiere, mit Einschluß des Gestankes, den einige zu ihrer Verteidigung verbreiten, mit der Schönheit oder Häßlichkeit sowenig im Zusammenhang stehe als das Gift einiger Pflanzen mit ihrer Form, braucht noch kaum bemerkt zu werden. Wäre die supernaturalistische Hypothese vom Ursprung des Häßlichen durch das Böse, was die Natur korrumpiert habe, wahr, dann müßten auch die Giftschlangen und Raubtiere prinzipiell häßlich sein, was doch so wenig der Fall ist, daß vielmehr die giftzahnigen Schlangen und die wilden Katzen durch Schönheit, ja Pracht sich auszeichnen.

[...]

Es ist aber natürlich, daß die Wahrheit und Güte des Willens eine Würde der persönlichen Haltung zur Folge hat, die auch äußerlich bis in die sinnliche Erscheinung durchdringt, und insofern gilt vom Geist der Lichtenbergische Satz, daß alle Tugend verschönt, alles Laster verhäßlicht.

Diesen an sich richtigen Satz können wir noch allgemeiner ausdrücken, indem wir sagen, daß alles Gefühl und Bewußtsein der Freiheit verschönt und alle Unfreiheit verhäßlicht. Freiheit wollen wir hier nur in dem Sinn der in sich unendlichen Selbstbestimmung nehmen und dabei von der Wahrheit ihres Inhaltes abstrahieren. Der Organismus ist einmal dazu bestimmt, nichts für sich selber zu bedeuten, sondern als das

Werkzeug des Geistes diesen in sich durchscheinen zu lassen. Wir können an den Rassen und Ständen die Wahrheit dieses Begriffs beobachten. Mit der wachsenden Freiheit wächst auch die Schönheit der Erscheinung. Die aristokratischen Geschlechter werden schöner, weil sie sich freier fühlen, weil sie von der Gebundenheit an die Natur emanzipierter sind, weil sie mehr Muße haben und dieselbe durch Spiel, Liebe, Waffenübung, Poesie ausfüllen. Die Insulaner der Südsee waren schön, solange sie der Liebe, dem Tanz, dem Kampf und dem Genuß des Seebades lebten. Die Neger von Dahomey und Benin sind schön, weil sie mit sinnlichem Wohlsein kriegerischen Mut und merkantilische Unternehmungslust verbinden.

[...]

Auch der in moralischem Betracht nach gewissen Seiten hin schlechte oder gar böse Mensch kann doch Schönheit zeigen, sofern er neben seinen Untugenden und Lastern auch Tugenden, selbst Gemüt besitzen kann. Namentlich wird er oft formale Freiheit, Klugheit, Vorsicht, Besonnenheit, Selbstbeherrschung, Ausdauer haben, wodurch Verbrecher sogar mit einem gewissen ritterlichen Schwung und Adel hervorstechen.

[...]

Weil der Leib im Verhältnis zum Geist einen nur symbolischen Wert ansprechen darf, so erklärt sich, wie es möglich wird, daß ein Mensch körperlich sogar häßlich sein kann, schief gewachsen, von unregelmäßigen Gesichtszügen, blatternarbig und daß er doch dies alles nicht nur kann vergessen lassen, sondern noch mehr, daß er diese unglücklichen Formen von innen heraus mit einem Ausdruck zu beleben vermag, dessen Zauber uns unwiderstehlich hinreißt, – wie der häßliche Mirabeau die schönsten Frauen leidenschaftlich zu fesseln wußte, sobald sie nur ihm zu sprechen erlaubten; wie Richard III. bei Shakespeare in solch geistüberlegener Weise an der Bahre Heinrichs VI. die Liebe der ihm zuerst fluchenden Anna zu erwerben weiß; wie Alkibiades im Platonischen Symposion von Sokrates sagt, daß er schweigend häßlich, redend aber schön sei.

Daß das Böse als das Geisthäßliche, wenn es habituell wird, die Physiognomie des Menschen verhäßlichen müsse, liegt in seinem Wesen, weil es diejenige Unfreiheit ist, die aus der freien Negation der wahrhaften Freiheit entspringt. Der Habitus und die Physiognomie glücklicher Naturvölker kann schön sein, weil sie einer wenn auch vorerst natürlichen Freiheit sich erfreuen. Die Unfreiheit, welche darin besteht, daß man das Böse, indem man es als das Böse weiß, doch will, enthält den tiefsten Widerspruch des Willens mit seiner Idee; ein Widerspruch, der sich auch äußerlich verraten muß. Einzelne Verkehrtheiten und Laster gewinnen ihren bestimmten physiognomischen Ausdruck. Neid, Haß, Lüge, Geiz, Wollust arbeiten ihnen eigentümliche Formen aus. So bemerkt man an Diebinnen einen unsichern, seitlich abirrenden Blick, dessen Bewegung die Franzosen vom Lateinischen *fur fureter* nennen und der in seinem flüchtig scharfen, verstohlen offenen Umhertasten etwas Entsetzliches hat. Wenn man große Gefängnisse besucht und in Säle tritt, wo öfter sechzig bis hundert Diebinnen zusammen spinnen, so kann man diesen spezifischen Blick des lauernden, kniffigen Auges gleichsam als Gattungsblick wahrnehmen. Noch größer muß natürlich die Häßlichkeit werden, wenn das Böse an und für sich gewollt wird. Aber so paradox es klingt, so wird doch dadurch, daß das Böse in diesem Fall als eine systematische Totalität sich fixiert, wieder eine gewisse Harmonie des Willens und damit auch der Erscheinung hervorgebracht, welche die Formen ästhetisch mildert. Die Verirrung des einzelnen Lasters kann oft einen viel unangenehmern, grellern Ausdruck haben als das schlechthin Böse, das in seiner Negativität wieder ein Ganzes ist. Das grobe Laster wird in seiner Einseitigkeit augenfällig; die Tiefe oder vielmehr Untiefe des absolut Bösen durchdringt mit ihrer Intensität Habitus und Antlitz auf gleichmäßigere Weise und kann existieren, ohne der Kriminaljustiz besondern Stoff zu bieten. Reiche, von aller Kultur beleckte, jedem Eigensinn frönende, in den feinsten Raffinements ihrer Selbstsucht schwelgende, in Frauenverführung kokettierende, in der Qual ihrer Blasiertheit die Qual ihrer Diener werdende Salonmenschen sind oft in das abgrundlose Insichsein des Bösen verfallen. – Nach rückwärts mit der Natur verglichen, erkennen wir hier die Steigerung, daß die Natur in manchen Tieren das Häßliche allerdings unmittelbar und positiv hervorbringt, daß der Mensch aber die ihm gegebene Naturschönheit von innen heraus durch das Böse zu entstellen und zu verzerren vermag, ein Werk der sich selbst vernichtenden Freiheit, dessen das Tier unfähig ist.

[...]

Das Schöne, als der sinnlich erscheinende Ausdruck der Idee, ist in sich absolut und bedarf nicht eines Haltes außer sich, einer Verstärkung durch seinen Gegensatz. Es wird nicht schöner durch das Häßliche. Die Gegenwart des Häßlichen bei dem Schönen kann nicht das Schöne als solches, sondern nur den Reiz des Genießens erhöhen, indem wir, ihm gegenüber, die Vortrefflichkeit des Schönen um so lebhafter fühlen; – wie z.B. viele Maler zur Danae, indem sie mit süßschmachtendem Verlangen den Goldregen in ihrem schönen Schoß empfängt, eine runzlichte, spitzkinnige Alte im Hintergrund oder an der Seite gemalt haben.

Aber das schlechthin Schöne und Erhabene läßt uns vielmehr sogar seine ausschließliche und unbedingte Gegenwart wünschen. Es ist so sehr sich selbst genug, daß es nicht nur aller Folie des Häßlichen entraten kann, sondern daß eine solche auch störend zu wirken vermag. Das absolut Schöne wirkt beruhigend und läßt über sich momentan alles andere vergessen. Wozu aus seiner seligen Fülle auf anderes abgelenkt werden? Wozu seinen Genuß durch die Reflexion auf sein Gegenteil würzen? Hat neben der Statue des Gottes im Adyton seines Tempels noch die eines tückischen Dämons Raum? Will der Anbetende sich an etwas anderm als an den Zügen des Gottes ersättigen?

Wir müssen also die uneingeschränkte Geltung des Satzes, daß das Häßliche in der Kunst um des Schönen willen dasei, verwerfen.

[...]

Wie kann nun die Kunst, deren Zweck nur das Schöne sein soll, dazu kommen, das Häßliche zu bilden? Der Grund

muß offenbar tiefer liegen als in jenem äußerlichen Reflexionsverhältnis. Er liegt im Wesen der Idee selber. Die Kunst hat zwar – und dies ist gegen die Freiheit des Guten und Wahren ihre Schranke – das sinnliche Element notwendig, aber in diesem Element will und soll sie die Erscheinung der Idee nach ihrer Totalität ausdrücken. Es gehört zum Wesen der Idee, die Existenz ihrer Erscheinung frei zu lassen und damit die Möglichkeit des Negativen zu setzen.
[...]

Aus diesem Grunde also, die Erscheinung der Idee nach ihrer Totalität zu schildern, kann die Kunst die Bildung des Häßlichen nicht umgehen. Es wäre eine oberflächliche Auffassung der Idee, wollte sie sich auf das einfach Schöne beschränken. Aus dieser Integration folgt jedoch nicht, daß das Häßliche mit dem Schönen ästhetisch auf gleicher Stufe stünde. Die sekundäre Entstehung des Häßlichen macht auch hier einen Unterschied. Das Schöne nämlich, weil es in sich selbst beruhet, kann auch ganz beziehungslos und ohne allen weitern Hintergrund von der Kunst hervorgebracht werden, während das Häßliche einer gleichen Selbständigkeit ästhetisch nicht fähig ist. Empirisch freilich versteht es sich von selbst, daß das Häßliche auch isoliert auftreten kann, ästhetisch hingegen ist ein abstraktes Fixieren des Häßlichen unzulässig, denn ästhetisch muß es sich immer in das Schöne reflektieren, an welchem es die Bedingung seiner Existenz hat. Wir können nunmehr den oben für das Schöne betrachteten Satz wieder aufnehmen und sagen, daß das Häßliche allerdings, da es nicht in sich selbst beruhet, an dem Schönen die ihm notwendige Folie besitzt. Neben einer Danae lassen wir uns wohl die häßliche Alte gefallen, aber diese allein würde der Maler uns nicht malen, es wäre denn als Genrebild, wo die Situation das ästhetische Element ausmachen würde, oder als Porträt, das zunächst unter die Kategorie der historischen Richtigkeit fällt. Die Abhängigkeit des Häßlichen vom Schönen ist ganz natürlich wieder nicht so zu nehmen, als dürfte das Häßliche sich das Schöne zum Mittel machen. Dies wäre eine Absurdität. Das Häßliche kann also neben dem Schönen, gleichsam unter seinem Patronat, akzidentiell erscheinen; es kann uns die Gefahr vergegenwärtigen, der das Schöne in der Freiheit seiner Beweglichkeit beständig ausgesetzt ist, aber es kann nicht direkter und exklusiver Gegenstand der Kunst werden. Nur die Religionen können auch das Häßliche als absolutes Objekt hinstellen, wie so viele scheußliche Götteridole ethnischer Religionen, aber auch Idole christlicher Sekten zeigen.

16. Arthur Schopenhauer

Erst *Arthur Schopenhauer* (1788–1860) gelang es, sich aus dem Bann der idealistischen Philosophie zu befreien. Sein frühes Hauptwerk ›Die Welt als Wille und Vorstellung‹ wurde bereits 1819 veröffentlicht, fand aber so wenig Leser, daß der größte Teil der Auflage sechzehn Jahre später wieder eingestampft werden mußte. Hätte nicht der Idealismus durch das Scheitern der deutschen Revolution von 1848 einen empfindlichen Schlag erlitten und einer allgemeinen Weltverdrossenheit Platz gemacht, so wäre vielleicht auch die von Schopenhauer besorgte zweite ergänzte Auflage von 1844 und selbst die allgemeinverständlicheren ›Parerga und Paralipomena‹ von 1851 auf Gleichgültigkeit gestoßen. So aber war die Zeit reif für den Pessimismus der Schopenhauerschen Philosophie, an deren Anfang die Kantische Einsicht steht, daß »die Welt meine Vorstellung« sei und deshalb nur meine eigenen Gesetze widerspiegele. Doch dem Ding an sich, das sich nach Kant hinter der Welt als Vorstellung verbergen sollte und eben darum nicht näher bestimmt werden konnte, gibt Schopenhauer nun eine positive Bestimmung, die die Grundlagen der gesamten abendländischen Metaphysik in Frage stellt. Denn das Ding an sich wird jetzt mit dem blinden, dunklen Begehren oder mit einem Wort, dem *Willen*, identifiziert, so daß zum ersten Mal nicht mehr der Geist, sondern das ganz und gar Geistfremde den Grund der Dinge bildet. Alles in der Natur sei seinem Wesen nach Wille, rastloses Begehren, auch das Wirken der Kräfte in der unbelebten Materie. Der Mensch habe einen unmittelbaren Zugang zu diesem Grund in sich selbst, insofern er nicht nur Geist, sondern auch und vor allem Leib sei. Sein geistiges Leben sei nur der Widerschein des Willens, der in ihm als dunkler Drang wirke und im Leib gegenständlich werde. Da der Wille seiner Natur nach niemals aufhöre, Wille zu sein, und sein Streben daher unendlich sei, könne er im Endlichen niemals erfüllt werden, und aller Schmerz und alles Leid, die ganze Qual der menschlichen Existenz, hätten hierin ihren Ursprung. Zeitweilige Erlösung könne der Mensch nur finden, wenn er sich von dem in ihm wirkenden Willen zu befreien suche, so daß die Erkenntnis aufhöre, dem Willen zu dienen, und stattdessen zur reinen Kontemplation der (Platonischen, nicht Hegelschen) Ideen werde. Diese für den Augenblick Erlösung bietende Verkehrung des natürlichen Betrachtungsverhältnisses sei das von allem Reizenden scharf zu trennende Schöne oder die ästhetische Betrachtungsweise, in der sich die Vereinzelung von Subjekt und Objekt zeitweilig aufhebe und ein reines Subjekt des Erkennens sich nur noch auf die im Objekt verkörperten Ideen (die reinen Objektivationen des Weltwillens) beziehe. Da es kein Ding gebe, das nicht Objektivationen des Willens zur Erscheinung bringe, und sei es nur durch seine stofflichen Eigenschaften, könnten auch alle Dinge zum Gegenstand ästhetischer Betrachtung gemacht werden und so ihre eigentümliche Schönheit zeigen. Einige Dinge erschienen nur deswegen schöner als andere, weil sie entweder durch die Bestimmtheit und Deutlichkeit ihrer Gestalt (bei gleichzeitiger Mannigfaltigkeit)[1] der ästhetischen Betrachtung *entgegenkämen* oder aber die in ihnen erscheinenden Ideen einer höheren Objektivationsstufe des Willens angehörten. Positiv häßlich seien nur die unvollkommenen Objektivationen einer jeden Stufe. Die höchste Objektivation des Willens zeige sich im Menschen, weshalb es das Ziel der *Kunst* sein müsse, das menschliche Wesen zu offenbaren, da sich in der Natur nur selten vollkommene Ausprägungen der Idee zeigten. Die Idee, die die Natur sich nur darzustellen *bemühe,* müsse der Künstler darum antizipieren und das Werk der Natur vollenden, indem er das Dauernde in der Erscheinung aus den zufälligen räumlichen und zeitlichen Bestimmungen herauslöse. Ihre Aufgabe erfülle die Kunst in den seltenen Fällen, da es ihr gelinge, im Individuum die *Idee* der Gattung vollkommen darzustellen, um so die Erlösung vom Partikularwillen in der augenblicklichen Betrachtung möglich zu machen. Nur aber, wenn der Mensch noch über die Kunst hinausgehe und zur Askese radikaler Selbst- und Weltverneinung finde, könne er sich der Erlösung auch auf Dauer versichern.

Arthur Schopenhauer
Die Welt als Wille und Vorstellung

§ 39 [...] Es ist schon oben bemerkt, daß das Versetzen in den Zustand des reinen Anschauens am leichtesten eintritt, wenn die Gegenstände demselben entgegenkommen, d.h. durch ihre mannigfaltige und zugleich bestimmte und deutliche Gestalt leicht zu Repräsentanten ihrer Ideen werden, worin eben die Schönheit, im objektiven Sinne, besteht. Vor

[1] Die Schönheitsdefinition Hutchesons; vgl. S. 131.

Allem hat die schöne Natur diese Eigenschaft und gewinnt dadurch selbst dem Unempfindlichsten wenigstens ein flüchtiges ästhetisches Wohlgefallen ab: ja, es ist so auffallend, wie besonders die Pflanzenwelt zur ästhetischen Betrachtung auffordert und sich gleichsam derselben aufdringt, daß man sagen möchte, dieses Entgegenkommen stände damit in Verbindung, daß diese organischen Wesen nicht selbst, wie die thierischen Leiber, unmittelbares Objekt der Erkenntniß sind, daher sie des fremden verständigen Individuums bedürfen, um aus der Welt des blinden Wollens in die der Vorstellung einzutreten, weshalb sie gleichsam nach diesem Eintritt sich sehnten, um wenigstens mittelbar zu erlangen, was ihnen unmittelbar versagt ist. Ich lasse übrigens diesen gewagten und vielleicht an Schwärmerei gränzenden Gedanken ganz und gar dahingestellt seyn, da nur eine sehr innige und hingebende Betrachtung der Natur ihn erregen oder rechtfertigen kann. Solange nun dieses Entgegenkommen der Natur, die Bedeutsamkeit und Deutlichkeit ihrer Formen, aus denen die in ihnen individualisirten Ideen uns leicht ansprechen, es ist, die uns aus der dem Willen dienstbaren Erkenntniß bloßer Relationen in die ästhetische Kontemplation versetzt und eben damit zum willensfreien Subjekt des Erkennens erhebt: so lange ist es bloß das *Schöne*, was auf uns wirkt, und Gefühl der Schönheit was erregt ist. Wenn nun aber eben jene Gegenstände, deren bedeutsame Gestalten uns zu ihrer reinen Kontemplation einladen, gegen den menschlichen Willen überhaupt, wie er in seiner Objektität, dem menschlichen Leibe, sich darstellt, ein feindliches Verhältniß haben, ihm entgegen sind, durch ihre allen Widerstand aufhebende Uebermacht ihn bedrohen, oder vor ihrer unermeßlichen Größe ihn bis zum Nichts verkleinern; der Betrachter aber dennoch nicht auf dieses sich aufdringende feindliche Verhältniß zu seinem Willen seine Aufmerksamkeit richtet; sondern, obwohl es wahrnehmend und anerkennend, sich mit Bewußtseyn davon abwendet, indem er sich von seinem Willen und dessen Verhältnissen gewaltsam losreißt und allein der Erkenntniß hingegeben, eben jene dem Willen furchtbaren Gegenstände als reines willenloses Subjekt des Erkennens ruhig kontemplirt, ihre jeder Relation fremde Idee allein auffassend, daher gerne bei ihrer Betrachtung weilend, folglich eben dadurch über sich selbst, seine Person, sein Wollen und alles Wollen hinausgehoben wird: – dann erfüllt ihn das Gefühl des *Erhabenen,* er ist im Zustand der Erhebung, und deshalb nennt man auch den solchen Zustand veranlassenden Gegenstand *erhaben.* Was also das Gefühl des Erhabenen von dem des Schönen unterscheidet, ist dieses: beim Schönen hat das reine Erkennen ohne Kampf die Oberhand gewonnen, indem die Schönheit des Objekts, d. h. dessen die Erkenntniß seiner Idee erleichternde Beschaffenheit, den Willen und die seinem Dienste fröhnende Erkenntniß der Relationen, ohne Widerstand und daher unmerklich aus dem Bewußtseyn entfernte und dasselbe als reines Subjekt des Erkennens übrig ließ, so daß selbst keine Erinnerung an den Willen nachbleibt: hingegen bei dem Erhabenen ist jener Zustand des reinen Erkennens allererst gewonnen durch ein bewußtes und gewaltsames Losreißen von den als ungünstig erkannten Beziehungen des selben Objekts zum Willen, durch ein freies, von Bewußtseyn begleitetes Erheben über den Willen und die auf ihn sich beziehende Erkenntniß. Diese Erhebung muß mit Bewußtseyn nicht nur gewonnen, sondern auch erhalten werden und ist daher von einer steten Erinnerung an den Willen begleitet, doch nicht an ein einzelnes, individuelles Wollen, wie Furcht oder Wunsch, sondern an das menschliche Wollen überhaupt, sofern es durch seine Objektität, den menschlichen Leib, allgemein ausgedrückt ist. Träte ein realer einzelner Willensakt ins Bewußtseyn, durch wirkliche, persönliche Bedrängniß und Gefahr vom Gegenstande; so würde der also wirklich bewegte individuelle Wille alsbald die Oberhand gewinnen, die Ruhe der Kontemplation unmöglich werden, der Eindruck des Erhabenen verloren gehn, indem er der Angst Platz machte, in welcher das Streben des Individuums, sich zu retten, jeden anderen Gedanken verdrängte. – Einige Beispiele werden sehr viel beitragen, diese Theorie des Aesthetisch-Erhabenen deutlich zu machen und außer Zweifel zu setzen; zugleich werden sie die Verschiedenheit der Grade jenes Gefühls des Erhabenen zeigen. Denn da dasselbe mit dem des Schönen in der Hauptbestimmung, dem reinen, willensfreien Erkennen und der mit demselben nothwendig eintretenden Erkenntniß der außer aller durch den Satz des Grundes bestimmten Relation stehenden Ideen, Eines ist und nur durch einen Zusatz, nämlich die Erhebung über das erkannte feindliche Verhältniß eben des kontemplirten Objekts zum Willen überhaupt, sich vom Gefühl des Schönen unterscheidet; so entstehn, je nachdem dieser Zusatz stark, laut, dringend, nah, oder nur schwach, fern, bloß angedeutet ist, mehrere Grade des Erhabenen, ja, Uebergänge des Schönen zum Erhabenen[1]. [...]

Wie der Mensch zugleich ungestümer und finsterer Drang des Wollens (bezeichnet durch den Pol der Genitalien als seinen Brennpunkt) und ewiges, freies, heiteres Subjekt des reinen Erkennens (bezeichnet durch den Pol des Gehirns) ist; so ist, diesem Gegensatz entsprechend, die Sonne zugleich Quelle des *Lichtes,* der Bedingung zur vollkommensten Erkenntnißart, und eben dadurch des erfreulichsten der Dinge, – und Quelle der *Wärme,* der ersten Bedingung alles Lebens, d.i. aller Erscheinung des Willens auf den höheren Stufen derselben. Was daher für den Willen die Wärme, das ist für die Erkenntniß das Licht. Das Licht ist eben daher der größte Demant in der Krone der Schönheit und hat auf die Erkenntniß jedes schönen Gegenstandes den entschiedensten Einfluß: seine Anwesenheit überhaupt ist unerläßliche Bedingung; seine günstige Stellung erhöht auch die Schönheit des Schönsten. Vor allem Andern aber wird das Schöne der Baukunst durch seine Gunst erhöht, durch welche jedoch selbst das Unbedeutendeste zum schönen Gegenstande wird. – Sehn wir nun im strengen Winter, bei der allgemeinen Erstarrung der Natur, die Strahlen der niedrig stehenden Sonne von steinernen Massen zurückgeworfen, wo sie erleuchten, ohne zu wärmen, also nur der reinsten Erkenntnißweise, nicht dem Willen günstig sind; so versetzt die Betrachtung der schönen Wirkung des Lichtes auf diese Mas-

[1] Vgl. Schelling, S. 300f.

sen, uns, wie alle Schönheit, in den Zustand des reinen Erkennens, der jedoch hier durch die leise Erinnerung an den Mangel der Erwärmung durch eben jene Strahlen, also des belebenden Princips, schon ein gewisses Erheben über das Interesse des Willens verlangt, eine leise Aufforderung zum Verharren im reinen Erkennen, mit Abwendung von allem Wollen, enthält, eben dadurch aber ein Uebergang vom Gefühl des Schönen zu dem des Erhabenen ist. Es ist der schwächste Anhauch des Erhabenen am Schönen, welches letztere selbst hier nur in geringem Grade hervortritt. [...]

§ 40 Weil die Gegensätze sich erläutern, mag hier die Bemerkung ihre Stelle finden, daß das eigentliche Gegentheil des Erhabenen etwas ist, was man auf den ersten Blick wohl nicht dafür erkennt: das *Reizende.* Ich verstehe aber hierunter Dasjenige, was den Willen, dadurch daß es ihm die Gewährung, die Erfüllung, unmittelbar vorhält, aufregt. – Entstand das Gefühl des Erhabenen dadurch, daß ein dem Willen geradezu ungünstiger Gegenstand Objekt der reinen Kontemplation wird, die dann nur durch eine stete Abwendung vom Willen und Erhebung über sein Interesse erhalten wird, welches eben die Erhabenheit der Stimmung ausmacht; so zieht dagegen das Reizende den Beschauer aus der reinen Kontemplation, die zu jeder Auffassung des Schönen erfordert ist, herab, indem es seinen Willen, durch demselben unmittelbar zusagende Gegenstände, nothwendig aufreizt, wodurch der Betrachter nicht mehr reines Subjekt des Erkennens bleibt, sondern zum bedürftigen, abhängigen Subjekt des Wollens wird. – Daß man gewöhnlich jedes Schöne von der heitern Art reizend nennt, ist ein, durch Mangel an richtiger Unterscheidung, zu weit gefaßter Begriff, den ich ganz bei Seite setzen, ja mißbilligen muß. – Im angegebenen und erklärten Sinn aber, finde ich im Gebiete der Kunst nur zwei Arten des Reizenden und beide ihrer unwürdig. Die eine, recht niedrige, im Stilleben der Niederländer, wenn es sich dahin verirrt, daß die dargestellten Gegenstände Eßwaaren sind, die durch ihre täuschende Darstellung nothwendig den Appetit darauf erregen, welches eben eine Aufregung des Willens ist, die jeder ästhetischen Kontemplation des Gegenstandes ein Ende macht. Gemaltes Obst ist noch zulässig, da es als weitere Entwickelung der Blume und durch Form und Farbe als ein schönes Naturprodukt sich darbietet, ohne daß man geradezu genöthigt ist, an seine Eßbarkeit zu denken; aber leider finden wir oft, mit täuschender Natürlichkeit, aufgetischte und zubereitete Speisen, Austern, Heringe, Seekrebse, Butterbrod, Bier, Wein u. s. w., was ganz verwerflich ist. – In der Historienmalerei und Bildhauerei besteht das Reizende in nackten Gestalten, deren Stellung, halbe Bekleidung und ganze Behandlungsart darauf hinzielt im Beschauer Lüsternheit zu erregen, wodurch die rein ästhetische Betrachtung sogleich aufgehoben, also dem Zweck der Kunst entgegengearbeitet wird. Dieser Fehler entspricht ganz und gar dem soeben an den Niederländern gerügten. Die Antiken sind, bei aller Schönheit und völliger Nacktheit der Gestalten, fast immer davon frei, weil der Künstler selbst mit rein objektivem, von der idealen Schönheit erfülltem Geiste sie schuf, nicht im Geiste subjektiver, schnöder Begierde. – Das Reizende ist also in der Kunst überall zu vermeiden. [...]

§ 41 [...] Indem wir einen Gegenstand *schön* nennen, sprechen wir dadurch aus, daß er Objekt unserer ästhetischen Betrachtung ist, welches zweierlei in sich schließt, einerseits nämlich, daß sein Anblick uns *objektiv* macht, d.h. daß wir in der Betrachtung desselben nicht mehr unserer als Individuen, sondern als reinen willenlosen Subjekts des Erkennens uns bewußt sind; und andererseits, daß wir im Gegenstande nicht das einzelne Ding, sondern eine Idee erkennen, welches nur geschehn kann, sofern unsere Betrachtung des Gegenstandes nicht dem Satz vom Grunde hingegeben ist, nicht seiner Beziehung zu irgend etwas außer ihm (welche zuletzt immer mit Beziehung auf unser Wollen zusammenhängt) nachgeht, sondern auf dem Objekte selbst ruhet. Denn die Idee und das reine Subjekt des Erkennens treten als nothwendige Korrelata immer zugleich ins Bewußtseyn, bei welchem Eintritt auch aller Zeitunterschied sogleich verschwindet, da Beide dem Satz vom Grunde in allen seinen Gestaltungen völlig fremd sind und außerhalb der durch ihn gesetzten Relationen liegen, dem Regenbogen und der Sonne zu vergleichen, die an der steten Bewegung und Succession der fallenden Tropfen keinen Theil haben. Daher, wenn ich z.B. einen Baum ästhetisch, d.h. mit künstlerischen Augen betrachte, also nicht ihn, sondern seine Idee erkenne, es sofort ohne Bedeutung ist, ob es dieser Baum oder sein vor tausend Jahren blühender Vorfahr ist, und eben so ob der Betrachter dieses, oder irgend ein anderes, irgendwann und irgendwo lebendes Individuum ist; mit dem Satz vom Grunde ist das einzelne Ding und das erkennende Individuum aufgehoben und nichts bleibt übrig, als die Idee und das reine Subjekt des Erkennens, welche zusammen die adäquate Objektität des Willens auf dieser Stufe ausmachen. Und nicht allein der Zeit, sondern auch dem Raum ist die Idee enthoben: denn nicht die mir vorschwebende räumliche Gestalt, sondern der Ausdruck, die reine Bedeutung derselben, ihr innerstes Wesen, das sich mir aufschließt und mich anspricht, ist eigentlich die Idee und kann ganz das Selbe seyn, bei großem Unterschied der räumlichen Verhältnisse der Gestalt.

Da nun einerseits jedes vorhandene Ding rein objektiv und außer aller Relation betrachtet werden kann; da ferner auch andererseits in jedem Dinge der Wille, auf irgend einer Stufe seiner Objektität, erscheint, und dasselbe sonach Ausdruck einer Idee ist; so ist auch jedes Ding *schön*. – Daß auch das Unbedeutendeste die rein objektive und willenlose Betrachtung zuläßt, und dadurch sich als schön bewährt, bezeugt das schon oben (§ 38) in dieser Hinsicht erwähnte Stilleben der Niederländer. Schöner ist aber Eines als das Andere dadurch, daß es jene rein objektive Betrachtung erleichtert, ihr entgegenkommt, ja gleichsam dazu zwingt, wo wir es dann sehr schön nennen. Dies ist der Fall theils dadurch, daß es als einzelnes Ding, durch das sehr deutliche, rein bestimmte, durchaus bedeutsame Verhältniß seiner Theile die Idee seiner Gattung rein ausspricht und durch in ihm vereinigte Vollständigkeit aller seiner Gattung möglichen Aeußerungen die Idee derselben vollkommen offenbart, so daß es dem Betrachter den Uebergang vom einzelnen Ding zur Idee und eben damit auch den Zustand der reinen Beschaulichkeit sehr erleichtert; theils liegt jener Vorzug besonderer Schönheit eines Objekts darin, daß die Idee selbst, die uns aus ihm anspricht, eine hohe Stufe der Objektität des Willens und daher durchaus bedeutend und vielsagend sei. Darum ist der Mensch vor allem Andern schön und die Offenbarung seines Wesens das höchste Ziel der Kunst. Menschliche Gestalt und menschlicher Ausdruck sind das bedeutendeste Objekt der bildenden Kunst, so wie menschliches Handeln das bedeutendeste Objekt der Poesie. – Es hat aber dennoch jedes Ding seine eigenthümliche Schönheit: nicht nur jedes Organische und in der Einheit einer Individualität sich darstellende; sondern auch jedes Unorganische, Formlose, ja jedes Artefakt. Denn alle diese offenbaren die Ideen, durch welche der Wille sich auf den untersten Stufen objektivirt, geben gleichsam die tiefsten, verhallenden Baßtöne der Natur an. Schwere, Starrheit, Flüssigkeit, Licht u.s.w. sind die Ideen, welche sich in Felsen, Gebäuden, Gewässern aussprechen. Die schöne Gartenkunst und Baukunst können nichts weiter, als ihnen helfen, jene ihre Eigenschaften deutlich, vielseitig und vollständig zu entfalten, ihnen Gelegenheit geben, sich rein auszusprechen, wodurch sie eben zur ästhetischen Beschauung auffordern und dieselbe erleichtern[2]. Dies leisten dagegen schlechte Gebäude und Gegenden, welche die Natur vernachlässigte oder die Kunst verdarb, wenig oder gar nicht: dennoch können auch aus ihnen jene allgemeinen Grundideen der Natur nicht ganz verschwinden. Den sie suchenden Betrachter sprechen sie auch hier an, und selbst schlechte Gebäude u. dgl. sind noch einer ästhetischen Betrachtung fähig: die Ideen der allgemeinsten Eigenschaften ihres Stoffes sind noch in ihnen erkennbar, nur daß die ihnen künstlich gegebene Form kein Erleichterungsmittel, ja viel-

[2] Dies erinnert an die frühmittelalterliche Vorstellung, daß jeder Stoff schon durch seine Sichtbarkeit Schönheit habe und daß es nur darauf ankäme, seine Eigenschaften buchstäblich ins rechte Licht zu rücken.

mehr ein Hinderniß ist, das die ästhetische Betrachtung erschwert. [...]

§ 45 [...] *Menschliche Schönheit* ist ein objektiver Ausdruck, welcher die vollkommenste Objektivation des Willens auf der höchsten Stufe seiner Erkennbarkeit bezeichnet, die Idee des Menschen überhaupt, vollständig ausgedrückt in der angeschauten Form. So sehr hier aber auch die objektive Seite des Schönen hervortritt; so bleibt die subjektive doch ihre stete Begleiterin und eben weil kein Objekt uns so schnell zum rein ästhetischen Anschauen hinreißt, wie das schönste Menschenantlitz und Gestalt, bei deren Anblick uns augenblicklich ein unaussprechliches Wohlgefallen ergreift und über uns selbst und Alles was uns quält hinaushebt; so ist dieses nur dadurch möglich, daß diese allerdeutlichste und reinste Erkennbarkeit des Willens uns auch am leichtesten und schnellsten in den Zustand des reinen Erkennens versetzt, in welchem unsere Persönlichkeit, unser Wollen mit seiner steten Pein, verschwindet, so lange die rein ästhetische Freude anhält: daher sagt Goethe: »Wer die menschliche Schönheit erblickt, den kann nichts Uebles anwehen: er fühlt sich mit sich selbst und mit der Welt in Uebereinstimmung.«[3] – Daß nun der Natur eine schöne Menschengestalt gelingt, müssen wir daraus erklären, daß der Wille, indem er sich auf dieser höchsten Stufe in einem Individuo objektivirt, durch glückliche Umstände und seine Kraft, alle die Hindernisse und den Widerstand vollkommen besiegt, welche ihm die Willenserscheinungen niedriger Stufen entgegensetzen, dergleichen die Naturkräfte sind, welchen er die Allen angehörende Materie immer erst abgewinnen und entreißen muß. Ferner hat die Erscheinung des Willens auf den obern Stufen immer die Mannigfaltigkeit in ihrer Form: schon der Baum ist nur ein systematisches Aggregat der zahllos wiederholten sprossenden Fasern: diese Zusammensetzung nimmt höher herauf immer mehr zu, und der menschliche Körper ist ein höchst kombinirtes System

[3] Die Wahlverwandtschaften, 1, 6.

ganz verschiedener Theile, deren jeder ein dem Ganzen untergeordnetes, aber doch auch eigenthümliches Leben, *vita propria*, hat: daß nun alle diese Theile gerade auf die gehörige Weise dem Ganzen untergeordnet und einander nebengeordnet seien, harmonisch zur Darstellung des Ganzen konspiriren, nichts übermäßig, nichts verkümmert sei; dies Alles sind die seltenen Bedingungen, deren Resultat die Schönheit, der vollkommen ausgeprägte Gattungscharakter ist. – So die Natur. Wie aber die Kunst? – Man meint, durch Nachahmung der Natur. – Woran soll aber der Künstler ihr gelungenes und nachzuahmendes Werk erkennen und es unter den mißlungenen herausfinden; wenn er nicht *vor der Erfahrung* das Schöne anticipirt? Hat überdies auch jemals die Natur einen in allen Theilen vollkommen schönen Menschen hervorgebracht? – Da hat man gemeint, der Künstler müsse die an viele Menschen einzeln vertheilten schönen Theile zusammensuchen und aus ihnen ein schönes Ganzes zusammensetzen: eine verkehrte und besinnungslose Meinung[4]. Denn es frägt sich abermals, woran soll er erkennen, daß gerade diese Formen die schönen sind und jene nicht? – Auch sehn wir, wie weit in der Schönheit die alten deutschen Maler durch Nachahmung der Natur gekommen sind. Man betrachte ihre nackten Figuren. – Rein *a posteriori* und aus bloßer Erfahrung ist gar keine Erkenntniß des Schönen möglich: sie ist immer, wenigstens zum Theil, *a priori*, wiewohl von ganz anderer Art, als die uns *a priori* bewußten Gestaltungen des Satzes vom Grunde. Diese betreffen die allgemeine Form der Erscheinung als solcher, wie sie die Möglichkeit der Erkenntniß überhaupt begründet, das allgemeine, ausnahmslose *Wie* des Erscheinens, und aus dieser Erkenntniß geht Mathematik und reine Naturwissenschaft hervor: jene andere Erkenntnißart *a priori* hingegen, welche die Darstellung des Schönen möglich macht, betrifft, statt der Form, den Inhalt der Erscheinungen, statt des *Wie*, das

[4] Vor allem während der Renaissance liebte man es, endlos die Geschichte über den Maler Zeuxis zu wiederholen, der eine Aphrodite aus den schönsten Jungfrauen zusammengesetzt habe, indem er von jeder nur den schönsten Teil wiedergab.

Was des Erscheinens. Daß wir Alle die menschliche Schönheit erkennen, wenn wir sie sehn, im ächten Künstler aber dies mit solcher Klarheit geschieht, daß er sie zeigt, wie er sie nie gesehn hat, und die Natur in seiner Darstellung übertrifft; dies ist nur dadurch möglich, daß der Wille, dessen adäquate Objektivation, auf ihrer höchsten Stufe, hier beurtheilt und gefunden werden soll, ja wir *selbst* sind. Dadurch allein haben wir in der That eine Anticipation Dessen, was die Natur (die ja eben der Wille ist, der unser eigenes Wesen ausmacht) darzustellen sich bemüht; welche Anticipation im ächten Genius von dem Grade der Besonnenheit begleitet ist, daß er, indem er im einzelnen Dinge dessen *Idee* erkennt, gleichsam die *Natur auf halbem Worte versteht* und nun rein ausspricht, was sie nur stammelt, daß er die Schönheit der Form, welche ihr in tausend Versuchen mißlingt, dem harten Marmor aufdrückt, sie der Natur gegenüberstellt, ihr gleichsam zurufend: »Das war es, was du sagen wolltest!« und »Ja, Das war es!« hallt es aus dem Kenner wider. – Nur so konnte der geniale Grieche den Urtypus der menschlichen Gestalt finden und ihn als Kanon der Schule der Skulptur aufstellen; und auch allein vermöge einer solchen Anticipation ist es uns Allen möglich, das Schöne da, wo es der Natur im Einzelnen wirklich gelungen ist, zu erkennen. Diese Anticipation ist das *Ideal*: es ist die *Idee*, sofern sie, wenigstens zur Hälfte, *a priori* erkannt ist und, indem sie als solche dem *a posteriori* durch die Natur Gegebenen ergänzend entgegenkommt, für die Kunst praktisch wird. Die Möglichkeit solcher Anticipation des Schönen *a priori* im Künstler, wie seiner Anerkennung *a posteriori* im Kenner, liegt darin, daß Künstler und Kenner das Ansich der Natur, der sich objektivirende Wille, selbst sind. Denn nur vom Gleichen, wie Empedokles sagte, wird das Gleiche erkannt: nur Natur kann sich selbst verstehen; nur Natur wird sich selbst ergründen: aber auch nur vom Geist wird der Geist vernommen.

Arthur Schopenhauer
Zur Metaphysik des Schönen und Aesthetik

§ 205 [...] Das eigentliche Problem der Metaphysik des Schönen läßt sich sehr einfach so ausdrücken: wie ist Wohlgefallen und Freude an einem Gegenstande möglich, ohne irgend eine Beziehung desselben auf unser Wollen?

Jeder nämlich fühlt, daß Freude und Wohlgefallen an einer Sache eigentlich nur aus ihrem Verhältniß zu unserm Willen, oder, wie man es gern ausdrückt, zu unsern Zwecken, entspringen kann; so daß eine Freude ohne Anregung des Willens ein Widerspruch zu seyn scheint. Dennoch erregt, ganz offenbar, das Schöne als solches unser Wohlgefallen, unsere Freude, ohne daß es irgend eine Beziehung auf unsere persönlichen Zwecke, also unsern Willen hätte.

Meine Lösung ist gewesen, daß wir im Schönen allemal die wesentlichen und ursprünglichen Gestalten der belebten und unbelebten Natur, also Plato's Ideen derselben, auffassen, und daß diese Auffassung zu ihrer Bedingung ihr wesentliches Korrelat, das *willensreine Subjekt des Erkennens,* d.h. eine reine Intelligenz ohne Absichten und Zwecke, habe. Dadurch verschwindet, beim Eintritt einer ästhetischen Auffassung, der Wille ganz aus dem Bewußtseyn. Er allein aber ist die Quelle aller unserer Betrübnisse und Leiden. Dies ist der Ursprung jenes Wohlgefallens und jener Freude, welche die Auffassung des Schönen begleitet. Sie beruht also auf der Wegnahme der ganzen Möglichkeit des Leidens. – Wollte man etwan einwenden, daß dann auch die Möglichkeit der Freude aufgehoben wäre; so ist man zu erinnern, daß, wie ich öfter dargethan habe, das Glück, die Befriedigung, *negativer* Natur, nämlich bloß das Ende eines Leidens, der Schmerz hingegen das Positive ist. Daher bleibt, beim Verschwinden alles Wollens aus dem Bewußtseyn, doch der Zustand der Freude, d.h. der Abwesenheit alles Schmerzes, und hier sogar der Abwesenheit der Möglichkeit desselben, bestehn, indem das Individuum, in ein rein erkennendes und nicht mehr wollendes Subjekt verwandelt, sich seiner und seiner Thätigkeit, eben als eines solchen, doch bewußt bleibt. Wie wir wissen, ist die Welt als *Wille* die erste (*ordine prior*) und die als *Vorstellung* die zweite Welt (*ordine posterior*). Jene ist die Welt des Verlangens und daher des Schmerzes und tausendfältigen Wehes. Die zweite aber ist an sich selbst wesentlich schmerzlos: dazu enthält sie ein sehenswerthes Schauspiel, durchweg bedeutsam, aufs Wenigste belustigend. Im Genuß desselben besteht die ästhetische Freude* – Reines Subjekt des Erkennens werden, heißt, sich selbst loswerden**: Weil aber Dies die Menschen meistens nicht können, sind sie zur rein objektiven Auffassung der Dinge, welche die Begabung des Künstlers ausmacht, in der Regel, unfähig.

§ 206 Wenn jedoch der individuelle Wille die ihm beigegebene Vorstellungskraft auf eine Weile frei läßt und sie von dem Dienste, zu welchem sie entstanden und vorhanden ist, ein Mal ganz dispensirt, so daß sie die Sorge für den Willen, oder die eigene Person, welche allein ihr natürliches Thema und daher ihre regelmäßige Beschäftigung ist, für jetzt fahren läßt, dennoch aber nicht aufhört, energisch thätig zu seyn und das Anschauliche, mit voller Anspannung, deutlich aufzufassen; so wird sie alsbald vollkommen *objektiv*, d.h. sie wird zum treuen Spiegel der Objekte, oder, genauer, zum Medium der Objektivation des in den jedesmaligen Objekten sich darstellenden Willens, dessen Innerstes jetzt um so vollständiger in ihr hervortritt, als die Anschauung länger anhält, bis sie dasselbe ganz erschöpft hat. Nur so entsteht, mit dem reinen Subjekt, das reine Objekt, d.h. die vollkommene Manifestation des im angeschauten Objekt erscheinenden Willens, welche eben die (Platonische) *Idee* desselben ist. Die Auffassung einer solchen aber erfordert, daß ich, bei Betrachtung eines Objekts, wirklich von seiner Stelle, in Zeit

* Das vollkommene Genügen, die finale Beruhigung, der wahre wünschenswerthe Zustand stellen sich uns immer nur im Bilde dar, im *Kunstwerk*, im Gedicht, in der Musik. Freilich könnte man hieraus die Zuversicht schöpfen, daß sie doch irgendwo vorhanden seyn müssen.

** Das reine Subjekt des Erkennens tritt ein, indem man sich vergißt, um ganz in den angeschauten Gegenständen aufzugehn; so daß nur sie im Bewußtseyn übrig bleiben.

und Raum, und dadurch von seiner Individualität, abstrahire. Denn diese, allemal durch das Gesetz der Kausalität bestimmte *Stelle* ist es, die jenes Objekt zu mir, als Individuo, in irgend ein Verhältniß setzt: daher wird nur unter Beseitigung jener Stelle das Objekt zur *Idee* und eben damit ich zum reinen Subjekt des Erkennens. Deshalb giebt jedes Gemälde, schon dadurch, daß es den flüchtigen Augenblick für immer fixirt und so aus der Zeit herausreißt, nicht das Individuelle, sondern die *Idee,* das Dauernde in allem Wechsel. Zu jener postulirten Veränderung im Subjekt und Objekt ist nun aber die Bedingung, nicht nur, daß die Erkenntnißkraft ihrer ursprünglichen Dienstbarkeit entzogen und ganz sich selber überlassen sei, sondern auch, daß sie dennoch mit ihrer ganzen Energie thätig bleibe, trotz Dem, daß der natürliche Sporn ihrer Thätigkeit, der Antrieb des Willens, jetzt fehlt. Hier liegt die Schwierigkeit, und an dieser die Seltenheit der Sache; weil all unser Denken und Trachten, unser Hören und Sehn, naturgemäß stets, mittelbar oder unmittelbar, im Dienste unserer zahllosen, größern und kleinern, persönlichen Zwecke steht und demnach der *Wille* es ist, der die Erkenntnißkraft zur Vollziehung ihrer Funktion ansporne; ohne welchen Antrieb sie sogleich ermattet. Auch ist die auf solchen Antrieb thätige Erkenntniß vollkommen ausreichend für das praktische Leben, sogar auch für die Fachwissenschaften, als welche immer nur auf die *Relationen* der Dinge, nicht auf das eigene und innere Wesen derselben gerichtet sind; daher auch alle ihre Erkenntnisse am Leitfaden des Satzes vom Grunde, diesem Elemente der Relationen, fortschreiten. Ueberall daher, wo es auf Erkenntniß von Ursache und Wirkung, oder sonstigen Gründen und Folgen, ankommt, also in allen Zweigen der Naturwissenschaft und der Mathematik, wie auch der Geschichte, oder bei Erfindungen u. s. w., muß die gesuchte Erkenntniß ein *Zweck des Willens* seyn, und je heftiger er sie anstrebt, desto eher wird sie erlangt werden. Eben so in Staatsangelegenheiten, im Kriege, in Finanz- oder Handelsgeschäften, in Intriguen jeder Art u. dgl. m. muß zuvörderst der *Wille,* durch die Heftigkeit seines Begehrens, den Intellekt nöthigen, alle seine Kräfte anzustrengen, um, bei der vorliegenden Angelegenheit, allen Gründen und Folgen genau auf die Spur zu kommen. Ja, es ist zum Erstaunen, wie weit hier der Sporn des Willens einen gegebenen Intellekt über das gewöhnliche Maaß seiner Kräfte hinaus treiben kann. Daher eben ist zu allen ausgezeichneten Leistungen in solchen Dingen nicht bloß ein kluger, oder feiner Kopf, sondern auch ein energischer Wille erfordert, als welcher allererst jenen antreiben muß, damit er sich in die mühsame, angespannte und rastlose Thätigkeit versetze, ohne welche solche nicht auszuführen sind.

Ganz anders nun aber verhält es sich bei der Auffassung des objektiven, selbsteigenen Wesens der Dinge, welches ihre (Platonische) Idee ausmacht und jeder Leistung in den schönen Künsten zum Grunde liegen muß. Der Wille nämlich, welcher dort so förderlich, ja, unerläßlich war, muß hier ganz aus dem Spiele bleiben: denn hier taugt nur Das, was der Intellekt ganz allein, ganz aus eigenen Mitteln leistet und als freiwillige Gabe darbringt. Hier muß sich Alles von selbst machen: die Erkenntniß muß absichtslos thätig, folglich willenlos seyn. Denn nur im Zustande des *reinen Erkennens*, wo dem Menschen sein Wille und dessen Zwecke, mit ihm aber seine Individualität, ganz entrückt sind, kann diejenige rein objektive Anschauung entstehn, in welcher die (Platonischen) Ideen der Dinge aufgefaßt werden. Eine solche Auffassung aber muß es allemal seyn, welche der Konception, d.i. der ersten, allemal intuitiven Erkenntniß vorsteht, die nachmals den eigentlichen Stoff und Kern, gleichsam die Seele eines ächten Kunstwerks, einer Dichtung, ja, eines wahren Philosophems, ausmacht. Das Unvorsätzliche, Unabsichtliche, ja, zum Theil Unbewußte und Instinktive, welches man von jeher an den Werken des *Genies* bemerkt hat, ist eben die Folge davon, daß die künstlerische Urerkenntniß eine vom Willen ganz gesonderte und unabhängige, eine willensreine, willenlose ist. Und eben weil der Wille der eigentliche Mensch ist, schreibt man jene einem von diesem verschiedenen Wesen, einem Genius, zu. Eine Erkenntniß dieser Art hat, wie oft von mir erörtert worden, auch nicht den Satz vom Grunde zum Leitfaden, und ist eben dadurch das Widerspiel jener ersteren. – Vermöge seiner Objektivität nimmt das Genie mit *Besonnenheit* alles Das wahr, was die Andern nicht sehn. Dies giebt ihm die Fähigkeit, die Natur so anschaulich und lebhaft als Dichter zu schildern, oder als Maler darzustellen.

Hingegen bei der *Ausführung* des Werkes, als wo die Mittheilung und Darstellung des also Erkannten der Zweck ist, kann, ja muß, eben weil ein *Zweck* vorhanden ist, der *Wille* wieder thätig seyn: demnach herrscht hier auch wieder der Satz vom Grunde, welchem gemäß Kunstmittel zu Kunstzwecken gehörig angeordnet werden. So, wo den Maler die Richtigkeit der Zeichnung und die Behandlung der Farben, den Dichter die Anordnung des Plans, sodann Ausdruck und Metrum beschäftigen.

Weil aber der Intellekt dem Willen entsprossen ist, daher er objektiv sich als Gehirn, also als ein Theil des Leibes, welcher die Objektivation des Willens ist, darstellt; weil demnach der Intellekt ursprünglich zum Dienste des Willens bestimmt ist; so ist seine ihm natürliche Thätigkeit die der oben beschriebenen Art, wo er jener natürlichen Form seiner Erkenntnisse, welche der Satz vom Grunde ausdrückt, getreu bleibt und vom Willen, dem Ursprünglichen im Menschen, in Thätigkeit gesetzt und darin erhalten wird. Hingegen ist die Erkenntniß der zweiten Art eine ihm unnatürliche, abusive Thätigkeit; demgemäß ist sie bedingt durch ein entschieden abnormes, daher eben sehr seltenes, Uebergewicht des Intellekts und seiner objektiven Erscheinung, des Gehirns, über den übrigen Organismus und über das Verhältniß, welches die Zwecke des Willens erfordern. Eben weil dies Ueberwiegen des Intellekts ein abnormes ist, erinnern die daraus entspringenden Phänomene bisweilen an den Wahnsinn.

Die Erkenntniß wird also ihrem Ursprung, dem Willen, hier schon untreu. Der Intellekt, der bloß zum Dienst des Willens entstanden ist und in fast allen Menschen auch darin bleibt, in welchem Gebrauch desselben und in seinem Ertrag ihr Leben aufgeht, – wird *abusive* gebraucht in allen *freien*

Künsten und Wissenschaften: und in diesen Gebrauch setzt man die Fortschritte und die Ehre des Menschengeschlechts. – Auf einem andern Wege kann er sogar sich wider den Willen wenden; indem er, in den Phänomenen der Heiligkeit, ihn aufhebt.

Uebrigens ist jene rein objektive Auffassung der Welt und der Dinge, welche als Urerkenntniß, jeder künstlerischen, dichterischen und rein philosophischen Konception zum Grunde liegt, sowohl aus objektiven als aus subjektiven Gründen, nur eine vorübergehende, indem theils die dazu erforderte Anspannung nicht anhalten kann, theils der Lauf der Welt nicht erlaubt, daß wir durchweg, wie der Philosoph nach der Definition des Pythagoras, ruhige und antheilslose Zuschauer darin bleiben, sondern Jeder im großen Marionettenspiel des Lebens doch mitagiren muß und fast immer den Draht fühlt, durch welchen auch er damit zusammenhängt und in Bewegung gesetzt wird.

§ 207 Was nun aber das *Objektive* solcher ästhetischen Anschauung, also die (Plantonische) *Idee* betrifft; so läßt diese sich beschreiben als Das, was wir vor uns haben würden, wenn die Zeit, diese formale und subjektive Bedingung unsers Erkennens, weggezogen würde, wie das Glas aus dem Kaleidoskop. Wir sehn z. B. die Entwickelung von Knospe, Blume und Frucht, und erstaunen über die treibende Kraft, welche nie ermüdet, diese Reihe von Neuem durchzuführen. Dieses Erstaunen würde wegfallen, wenn wir erkennen könnten, daß wir, bei allem jenem Wechsel, doch nur die eine und unveränderliche Idee der Pflanze vor uns haben, welche aber als eine Einheit von Knospe, Blume und Frucht anzuschauen wir nicht vermögen, sondern sie mittelst der Form der *Zeit* erkennen müssen, wodurch unserm Intellekt die Idee auseinandergelegt wird, in jene successiven Zustände.

§ 208 Wenn man betrachtet, wie sowohl die Poesie, als auch die bildenden Künste zu ihrem jedesmaligen Thema ein *Individuum* nehmen, um solches, mit allen Eigenthümlichkeiten seiner Einzelheit, bis auf die geringfügigsten herab, mit sorgfältigster Genauigkeit, uns darzustellen; und wenn man dann zurücksieht auf die Wissenschaften, die mittelst der *Begriffe* arbeiten, deren jeder zahllose Individuen vertritt, indem er das Eigenthümliche der ganzen Art derselben, ein für alle Mal, bestimmt und bezeichnet; – so könnte, bei dieser Betrachtung, das Treiben der Kunst uns geringfügig, kleinlich, ja, fast kindisch vorkommen. Allein das Wesen der Kunst bringt es mit sich, daß ihr Ein Fall für Tausende gilt, indem was sie durch jene sorgfältige und ins Einzelne gehende Darstellung des Individuums beabsichtigt, die Offenbarung der *Idee* seiner Gattung ist; so daß z.B. ein Vorgang, eine Scene des Menschenlebens, richtig und vollständig, also mit genauer Darstellung der darin verwickelten Individuen, geschildert, die Idee der Menschheit selbst, von irgend einer Seite aufgefaßt, zur deutlichen und tiefen Erkenntniß bringt. Denn, wie der Botaniker aus dem unendlichen Reichthum der Pflanzenwelt eine einzige Blume pflückt, sie dann zerlegt, um uns die Natur der Pflanze überhaupt daran zu demonstriren; so nimmt der Dichter aus dem endlosen Gewirre des überall in unaufhörlicher Bewegung dahineilenden Menschenlebens eine einzige Scene, ja, oft nur eine Stimmung und Empfindung heraus, um uns daran zu zeigen, was das Leben und Wesen des Menschen sei. Dieserhalb sehn wir die größten Geister, Shakespeare und Goethe, Raphael und Rembrandt, es ihrer nicht unwürdig erachten, ein nicht ein Mal hervorragendes Individuum, in seiner ganzen Eigenthümlichkeit bis auf das Kleinste herab, mit größter Genauigkeit und ernstem Fleiße, uns darzustellen und zu veranschaulichen. Denn nur anschaulich wird das Besondere und Einzelne gefaßt; – weshalb ich die Poesie definirt habe als die Kunst, durch Worte die Phantasie ins Spiel zu versetzen.

Will man den Vorzug, welchen die anschauende Erkenntniß, als die primäre und fundamentale, vor der abstrakten hat, unmittelbar empfinden und daraus inne werden, wie die Kunst uns mehr offenbart, als alle Wissenschaft vermag; so betrachte man, sei es in der Natur, oder unter Vermittelung der Kunst, ein schönes und bewegtes menschliches Antlitz voll Ausdruck. Welche tiefere Einsicht in das Wesen des Menschen, ja, der Natur überhaupt, giebt nicht dieses, als alle Worte, sammt den Abstraktis, die sie bezeichnen. – Beiläufig sei hier bemerkt, daß was, für eine schöne Gegend, der aus den Wolken plötzlich hervorbrechende Sonnenblick, für ein schönes Gesicht der Eintritt seines Lachens ist. Daher *ridete, puellae, ridete*[5]*!*

§ 209 Was jedoch macht, daß *ein Bild* uns leichter zur Auffassung einer (Platonischen) Idee bringt, als ein Wirkliches; also Das, wodurch das Bild der Idee näher steht, als die Wirklichkeit, ist, im Allgemeinen, Dieses, daß das Kunstwerk das schon durch ein Subjekt hindurchgegangene Objekt ist und daher für den Geist Das, was für den Leib die animalische Nahrung, nämlich die schon assimilirte vegetabilische. Näher aber betrachtet, beruht die Sache darauf, daß das Werk der bildenden Kunst nicht, wie die Wirklichkeit, uns Das zeigt, was nur Ein Mal daist und nie wieder, nämlich die Verbindung *dieser* Materie mit *dieser* Form, welche Verbindung eben das Konkrete, das eigentlich Einzelne, ausmacht; sondern daß es uns *die Form* allein zeigt, welche schon, wenn nur vollkommen und allseitig gegeben, die Idee selbst wäre. Das Bild leitet uns mithin sogleich vom Individuo weg, auf die bloße Form. Schon dieses Absondern der Form von der Materie bringt solche der Idee um Vieles näher. Eine solche Absonderung aber ist jedes Bild; sei es Gemälde, oder Statue. Darum nun gehört diese Absonderung, diese Trennung der Form von der Materie, zum Charakter des ästhetischen Kunstwerks; eben weil dessen Zweck ist, uns zur Erkenntniß einer (Platonischen) *Idee* zu bringen. Es ist also dem Kunstwerke *wesentlich,* die Form allein, ohne die Materie, zu geben, und zwar Dies offenbar und augenfällig zu thun. Hier liegt nun eigentlich der Grund, warum Wachsfiguren keinen ästhetischen Eindruck machen und daher keine Kunstwerke (im ästhetischen Sinne) sind; obgleich sie, wenn gut gemacht, hundert Mal mehr Täuschung her-

[5] Martial, Epigramme II, 41: »Lacht, Mädchen, lacht!«

vorbringen, als das beste Bild, oder Statue, es vermag, und daher, wenn täuschende Nachahmung des Wirklichen der Zweck der Kunst wäre, den ersten Rang einnehmen müßten. Sie scheinen nämlich nicht die bloße Form, sondern, mit ihr, auch die Materie zu geben; daher sie die Täuschung, daß man die Sache selbst vor sich habe, zu Wege bringen. Statt daß also das wahre Kunstwerk uns von Dem, welches nur Ein Mal und nie wieder daist, d.i. dem Individuo, hinleitet zu dem, was stets und unendliche Male, in unendlich Vielen daist, der bloßen Form, oder Idee; giebt das Wachsbild uns scheinbar das Individuum selbst, also Das, was nur Ein Mal und nie wieder daist, jedoch ohne Das, was einer solchen vorübergehenden Existenz Werth verleiht, ohne das Leben. Darum erregt das Wachsbild Grausen, indem es wirkt, wie ein starrer Leichnam.

Man könnte meinen, daß allein die Statue es sei, welche die Form ohne die Materie gebe, das Gemälde hingegen auch die Materie, sofern es, mittelst der Farbe, den Stoff und dessen Beschaffenheit nachahmt. Dies hieße jedoch, die Form im rein geometrischen Sinne verstehn, und ist nicht, was hier gemeint war: denn im philosophischen Sinn ist die Form der Gegensatz der Materie, begreift daher auch die Farbe, Glätte, Textur, kurz, alle Qualität. Allerdings giebt bloß die Statue die rein geometrische Form allein, sie darstellend an einer derselben augenscheinlich fremden Materie, dem Marmor: hiedurch also isolirt sie handgreiflich die Form. Das Gemälde hingegen giebt gar keine Materie, sondern den bloßen Schein der Form, – nicht im geometrischen, sondern im philosophischen oben angegebenen Sinne. Diese Form giebt, sage ich, das Gemälde nicht ein Mal selbst, sondern den bloßen Schein derselben, nämlich bloß ihre Wirkung auf Einen Sinn, das Gesicht, und auch diese nur von Einem Gesichtspunkte aus. Daher bringt auch das Gemälde nicht eigentlich die Täuschung hervor, daß man die Sache selbst, d.h. Form und Materie vor sich habe; sondern auch die täuschende Wahrheit des Bildes steht immer noch unter gewissen zugestandenen Bedingungen dieser Darstellungsweise: zeigt doch z.B. das Bild, durch das unvermeidliche Wegfallen der Parallaxe unserer zwei Augen, die Dinge stets so, wie nur ein Einäugiger sie sehn würde. Also auch das Gemälde giebt allein *die Form;* indem es nur die Wirkung derselben, und zwar ganz einseitig, nämlich auf das Auge allein, darstellt. [...]

§ 210 Daß die Eindrücke, welche wir in der Jugend erhalten, so bedeutsam sind und im Morgenrothe des Lebens Alles so idealisch, so verklärt, sich uns darstellt, entspringt daraus, daß alsdann noch das Einzelne uns mit seiner Gattung allererst bekannt macht, als welche uns noch neu ist, jedes Einzelne also seine Gattung für uns vertritt. Demnach erfassen wir darin die (Platonische) *Idee* dieser Gattung, welcher als solcher die Schönheit wesentlich ist.

§ 211 *»Schön«* ist, ohne Zweifel, verwandt mit dem Englischen *to shew* und wäre demnach *shewy,* schaulich, *what shews well,* was sich gut *zeigt,* sich gut ausnimmt, also das deutlich hervortretende Anschauliche, mithin der deutliche Ausdruck bedeutsamer (Platonischer) Ideen.

»Malerisch« bedeutet im Grunde das Selbe, wie *schön:* denn es wird Dem beigelegt, was sich so darstellt, daß es die Idee seiner Gattung deutlich an den Tag legt; daher es zur Darstellung des Malers taugt, als welcher eben auf Darstellung, Hervorhebung, der Ideen, die ja das Objektive im Schönen ausmachen, gerichtet ist.

§ 212 Schönheit und Grazie der Menschengestalt, im Verein, sind die deutlichste Sichtbarkeit des Willens, auf der obersten Stufe seiner Objektivation, und eben deshalb die höchste Leistung der bildenden Kunst. Inzwischen ist allerdings, wie ich (Welt als Wille und Vorstellung, Bd. 1 § 41.) gesagt habe, jedes natürliche Ding schön: also auch jedes Thier. Wenn uns Dieses bei einigen Thieren nicht einleuchten will; so liegt es daran, daß wir nicht im Stande sind, sie rein objektiv zu betrachten und dadurch ihre Idee aufzufassen, sondern hievon abgezogen werden durch irgend eine unvermeidliche Gedankenassociation, meistens in Folge einer sich uns aufdringenden Aehnlichkeit, z.B. der des Affen mit dem Menschen, daher wir nicht die Idee dieses Thieres auffassen, sondern nur die Karikatur eines Menschen sehn. Eben so scheint die Aehnlichkeit der Kröte mit Koth und Schlamm zu wirken. [...]

§ 213 Die unorganische Natur, sofern sie nicht etwan aus Wasser besteht, macht, wenn sie ohne alles Organische sich darstellt, einen sehr traurigen, ja, beklemmenden Eindruck auf uns. Beispiele davon sind die bloß nackte Felsen darbietenden Gegenden, namentlich das lange Felsenthal, ohne alle Vegetation, nahe von Toulon, durch welches der Weg nach Marseille führt: im Großen aber und viel eindringlicher wird es die Afrikanische Wüste leisten. Die Traurigkeit dieses Eindrucks des Unorganischen auf uns entspringt zunächst daraus, daß die unorganische Masse ausschließlich dem Gesetz der Schwere gehorcht, nach deren Richtung daher hier Alles gelagert ist. – Dagegen nun erfreut uns der Anblick der Vegetation unmittelbar und in hohem Grade; natürlich aber um so mehr, je reicher, mannigfaltiger, ausgebreiteter und dabei sich selber überlassen sie ist. Der nächste Grund hievon liegt darin, daß in der Vegetation das Gesetz der Schwere als überwunden erscheint, indem die Pflanzenwelt sich in der seiner Richtung gerade entgegengesetzten erhebt: hiedurch kündigt sich unmittelbar das Phänomen des Lebens an, als eine neue und höhere Ordnung der Dinge. Wir selbst gehören dieser an: sie ist das uns Verwandte, das Element unseres Daseyns. Dabei geht uns das Herz auf. Zunächst also ist es jene senkrechte Richtung nach oben, wodurch der Anblick der Pflanzenwelt uns unmittelbar erfreut; daher gewinnt eine schöne Baumgruppe ungemein, wenn aus ihrer Mitte sich ein Paar gerade aufgeschossene, spitze Tannengipfel erheben. Hingegen ein umgehauener Baum wirkt nicht mehr auf uns; ja, ein sehr schräge gewachsener schon weniger, als der gerade stehende: die herabhängenden, also der Schwere nachgebenden Zweige der Trauerweide, *(saule pleureur, weeping willow,)* haben ihr diese Namen verschafft. – Das Wasser hebt die traurige Wirkung seiner unorganischen Wesenheit durch seine große Beweglichkeit, die einen Schein des Lebens giebt, und durch sein beständiges Spiel mit dem Lichte großentheils auf: zudem ist es die Urbedingung alles Lebens. – Außerdem ist, was den Anblick der vegetabilischen Natur uns so erfreulich macht, der Ausdruck von Ruhe, Frieden und Genügen, den sie trägt: während die animalische sich uns meistens im Zustande der Unruhe, der Noth, ja des Kampfes darstellt: daher gelingt es jener so leicht, uns in den Zustand des reinen Erkennens zu versetzen, der uns von uns selbst befreit.

17. Friedrich Nietzsche

Schopenhauers Metaphysik des Willens wirkte fort auf *Friedrich Nietzsche* (1844–1900), der ihr eine neue Wendung gab. Während für Schopenhauer die Welt noch Wille *und* Vorstellung war, wurde sie für Nietzsche »Wille zur Macht – *und nichts außerdem«*, und während jener Erlösung und Schönheit in der Willens*verneinung* suchte, ließ dieser Lust und Schönheit gerade aus der Willens*bejahung* entstehen. War das Leben für Schopenhauer eine Quelle des Leidens, sollte es für Nietzsche eine Quelle der Lust sein. Nietzsche war darum auch kein Verächter der Schönheit, wie zuweilen ohne nähere Differenzierung behauptet wird, denn auch wenn Nietzsches verstreute Äußerungen hierüber durchaus diesen Anschein erwecken können, darf nicht übersehen werden, daß die von Nietzsche verachtete Schönheit nur eine besondere Form und historische Ausprägung derselben ist[1]. Nur als idealistische Versöhnungsvision ist ihm die Schönheit eine Sinnestäuschung, der Schein von Bedeutung an der Oberfläche der Welt, hinter der der Scharfblickende die tatsächliche Bedeutungslosigkeit erkennt. Weil das Schönheitsurteil gemeinhin ganz auf die Beteiligung des Verstandes verzichte und seinen Gegenstand demzufolge mit allerlei Vollkommenheiten ausstatte, die ihm tatsächlich nicht zukämen, sei die gewöhnliche Schönheit nicht mit der Wahrheit, sondern im Gegenteil mit der Lüge identisch. Nun ist aber nach Nietzsche nichts, das wir schön nennen, »an sich« schön. Alle Schönheit der Welt sei ein Reflex unserer eigenen allgemeinen und individuellen Beschaffenheit, genauer: des Selbsterhaltungstriebs auf der einen und des persönlichen Machtgefühls auf der anderen Seite. Grundsätzlich sei alles schön, was unserem Selbsterhaltungstrieb nicht zuwiderlaufe und unserem Machtgefühl schmeichle. So nehme der Künstler gerade darum ein so großes Interesse an der Schönheit seines Werks, weil sich sein Machtwille an der Bändigung der Gegensätze und dem bezeigten Gehorsam, zu dem alles »die liebenswürdigste Miene« mache[2], ergötzen könne. Die Abhängigkeit der Schönheit vom Selbsterhaltungstrieb impliziert aber, daß unser Schönheitsgefühl hinsichtlich der Menge seiner möglichen Gegenstände umso beschränkter sein muß, je anfechtbarer der Selbsterhaltungstrieb ist. Deshalb ist die Menge der Gegenstände, die uns schön erscheinen,

[1] Mit der Ausnahme von ›Menschliches, Allzumenschliches‹ (1878), wo er generell die Lügenhaftigkeit der Kunst zu entlarven sucht.

[2] Kant meinte, daß die Kunst wie Natur wirken solle.

für Nietzsche eine Funktion der individuellen Schwäche bzw. Stärke. Je schwächer der Mensch sich fühle, desto mehr bedürfe er »entzückender Visionen«. Mit wachsender Stärke aber lerne er, auch das als schön zu erkennen, was dem Schwachen, der vor der Welt, wie sie an sich sei, furchtsam zurückscheue, häßlich erscheine. Alles habe seine eigene Schönheit, auch das Böse und das Furchtbare und selbst die ewige, sinn- und ziellose Wiederkehr des Gleichen. Denn in allem zeige sich die schöpferische Kraft des Lebens, die auch in ihm selber als Wille zur Macht (und damit zur Kunst) tätig sei. So habe die tragische Weisheit, die aus der furchtlosen Hinwendung zur Wahrheit durch die bewußte Zerstörung des schönen Scheins erwachse, wieder ihre eigene Schönheit, und durch diese Schönheit und durch den Prozeß seiner Vergegenwärtigung rechtfertige sich die Welt und erwachse die Würde des Menschen[3].

Friedrich Nietzsche
Das Reich der Schönheit ist größer

Das Reich der Schönheit ist größer. – Wie wir in der Natur herumgehen, listig und froh, um die allem eigene Schönheit zu entdecken und gleichsam auf der Tat zu ertappen, wie wir bald bei Sonnenschein, bald bei gewitterhaftem Himmel, bald in der bleichsten Dämmerung einen Versuch machen, jenes Stück Küste mit Felsen, Meerbuchten, Ölbäumen und Pinien so zu sehen, wie es zu seiner Vollkommenheit und Meisterschaft kommt: So sollten wir auch unter den Menschen umhergehen, als ihre Entdecker und Ausspäher, Gutes und Böses ihnen erweisend, damit die ihnen eigene Schönheit sich offenbare, welche bei diesem sonnenhaft, bei jenem

[3] Schon in der ›Geburt der Tragödie‹ heißt es in bezug auf die Rolle des Menschen in der Welt: »Denn dies muß uns vor allem, zu unserer Erniedrigung *und* Erhöhung, deutlich sein, daß die ganze Kunstkomödie durchaus nicht für uns, etwa unsrer Besserung und Bildung wegen, aufgeführt wird, ja daß wir ebenso wenig die eigentlichen Schöpfer dieser Kunstwelt sind: wohl aber dürfen wir von uns selbst annehmen, daß wir für den wahren Schöpfer derselben schon Bilder und künstlerische Projektionen sind und in der Bedeutung von Kunstwerken unsere höchste Würde haben – denn nur als *ästhetisches Phänomen* ist das Dasein und die Welt ewig *gerechtfertigt*.«

gewitterhaft und bei einem dritten erst in der halben Nacht und bei Regenhimmel sich entfaltet. Ist es denn verboten, den *bösen* Menschen als eine wilde Landschaft zu *genießen*, die ihre eigenen kühnen Linien und Lichtwirkungen hat, wenn derselbe Mensch, so lange er sich gut und gesetzlich stellt, unserm Auge wie eine Verzeichnung und Karikatur erscheint und als ein Flecken in der Natur uns Pein macht? – Ja, es ist verboten: Bisher war es nur erlaubt, im *Moralisch-Guten* nach Schönheit zu suchen, – Grund genug, daß man so wenig gefunden und sich so viel nach imaginären Schönheiten ohne Knochen hat umtun müssen! – So gewiß es hundert Arten von Glück bei den Bösen gibt, von denen die Tugendhaften nichts ahnen, so gibt es an ihnen auch hundert Arten von Schönheit: und viele sind noch nicht entdeckt.

(Morgenröte 468)

(19) *Schön und häßlich.* – Nichts ist bedingter, sagen wir *beschränkter*, als unser Gefühl des Schönen. Wer es losgelöst von der Lust des Menschen am Menschen denken wollte, verlöre sofort Grund und Boden unter den Füßen. Das »Schöne an sich« ist bloß ein Wort, nicht einmal ein Begriff. Im Schönen setzt sich der Mensch als Maß der Vollkommenheit; in ausgesuchten Fällen betet er sich darin an. Eine Gattung *kann* gar nicht anders als dergestalt zu sich allein ja sagen. Ihr *unterster* Instinkt, der der Selbsterhaltung und Selbsterweiterung, strahlt noch in solchen Sublimitäten aus. Der Mensch glaubt die Welt selbst mit Schönheit überhäuft – er *vergißt* sich als deren Ursache. Er allein hat sie mit Schönheit beschenkt, ach! nur mit einer sehr menschlich-allzumenschlichen Schönheit ... Im Grunde spiegelt sich der Mensch in den Dingen, er hält alles für schön, was ihm sein Bild zurückwirft: das Urteil »schön« ist seine *Gattungs-Eitelkeit* ... Dem Skeptiker nämlich darf ein kleiner Argwohn die Frage ins Ohr flüstern: ist wirklich damit die Welt verschönt, daß gerade der Mensch sie für schön nimmt? Er hat sie *vermenschlicht*: das ist alles. Aber nichts, gar nichts verbürgt uns, daß gerade der Mensch das Modell des Schönen

abgäbe. Wer weiß, wie er sich in den Augen eines höheren Geschmacksrichters ausnimmt? Vielleicht gewagt? vielleicht selbst erheiternd? vielleicht ein wenig arbiträr? ... »O Dionysos, Göttlicher, warum ziehst du mich an den Ohren?« fragte Ariadne einmal bei einem jener berühmten Zwiegespräche auf Noxos ihren philosophischen Liebhaber. »Ich finde eine Art Humor in deinen Ohren, Ariadne: warum sind sie nicht noch länger?«

(20) Nichts ist schön, nur der Mensch ist schön: Auf dieser Naivität ruht alle Ästhetik, sie ist deren *erste* Wahrheit. Fügen wir sofort noch deren zweite hinzu: nichts ist häßlich als der *entartende* Mensch – damit ist das Reich des ästhetischen Urteils umgrenzt. – Physiologisch nachgerechnet, schwächt und betrübt alles Häßliche den Menschen. Es erinnert ihn an Verfall, Gefahr, Ohnmacht; er büßt tatsächlich dabei Kraft ein. Man kann die Wirkung des Häßlichen mit dem Dynamometer messen. Wo der Mensch überhaupt niedergedrückt wird, da wittert er die Nähe von etwas »Häßlichem«. Sein Gefühl der Macht, sein Wille zur Macht, sein Mut, sein Stolz – das fällt mit dem Häßlichen, das steigt mit dem Schönen ... Im einen wie im andern Falle *machen wir einen Schluß:* Die Prämissen dazu sind in ungeheurer Fülle im Instinkte aufgehäuft. Das Häßliche wird verstanden als ein Wink und Symptom der Degenereszenz: Was im Entferntesten an Degenereszenz erinnert, das wirkt in uns das Urteil »häßlich«. Jedes Anzeichen von Erschöpfung, von Schwere, von Alter, von Müdigkeit, jede Art Unfreiheit, als Krampf, als Lähmung, vor allem der Geruch, die Farbe, die Form der Auflösung, der Verwesung, und sei es auch in der letzten Verdünnung zum Symbol – das alles ruft die gleiche Reaktion hervor, das Werturteil »häßlich«. Ein *Haß* springt da hervor: wen haßt da der Mensch! Aber es ist kein Zweifel: den *Niedergang seines Typus.* Er haßt da aus dem tiefsten Instinkte der Gattung heraus; in diesem Haß ist Schauder, Vorsicht, Tiefe, Fernblick – es ist der tiefste Haß, den es gibt. Um seinetwillen ist die Kunst *tief* ...

(21) *Schopenhauer.* – Schopenhauer, der letzte Deutsche, der in Betracht kommt (– der ein *europäisches* Ereignis gleich Goethe, gleich Hegel, gleich Heinrich Heine ist, und *nicht bloß* ein lokales, ein »nationales«), ist für einen Psychologen ein Fall ersten Ranges: nämlich als bösartig genialer Versuch, zugunsten einer nihilistischen Gesamt-Abwertung des Lebens gerade die Gegen-Instanzen, die großen Selbstbejahungen des »Willens zum Leben«, die Exuberanz-Formen des Lebens ins Feld zu führen. Er hat, der Reihe nach, die *Kunst,* den Heroismus, das Genie, die Schönheit, das große Mitgefühl, die Erkenntnis, den Willen zur Wahrheit, die Tragödie als Folgeerscheinungen der »Verneinung« oder der Verneinungs-Bedürftigkeit des »Willens« interpretiert – die größte psychologische Falschmünzerei, die es, das Christentum abgerechnet, in der Geschichte gibt. Genauer zugesehen ist er darin bloß der Erbe der christlichen Interpretation: nur daß er auch das vom Christentum *Abgelehnte,* die großen Kultur-Tatsachen der Menschheit noch in einem christlichen, daß heißt nihilistischen Sinne *gutzuheißen* wußte (– nämlich als Wege zur »Erlösung«, als Vorformen der »Erlösung«, als Stimulantia des Bedürfnisses nach »Erlösung« ...)

(22) Ich nehme einen einzelnen Fall. Schopenhauer spricht von der *Schönheit* mit einer schwermütigen Glut – warum letzten Grundes? Weil er in ihr eine *Brücke* sieht, auf der man weitergelangt, oder Durst bekommt weiterzugelangen ... Sie ist ihm die Erlösung vom »Willen« auf Augenblicke – sie lockt zur Erlösung für immer ... Insbesondere preist er sie als Erlöserin vom »Brennpunkt des Willens«, von der Geschlechtlichkeit – in der Schönheit sieht er den Zeugetrieb *verneint* ... Wunderlicher Heiliger! Irgend jemand widerspricht dir, ich fürchte, es ist die Natur. Wozu gibt es überhaupt Schönheit in Ton, Farbe, Duft, rhythmischer Bewegung in der Natur? was *treibt* die Schönheit *heraus?* – Glücklicherweise widerspricht ihm auch ein Philosoph. Keine geringere Autorität als die des göttlichen Plato (– so nennt ihn Schopenhauer selbst) hält einen andern Satz

aufrecht: daß alle Schönheit zur Zeugung reize[1] – daß dies gerade das *proprium* ihrer Wirkung sei, vom Sinnlichsten bis hinauf ins Geistigste ...

(47) *Die Schönheit kein Zufall.* – Auch die Schönheit einer Rasse oder Familie, ihre Anmut und Güte in allen Gebärden wird erarbeitet: sie ist, gleich dem Genie, das Schlußergebnis der akkumulierten Arbeit von Geschlechtern. Man muß dem guten Geschmacke große Opfer gebracht haben, man muß um seinetwillen vieles getan, vieles gelassen haben – das siebzehnte Jahrhundert Frankreichs ist bewunderungswürdig in beidem –, man muß in ihm ein Prinzip der Wahl für Gesellschaft, Ort, Kleidung, Geschlechtsbefriedigung gehabt haben, man muß Schönheit dem Vorteil, der Gewohnheit, der Meinung, der Trägheit vorgezogen haben. Oberste Richtschnur: man muß sich auch vor sich selber nicht »gehen lassen«. – Die guten Dinge sind über die Maßen kostspielig: und immer gilt das Gesetz, daß wer sie *hat,* ein andrer ist, als wer sie *erwirbt.* Alles Gute ist Erbschaft: was nicht ererbt ist, ist unvollkommen, ist Anfang ... In Athen waren zur Zeit Ciceros, der darüber seine Überraschung ausdrückt, die Männer und Jünglinge bei weitem den Frauen an Schönheit überlegen: aber welche Arbeit und Anstrengung im Dienste der Schönheit hatte daselbst das männliche Geschlecht seit Jahrhunderten von sich verlangt! – Man soll sich nämlich über die Methodik hier nicht vergreifen: eine bloße Zucht von Gefühlen und Gedanken ist beinahe Null (– hier liegt das große Mißverständnis der deutschen Bildung, die ganz illusorisch ist): man muß den *Leib* zuerst überreden. Die strenge Aufrechterhaltung bedeutender und gewählter Gebärden, eine Verbindlichkeit, nur mit Menschen zu leben, die sich nicht »gehen lassen«, genügt vollkommen, um bedeutend und gewählt zu werden: in zwei, drei Geschlechtern ist bereits alles *verinnerlicht.* Es ist entscheidend über das Los von Volk und Menschheit, daß man die Kultur an der *rechten Stelle* beginnt – *nicht* an der »Seele« (wie es der

[1] Symposion 206b–e, vgl. S. 50.

verhängnisvolle Aberglaube der Priester und Halb-Priester war): die rechte Stelle ist der Leib, die Gebärde, die Diät, die Physiologie, der *Rest* folgt daraus ... Die Griechen bleiben deshalb das *erste Kultur-Ereignis* der Geschichte – sie wußten, sie *taten,* was not tat; das Christentum, das den Leib verachtete, war bisher das größte Unglück der Menschheit. –

(Götzendämmerung. Streifzüge eines Unzeitgemäßen)

Diese perspektivische Welt, diese Welt für das Auge, Getast und Ohr ist sehr falsch, verglichen schon für einen sehr viel feineren Sinnesapparat. Aber ihre Verständlichkeit, Übersichtlichkeit, ihre Praktikabilität, ihre Schönheit beginnt *aufzuhören,* wenn wir unsre Sinne *verfeinern:* ebenso hört die Schönheit auf beim Durchdenken von Vorgängen der Geschichte; die Ordnung des *Zwecks* ist schon eine Illusion. Genug, je oberflächlicher und gröber zusammenfassend, um so *wertvoller,* bestimmter, schöner, bedeutungsvoller *erscheint* die Welt. Je tiefer man hineinsieht, um so mehr verschwindet unsere Wertschätzung – *die Bedeutungslosigkeit naht sich!* Wir haben die Welt, welche Wert hat, geschaffen! Dies erkennend, erkennen wir auch, daß die Verehrung der Wahrheit schon die *Folge* einer *Illusion* ist – und daß man, mehr als sie, die bildende, vereinfachende, gestaltende, erdichtende Kraft zu schätzen hat.

»Alles ist falsch! Alles ist erlaubt!«

Erst bei einer gewissen Stumpfheit des Blickes, einem Willen zur Einfachheit stellt sich das Schöne, das »Wertvolle« ein: an sich ist es *ich weiß nicht was.* [...]

Der tragische Künstler. – Es ist die Frage der *Kraft* (eines einzelnen oder eines Volkes), *ob* und *wo* das Urteil »schön« angesetzt wird. Das Gefühl der Fülle, der *aufgestauten Kraft* (aus dem es erlaubt ist, vieles mutig und wohlgemut entgegenzunehmen, vor dem der Schwächling *schaudert*) – das *Macht*gefühl spricht das Urteil »schön« noch über Dinge und Zustände aus, welche der Instinkt der Ohnmacht nur als *hassenswert,* als »häßlich« abschätzen kann. Die Witterung dafür, womit wir ungefähr fertig werden würden, wenn es leibhaft entgegenträte, als Gefahr, Problem, Versuchung – diese Witterung bestimmt auch noch unser ästhetisches Ja. (»Das ist schön« ist eine *Bejahung*.)

Daraus ergibt sich, ins Große gerechnet, daß die *Vorliebe für fragwürdige und furchtbare Dinge* ein Symptom für *Stärke* ist: während der Geschmack am *Hübschen und Zierlichen* den Schwachen, den Delikaten zugehört. Die *Lust* an der Tragödie kennzeichnet *starke* Zeitalter und Charaktere: ihr *non plus ultra* ist vielleicht die *divina commedia*. Es sind die *heroischen* Geister, welche zu sich selbst in der tragischen Grausamkeit ja sagen: sie sind hart genug, um das Leiden als *Lust* zu empfinden.

Gesetzt dagegen, daß die Schwachen von einer Kunst Genuß begehren, welche für sie nicht erdacht ist, was werden sie tun, um die Tragödie sich schmackhaft zu machen? Sie werden *ihre eigenen Wertgefühle* in sie hineininterpretieren: z.B. den »Triumph der sittlichen Weltordnung« oder die Lehre vom »Unwert des Daseins« oder die Aufforderung zur »Resignation« (– oder auch halb medizinische, halb moralische Affekt-Ausladungen *à la* Aristoteles). Endlich: die *Kunst* des *Furchtbaren*, insofern sie die Nerven aufregt, kann als Stimulans bei den Schwachen und Erschöpften in Schätzung kommen: das ist heute z.B. der Grund für die *Schätzung* der Wagnerschen Kunst. Es ist ein Zeichen von *Wohl-* und *Machtgefühl*, wie weit einer den Dingen ihren furchtbaren und fragwürdigen Charakter zugestehen darf; und *ob* er überhaupt »Lösungen« am Schluß braucht.

Diese Art *Künstler-Pessimismus* ist genau das *Gegenstück zum moralisch-religiösen Pessimismus*, welcher an der »Verderbnis« des Menschen, am Rätsel des Daseins leidet: dieser will durchaus eine Lösung, wenigstens eine Hoffnung auf Lösung. Die Leidenden, Verzweifelten, An-sich-Mißtrauischen, die Kranken mit einem Wort, haben zu allen Zeiten die entzückenden *Visionen* nötig gehabt, um es auszuhalten (der Begriff »Seligkeit« ist *dieses* Ursprungs). Ein verwandter Fall: die Künstler der *décadence*, welche im Grunde *nihilistisch* zum Leben stehen, *flüchten* in die *Schönheit der Form* –

in die *ausgewählten* Dinge, wo die Natur vollkommen ward, wo sie indifferent *groß* und *schön* ist ... (– Die »Liebe zum Schönen« kann somit etwas anderes als das *Vermögen* sein, ein Schönes zu *sehen, das* Schöne zu *schaffen:* sie kann gerade der Ausdruck von *Unvermögen* dazu sein.)

Die überwältigenden Künstler, welche einen *Konsonanz-Ton* aus jedem Konflikte erklingen lassen, sind die, welche ihre eigene Mächtigkeit und Selbsterlösung noch den Dingen zugute kommen lassen: sie sprechen ihre innerste Erfahrung in der Symbolik jedes Kunstwerkes aus – ihr Schaffen ist Dankbarkeit für ihr Sein.

Die *Tiefe des tragischen Künstlers* liegt darin, daß sein ästhetischer Instinkt die ferneren Folgen übersieht, daß er nicht kurzsichtig beim Nächsten stehenbleibt, daß er die *Ökonomie im Großen* bejaht, welche das *Furchtbare, Böse, Fragwürdige* rechtfertigt, und nicht nur – rechtfertigt.

Biologischer Wert des *Schönen* und des *Häßlichen.* – Was uns instinktiv *widersteht,* ästhetisch, ist aus allerlängster Erfahrung dem Menschen als schädlich, gefährlich, mißtrauenverdienend bewiesen: der plötzlich redende ästhetische Instinkt (im Ekel z.B.) enthält ein *Urteil.* Insofern steht das *Schöne* innerhalb der allgemeinen Kategorie der biologischen Werte des Nützlichen, Wohltätigen, Lebensteigernden: Doch so, daß eine Menge Reize, die ganz von ferne an nützliche Dinge und Zustände erinnern und anknüpfen, uns das Gefühl des Schönen, d.h., der Vermehrung von Machtgefühl geben (– nicht als bloß Dinge, sondern auch die Begleitempfindungen solcher Dinge oder ihrer Symbole).

Hiermit ist das Schöne und Häßliche als *bedingt* erkannt; nämlich in Hinsicht auf unsre untersten *Erhaltungswerte.* Davon abgesehen ein Schönes und ein Häßliches ansetzen wollen, ist sinnlos. *Das* Schöne existiert so wenig als *das* Gute, *das* Wahre. Im einzelnen handelt es sich wieder um die *Erhaltungsbedingungen* einer bestimmten Art von Menschen, so wird der *Herdenmensch* bei anderen Dingen das *Wertgefühl des Schönen* haben als der *Ausnahme-* und Über-Mensch.

Es ist die *Vordergrunds-Optik,* welche nur die *nächsten*

Folgen in Betracht zieht, aus der der Wert des Schönen (auch des Guten, auch des Wahren) stammt.

Alle Instinkt-Urteile sind *kurzsichtig* in Hinsicht auf die Kette der Folgen: sie raten an, was *zunächst* zu tun ist. Der Verstand ist wesentlich ein *Hemmungsapparat* gegen das Sofort-Reagieren auf das Instinkt-Urteil: er hält auf, er überlegt weiter, er sieht die Folgenkette ferner und länger.

Die *Schönheits-* und *Häßlichkeits-Urteile* sind *kurzsichtig* (– sie haben immer den Verstand *gegen* sich –): aber im *höchsten Grade überredend*; sie appellieren an unsre Instinkte, dort, wo sie am schnellsten sich entscheiden und ihr Ja und Nein sagen, *bevor* noch der Verstand zu Worte kommt.

Die gewohntesten Schönheits-Bejahungen *regen sich gegenseitig auf wie an;* wenn der ästhetische Trieb einmal in Arbeit ist, kristallisiert sich um »das einzelne Schöne« noch eine ganze Fülle anderer und anderswoher stammender Vollkommenheiten. Es ist nicht möglich, *objektiv* zu bleiben resp. die interpretierende, hinzugebende, ausfüllende, dichtende Kraft auszuhängen (– letztere ist jene Verkettung der Schönheits-Bejahungen selber). Der Anblick eines »schönen Weibes« ...

Also 1. das Schönheits-Urteil ist *kurzsichtig,* es sieht nur die nächsten folgen;

2. es *überhäuft* den Gegenstand, der es erregt, mit einem *Zauber,* der durch die Assoziation verschiedener Schönheits-Urteile bedingt ist – der aber dem *Wesen jenes Gegenstandes ganz fremd ist.* Ein Ding als schön empfinden heißt: es notwendig falsch empfinden – (weshalb, beiläufig gesagt, die Liebesheirat die gesellschaftlich unvernünftigste Art der Heirat ist). [...]

Zur Genesis der Kunst. – Jenes *Vollkommen-machen, Vollkommen-sehen,* welches dem mit geschlechtlichen Kräften überladenen zerebralen System zu eigen ist (der Abend zusammen mit der Geliebten, die kleinsten Zufälligkeiten verklärt, das Leben eine Abfolge sublimer Dinge, »das Unglück des Unglücklich-Liebenden mehr wert als irgend etwas«):

andrerseits wirkt jedes *Vollkommene und Schöne* als unbewußte Erinnerung jenes verliebten Zustandes und seiner Art zu sehen – jede *Vollkommenheit,* die ganze *Schönheit* der Dinge erweckt durch *contiguity*[2] die aphrodisische Seligkeit wieder. (*Physiologisch*: der schaffende Instinkt des Künstlers und die Verteilung des *semen* im Blut ...) Das *Verlangen nach Kunst* und *Schönheit* ist ein indirektes Verlangen nach den Entzückungen des Geschlechtstriebes, welche er dem *cerebrum* mitteilt. Die *vollkommen gewordne Welt,* durch »Liebe«. [...]

»Schönheit« ist deshalb für den Künstler etwas außer aller Rangordnung, weil in der Schönheit Gegensätze gebändigt sind, das höchste Zeichen von Macht, nämlich über Entgegengesetztes; außerdem ohne Spannung – daß keine Gewalt mehr not tut, daß alles so leicht *folgt, gehorcht,* und zum Gehorsam die liebenswürdigste Miene macht – das ergötzt den Machtwillen des Künstlers[3].

(Aus dem Nachlaß der achtziger Jahre)

[2] Nähe, Berührung: Die zufällige räumliche oder zeitliche Nähe ist eines von drei Assoziationsgesetzen in der Erkenntnislehre David Humes.

[3] Vgl. Edmund Burke, S. 194: »Wir unterwerfen uns dem, was wir bewundern, aber wir lieben das, was sich uns unterwirft.«

18. Benedetto Croce

Bereits *Edmund Burke* hatte die in der ästhetischen Diskussion bis dato unangefochtene Stellung der Schönheitskategorie dadurch geschwächt, daß er das Erhabene und das ihm korrespondierende Gefühl des lustvollen Schreckens (delightful horror) zum ersten Mal thematisiert und dem Vergnügen am Schönen (pleasure) entgegengesetzt hatte. Dies war der erste Schritt auf dem Weg einer zunehmenden Bereichserweiterung möglicher ästhetischer Erfahrung, innerhalb derer die Schönheitskategorie immer mehr an Bedeutung verlor und schon in der Poetik von *Jean Paul*[1] anderen Kategorien weichen mußte. Da sich die anschließende idealistische Überhöhung des Schönheitsbegriffs mit einem Ausschluß des Naturschönen verband, die Kunsttheorie sich aber angesichts der tatsächlichen Kunstentwicklung zunehmend gezwungen sah, auch den Phänomenen des Häßlichen ästhetische Geltung zu verschaffen, war es nur folgerichtig, wenn die Hegelsche Gleichsetzung des Schönen mit dem *Kunst*schönen schließlich in der Identifikation des Schönen mit der künstlerischen *Tätigkeit* selbst und damit aber mangels Differenzierung in einer Selbstvernichtung der Schönheitskategorie kulminierte. Nietzsche konnte das Häßliche nur deshalb in den Schönheitsbegriff aufnehmen, weil er die Subjektivierung des Schönen so weit trieb, wie es nie zuvor geschehen war. Zum ersten Mal wurde die Schönheit als abhängig von der *individuellen* (!) Beschaffenheit des Subjekts gedacht, mit der Konsequenz, daß jeder Anspruch des Geschmacksurteils auf allgemeine Gültigkeit sinnlos werden mußte. Für Nietzsche verrät die Tatsache, daß jemand einen Gegenstand für schön hält, nichts über den Gegenstand, aber einiges über den Urteilenden selbst, denn die Schönheit ist nur ein Bild seiner selbst, eine Funktion seiner Stärke. Die naheliegenden Konsequenzen für die Kunsttheorie zog der Italiener *Benedetto Croce* 1902 in seiner vielbeachteten ›Ästhetik als Wissenschaft des Ausdrucks und allgemeine Linguistik‹[2]. Wie für Hegel ist auch für Croce die Ästhetik Kunstwissenschaft, doch während Hegel das Naturschöne nur stark abgewertet und dem *eigentlichen* Schönen der Kunst gegenübergestellt hatte, ist nach Croce die Natur bar jeder Schönheit. Ausschließlich in der Kunst, das heißt in der ästhetischen Auffassung (Produktion) und Darstel-

[1] Vorschule der Ästhetik. Hamburg 1804.

[2] Estetica come scienza dell' espressione e linguistica generale. Teoria e storia. Mailand 1902.

lung (Reproduktion) eines Gegenstandes lasse sich überhaupt von Schönheit reden, denn Schönheit habe überhaupt nichts mit der Beschaffenheit von Dingen zu tun. Die Suche nach gegenständlichen Bedingungen des Schönen, nach einem Gesetz seines Erscheinens, müsse notwendig scheitern, wie sie es immer getan habe, denn die Schönheit habe keine physische Existenz. Gegenstände seien weder schön noch häßlich, sondern nur Reizmittel zur Erzeugung des Schönen, und *jeder* beliebige Gegenstand könne unabhängig von seiner Beschaffenheit diese Funktion übernehmen. Die gegenteilige Annahme sei die »Astrologie der Ästhetik«. Der Botaniker und der Zoologe betrachteten ihre Gegenstände, ohne Schönheit darin wahrzunehmen; erst, wenn der *künstlerische Blick* hinzukomme, könne etwas als schön erscheinen. So habe dasselbe Objekt je nach der Perspektive, die man ihm gegenüber einnehme, einmal Schönheit und ein anderes Mal nicht. Dies heißt aber für Croce, daß es einmal ausdrucksvoll, ein anderes Mal bedeutungslos sein könne, denn Schönheit sei nichts anderes als Ausdruck. Nun könne aber kein Ding etwas ausdrücken, ohne daß zuvor die ästhetische Einbildungskraft oder Produktion tätig geworden sei und auf diese Weise den Gegenstand hervorgehoben habe. Erst dann, also nicht von sich aus, sondern nur durch einen vorhergehenden Geistesakt, könne er zum Reizmittel künstlerischer *Re*produktion werden. Schön (oder Kunst) sei schlechthin alles, was die Psyche des Künstlers, im aktiven wie im passiven Sinne, bewege, denn als Künstler sei der Mensch ein Narziß, der immer nur sich selbst betrachte. Durch Croces Identifizierung von Schönheit und Ausdruck verlor der Schönheitsbegriff endgültig jede bestimmende Bedeutung, so daß die ästhetische Theorie des 20. Jahrhunderts weitgehend auf seine Verwendung verzichtet hat.

Benedetto Croce
Ästhetik als Wissenschaft vom Ausdruck

X. Die ästhetischen Gefühle und die Unterscheidung des Schönen und Häßlichen

»[...] es erscheint uns erlaubt und günstig, die Schönheit als gelungene Expression oder richtiger als Expression schlechthin zu definieren, weil die Expression, wenn sie nicht gelungen ist, keine Expression ist.« [...]

XIII. Das durch Natur und durch Kunst »Physisch Schöne«

[...] Die Monumente der Kunst, die Reizmittel der ästhetischen Reproduktion nennt man *schöne Dinge oder etwas physisch Schönes.* Das sind Vereinigungen von Worten, die ein verbales Paradoxon darstellen, weil das Schöne kein physisches Faktum ist und nicht den Dingen angehört, sondern der Aktivität des Menschen, der geistigen Energie. Aber es ist nunmehr klar, daß die Dinge und die physischen Fakten, die reine Hilfsmittel zur Reproduktion des Schönen sind, durch diese Übergänge und Assoziationen schließlich ellyptisch schöne Dinge und etwas physisch Schönes genannt werden. Nachdem wir diese Ellypse aufgelöst und erläutert haben, werden wir selbst uns skrupellos dieser Ellypse bedienen. [...]

Das physisch Schöne pflegt man in das *natürlich Schöne* und das *künstlich Schöne* einzuteilen. Damit gelangen wir zu einem jener Fakten, die den Denkern die größte Mühe gemacht haben, dem *von Natur Schönen.* Häufig bezeichnen diese Worte einfach praktisch lustvolle Fakten. Wer eine Landschaft schön nennt, in der das Auge auf dem Grün ausruht und der Körper sich fleißig bewegt und ein linder Sonnenstrahl die Glieder berührt und streichelt, der weist damit nicht auf etwas Ästhetisches hin. Es ist aber auch nicht zu bezweifeln, daß zuweilen auch das Adjektiv »schön« eine rein ästhetische Bedeutung hat wenn man es auf in der Natur vorhandene Gegenstände oder Szenen anwendet.

Man hat folgende Beobachtungen gemacht: Um von natürlichen Objekten einen ästhetischen Genuß zu haben, muß man von deren äußerer und historischer Realität abstrahieren und die einfache Erscheinung oder den Schein von der Existenz trennen; eine Landschaft, die wir mit dem Kopf zwischen den Beinen anschauen, wodurch uns die gewöhnliche Beziehung zu ihr genommen wird, erscheint uns wie ein phantastisches Schauspiel; die Natur ist nur für den schön, der sie *mit künstlerischen Augen* sieht; Zoologen und Botaniker kennen keine *schönen* Tiere und Blumen; das natürlich Schöne *wird entdeckt* (Beispiele solcher Entdeckungen sind Aussichtspunkte, auf die Künstler oder Menschen mit Phantasie und Geschmack hingewiesen haben, zu denen sich dann später mehr oder weniger ästhetisch veranlagte Reisende und Touristen in einer Art Wallfahrt begeben, weswegen in solchen Fällen eine Art Kollektivsuggestion vorliegt); ohne das *Dazukommen der Phantasie* ist kein Teil der Natur schön, und kraft dieses Dazukommens ist je nach den verschiedenen Seelenzuständen dasselbe Objekt oder natürliche Faktum bald expressiv, bald unbedeutend, bald hat es eine bestimmte Expression, bald eine andere, heiter oder traurig, erhaben oder lächerlich, sanft oder lästerlich; und schließlich *existiert überhaupt keine natürliche Schönheit,* an der ein Künstler nicht *ein paar Korrekturen* vornehmen würde.

Das alles sind richtige Beobachtungen, die eine vollständige Bestätigung dafür erbringen, daß das natürlich Schöne ein einfaches *Reizmittel* der ästhetischen Reproduktion ist, welches seinerseits die bereits *geschehene* Schöpfung (Produktion) voraussetzt. Ohne vorangehende ästhetische Intuitionen der Phantasie kann die Natur keine einzige solcher Intuitionen wiedererwecken. Der der natürlichen Schönheit gegenüberstehende Mensch ist eigentlich der mythische Narzissus an der Quelle[1]. Das Schöne in der Natur ist »selten, spärlich und flüchtig«, sagte Leopardi; unvollkommen, mißverständlich, variabel. Jeder bezieht das natürliche Faktum auf die Expression, die er im Geiste vor sich hat. Ein Künstler ist gleichsam vor eine lächelnde Landschaft entführt, ein anderer vor den Laden eines Trödlers; einer vor das graziöse Gesicht eines Mädchens, ein anderer vor die schmutzige Fratze eines alten Gauners. Der erste wird viel-

[1] Der Sohn des Flusses Kephissos und der Nymphe Leiriope wurde wegen seiner Grausamkeit gegenüber Echo, die aus verschmähter Liebe zu ihm zugrunde ging, verdammt, sich in sein eigenes Spiegelbild im Wasser zu verlieben und wie Echo vor unerfüllter Sehnsucht zu sterben.

leicht sagen, daß der Laden des Trödlers und die Fratze des Gauners *geschmacklos* sind; der zweite wird sagen, daß die lächelnde Landschaft und das Antlitz des Mädchens abgeschmackt sind. Sie können bis ins Unendliche darum streiten, und werden sich nur dann einigen können, wenn sie jene Dosis ästhetischer Erkenntnis erlangen, die sie zu der Erkenntnis befähigt, daß sie beide recht haben. Das vom Menschen geschaffene *künstlich Schöne* ist ein viel dehnbareres und wirksameres Hilfsmittel. [...]

Eine [...] Einteilung, die man [...] in den Abhandlungen findet, ist die in ein *freies und ein unfreies Schönes.* Unter unfreien Schönheiten versteht man jene Objekte, die einem doppelten Zweck dienen müssen, einem außerästhetischen und einem ästhetischen (als Anreiz von Intuitionen); da es scheint, daß der erste Zweck dem zweiten Grenzen zieht und auferlegt, hat man das daraus hervorgehende schöne Objekt als »unfreie« Schönheit betrachtet.

Als Beispiel führt man besonders die architektonischen Werke an. Ja, gerade aus diesem Grunde haben viele die Architektur aus der Zahl der sogenannten schönen Künste ausgeschlossen. Ein Tempel muß vor allem ein Gebäude sein, das dem Kultus dient; ein Haus muß alle die Räume haben, die für die Bequemlichkeit des Lebens notwendig und mit Rücksicht auf diese Bequemlichkeit angelegt sind; eine Festung muß so gebaut sein, daß sie Angriffen von gegebenen Heeren mit gegebenen Kriegsmitteln widerstehen kann. Der Architekt (so folgert man) bewegt sich daher auf einem begrenzten Gebiet: er kann bis zu einem gewissen Grade den Tempel, das Haus und die Festung *verschönern;* aber er ist gebunden durch die *Bestimmung* jener Gebäude und kann aus seiner Schönheitsvision nur jenen Teil verwirklichen, der die außerästhetischen, aber fundamentalen Zwecke derselben nicht schädigt.

Andere Beispiele nimmt man aus der sogenannten auf die Industrie angewandten Kunst. Man kann Teller, Gläser, Messer, Gewehre, Kämme herstellen, die schön sind; aber die Schönheit (sagt man) darf nicht soweit gehen, daß man von den Tellern nicht essen, aus den Gläsern nicht trinken, mit dem Messer nicht schneiden, mit dem Gewehr nicht schießen und mit dem Kamm sich nicht die Haare ordnen kann. Das gleiche sagt man von der typographischen Kunst: ein Buch soll schön sein, aber dies darf nicht so weit gehen, daß man es gar nicht oder nur sehr schwer lesen kann.

An erster Stelle muß zu alledem bemerkt werden, daß der äußere Zweck, gerade weil er äußerlich ist, nicht mit Notwendigkeit eine Grenze oder ein Hindernis für den anderen Zweck des Anreizes der ästhetischen Reproduktion sein muß. Jene These ist folglich tatsächlich falsch, nach der die Architektur z.B. ihrer Natur nach eine unfreie und unvollkommene Kunst sei, weil sie auch anderen, praktischen Zwecken dienen muß: eine These, die übrigens die schönen Architekturwerke durch ihr einfaches Vorhandensein am besten widerlegen.

Zweitens stehen die beiden Zwecke nicht nur mit Notwendigkeit nicht im Gegensatz, sondern, muß man hinzufügen, der Architekt ist immer in der Lage, zu verhindern, daß ein solcher Gegensatz entsteht. Wie ist dies möglich? Dadurch, daß die *Bestimmung* gerade jenes Objektes, das einem praktischen Zweck dient, als Stoff in seine ästhetische Intuition und Äußerung Eingang findet. Er wird es nicht nötig haben, dem Objekt etwas hinzuzufügen, um es zum Werkzeug seiner ästhetischen Intuitionen zu machen: es wird ein solches Werkzeug gerade dann sein, wenn es für den praktischen Zweck vollkommen geeignet ist. Landhäuser und Paläste, Kirchen und Kasernen, Schwerter und Pflüge sind schön, und zwar nicht, sofern sie verschönert oder geschmückt sind, sondern sofern sie ihren Zweck zum Ausdruck bringen. Ein Kleid ist nur dann schön, wenn es gerade jenes Kleid ist, das einer bestimmten Person unter bestimmten Bedingungen zukommt. Das Schwert, das dem Krieger Rinaldo die verliebte Armida umgürtet, war nicht schön: »Es war so geschmückt, daß es ein unnützes Ornament zu sein schien, kein wildes Kriegswerkzeug«. Im Gegenteil, es war schön, wenn man will, aber nur für die Augen und die Phantasie der Zauberin, die ihren auf diese Weise weibisch gewordenen Liebhaber mit Wohlgefallen ansah. Die ästhetische Aktivität kann immer mit der praktischen zusammengehen, weil die Expression Wahrheit ist. [...]

XIV. Irrtümer, die aus der Verwirrung zwischen Physik und Ästhetik hervorgehen.

[...] Da man das sogenannte natürlich Schöne nicht gut analysiert und darin eine einfache Zutat der ästhetischen Reproduktion gesehen hatte, da man es sogar als etwas von Natur aus Gegebenes angesehen hatte, konnte alles das entstehen, was in den ästhetischen Abhandlungen unter dem Titel des *in der Natur Schönen* oder der *ästhetischen Physik* erschienen ist und sogar in ästhetische Mineralogie, Botanik und Zoologie eingeteilt wurde. Wir wollen nicht leugnen, daß derartige Abhandlungen häufig richtige und feine Beobachtungen enthalten und zuweilen selbst Kunstwerke sind, sofern sie in schöner Weise die Phantasien und die Phantastereien, d.h. die Impressionen ihrer Autoren, darstellen. Aber wir müssen behaupten, daß es wissenschaftlich falsch ist, sich die Frage zu stellen, ob der Hund schön oder die Schnabelotter häßlich, ob die Lilie schön und die Artischocke häßlich sei. Im Gegenteil, hier liegt ein doppelter Irrtum vor. Die ästhetische Physik fällt einerseits in das Mißverständnis der Theorie der künstlerischen und literarischen Gattungen zurück, da sie die Abstraktionen unseres Intellektes ästhetisch definieren will; andrerseits verkennt sie, wie wir sagten, die wahre Gestaltung des sogenannten natürlich Schönen: eine Gestaltung, bei der die Frage, ob ein gegebenes animalisches Individuum, eine gegebene Blume, ein gegebener Mensch schön oder häßlich sei, ausgeschlossen bleibt. Alles das, was nicht eine Schöpfung des ästhetischen Geistes ist oder uns nicht zu diesem zurückführt, ist weder schön noch häßlich. Der ästhetische Prozeß geht aus idealen Verknüpfungen hervor, in die die natürlichen Objekte einbezogen werden.

Für diesen doppelten Irrtum kann jene Frage nach der *Schönheit des menschlichen Körpers* ein Beispiel abgeben, über die ganze Bände geschrieben worden sind. Hier ist es vor allem nützlich, alle diejenigen, die diesen Gegenstand behandelt haben, vom Abstrakten zum Konkreten hinzudrängen, indem man fragt: – Was versteht man unter dem menschlichen Körper, den des Mannes, den des Weibes oder den des Androgynen? – Nehmen wir an, daß man mit einer Abtrennung der Untersuchung der beiden Unterscheidungen der männlichen und der weiblichen Schönheit antwortet (es gibt tatsächlich Schriftsteller, die im Ernst die Frage behandeln, ob der Mann oder das Weib schöner sei); und fahren wir fort: – Männliche Schönheit oder weibliche Schönheit; aber welche Menschenrasse? Die weiße, die gelbe, die schwarze oder welche und wieviele andere man noch unterscheidet? – Nehmen wir an, man beschränkte sich auf die weiße Rasse; wir fragen weiter: – Welche Spezies der weißen Rasse? – Und sobald wir sie auf einen kleinen Winkel der weißen Welt zurückgedrängt haben, etwa durch die Frage nach der italienischen, ja der toskanischen, der sienesischen oder sogar der Schönheit von Porto Camollìa, werden wir fortfahren: – Gut so; aber welches Alter des Mannes? Unter welcher Bedingung und in welcher Haltung? Die Schönheit des Neugeborenen, des Säuglings, des Kindes, des Jünglings, des Mannes um dreißig usw.? Die Schönheit des Mannes, der sich zur Ruhe gesetzt hat, oder dessen, der arbeitet, oder dessen, der wie die Kuh von Paul Potter oder der Ganymed Rembrandts beschäftigt ist?

Wenn wir durch sukzessive Reduktionen auf diese Weise bei dem Individuum *omnimodo determinatum* oder besser noch bei »diesem hier« angelangt sind, auf das man mit dem Finger zeigt, dann wird es leicht sein, den zweiten Irrtum aufzuzeigen, indem wir daran erinnern, daß wir von einem natürlichen Faktum gesprochen haben, welches je nach dem Gesichtspunkt, nach dem, was die Psyche des Künstlers bewegt, bald schön und bald häßlich ist. Wenn schließlich der Golf von Neapel seine Verächter hat und Künstler ihm »düstere Tannen« vorziehen oder die »Nebel und Winde nordischer Meere«, dann mag man sich, wenn dies möglich ist, einbilden, daß diese Relativität nicht auch auf den menschlichen Körper anwendbar sei, der die Quelle so vieler verschiedenartiger Suggestionen ist.

Mit der ästhetischen Physik ist die Frage *der Schönheit geometrischer Figuren* verbunden. Wenn man aber unter geometrischen Figuren die Begriffe der Geometrie versteht (den Begriff des Dreiecks, des Quadrates, des Kegels), dann sind diese, gerade weil sie Begriffe sind, weder schön noch häßlich. Wenn man aber statt dessen unter solchen Figuren Körper versteht, die bestimmte geometrische Formen haben, dann werden diese schön oder häßlich sein, wie jedes natürliche Faktum je nach den idealen Verknüpfungen, in die es einbezogen ist. Einige haben gesagt, daß jene geometrischen Figuren schön seien, die in die Höhe streben, da sie ein Bild der Festigkeit und der Kraft vermitteln. Und niemand leugnet, daß dies der Fall sein kann. Man darf aber auch nicht leugnen, daß auch jene Figuren, die uns die Impression des Schwachen und des Zerbrochenen vermitteln, ihre Schönheit haben können, wenn sie gerade dafür da sind, das Schwache und das Zerbrochene darzustellen; und daß in diesen letzteren Fällen die Festigkeit der geraden Linien und die Leichtigkeit des Kegels oder des gleichseitigen Dreiecks statt dessen als Elemente des Häßlichen erscheinen werden. [...]

Ebenfalls eine Folge der Verwechslung des ästhetischen Faktums mit dem physischen Faktum ist die Lehre von den *elementaren Formen des Schönen.* Wenn die Expression, das Schöne, unteilbar ist, dann kann jedoch das physische Faktum, in welchem jene Expression sich äußert, sehr wohl geteilt und in Unterteilungen zerlegt werden: man kann z.B. eine bemalte Fläche in Linien und Farben, in Gruppen und Kurven von Linien, in Farbenarten usw. einteilen; eine Dichtung in Strophen, Verse, Füße, Silben; eine Prosa in Kapitel, Paragraphen, Absätze, Perioden, Sätze, Worte usw. Die Teile, die man auf diese Weise erhält, sind keine ästhetischen Fakten, sondern kleinste physische Fakten, die willkürlich auseinandergeschnitten worden sind. Fährt man auf diesem Wege fort, dann würde man zuletzt zu dem Schluß gelangen, daß die elementaren Formen des Schönen die *Atome* sind.

Gegen die Atome könnte man das so oft ausgesprochene ästhetische Gesetz geltend machen, daß das Schöne eine *Größe* haben muß; eine gewisse Größe, die nicht eine Nichtmehrwahrnehmbarkeit des allzu Kleinen und auch nicht eine Nichtmehrfaßbarkeit des allzu Großen sein darf. Eine Größe aber, die man nicht mit Massen, sondern nach der Wahrnehmbarkeit definiert, bedeutet bestenfalls einen mathematischen Begriff. Und in der Tat ruft das, was man für nicht mehr wahrnehmbar oder nicht mehr faßbar erklärt, keine Impression hervor, weil es kein reales Faktum, sondern ein Begriff ist: die erforderliche Eigenschaft der Größe des Schönen führt auf diese Weise auf das tatsächliche Vorhandensein des physischen Faktums zurück, welches der Reproduktion des Schönen dient.

Da man fortfuhr, nach den *physischen Gesetzen oder den objektiven Bedingungen des Schönen* zu forschen, hat man die Frage gestellt: Welchen physischen Fakten entspricht das Schöne? Welchen das Häßliche? Welchen Vereinigungen von Tönen, Farben, Größen, die mathematisch zu bestimmen sind? Das ist dasselbe, als ob man in der politischen Ökonomie die Gesetze des Wechsels in der physischen Natur der zu wechselnden Objekte erforschen wollte. Die beständige Unfruchtbarkeit dieses Versuches hätte diesen schnell in den Verdacht der Nichtigkeit bringen sollen. Besonders in unseren Tagen hat man sehr häufig die Notwendigkeit einer *induktiven* Ästhetik bejaht, eine Ästhetik *von unten,* die wie die Naturwissenschaft vorgeht und sich mit ihren Schlußfolgerungen nicht beeilt. Induktiv? Aber die Ästhetik ist immer zugleich induktiv und deduktiv gewesen, wie jede philosophische Wissenschaft; man kann Induktion und Deduktion nicht trennen, und getrennt sind diese nicht in der Lage, eine wahre und eigentliche Wissenschaft zu bilden. Indessen wurde das Wort »Induktion« nicht zufällig ausgesprochen: Man wollte damit andeuten, daß das ästhetische Faktum letzten Endes nichts anderes ist als ein physisches Faktum, das in der Weise untersucht werden muß, daß man die Begriffe und die Methoden der physischen Wissenschaften und der Naturwissenschaften darauf anwendet.

Mit einer solchen Voraussetzung und einem solchen Vertrauen ist die induktive Ästhetik oder die Ästhetik *von unten* (wieviel Hochmut liegt in dieser Bescheidenheit!) ans Werk gegangen. Und sie hat bewußt damit angefangen, *schöne Objekte* zu sammeln, z.B. eine große Anzahl von Briefumschlägen von verschiedener Form und Größe; und dann ist sie dazu übergegangen, zu untersuchen, welche von ihnen die Impression des Schönen und welche die Impression des Häßlichen geben. Wie zu erwarten, sind die induktiven Ästhetiker bald in Verlegenheit geraten: dasselbe Objekt, das in der einen Richtung als schön erschien, erschien in der anderen Richtung als häßlich. Ein gelber, plumper Umschlag, der sehr häßlich für den ist, der einen kleinen Liebesbrief versenden will, eignet sich sehr gut für die gedruckte Vorladung eines Gerichtsvollziehers; diese würde sehr schlecht in einen quadratischen Umschlag aus englischem Papier passen (oder dies würde wenigstens eine Ironie sein). Diese Betrachtungen des gesunden Menschenverstandes hätten genügen sollen, um die Ästhetiker der Induktion davon zu überzeugen, daß das Schöne keine physische Existenz hat; sie hätten daraufhin ihre nichtige und lächerliche Untersuchung einstellen sollen. Aber im Gegenteil: sie haben zu einem Ausweg ihre Zuflucht genommen, von dem wir nicht sagen können, wie weit er sich mit der Ernsthaftigkeit der Naturwissenschaft verträgt. Sie haben ihre Briefumschläge herumgesandt und ein *referendum* eingeleitet, um damit auf Grund einer Stimmenmehrheit festzustellen, worin das Schöne und das Häßliche besteht.

Wir wollen uns hiermit nicht weiter aufhalten, weil es scheinen müßte, daß wir damit aus Erforschern der ästhetischen Wissenschaft und ihrer Probleme zu Erzählern komischer Anekdoten würden. Es ist eine Tatsache, daß es der gesamten induktiven Ästhetik bisher noch nicht gelungen ist, auch nur *ein einziges Gesetz* aufzustellen.

Wer an den Ärzten verzweifelt, ist bereit, sich den Scharlatanen in die Arme zu werfen. Dies ist denen widerfahren, die an naturwissenschaftliche Gesetze des Schönen glauben. Die Künstler verwenden zuweilen empirische Kanons, wie etwa die von den Proportionen des menschlichen Körpers oder die des goldenen Schnitts, d.h. eine Linie, die in der Art in zwei Teile geteilt wird, daß der kleinere Teil zum größeren in demselben Verhältnis steht, wie der größere zur ganzen Linie (bc: ac = ac: ab). Diese Kanons werden leicht zu einer Art Aberglauben der Künstler, wenn diese der Einhaltung derartiger Regeln das gute Gelingen ihrer Werke zuschreiben. So hinterließ Michelangelo seinem Schüler Marco del Pino da Siena folgende Vorschrift: »Daß er eine Figur immer pyramiden- oder serpentinenartig, multipliziert mit eins, zwei und drei, aufbauen solle«: Eine Vorschrift, die übrigens Marco da Siena nicht dazu verholfen hat, aus jener Mittelmäßigkeit herauszukommen, die wir noch heute an den zahlreichen Malereien beobachten können, die von ihm in Neapel vorhanden sind. Und von demselben Michelangelo übernahmen andere den Vorwand, eine Theorie der Wellen- oder Schlangenlinien theoretisch für die *wahren Linien der Schönheit* zu erklären[2]. Man hat über diese Gesetze der Schönheit, über den goldenen Schnitt und die Wellen- oder Schlangenlinie ganze Bände geschrieben, die wir für unseren Teil als die *Astrologie der Ästhetik* bezeichnen müssen.

[2] William Hogarth. Vgl. S. 196, Anm. 5.

19. Theodor W. Adorno

Erst die ›Ästhetische Theorie‹ *Theodor W. Adornos* (1903–1969), die kurz nach seinem Tod (1970) veröffentlicht, aber schon in den fünfziger Jahren begonnen wurde, brachte den Begriff des Schönen und insbesondere auch den des seit Hegel diskreditierten Naturschönen wieder in die Diskussion. Ansatzpunkt ist der Gedanke, daß die Kunst als Erbe ihrer idealistischen Sublimation im Zeitalter der Kulturindustrie schließlich zur bloßen Affirmation gesellschaftlicher Wirklichkeit zu verkommen drohe. Anstatt die Differenz zwischen sich und der Gesellschaft als ihrem Objekt zu bewahren, unterwerfe sie sich dem Zwang zur Harmonie und lasse sich selbst da, wo sie sich kritisch gebe, von der Gesellschaft für ihre Zwecke vereinnahmen und zum bloßen »Anhang des materiellen Produktionsprozesses«[1] machen: Denn das Unversöhnliche hinter dem harmonischen Schein, die tatsächliche *geschichtliche* Wirklichkeit in ihren totalitären Auswüchsen, mit all ihrer Unmenschlichkeit und der gänzlichen Vernichtung subjektiver Freiheit in den Konzentrationslagern, entziehe sich aller Veranschaulichung und könne darum von ihr *positiv* nicht mehr erfaßt werden. Wo sie es dennoch versuche, nehme sie als gesellschaftlich objektivierte Subjektivität teil an der Ideologie der Versöhnung. Nur *negativ*, durch die Verweigerung jeglicher gesellschaftlich integrierbaren Bedeutung, durch den radikalen Bruch mit der Ordnung, könne die Kunst, als Metapher der Revolution, der gesellschaftlichen Vermittlung und Identität entfliehen und eine Unmittelbarkeit und Freiheit erlangen, die allein der Wahrheit gerecht werde. Dazu aber bedürfe es einer Rückbesinnung auf das Naturschöne, des »Statthalters der Unmittelbarkeit«. In der Nachahmung nicht der Natur, sondern des Natur*schönen* finde die Kunst wieder zu sich selbst. Nun sei aber auch das Naturschöne, oder wenigstens seine Entdeckung, von bestimmten historischen Voraussetzungen abhängig. Solange die Natur übermächtig erscheine, werde sie nicht als schön wahrgenommen. Erst nachdem sich der Mensch umgekehrt der Natur bemächtigt und diese somit ihre Unmittelbarkeit verloren habe, könne das Schöne aus dem *Verlust* der Unmittelbarkeit aufscheinen. Auch für das Naturschöne herrsche der »Bann universaler Identität«, so daß das Nichtidentische sich *positiv* nicht an ihm zeigen könne. Nicht dieses selbst also, sondern allein seine

[1] Minima Moralia (1951). Frankfurt 1969, S. 7.

Spur scheine im Schönen auf. So bleibe das Gefühl für das Naturschöne nicht frei von Weltschmerz, da die Schönheit der Natur gerade das sei, was die Natur nicht (nicht mehr oder noch nicht) sei. Schön sei die Natur dort, wo sie sich der Eindeutigkeit entziehe, und dies schließt auch die Eindeutigkeit des *nur* Schönen ein. Die Schönheit *als* Schönheit und nur als Schönheit auszusprechen und so auf den Begriff zu bringen, vernichtet sie, indem es ihr die Vieldeutigkeit nimmt, die auch und gerade die Möglichkeit des Schrecklichen (als des nicht unter die Identität Gebrachten) miteinfaßt. Wirklich sei das Schöne gerade als Entgleitendes, Flüchtiges, als *Schauspiel*, nicht als festzuhaltender Gegenstand. Wie Musik sei das Naturschöne: es »blitzt auf« und verschwindet, bevor es sich dingfest machen läßt. Darum könnten auch keine Kriterien für das Schöne genannt werden, so daß schlechthin alles Natürliche im Augenblick schön, »von innen her leuchtend«, zu werden vermöge, wenngleich die Versenkung in ein bestimmtes Schönes dieses immer vor allem anderen heraushebe. Gerade die Unbestimmtheit und grundsätzliche Unbestimm*bar*keit des Naturschönen, die Hegel dazu verleitet habe, das Naturschöne abzuwerten, mache sein eigentliches Wesen und seinen Wert aus. Deshalb könne der Versuch einer künstlerischen Vermittlung das Unmittelbare nur verfälschen und allenfalls ein Alibi zu ihrer Unterdrückung liefern. Alle naturalistische Kunst nehme der Natur ihr Wesentliches, und nur wo sich die Kunst der Natur verweigere, bleibe sie ihr treu. Wenn deshalb gefordert sei, daß die Kunst das Naturschöne *nachahme*, so beziehe sich dies nur auf das *an sich* des Naturschönen, seine Unbestimmbarkeit. Die Kunst könne das Entgleitende des Naturschönen nur objektivieren und dabei einlösen, was dieses verspreche, wenn sie sich ganz auf sich selbst zurücknehme und den Versuch aufgebe, das nicht Abbildbare abbilden zu wollen. So rette sie im Austritt aus dem Kommunikationsprozeß, in hermetischer Abgrenzung gegen die Bemächtigung des Verstehenwollens, die Natur ins Jenseitige und bilde das Schweigen nach, aus dem die Natur im Schönen spreche.

Theodor W. Adorno
Ästhetische Theorie

Seit Schelling, dessen Ästhetik Philosophie der Kunst heißt, hat das ästhetische Interesse sich auf die Kunstwerke zentriert. Der Theorie ist das Naturschöne, an das noch die durchdringendsten Bestimmungen der Kritik der Urteilskraft sich hefteten, kaum mehr thematisch. Schwerlich jedoch deshalb, weil es, nach Hegels Lehre, tatsächlich in einem Höheren aufgehoben wäre: es wurde verdrängt. Der Begriff des Naturschönen rührt an eine Wunde, und wenig fehlt, daß man sie mit der Gewalt zusammendenkt, die das Kunstwerk, reines Artefakt, dem Naturwüchsigen schlägt. Ganz und gar von Menschen gemacht, steht es seinem Anschein nach nicht Gemachtem, der Natur, gegenüber. Als pure Antithesen aber sind beide aufeinander verwiesen: Natur auf die Erfahrung einer vermittelten, vergegenständlichten Welt, das Kunstwerk auf Natur, den vermittelten Statthalter von Unmittelbarkeit. Darum ist die Besinnung über das Naturschöne der Kunsttheorie unabdingbar. Während paradox genug Betrachtungen darüber, beinahe die Thematik an sich, zopfig, ledern, antiquiert wirken, versperrt große Kunst samt ihrer Auslegung, indem sie sich einverleibt, was die ältere Ästhetik der Natur zusprach, die Besinnung auf das, was jenseits der ästhetischen Immanenz seine Stätte hat und gleichwohl in diese als ihre Bedingung fällt. Der Übergang zur ideologischen Kunstreligion des neunzehnten Jahrhunderts, deren Name von Hegel erfunden ward; die Befriedigung an der im Kunstwerk symbolisch erreichten Versöhnung zahlt für jene Verdrängung. Das Naturschöne verschwand aus der Ästhetik durch die sich ausbreitende Herrschaft des von Kant inaugurierten, konsequent erst von Schiller und Hegel in die Ästhetik transplantierten Begriffs von Freiheit und Menschenwürde, demzufolge nichts in der Welt zu achten sei, als was das autonome Subjekt sich selbst verdankt. Die Wahrheit solcher Freiheit für es ist aber zugleich Unwahrheit: Unfreiheit fürs Andere. Darum fehlt der Wendung gegen das Naturschöne, trotz des unermeßlichen

Fortschritts in der Auffassung von Kunst als eines Geistigen, den sie ermöglichte, das zerstörerische Moment so wenig, wie dem Begriff der Würde gegen Natur schlechthin. Schillers wie immer auch bedeutende Abhandlung über Anmut und Würde setzt darin die Zäsur[1]. Die Verwüstungen, die der Idealismus ästhetisch anrichtete, werden grell sichtbar an seinen Opfern, solchen wie Johann Peter Hebel[2], die dem Verdikt der ästhetischen Würde verfallen und diese doch überleben, indem sie sie durch ihre Existenz, die den Idealisten allzu endlich dünkte, der eigenen bornierten Endlichkeit überführen. Nirgends vielleicht ist das Ausdörren alles nicht vom Subjekt Durchherrschten, der finstere Schatten des Idealismus so eklatant wie in der Ästhetik. Machte man einen Revisionsprozeß ums Naturschöne anhängig, er träfe Würde als die Selbsterhöhung des Tiers Mensch über die Tierheit. Sie enthüllt sich, im Angesicht der Erfahrung von Natur, als Usurpation des Subjekts, welche das diesem nicht Unterworfene, die Qualitäten, zu bloßem Material degradiert und als ganz unbestimmtes Potential aus der Kunst wegräumt, wessen diese dem eigenen Begriff nach bedürfte. Nicht sind die Menschen mit Würde positiv ausstaffiert, sondern sie wäre einzig, was sie noch nicht sind. Kant hat sie darum in den intelligiblen Charakter verlegt und nicht dem empirischen zugesprochen. Im Zeichen der den Menschen, wie sie sind, angeklebten Würde, die rasch in jene offizielle überging, der Schiller im Geist des achtzehnten Jahrhunderts immerhin mißtraute, wurde Kunst zum Tummelplatz des Wahren, Schönen und Guten, der, in der ästhetischen Reflexion, das Stichhaltige an den Rand dessen verschlug, was der breite und schmutzige Hauptstrom des Geistes mit sich wälzte.

Das Kunstwerk, durch und durch ϑέσει [thései], ein Menschliches, vertritt was φύσει [phýsei], kein bloßes fürs Subjekt, was, kantisch gesprochen, Ding an sich wäre. So

[1] Über Anmut und Würde. Leipzig 1793. Die Würde wird bestimmt als die Herrschaft der Vernunft über die Sinnlichkeit, das heißt die Natur, die man selbst ist. (Anm. d. Hg.)

[2] Johann Peter Hebel (1760–1826), deutscher Dichter. (Anm. d. Hg.)

sehr fällt das Kunstwerk als sein Identisches ins Subjekt, wie einmal Natur sie selbst sein müßte. Die Befreiung von der Heteronomie der Stoffe, zumal der Naturgegenstände; der Rechtsanspruch, ein jeglicher Gegenstand könne von der Kunst ergriffen werden, hat diese erst ihrer mächtig gemacht und die Roheit des zum Geist Unvermittelten an ihr getilgt. Aber die Bahn dieses Fortschritts, der alles unterpflügte, was nicht solcher Identität willfahrte, war auch eine der Verwüstung. Dessen hat im zwanzigsten Jahrhundert sich die Erinnerung an authentische Kunstwerke versichert, die unterm Terror des Idealismus der Geringschätzung verfielen. Auf die Rettung solcher Gebilde in der Sprache hatte Karl Kraus es abgesehen, in Übereinstimmung mit seiner Apologie des unterm Kapitalismus Unterdrückten: des Tiers, der Landschaft, der Frau. Dem entspräche die Hinlenkung der ästhetischen Theorie aufs Naturschöne. Hegel gebrach es offenbar am Organ dafür, daß genuine Erfahrung von Kunst nicht möglich ist ohne die jener sei's noch so schwer zu fassenden Schicht, deren Name, das Naturschöne, verblaßte. Ihre Substantialität aber reicht tief in die Moderne hinein: bei Proust, dessen Recherche Kunstwerk ist und Kunstmetaphysik, zählt die Erfahrung einer Weißdornhecke zu den Urphänomenen ästhetischen Verhaltens. Die authentischen Kunstwerke, die der Idee der Versöhnung von Natur nachhängen, indem sie sich vollkommen zu zweiter machen, haben stets, gleichwie um Atem zu schöpfen, den Drang verspürt, aus sich herauszutreten. Weil Identität nicht ihr letztes Wort sei, haben sie Zuspruch von der ersten Natur gesucht: der letzte Figaro-Akt, der im Freien spielt, nicht weniger als der Freischütz in dem Augenblick, in dem Agathe auf dem Altan der gestirnten Nacht innewird. Wie sehr dies Aufatmen vom Vermittelten, der Welt der Konventionen abhängt, ist unverkennbar. Über lange Perioden steigerte sich das Gefühl des Naturschönen mit dem Leiden des auf sich zurückgeworfenen Subjekts an einer zugerichteten und veranstalteten Welt; es trägt die Spur von Weltschmerz. [...]

Wie sehr der Begriff des Naturschönen in sich geschichtlich sich verändert, zeigt am eindringlichsten sich daran, daß, wohl erst im Lauf des neunzehnten Jahrhunderts, ein Bereich sich ihm eingegliedert hat, der als einer von Artefakten primär für ihm entgegengesetzt gehalten werden muß, der der Kulturlandschaft. Geschichtliche Gebilde, oftmals in Relation zu ihrer geographischen Umgebung, etwa auch ihr durch das verwandte Steinmaterial ähnlich, werden als schön empfunden. In ihnen steht nicht, wie in der Kunst, ein Formgesetz zentral, sie sind selten geplant, obwohl ihre Ordnung um den Kern von Kirche oder Marktplatz im Effekt zuweilen auf etwas dergleichen herausläuft, wie denn überhaupt ökonomisch-materielle Bedingungen zuzeiten Kunstformen aus sich entlassen. Gewiß besitzen sie nicht den Charakter der Unberührbarkeit, der von der gängigen Ansicht mit dem Naturschönen assoziiert wird. Den Kulturlandschaften hat die Geschichte als ihr Ausdruck, historische Kontinuität als Form sich eingeprägt und integriert sie dynamisch, wie es sonst bei Kunstwerken der Fall zu sein pflegt. Die Entdeckung dieser ästhetischen Schicht und ihre Appropriation durch kollektives Sensorium datiert auf die Romantik, vermutlich zunächst den Kultus der Ruine, zurück. Mit dem Verfall der Romantik ist das Zwischenreich Kulturlandschaft verkommen bis hinab zum Reklameartikel für Orgeltagungen und neue Geborgenheit; der vorwaltende Urbanismus saugt als ideologisches Komplement auf, was dem städtischen Wesen willfahrt und doch die Stigmata der Marktgesellschaft nicht auf der Stirn trägt. Ist aber deswegen der Freude an jedem alten Mäuerchen, an jeder mittelalterlichen Häuserfamilie schlechtes Gewissen beigemischt, so überdauert sie gleichwohl die Einsicht, die sie verdächtig macht. Solange der utilitaristisch verkrüppelte Fortschritt der Oberfläche der Erde Gewalt antut, läßt die Wahrnehmung trotz aller Beweise des Gegenteils nicht vollends sich ausreden, was diesseits des Trends liege und vor ihm, sei in seiner Zurückgebliebenheit humaner und besser. Rationalisierung ist noch nicht rational, die Universalität der Vermittlung nicht umgeschlagen in lebendiges Leben; das verleiht den

Spuren alter, wie immer auch fragwürdiger und überholter Unmittelbarkeit ein Moment korrektiven Rechtes. Die Sehnsucht, die an ihnen sich stillt, von ihnen betrogen wird und durch falsche Erfüllung selber zu einem Bösen, legitimiert sich doch an der Versagung, die vom Bestehenden permanent verübt wird. Ihre tiefste Resistenzkraft aber dürfte die Kulturlandschaft dadurch erlangen, daß der Ausdruck von Geschichte, der ästhetisch an ihr ergreift, gebeizt ist von vergangenem realen Leiden. Die Figur des Beschränkten beglückt, weil der Zwang des Beschränkenden nicht vergessen werden darf; seine Bilder sind ein Memento. Beseelt klagt aus der Kulturlandschaft, die dort bereits der Ruine ähnelt, wo die Häuser noch stehen, was seitdem zur klaglosen Klage verstummte. Ist heute das ästhetische Verhältnis zu jeglicher Vergangenheit vergiftet durch die reaktionäre Tendenz, mit der jenes Verhältnis paktiert, so taugt ein punktuelles ästhetisches Bewußtsein nicht mehr, das die Dimension des Vergangenen als Abfall wegfegt. Ohne geschichtliches Eingedenken wäre kein Schönes. Einer befreiten, zumal aller Nationalismen ledigen Menschheit vermöchte mit der Vergangenheit auch die Kulturlandschaft unschuldig zuteil zu werden. Was an Natur als ein der Geschichte Entrücktes und Ungebändigtes erscheint, gehört polemisch einer geschichtlichen Phase an, in der das gesellschaftliche Gespinst so dicht gewoben ward, daß die Lebendigen den Erstickungstod fürchteten. In Zeitläuften, in denen Natur den Menschen übermächtig gegenübertritt, ist fürs Naturschöne kein Raum: agrarische Berufe, denen die erscheinende Natur unmittelbar Aktionsobjekt ist, haben, wie man weiß, wenig Gefühl für die Landschaft. Das vorgeblich geschichtslos Naturschöne hat seinen geschichtlichen Kern; das legitimiert es ebenso wie es seinen Begriff relativiert. Wo Natur real nicht beherrscht war, schreckte das Bild ihres Unbeherrschtseins. Daher die längst befremdende Vorliebe für symmetrische Ordnungen der Natur. Sentimentalische Naturerfahrung hat sich am Unregelmäßigen, Unschematischen erfreut, in Sympathie mit dem Geist des Nominalismus. Leicht jedoch täuscht der zivilisatorische Fortschritt die Menschen darüber, wie ungeschützt sie stets noch sind. Das Glück an der Natur war verflochten mit der Konzeption des Subjekts als eines Fürsichseienden und virtuell in sich Unendlichen; so projiziert es sich auf die Natur und fühlt als Abgespaltenes ihr sich nahe; seine Ohnmacht in der zur zweiten Natur versteinerten Gesellschaft wird zum Motor der Flucht in die vermeintlich erste. Bei Kant begann die Angst vor der Naturgewalt anachronistisch zu werden durchs Freiheitsbewußtsein des Subjekts; es ist dessen Angst vor der perennierenden Unfreiheit gewichen. Beides wird in der Erfahrung des Naturschönen kontaminiert. Je weniger sie sich ungetrübt vertrauen kann, desto mehr wird Kunst zu ihrer Bedingung. Verlaines »la mer est plus belle que les cathédrales« kündet von einer höchst zivilisatorischen Phase und bereitet – wie allemal, sobald Natur erhellend auf das von Menschen Gemachte bezogen wird, das ihre Erfahrung nicht Wort haben will – heilsamen Schrecken.

Wie verklammert das Naturschöne mit dem Kunstschönen ist, erweist sich an der Erfahrung, die jenem gilt. Sie bezieht sich auf Natur einzig als Erscheinung, nie als Stoff von Arbeit und Reproduktion des Lebens, geschweige denn als das Substrat von Wissenschaft. Wie die Kunsterfahrung ist die ästhetische von der Natur eine von Bildern. Natur als erscheinendes Schönes wird nicht als Aktionsobjekt wahrgenommen. Die Lossage von den Zwecken der Selbsterhaltung, emphatisch in der Kunst, ist gleichermaßen in der ästhetischen Naturerfahrung vollzogen. Insofern ist die Differenz zwischen dieser und der künstlerischen nicht gar so beträchtlich. Die Vermittlung ist dem Verhältnis der Kunst zur Natur nicht weniger zu entnehmen als dem umgekehrten. Kunst ist nicht, wie der Idealismus glauben machen wollte, Natur, aber will einlösen, was Natur verspricht. Fähig ist sie dazu nur, indem sie jenes Versprechen bricht, in der Zurücknahme auf sich selbst. Soviel ist wahr am Hegelschen Theorem, Kunst sei durch ein Negatives, die Bedürftigkeit des Naturschönen inspiriert; in Wahrheit dadurch, daß Natur, solange sie einzig durch ihre Antithese zur Gesellschaft definiert wird, noch gar nicht ist, als was sie erscheint. Was Natur vergebens möchte, vollbringen die

Kunstwerke: sie schlagen die Augen auf. Die erscheinende Natur selber gewährt, sobald sie nicht als Aktionsobjekt dient, den Ausdruck von Schwermut oder Frieden oder von was immer. Kunst vertritt Natur durch ihre Abschaffung in effigie; alle naturalistische ist der Natur nur trügend nahe, weil sie, analog zur Industrie, sie zum Rohstoff relegiert. Der Widerstand des Subjekts gegen die empirische Realität im autonomen Werk ist auch einer gegen die unmittelbar erscheinende Natur. Denn was an dieser aufgeht, koinzidiert so wenig mit der empirischen Realität wie, nach Kants großartig widerspruchsvoller Konzeption, die Dinge an sich mit der Welt der »Phänomene« der kategorial konstituierten Gegenstände. Der geschichtliche Fortschritt der Kunst hat am Naturschönen gezehrt, so wie es in frühbürgerlichen Zeiten aus jener Bewegung entsprang; etwas davon mag in der Hegelschen Geringschätzung des Naturschönen verzerrt antezipiert sein. Ästhetisch gewordene Rationalität, die immanente Disposition über Materialien, die sich ihr zum Gebilde fügen, resultiert in einem dem Naturmoment am ästhetischen Verhalten Ähnlichen. Quasi rationale Tendenzen der Kunst wie der kritische Verzicht auf Topoi, die Durchbildung der einzelnen Gebilde in sich bis zum Äußersten, Produkte der Subjektivierung nähern die Gebilde an sich, keineswegs durch Imitation, einem vom allherrschenden Subjekt zugehängten Naturhaften an; »Ursprung ist das Ziel«, wenn irgend, dann für die Kunst. Daß die Erfahrung des Naturschönen, zumindest ihrem subjektiven Bewußtsein nach, diesseits der Naturbeherrschung sich hält, als wäre sie zum Ursprung unmittelbar, umschreibt ihre Stärke und ihre Schwäche. Ihre Stärke, weil sie des herrschaftslosen Zustands eingedenkt, der wahrscheinlich nie gewesen ist; ihre Schwäche, weil sie eben dadurch in jenes Amorphe zerfließt, aus dem der Genius sich erhob und jener Idee von Freiheit überhaupt erst zuteil ward, die in einem herrschaftslosen Zustand sich realisierte. Die Anamnesis[3] der Freiheit im Na-

[3] Gr.: Wiedererkennen. Bei Platon entspringt alle Erkenntnis aus der Erinnerung an das vorgeburtlich in einer Art Vorexistenz Gewußte. (Anm. d. Hg.)

turschönen führt irre, weil sie Freiheit im älteren Unfreien sich erhofft. Das Naturschöne ist der in die Imagination transponierte, dadurch vielleicht abgegoltene Mythos. Schön gilt allen der Gesang der Vögel; kein Fühlender, in dem etwas von europäischer Tradition überlebt, der nicht vom Laut einer Amsel nach dem Regen gerührt würde. Dennoch lauert im Gesang der Vögel das Schreckliche, weil er kein Gesang ist, sondern dem Bann gehorcht, der sie befängt. Der Schrecken erscheint noch in der Drohung der Vogelzüge, denen die alte Wahrsagerei anzusehen ist, allemal die von Unheil. Die Vieldeutigkeit des Naturschönen hat inhaltlich ihre Genese in der der Mythen. Deshalb vermag der Genius, einmal zu sich aufgewacht, am Naturschönen nicht länger sich zu befriedigen. In ihrem ansteigenden Prosacharakter entwindet Kunst vollends sich dem Mythos und damit dem Bann der Natur, der doch wiederum in deren subjektiver Beherrschung sich fortsetzt. Erst was der Natur als Schicksal entronnen wäre, hülfe zu ihrer Restitution. Je mehr Kunst als Objekt des Subjekts durchgebildet und dessen bloßen Intentionen entäußert wird, desto artikulierter spricht sie nach dem Modell einer nicht begrifflichen, nicht dingfest signifikativen Sprache; es wäre die gleiche, die in dem verzeichnet ist, was dem sentimentalischen Zeitalter mit einer verschlissenen und schönen Metapher Buch der Natur hieß. Auf der Bahn ihrer Rationalität und durch diese hindurch wird die Menschheit in Kunst dessen inne, was Rationalität vergißt und woran deren zweite Reflexion mahnt. Fluchtpunkt dieser Entwicklung, freilich nur eines Aspekts der neuen Kunst, ist die Erkenntnis, daß Natur, als ein Schönes, nicht sich abbilden läßt. Denn das Naturschöne als Erscheinendes ist selber Bild. Seine Abbildung hat ein Tautologisches, das, indem es das Erscheinende vergegenständlicht, zugleich es wegschafft. Die keineswegs esoterische Reaktion, welche die lila Heide und gar das gemalte Matterhorn als Kitsch empfindet, reicht weit über derlei exponierte Sujets hinaus: innerviert wird darin die Unabbildbarkeit des Naturschönen schlechthin. Das Unbehagen daran aktualisiert sich an Extremen, damit die geschmackvolle Zone von

Naturimitation desto unbehelligter bleibe. Der grüne Wald deutscher Impressionisten hat keine höhere Dignität als der Königssee der Hotelbildmaler, und die französischen spürten genau, warum sie so selten reine Natur als Sujet wählten, warum sie, wenn nicht einem so Künstlichen wie Balletteusen und Rennreitern oder der erstorbenen Natur von Sisleys Winter zugekehrt, ihre Landschaften mit zivilisatorischen Emblemen durchsetzten, die zur konstruktiven Skelettierung der Form beitrugen, etwa bei Pissarro. Wie weit das sich verdichtende Tabu über dem Abbild von Natur deren Bild in Mitleidenschaft zieht, ist schwer absehbar. Die Einsicht Prousts, es habe durch Renoir die Wahrnehmung der Natur selbst sich verändert, spendet nicht nur den Trost, den der Dichter aus dem Impressionismus sog, sondern impliziert auch Grauen: daß die Verdinglichung der Beziehungen zwischen Menschen jegliche Erfahrung anstecke und buchstäblich zum Absoluten werde. Das schönste Mädchengesicht wird häßlich durch penetrante Ähnlichkeit mit dem Filmstar, nach dem es am Ende wirklich präfabriziert ist: noch wo die Erfahrung eines Natürlichen als eines ungeschmälert Individuierten sich gibt, wie wenn sie vor der Verwaltung geschützt wäre, betrügt sie tendenziell. Das Naturschöne geht im Zeitalter seines totalen Vermitteltseins in seine Fratze über; nicht zuletzt bewegt die Ehrfurcht dazu, vor seiner Betrachtung solange Askese zu üben, wie es mit den Abdrücken der Ware überzogen ist. Naturmalerei war auch in der Vergangenheit authentisch wohl nur als nature morte: wo sie Natur als Chiffre eines Geschichtlichen, wenn nicht der Hinfälligkeit alles Geschichtlichen zu lesen verstand. Das alttestamentarische Bilderverbot hat neben seiner theologischen Seite eine ästhetische. Daß man sich kein Bild, nämlich keines von etwas machen soll, sagt zugleich, kein solches Bild sei möglich. Was an Natur erscheint, das wird durch seine Verdopplung in der Kunst eben jenes Ansichseins beraubt, an dem die Erfahrung von Natur sich sättigt. Treu ist Kunst der erscheinenden Natur einzig, wo sie Landschaft vergegenwärtigt im Ausdruck ihrer eigenen Negativität; Borchardts ›Verse bei Betrachtung von Landschafts-

Zeichnungen geschrieben‹[4] haben das unübertrefflich und schockierend ausgesprochen. Scheint Malerei mit Natur glücklich versöhnt, wie etwa bei Corot, hat solche Versöhnung den Index eines Augenblicklichen: verewigter Duft ist paradox.

Das Naturschöne an der erscheinenden Natur unmittelbar ist kompromittiert durch den Rousseauismus des retournons. Wie sehr die Vulgärantithese von Technik und Natur irrt, liegt darin zutage, daß gerade die von menschlicher Pflege ungesänftigte Natur, über die keine Hand fuhr, alpine Moränen und Geröllhalden, den industriellen Abfallhaufen gleichen, vor denen das gesellschaftlich approbierte ästhetische Naturbedürfnis flüchtet. Wie industriell es im anorganischen Weltraum aussieht, wird einmal sich weisen. Der stets noch idyllische Naturbegriff bliebe auch in seiner tellurischen Expansion, dem Abdruck totaler Technik, der Provinzialismus einer winzigen Insel. Technik, die, nach einem letztlich der bürgerlichen Sexualmoral entlehnten Schema, Natur soll geschändet haben, wäre unter veränderten Produktionsverhältnissen ebenso fähig, ihr beizustehen und auf der armen Erde ihr zu dem zu helfen, wohin sie vielleicht möchte. Bewußtsein ist der Erfahrung von Natur nur dann gewachsen, wenn es, wie die impressionistische Malerei, deren Wundmale in sich einbegreift. Dadurch gerät der fixe Begriff des Naturschönen in Bewegung. Er erweitert sich durch das, was schon nicht mehr Natur ist. Sonst wird diese zum trügenden Phantasma degradiert. Das Verhältnis der erscheinenden Natur zum dinghaft Toten ist ihrer ästhetischen Erfahrung zugänglich. Denn in einer jeglichen von der Natur steckt eigentlich die gesamte Gesellschaft. Nicht nur stellt sie die Schemata der Perzeption bei, sondern stiftet vorweg durch Kontrast und Ähnlichkeit, was jeweils Natur heißt. Naturerfahrung wird mitkonstituiert durchs Vermögen bestimmter Negation. Mit der Ausbreitung der Technik, mehr noch in Wahrheit der Totalität des Tauschprinzips

[4] Rudolf Borchardt, Gedichte. Hg. von Marie L. Borchardt und Herbert Steiner. Stuttgart 1957, S. 113f.

wird das Naturschöne zunehmend zu dessen kontrastierender Funktion und dem befochtenen verdinglichten Wesen integriert. Der Begriff des Naturschönen, einmal gegen Zopf und Taxusgang des Absolutismus gemünzt, hat seine Kraft eingebüßt, weil seit der bürgerlichen Emanzipation im Zeichen der angeblich natürlichen Menschenrechte die Erfahrungswelt weniger nicht sondern mehr verdinglicht war als das dix-huitième. Die unmittelbare Naturerfahrung, ihrer kritischen Spitze ledig und dem Tauschverhältnis – das Wort Fremdenindustrie steht dafür ein – subsumiert, wurde unverbindlich neutral und apologetisch: Natur zum Naturschutzpark und zum Alibi. Ideologie ist das Naturschöne als Subreption[5] von Unmittelbarkeit durchs Vermittelte. Sogar angemessene Erfahrung des Naturschönen fügt sich der komplementären Ideologie des Unbewußten. Wird nach bürgerlicher Sitte Menschen als Verdienst angerechnet, daß sie soviel Sinn für Natur hätten – meist ist er ihnen bereits zur moralisch-narzißtischen Befriedigung geworden: wie gut müsse man sein, um so dankbar sich freuen zu können –, so ist kein Halten mehr bis zum Sinn für alles Schöne aus den Heiratsannoncen, als den Zeugnissen armselig geschrumpfter Erfahrung. Sie deformiert das Innerste der Naturerfahrung. Schwerlich ist etwas von ihr im organisierten Tourismus übrig. Natur zu fühlen, ihre Stille zumal, wurde zum seltenen Privileg und es wiederum kommerziell verwertbar. Damit jedoch ist die Kategorie des Naturschönen nicht einfach verurteilt. Die Abneigung, von ihr zu reden, ist dort am stärksten, wo Liebe zu ihr überlebt. Das Wort ›wie schön‹ in einer Landschaft verletzt deren stumme Sprache und mindert ihre Schönheit; erscheinende Natur will Schweigen, während es jenen, der ihrer Erfahrung fähig ist, zum Wort drängt, das von der monadologischen Gefangenschaft für Augenblicke befreit. Das Bild von Natur überlebt, weil seine vollkommene Negation im Artefakt, welche dies Bild errettet, notwendig gegen das sich verblendet, was jenseits der bürgerlichen Gesellschaft, ihrer Arbeit und ihrer

[5] Lat.: Erschleichung. (Anm. d. Hg.)

Waren wäre. Das Naturschöne bleibt Allegorie dieses Jenseitigen trotz seiner Vermittlung durch die gesellschaftliche Immanenz. Wird aber diese Allegorie als der erreichte Stand von Versöhnung unterschoben, so erniedrigt sie sich zum Behelfsmittel, den unversöhnten zu verschleiern und zu rechtfertigen, in dem doch solche Schönheit möglich sei.

Jenes »O wie schön«, das nach einem Vers Hebbels »die Feier der Natur«[6] stört, ist der gespannten Konzentration im Angesicht von Kunstwerken gemäß, nicht der Natur. Mehr weiß von deren Schönheit bewußtlose Wahrnehmung. In ihrer Kontinuität geht sie, plötzlich zuweilen, auf. Je intensiver man Natur betrachtet, desto weniger wird man ihrer Schönheit inne, wenn sie einem nicht schon unwillkürlich zuteil ward. Vergeblich ist meist der absichtsvolle Besuch berühmter Aussichtspunkte, der Prominenzen des Naturschönen. Dem Beredten der Natur schadet die Vergegenständlichung, die aufmerksame Betrachtung bewirkt, und am Ende gilt etwas davon auch für die Kunstwerke, die nur im temps durée ganz wahrnehmbar sind, dessen Konzeption bei Bergson wohl von der künstlerischen Erfahrung sich herleitet. Kann man aber Natur gleichsam nur blind sehen, so sind bewußtlose Wahrnehmung und Erinnerung, ästhetisch unabdingbar, zugleich archaische Rudimente, unvereinbar mit steigender rationaler Mündigkeit. Pure Unmittelbarkeit reicht zur ästhetischen Erfahrung nicht aus. Sie bedarf neben dem Unwillkürlichen auch Willkür, Konzentration des Bewußtseins; der Widerspruch ist nicht fortzuschaffen. Konsequent fortschreitend erschließt alles Schöne sich der Analyse, die es wiederum der Unwillkürlichkeit zubringt, und die vergebens wäre, wohnte ihr nicht versteckt das Moment des Unwillkürlichen inne. Angesichts des Schönen stellt analytische Reflexion den temps durée durch seine Antithese wieder her. Analyse terminiert in einem Schönen, so wie es der vollkommenen und selbstvergessenen bewußtlosen Wahrnehmung erscheinen müßte. Damit beschreibt sie

[6] Friedrich Hebbel, Herbstbild. In: Werke in zwei Bänden. Hg. von Gerhard Fricke. München 1952, Bd. 1, S. 12.

subjektiv noch einmal die Bahn, welche objektiv das Kunstwerk in sich beschreibt: adäquate Erkenntnis von Ästhetischem ist der spontane Vollzug der objektiven Prozesse, die vermöge seiner Spannungen darin sich zutragen. Genetisch dürfte ästhetisches Verhalten der Vertrautheit mit dem Naturschönen in der Kindheit bedürfen, von dessen ideologischem Aspekt es sich abkehrt, um es in die Beziehung zu den Artefakten hinüberzuretten.

Als der Gegensatz von Unmittelbarkeit und Konvention sich schärfte und der Horizont ästhetischer Erfahrung dem sich öffnete, was bei Kant erhaben heißt, traten als schön Naturphänomene ins Bewußtsein, die grandios überwältigten. Diese Verhaltensweise war historisch ephemer. So hat der polemische Genius in Karl Kraus, vielleicht in Übereinstimmung mit dem modern style etwa Peter Altenbergs, dem Kultus großartiger Landschaft sich verweigert, offenbar kein Glück am Hochgebirge empfunden, wie es ungeschmälert wohl nur dem Hochtouristen zuteil wird, dem der Kulturkritiker mit Grund mißtraute. Solche Skepsis gegen große Natur entspringt evident im künstlerischen Sensorium. Bei fortschreitender Differenzierung macht es sich spröde gegen die bei der idealistischen Philosophie vorwaltende Gleichsetzung großer Entwürfe und Kategorien mit dem Gehalt der Werke. Beides zu verwechseln wurde unterdessen zum Index amusischen Verhaltens. Auch die abstrakte Größe der Natur, die Kant noch bewunderte und dem Sittengesetz verglich, wird als Reflex des bürgerlichen Größenwahns, des Sinns für Rekord, der Quantifizierung, auch des bürgerlichen Heroenkults durchschaut. Darüber entgleitet, daß jenes Moment in der Natur dem Betrachter auch ein ganz Verschiedenes zuwendet, etwas, woran menschliche Herrschaft ihre Grenze hat und was an die Ohnmacht des allmenschlichen Getriebes erinnert. So mochte noch Nietzsche in Sils Maria sich empfinden, »zweitausend Meter über dem Meer, geschweige über den Menschen«. Derlei Fluktuationen in der Erfahrung des Naturschönen verwehren jeglichen Apriorismus der Theorie so durchaus wie die Kunst. Wer das Naturschöne im invarianten Begriff fixieren wollte, geriete in Lächerlichkeit wie Husserl, wo er berichtet, daß er ambulando[7] das frische Grün des Rasens wahrnimmt. Wer vom Naturschönen redet, begibt sich an den Rand der Afterpoesie. Einzig der Pedant vermißt sich, in der Natur Schönes und Häßliches zu unterscheiden, aber ohne alle solche Unterscheidung würde der Begriff des Naturschönen leer. Weder Kategorien wie die der formalen Größe – der die mikrologische Wahrnehmung von Schönem in der Natur, wohl die authentischeste, widerspricht – noch etwa, wie die ältere Ästhetik es sich vorstellte, mathematische Symmetrieverhältnisse liefern Kriterien des Naturschönen. Nach dem Kanon allgemeiner Begriffe ist es aber darum unbestimmbar, weil sein eigener Begriff seine Substanz hat in dem der Allgemeinbegrifflichkeit sich Entziehenden. Seine wesentliche Unbestimmtheit manifestiert sich darin, daß jegliches Stück Natur, wie alles von Menschen Gemachte, das zu Natur geronnen ist, schön zu werden vermag, von innen her leuchtend. Solcher Ausdruck hat mit formalen Proportionen wenig oder nichts zu tun. Zugleich jedoch bietet jedes einzelne als schön erfahrene Objekt der Natur so sich dar, als wäre es das allein Schöne auf der ganzen Erde; das erbt sich fort an jedes Kunstwerk. Während zwischen Schönem und nicht Schönem in der Natur nicht kategorisch zu unterscheiden ist, wird doch das Bewußtsein, das in ein Schönes liebend sich versenkt, zur Unterscheidung gedrängt. Ein qualititativ Unterscheidendes am Schönen der Natur ist, wenn irgendwo, zu suchen in dem Grad, in dem ein nicht von Menschen Gemachtes spricht, ihrem Ausdruck. Schön ist an der Natur, was als mehr erscheint, denn was es buchstäblich an Ort und Stelle ist. Ohne Rezeptivität wäre kein solcher objektiver Ausdruck, aber er reduziert sich nicht aufs Subjekt; das Naturschöne deutet auf den Vorrang des Objekts in der subjektiven Erfahrung. Wahrgenommen wird es ebenso als zwingend Verbindliches wie als Unverständliches, das seine Auflösung fragend erwartet. Weniges vom Naturschönen hat auf die Kunstwerke so vollkommen sich übertragen wie die-

[7] Lat.: spazierengehend. (Anm. d. Hg.)

ser Doppelcharakter. Unter seinem Aspekt ist Kunst, anstatt Nachahmung der Natur, Nachahmung des Naturschönen. Es wächst an mit der allegorischen Intention, die es bekundet, ohne sie zu entschlüsseln; mit Bedeutungen, die nicht, wie in der meinenden Sprache, sich vergegenständlichen. Sie dürften durchweg geschichtlichen Wesens sein wie der Hölderlinsche ›Winkel von Hardt‹[8]. Eine Baumgruppe löst dort als schön – schöner als andere – sich ab, wo sie wie immer auch vag Mal eines vergangenen Vorgangs dünkt; ein Fels, der für eine Sekunde dem Blick zu einem vorweltlichen Tier wird, während dem nächsten die Ähnlichkeit wieder entgleitet. Eine Dimension der romantischen Erfahrung, die jenseits von romantischer Philosophie und Gesinnung sich behauptet, hat dort ihre Stätte. Im Naturschönen spielen, musikähnlich und kaleidoskopisch wechselnd, naturhafte und geschichtliche Elemente ineinander. Eines kann fürs andere eintreten, und in der Fluktuation, nicht in der Eindeutigkeit der Beziehungen lebt das Naturschöne. Es ist Schauspiel, wie Wolken Shakespearesche Dramen vorführen, oder beleuchtete Wolkenränder Blitze dem Schein nach zur Dauer verhalten. Bildet Kunst nicht die Wolken ab, so versuchen die Dramen dafür, die der Wolken aufzuführen; bei Shakespeare wird das in einer Szene Hamlets mit den Höflingen gestreift. Naturschönes ist sistierte[9] Geschichte, innehaltendes Werden. Wann immer man Kunstwerken mit Recht Naturgefühl zubilligt, sprechen sie darauf an. Nur ist jenes Gefühl, bei aller Verwandtschaft mit der Allegorese, flüchtig bis zum déjà vu und ist wohl als ephemeres am triftigsten.

[...] Das Urteil Solgers[10] und Hegels, die aus der herauf-

[8] Friedrich Hölderlin, Sämtliche Werke und Briefe in zwei Bänden. Bd. 1, München 1970: »Hinunter sinket der Wald, / Und Knospen ähnlich, hängen / Einwärts die Blätter, denen / Blüht unten auf ein Grund, / Nicht gar unmündig. / Da nämlich ist Ulrich / Gegangen; oft sinnt, über den Fußtritt, / Ein groß Schicksal / Bereit, an übrigem Orte.«

[9] Lat.: einstellen, unterbrechen, anhalten.(Anm. d. Hg.)

[10] Karl Wilhelm Ferdinand Solger (1780–1819), idealistischer Ästhetiker in der Nachfolge Schellings. Hauptwerk: Erwin. Vier Gespräche über das Schöne und die Kunst. Berlin 1907. Das Schöne bestehe in der Gestalt der Dinge, ganz in der Erscheinung und so im Besonderen. Schönheit sei »Einheit des Wesens und der Erscheinung

dämmernden Unbestimmtheit des Naturschönen dessen Inferiorität folgerten, ging fehl.

[...] Schuld am Unstern über der Theorie des Naturschönen ist weder die korrigierbare Schwäche der Reflexionen darüber noch die Armut des Gesuchten. Vielmehr wird es bestimmt von seiner Unbestimmtheit, einer des Objekts nicht weniger als des Begriffs. Als Unbestimmtes, antithetisch zu den Bestimmungen, ist das Naturschöne unbestimmbar, darin der Musik verwandt, die aus solcher ungegenständlichen Ähnlichkeit mit Natur in Schubert die tiefsten Wirkungen zog. Wie in Musik blitzt, was schön ist, an der Natur auf, um sogleich zu verschwinden vor dem Versuch, es dingfest zu machen. Kunst ahmt nicht Natur nach, auch nicht einzelnes Naturschönes, doch das Naturschöne an sich. Das nennt, über die Aporie des Naturschönen hinaus, die von Ästhetik insgesamt. Ihr Gegenstand bestimmt sich als unbestimmbar, negativ. Deshalb bedarf Kunst der Philosophie, die sie interpretiert, um zu sagen, was sie nicht sagen kann, während es doch nur von Kunst gesagt werden kann, indem sie es nicht sagt. Die Paradoxien der Ästhetik sind ihr vom Gegenstand diktiert: »Das Schöne erfordert vielleicht die sklavische Nachahmung dessen, was in den Dingen unbestimmbar ist.«[11] Ist es barbarisch, von irgend etwas in der Natur zu sagen, es sei schöner als ein anderes, so trägt gleichwohl der Begriff des Schönen in der Natur als eines Unterscheidbaren solche Barbarei teleologisch in sich, während doch das Urbild des Banausen bleibt, wer gegen das Schöne in der Natur blind ist. Grund dessen ist das Enigmatische[12] ihrer Sprache. Solche Insuffizienz des Naturschönen mag tatsächlich, der Hegelschen Stufenlehre gemäß, als Motivation emphatischer Kunst mitgespielt haben. Denn in Kunst wird das Entgleitende objektiviert und zur Dauer zitiert: insofern ist sie Begriff, nur nicht wie in der diskursi-

in der Erscheinung« und zugleich damit »eine Offenbarung Gottes in der wesentlichen Erscheinung der Dinge« (Erwin, S. 116. Anm. d. Hg.)

[11] Paul Valéry, Windstriche. Aufzeichnungen und Aphorismen. Übertragen von Bernhard Böschenstein u.a. Wiesbaden 1959, S. 94.

[12] Gr.: rätselhaft. (Anm. d. Hg.)

ven Logik. Die Schwäche des Gedankens angesichts des Naturschönen, als eine des Subjekts, und dessen objektive Stärke verlangen, daß sein Enigmatisches in der Kunst sich reflektiere und dadurch, wenngleich abermals nicht als ein an sich Begriffliches, dem Begriff sich bestimme. »Wanderers Nachtlied« ist unvergleichlich, weil darin nicht so sehr das Subjekt redet – eher möchte es, wie in jedem authentischen Gebilde, durch dieses hindurch verstummen –, sondern weil es durch seine Sprache das Unsagbare der Sprache von Natur imitiert. Nichts anderes dürfte die Norm meinen, im Gedicht sollten Form und Inhalt koinzidieren, wofern sie mehr sein soll als die Phrase der Indifferenz.

Das Naturschöne ist die Spur des Nichtidentischen an den Dingen im Bann universaler Identität. Solange er waltet, ist kein Nichtidentisches positiv da. Daher bleibt das Naturschöne so versprengt und ungewiß wie das, was von ihm versprochen wird, alles Innermenschliche überflügelt. Der Schmerz im Angesicht des Schönen, nirgends leibhaftiger als in der Erfahrung von Natur, ist ebenso die Sehnsucht nach dem, was es verheißt, ohne daß es darin sich entschleierte, wie das Leiden an der Unzulänglichkeit der Erscheinung, die es versagt, indem sie ihm gleichen möchte. Das setzt im Verhältnis zu den Kunstwerken sich fort. Der Betrachter unterschreibt, unwillentlich und ohne Bewußtsein, einen Vertrag mit dem Werk, ihm sich zu fügen, damit es spreche. In der angelobten Rezeptivität lebt das Ausatmen in der Natur nach, das reine sich Überlassen. Das Naturschöne teilt die Schwäche aller Verheißung mit deren Unauslöschlichkeit. Mögen immer die Worte von der Natur abprallen, ihre Sprache verraten an die, von welcher jene qualitativ sich scheidet – keine Kritik der Naturteleologie kann fortschaffen, daß südliche Länder wolkenlose Tage kennen, die sind, als ob sie darauf warteten, wahrgenommen zu werden. Indem sie so strahlend unverstört zum Ende sich neigen, wie sie begannen, geht von ihnen aus, nicht sei alles verloren, alles könne gut werden: »Tod, sitz aufs Bett, und Herzen, horcht hinaus: / Ein alter Mann zeigt in den schwachen Schein / Unterm Rand des ersten Blaus: / Für Gott, den

Ungebornen, stehe / Ich euch ein: / Welt, und sei dir noch so wehe, / Es kehrt von Anfang, alles ist noch dein!«[13] Das Bild des Ältesten an der Natur ist umschlagend die Chiffre des noch nicht Seienden, Möglichen: als dessen Erscheinung ist sie mehr als Daseiendes; aber schon die Reflexion darauf frevelt fast. Daß Natur so rede, davon läßt sich nicht urteilen, es sei verbürgt, denn ihre Rede ist kein Urteil; ebensowenig jedoch bloß der trügerische Zuspruch, den Sehnsucht sich zurückspiegelt. In der Ungewißheit erbt sich ans Naturschöne die Zweideutigkeit des Mythos fort, während zugleich dessen Echo, der Trost, in der erscheinenden Natur vom Mythos sich entfernt. Wider den Identitätsphilosophen Hegel ist Naturschönheit dicht an der Wahrheit, aber verhüllt sich im Augenblick der nächsten Nähe. Auch das hat Kunst dem Naturschönen abgelernt. Die Grenze gegen den Fetischismus der Natur jedoch, die pantheistische Ausflucht, die nichts als affirmatives Deckbild von endlosem Verhängnis wäre, wird dadurch gezogen, daß Natur, wie sie in ihrem Schönen zart, sterblich sich regt, noch gar nicht ist. Die Scham vorm Naturschönen rührt daher, daß man das noch nicht Seiende verletze, indem man es im Seienden ergreift. Die Würde der Natur ist die eines noch nicht Seienden, das intentionale Vermenschlichung durch seinen Ausdruck von sich weist. Sie ist übergegangen an den hermetischen Charakter der Kunst, ihre von Hölderlin gelehrte Absage an jeglichen Gebrauch, wäre es auch der durchs Einlegen menschlichen Sinnes sublimierte. Denn Kommunikation ist die Anpassung des Geistes an das Nützliche, durch welche er sich unter die Waren einreiht, und was heute Sinn heißt, partizipiert an diesem Unwesen. Das Lückenlose, Gefügte, in sich Ruhende der Kunstwerke ist Nachbild des Schweigens, aus welchem allein Natur redet. Das Schöne an der Natur ist gegen herrschendes Prinzip wie gegen diffuses Auseinander ein Anderes; ihm gliche das Versöhnte.

[13] Rudolf Borchardt, Tagelied. A.a.O., S. 104.

Quellennachweise und Literatur

PLATON

Hippias maior. Phaidros. Symposion. Werke in acht Bänden. Griechisch und Deutsch. Übersetzt von Friedrich Schleiermacher. (Wissenschaftliche Buchgesellschaft) Darmstadt 1970–1977.

Bormann, Karl: Platon. München, Freiburg i.Br.1973.

Broos, Huibrecht Jacobus Melle: Plato's beschouwing van kunst en schoonheid. Leiden 1948.

Cassirer, Ernst: Eidos und Eidolon. Das Problem des Schönen und der Kunst in Platons Dialogen. In: Vorträge der Bibliothek Warburg 1 (1922/3), S. 1–27.

Ferrari, Giovanni R.: Listening to the Cicadas. A Study of Plato's Phaedrus. Cambridge 1990.

Gardeya, Peter: Platons ›Philebos‹. Würzburg 1993.

Hoffmann, Ernst: Über Platons Symposion. Heidelberg 1947.

Kosman, L. A., Platonic Love. In: Facets of Plato's Philosophy, ed. W. H. Werkmeister. Assen 1976, S. 53–69.

Kranz, Walther: Diotima von Mantineia. In: Hermes 61 (1926), S. 437–477.

Ludlam, Ivor: Hippias Major. An Interpretation. Stuttgart 1991.

Pieper, Josef: Begeisterung und göttlicher Wahnsinn. Über den platonischen Dialog »Phaidros«. München 1962.

Plebe, Armando: Die Begriffe des Schönen und der Kunst bei Platon und in den Quellen von Platon. In: Wiener Zeitschrift für Philosophie, Psychologie, Pädagogik 6 (1957).

Rosen, Stanley: Plato's Symposium. New Haven, London 1968.

Soreth, Martin: Der platonische Dialog Hippias Major. München 1953.

Staudinger, Josef: Das Schöne als Weltanschauung im Lichte der platonisch-aristotelischen Geisteshaltung. Wien 1948.

Warry, John G.: Greek Aesthetic Theory. A Study of Callistic and Aesthetic Concepts in the Works of Plato and Aristotle. London 1962.

PLOTIN

Enneade I.6 (Über das Schöne). Plotins Schriften Bd. 1. Griechisch-Deutsch. Übersetzt von Richard Harder, Rudolf Beutler und Willy Theiler. (Felix Meiner Verlag) Hamburg 1956, S. 1–25.

Brennan, Robert E.: The Philosophy of Beauty in the Enneades. In: New Scholasticism 14 (1940), S. 1–32.

Krakowski, Edouard: L'Esthetique de Plotin et son influence. Paris 1929.

Macha, Karel: Geistige Schönheit bei Plotin, nebst einem Vergleich mit Immanuel Kant. Bonn 1927.

Müller, Hermann Friedrich: Zur Lehre vom Schönen bei Plotin. In: Philosophische Monatshefte 12 (1876), S. 211–217.

Müller, Hermann Friedrich: Die Lehre vom Schönen bei Plotin. In: Sokrates (1915), S. 593–602.

Schubert, Venanz: Plotin. Einführung in sein Philosophieren. München 1973.

Volkmann-Schluck, Karl-Heinz: Plotin als Interpret der Ontologie Platos. Frankfurt a. M. 1941.

AUGUSTINUS

Kreuzer, Johann: Pulchritudo. Vom Erkennen Gottes bei Augustin. München 1994.

Svoboda, Karel: L'ésthéthique de Saint Augustin et ses sources. Paris 1933.

Tscholl, Josef: Gott und das Schöne beim Hl. Augustinus. Heverlee, Löwen 1967.

PSEUDO-DIONYSIOS UND DIE MITTELALTERLICHE PHILOSOPHIE

Die Namen Gottes. Übertragen von Walter Tritsch. (Otto Wilhelm Barth Verlag) München 1956, 697 c–708 b.

Assunto, Rosario: Die Theorie des Schönen im Mittelalter. Geschichte der Ästhetik, Bd. 2. Köln 1963.

Beierwaltes, Werner: Der Harmoniegedanke im frühen Mittelalter. In: Zeitschrift für philosophische Forschung 45 (1991) 1, S. 1–21.

Czapiewski, Winfried: Das Schöne bei Thomas von Aquin. Freiburg i. Br. 1964.

de Bruyn, Edgar: Etudes d'esthétique médiévale. Brügge 1946.

Müller, Wolfgang: Dionysius Areopagitus und sein Wirken bis heute. Basel 1990.

Perpeet, Wilhelm: Ästhetik im Mittelalter. Freiburg i. Br., München 1977.

MARSILIO FICINO UND DIE PHILOSOPHIE DER RENAISSANCE

Über die Liebe oder Platons Gastmahl. Übersetzt von Karl Paul Hasse. (Felix Meiner Verlag) Hamburg 1984, aus: Zweite Rede, Kap. 2, 3, 5, 6, 9; Fünfte Rede, Kap. 1–6; S. 39, 41 ff., 55–59, 75 ff., 125, 133 ff., 137–161.

Beierwaltes, Werner: Marsilio Ficinos Theorie des Schönen im Kontext des Platonismus. Heidelberg 1980.

Cassirer, Ernst: Individuum und Kosmos in der Philosophie der Renaissance. Leipzig, Berlin 1927.

Garin, Eugenio: Der italienische Humanismus. Bern 1947.
Kristeller, Paul Oskar: Die Philosophie des Marsilio Ficino. Frankfurt a.M. 1972.
Oehlig, Ute: Die philosophische Begründung der Kunst bei Ficino. Stuttgart 1992.
Pflaum, Heinz: Die Idee der Liebe. Leone Ebreo. Tübingen 1926.

Anthony Ashley Cooper, Earl of Shaftesbury

Die Moralisten (3. Teil, 2. Abschnitt). Übersetzt von Max Frischeisen-Köhler. Mit einer Einleitung neu herausgegeben von Wolfgang H. Schrader. (Felix Meiner Verlag) Hamburg 1980, S. 182–193, 196–200.

Brett, Raymond L.: The Third Earl of Shaftesbury. A Study in Eighteenth Century Literary Theory. New York u.a. 1951.
Cassirer, Ernst: Die platonische Renaissance in England und die Schule von Cambridge. Leipzig, Berlin 1932.
Cassirer, Ernst: Die Philosophie der Aufklärung. 2. Aufl. Tübingen 1932.
Gizycki, Georg von: Die Philosophie Shaftesburys. Leipzig, Heidelberg 1876.
Spicker, Gideon: Die Philosophie des Grafen Shaftesbury. Freiburg i.Br. 1972.
Uehlein, Friedrich A.: Kosmos und Subjektivität: Lord Shafteburys Philosophical Regimen. Freiburg i.Br., München 1976.

Francis Hutcheson

Eine Untersuchung des Ursprungs unserer Begriffe von Schönheit und Tugend. Erste Abhandlung: Von Schönheit, Ordnung, Übereinstimmung und Absicht. Übertragen von Johann Heinrich Merck. (Fleischerische Buchhandlung) Frankfurt a.M., Leipzig 1762. (Rechtschreibung und Zeichensetzung, Syntax und Flexion wurden behutsam modernisiert.), S. 10–31, 40–45, 75–86, 89, 99f.

Halberstadt, William Harold: The Aesthetics of Francis Hutcheson and David Hume. Ann Arbor 1956.
Kivy, Peter: The Seventh Sense. A Study of Francis Hutcheson's Aesthetics. New York 1976.
Scott, William Robert: Francis Hutcheson. His Life, Teaching and Position in the History of Philosophy (1900). New York 1966.

George Berkeley

Alciphron. (Dritter Dialog, § 5–11) Übersetzt und herausgegeben von Luise und Friedrich Raab. (Felix Meiner Verlag) Leipzig 1915, S. 122–125, 127–135.

Berman, David (Hg.): George Berkeley: ›Alciphron or the Minute Philosopher‹. London 1993.

Denis Diderot

Das Schöne. Ästhetische Schriften, Bd. 1. Hg. von Friedrich Bassenge. (Europäische Verlagsanstalt) Frankfurt a.M. 1968, S. 98–136.

Bassenge, Friedrich: Einführung in die Ästhetik Diderots. In: Diderots Ästhetische Schriften, Bd. 1. Frankfurt a.M. 1968.

Deuchler, Florens: Diderots Traktat über das Schöne. In: Jahrbuch für Ästhetik und allgemeine Kunstwissenschaft, Bd. 3 (1955–57). Stuttgart 1958, S. 197–224.

Sauerwald, Georg: Die Aporie der Diderot'schen Ästhetik. Frankfurt a.M. 1975.

Edmund Burke

Philosophische Untersuchung über den Ursprung unserer Ideen vom Erhabenen und Schönen. Übersetzt von Friedrich Bassenge. Neu eingeleitet und herausgegeben von Werner Strube. (Felix Meiner Verlag) Hamburg 1980, S. 127–133, 137f., 140–145, 149f., 152–167, 192ff., 196–199.

Boulton, James T.: Introduction to Edmund Burke's ›A Philosophical Enquiry into the Origin of our Ideas of the Sublime and Beautiful‹. London, New York 1958.

Zimmer, Robert: Edmund Burke zur Einführung. Hamburg 1995.

Alexander Gottlieb Baumgarten

Theoretische Ästhetik. Die grundlegenden Abschnitte der ›Aesthetica‹. Herausgegeben und übersetzt von Hans Rudolf Schweizer. 2. Aufl. (Felix Meiner Verlag) Hamburg 1988, S. 2, 11–15, 53, 59ff., 63–69, 73ff., 139ff.

Bergmann, Ernst: Die Begründung der deutschen Ästhetik durch A. G. Baumgarten und G. F. Meier. Leipzig 1911.

Franke, Ursula: Kunst als Erkenntnis. Die Rolle der Sinnlichkeit in der Ästhetik des Alexander Gottlieb Baumgarten. Wiesbaden 1972.

Jäger, Michael: Kommentierende Einführung in Baumgartens ›Aesthetica‹. Hildesheim 1980.

Menzel, Norbert: Der anthropologische Charakter des Schönen bei Baumgarten. Wanne-Eickel 1969.

Schweizer, Hans Rudolf: Ästhetik als Philosophie der sinnlichen Erkenntnis. Basel, Stuttgart 1973.

Immanuel Kant

Kritik der Urteilskraft, 1. Teil. Werkausgabe, Bd. X. Hg. von Wilhelm Weischedel. (Suhrkamp Verlag) Frankfurt a.M. 1974, S. 115ff., 122–127, 131–134, 142–163, 231–236, 240ff., 297ff.

Böhme, Gernot: »... wodurch die Natur in ihren schönen Formen figürlich zu uns spricht«. In: Natur im Kopf, hg. v. Haas. Stuttgart 1994.
Böhme, Gernot: ›Kritik der Urteilskraft‹ in neuerer Sicht. Frankfurt a.M. 1999.
Cohen, Hermann: Kants Begründung der Ästhetik. Berlin 1889.
Dörflinger, Bernd: Die Realität des Schönen in Kants Theorie rein ästhetischer Urteilskraft. Bonn 1988.
Esser, Andrea (Hg.): Autonomie der Kunst. Zur Aktualität von Kants Ästhetik. Berlin 1995.
Fricke, Christel: Kants Theorie des reinen Geschmacksurteils. Berlin/New York 1990.
Heintel, Peter: Die Bedeutung der Kritik der ästhetischen Urteilskraft für die transzendentale Systematik. Bonn 1970.
Juchen, Hans Georg: Die Entwicklung des Begriffs des Schönen bei Kant. Bonn 1970.
Kemal, Salim: Kant's Aesthetic Theory. An Introduction. London 1991.
Kulenkampff, Jens (Hg.): Materialien zu Kants ›Kritik der Urteilskraft‹. Frankfurt 1974.
Marc-Wogau, Konrad: Vier Studien zu Kants Kritik der Urteilskraft. Uppsala, Leipzig 1938.
Teichert, Dieter: Immanuel Kants ›Kritik der Urteilskraft‹. Ein einführender Kommentar. Stuttgart 1992.
Trebels, Andreas Heinrich: Einbildungskraft und Spiel. Bonn 1967.

Friedrich Schiller

Kallias oder Über die Schönheit. Briefe an Gottfried Körner. In: Sämtliche Werke, Bd. 5. Hg. von Gerhard Fricke und Herbert G. Göpfert. 7. Aufl. (Carl Hanser Verlag) München 1984, S. 394–422, 424f.

Berger, Karl: Die Entwicklung von Schillers Ästhetik. Weimar 1894.
Hamburger, Käte: Schillers Fragment ›Der Menschenfeind‹ und die Idee der Kalokagathie. In: Dies.: Philosophie der Dichter. Stuttgart 1966.
Henrich, Dieter: Der Begriff der Schönheit in Schillers Ästhetik. In: Zeitschrift für philosophische Forschung 11 (1957), S. 527–547.
Nitschak, Horst: Kritik der ästhetischen Wirklichkeitskonstruktion. Frankfurt 1976.
Rosalewski, Willy: Schillers Ästhetik im Verhältnis zur Kantischen. Heidelberg 1912.

Friedrich Wilhelm Joseph Schelling
Bruno oder Über das göttliche und natürliche Princip der Dinge. In: Ausgewählte Werke. Schriften von 1801–1804. (Wissenschaftliche Buchgesellschaft) Darmstadt 1981, S. 113–123.
Philosophie der Kunst. In: Werke. Auswahl in drei Bänden. Bd. 3: Schriften zur Philosophie der Kunst und zur Freiheitslehre. (Felix Meiner Verlag) Leipzig 1907, S. 30–35, 45f., 59f., 110, 116ff., 126.

Atz, Margit: Organische Kunstbetrachtung bei Schelling. Würzburg 1940.
Baumgartner, Hans Michael (Hg.): Schelling. Einführung in seine Philosophie. Freiburg, München 1975.
Frank, Manfred: Eine Einführung in Schellings Philosophie. Frankfurt a. M. 1985.
Freier, Hans: Die Rückkehr der Götter. Von der ästhetischen Überschreitung der Wissensgrenze zur Mythologie der Moderne. Stuttgart 1976.
Jähnig, Dieter: Schelling. Die Kunst in der Philosophie. 2 Bde, Pfullingen 1966/69.
Mathy, Dietrich: Zur frühromantischen Selbstaufhebung des Erhabenen im Schönen. In: Christine Pries (Hg.): Das Erhabene. Weinheim 1989.

Georg Wilhelm Friedrich Hegel
Vorlesungen über die Ästhetik. Nach Hothos Werke – Gesamtausgabe 2. Ausgabe 1842. (Aufbau Verlag) Berlin 1955, S. 49ff., 141–150, 156–161, 163f., 174–180.

Fulda, Hans-Friedrich und Rolf-Peter Horstmann (Hg.): Hegel und die ›Kritik der Urteilskraft‹. Stuttgart 1990.
Kuhn, Helmut: Die Vollendung der klassischen deutschen Ästhetik durch Hegel. Berlin 1931.
Pöggeler, Otto: Hegels Kritik der Romantik. Bonn 1956.

Karl Rosenkranz
Ästhetik des Häßlichen (1853). Herausgegeben und mit einem Nachwort von Dieter Kliche. (Reclam Verlag) Leipzig 1990, S. 14f., 17f., 22–32, 36–39.

Funk, Holger: Die Ästhetik des Häßlichen. Zur Schwierigkeit kategorialer Bestimmungen in der Kunstphilosophie des deutschen Idealismus und Spätidealismus. Berlin 1983.
Jung, Werner: Schöner Schein der Häßlichkeit oder Häßlichkeit des schönen Scheins. Frankfurt a. M. 1987.
Kliche, Dieter: Pathologie des Schönen. Nachwort zu Rosenkranz' Ästhetik des Häßlichen. Leipzig 1990.

Arthur Schopenhauer

Die Welt als Wille und Vorstellung (Drittes Buch). Parerga und Paralipomena (Kap. 19). Zürcher Ausgabe der Werke in zehn Bänden. Vollständiger Text nach der historisch-kritischen Ausgabe von Arthur Hübscher mit eingearbeiteten Übersetzungen fremdsprachlicher Zitate. (Diogenes Verlag) Zürich 1977, Bd. 1, S. 257–261, 265–269, 281 ff. und Bd. 10, S. 457–469.

Aler, Jan: Die Erfahrung vom Schönen. In: Jahrbuch der Schopenhauer-Gesellschaft 53 (1972), S. 296–306.
Bahr, Hans-Dieter: Das gefesselte Engagement. Zur Ideologie der kontemplativen Ästhetik Schopenhauers. Bonn 1970.
Korfmacher, Wolfgang: Ideen und Ideenerkenntnis in der ästhetischen Theorie Arthur Schopenhauers. Pfaffenweiler 1992.
Mayer, Eduard von: Schopenhauers Ästhetik (1897). Hildesheim-New York 1980.
Pothast, Ulrich: Die eigentliche metaphysische Tätigkeit. Frankfurt 1982.

Friedrich Nietzsche

Werke in drei Bänden. Herausgegeben von Karl Schlechta. (Carl Hanser Verlag) München 1966, Bd. 1, S. 1236f.; Bd. 2, S. 1001–1004, 1022f.; Bd. 3, S. 574–577, 870, 882f.

Driever, Ralph: Ästhetik und Artistik. Untersuchungen zum Kunstbegriff Friedrich Nietzsches. Bochum 1986.
Kaufmann, Walter: Nietzsche. Philosoph – Psychologe – Antichrist. (1950) Darmstadt 1982.
Knodt, Reinhard: Friedrich Nietzsche. Die ewige Wiederkehr des Leidens. Selbstverwirklichung und Freiheit als Problem seiner Ästhetik und Metaphysik. Bonn 1987.
Meyer, Theo: Nietzsche und die Kunst. Tübingen, Basel 1993.
Zeitler, Julius: Nietzsches Ästhetik. Leipzig 1900.

Benedetto Croce

Ästhetik als Wissenschaft vom Ausdruck. Gesammelte Philosophische Schriften in deutscher Sprache. Übersetzt von Hans Feist und Richard Peters. Reihe 1, Bd. 1, (J. C. B. Mohr Verlag) Tübingen 1930, S. 84, 102–108, 111–117.

d'Angelo, Paolo: L'estetica di Benedetto Croce. Rom 1982.
Zimmer, Robert: Einheit und Entwicklung in Benedetto Croces Ästhetik. Frankfurt a.M. 1985.

Theodor W. Adorno
Ästhetische Theorie. Hg. von Gretel Adorno und Rolf Tiedemann. (Suhrkamp Verlag) Frankfurt a. M. 1973, S. 97–115.

Arnold, Heinz Ludwig (Hg.): Theodor W. Adorno. 2. Aufl. München 1983.
Figal, Günter: Theodor W. Adorno. Das Naturschöne als spekulative Gedankenfigur. Zur Interpretation der ›Ästhetischen Theorie‹ im Kontext philosophischer Ästhetik. Bonn 1977.
Lindner, Burkhardt und W. Martin Lüdke (Hg.): Materialien zur ästhetischen Theorie Theodor W. Adornos. Konstruktion der Moderne. Frankfurt a. M. 1980.
Sauerland, Karol: Einführung in die Ästhetik Adornos. Berlin/New York 1979.
Zimmermann, Norbert: Der ästhetische Augenblick. Theodor W. Adornos Theorie der Zeitstruktur von Kunst und ästhetischer Erfahrung. Bern 1989.

Systematische Darstellungen

Balthasar, Hans Urs von: Herrlichkeit. Einsiedeln 1961 ff.
Bauch, Kurt: Meinungen über Schönheit. Ein Versuch, an sie zu erinnern. In: Zeitschrift für Ästhetik und allgemeine Kunstwissenschaft 21 (1976)[2], S. 5–31.
Böhme, Gernot: Schön-Sein. In: Natürlich Natur. Über Natur im Zeitalter ihrer technischen Reproduzierbarkeit. Frankfurt/M. 1992, S. 160–180.
Böhme, Gernot: Das Schöne und andere Atmosphären. In: Anthropologie in pragmatischer Hinsicht. Darmstädter Vorlesungen. Frankfurt/M. 1995, S. 195–207.
Böhme, Gernot: Zur Physiognomik des Schönen. In: Atmosphäre. Essays zur neuen Ästhetik. Frankfurt/M. 1995, S. 127–131.
Bolzano, Bernard: Über den Begriff des Schönen. Eine philosophische Abhandlung. Prag 1843.
Carrit, Edgar Frederick: What Is Beauty? A First Introduction to the Subject and Modern Theories. Oxford 1932.
Cornelissen, Hans: Die Funktion des Schönen. Eine philosophische Hinführung zu Eros-orientierter Weltwahrnehmung. Frankfurt a. M. 1989.
Cramer, Friedrich und Wolfgang Kaempfer: Die Natur der Schönheit. Zur Dynamik der schönen Formen. Frankfurt a. M. 1992.
Gadamer, Hans-Georg: Die Aktualität des Schönen. Kunst als Spiel, Symbol und Fest. Stuttgart 1977.
Götze, Alfred: Häßlich. In: Z. f. dt. Wortforschung 7 (1905/6), S. 202–220.
Haecker, Theodor: Schönheit. Ein Versuch. Leipzig 1936.
Hauskeller, Michael: Naturschutz für wen? Versuch über den Sinn des Schönen. In: Ders.: Auf der Suche nach dem Guten, Kusterdingen 1999, S. 35–58.

Hauskeller, Michael: Ist Schönheit eine Atmosphäre? In: Ders.: Auf der Suche nach dem Guten, Kusterdingen 1999, S. 59–75.
Henckmann, Wolfhart (Hg.): Ästhetik. Darmstadt 1979.
Hentig, Hartmut von: Die Wirkung des Schönen (1966). In: Ders., Ergötzen, Belehren, Befreien. Schriften zur ästhetischen Erziehung. München 1985.
Herder, Johann Gottfried: Kalligone (1800). Weimar 1955.
Hommes, Ulrich: Der Glanz des Schönen. Regensburg 1992.
Kamper, Dietmar und Christoph Wulf (Hg.): Der Schein des Schönen. Göttingen 1989.
Kemal, Salim und Ivan Gaskell: Landscape, Natural Beauty, and the Arts. Cambridge 1993.
Landmann, Edith: Die Lehre vom Schönen. Wien 1952.
Lion, Ferdinand: Die Geburt der Aphrodite. Ein Gang zu den Quellen des Schönen. Heidelberg 1955.
Löw, Reinhard: Über das Schöne. Warum das Schöne schön ist. Stuttgart-Wien 1994.
Mengs, Raphael: Gedanken von der Schönheit. Zürich 1786.
Nebel, Gerhard: Das Ereignis des Schönen. Stuttgart 1953.
Perpeet, Wilhelm: Das Problem des Schönen in der bildenden Kunst. In: Jahrbuch für Ästhetik und Allgemeine Kunstwissenschaften. Bd. 3 (1958).
Schmidt, S. J. (Hg.): »schön«. Zur Diskussion eines umstrittenen Begriffs. München 1976.
Seel, Martin: Eine Ästhetik der Natur. Frankfurt a. M. 1991.
Sewell, Arthur: The Physiology of Beauty. London 1931.
Sircello, Guy: Love and Beauty. Princeton 1989.
Valentine, Charles Wilfred: The Experimental Psychology of Beauty. London 1962.
Vossenkuhl, Wilhelm: Schönheit als Symbol der Sittlichkeit. In: Philosophisches Jahrbuch 1/92.
Wahrnehmung des Schönen. Ein interdisziplinäres Seminar. Kandern-Holzen 1996.
Zimmermann, Jörg: Sprachanalytische Ästhetik. Stuttgart-Bad Cannstatt 1980.
Zoller, Heinrich: Meditationen über das Naturschöne. In: Scheidewege 7/1 (1997), S. 63–82.

Übergreifende historische Darstellungen

Assunto, Rosario: Die Theorie des Schönen im Mittelalter. Geschichte der Ästhetik, Bd. 2. Köln 1963.
Bäumler, Alfred: Ästhetik. Darmstadt 1972.
Bosanquet, Bernard: A History of Aesthetics. London 1904.

Curtius, Ernst Robert: Europäische Literatur und lateinisches Mittelalter. Bern 1948.
Diekmann, Herbert und Monroe C. Beardsley: Theorien der Schönheit. In: Dictionary of the History of Ideas. Hg. von Philip P. Wiener u. a. 2. Aufl. New York 1973.
Eco, Umberto: Kunst und Schönheit im Mittelalter. München 1991.
Frank, Manfred: Einführung in die frühromantische Ästhetik. Frankfurt/M. 1989.
Garin, Eugenio: Die Theorie des Schönen im Humanismus und in der Renaissance. Geschichte der Ästhetik, Bd. 3. Köln 1969.
Gilbert, Katherine und Helmut Everett Kuhn: A History of Esthetics. New York 1939.
Gleichen-Russwurm, Alexander von: Die Schönheit. Ein Buch der Sehnsucht. Stuttgart 1916.
Grassi, Ernesto: Die Theorie des Schönen in der Antike. Geschichte der Ästhetik, Bd. 1. Köln 1962.
Hartmann, Eduard von: Die deutsche Ästhetik seit Kant (Repr.). Eschborn 1992.
Jäger, Michael: Die Theorie des Schönen in der italienischen Renaissance. Köln 1990.
Jung, Werner: Von der Mimesis zur Simulation. Eine Einführung in die Geschichte der Ästhetik. Hamburg 1995.
Knight, William: The Physiology of the Beautiful. Outlines of the History of Aesthetics. London 1891.
Lotze, Hermann: Geschichte der Ästhetik in Deutschland. München 1868.
Martin, James Alfred Jr.: Beauty and Holiness. The Dialogue between Aesthetics and Religion. Princeton 1990.
Meyer, Heinz: Das ästhetische Urteil. Hildesheim 1990.
Muller, Walter: Das Problem der Seelenschönheit im Mittelalter. Berlin 1926.
Paetzold, Heinz: Ästhetik des deutschen Idealismus. Wiesbaden 1983.
Panofsky, Erwin: Idea. Ein Beitrag zur Begriffsgeschichte der älteren Kunstgeschichte. 3. Aufl. Berlin 1975.
Schneider, Norbert: Geschichte der Ästhetik von der Aufklärung bis zur Postmoderne. Stuttgart 1996.
Schulz, Walter: Metaphysik des Schwebens – Untersuchungen zur Geschichte der Ästhetik. Pfullingen 1985.
Tatarkiewicz, Wladyslaw: Geschichte der Ästhetik. 3 Bde, Basel, Stuttgart 1979.
Wiegand, Anke: Die Schönheit und das Böse. München-Salzburg 1967.
Zimmermann, Jörg: Das Schöne. In: Ekkehard Martens/Herbert Schnädelbach (Hg.), Philosophie. Reinbek 1985.
Zimmermann, Robert: Geschichte der Ästhetik als philosophischer Wissenschaft. Wien 1858.

Textsammlungen

Carritt, Edgar Frederick (Hg.): Philosophies of Beauty from Socrates to Robert Bridges. Oxford 1931.
Hofstadter, Albert und Richard Kuhns (Hg.): Philosophies of Art and Beauty. Chicago, London 1976.
Philosophische Arbeitsbücher. 5. Diskurs: Kunst und Schönes. Hg. von Willi Oelmüller, Ruth Dölle-Oelmüller und Norbert Rath. Paderborn 1982.

Geschichte der Ethik

Die Frage nach dem richtigen Handeln und der richtigen Lebensführung gehört zu den zentralen Gegenständen philosophischen Denkens. Die auf vier Bände angelegte ›Geschichte der Ethik‹ eröffnet einen Überblick über die grundlegenden Anschauungen und Systeme der Ethik und führt in die Lektüre der wichtigsten philosophischen Texte ein. Bisher liegen vor:

Michael Hauskeller

Geschichte der Ethik
Antike

Originalausgabe
dtv 30634

Der erste Band der Geschichte der Ethik stellt die wichtigsten Systeme dieser philosophischen Disziplin in der Antike – Platon, Aristoteles, Epikur und die Stoa – vor und gibt damit auch eine Einführung in die grundlegenden Methoden philosophischen Denkens.

Michael Hauskeller

Geschichte der Ethik
Mittelalter

Originalausgabe
dtv 30727

Im abendländischen Mittelalter treten mit der christlichen Heilslehre Glaube, Liebe und Hoffnung an die Seite der Erkenntnis des Guten. Sich selbst zu erkennen und im Spannungsfeld von Willensfreiheit und Determination durch den allmächtigen Gott den richtigen Weg zu wählen, hält die mittelalterliche Geisteswelt in Atem.

Lust auf Philosophie

Jostein Gaarder
Sofies Welt
dtv 12555

Christoph Helferich
Geschichte der Philosophie
Von den Anfängen bis zur Gegenwart
und Östliches Denken
dtv 30706

Frieder Lauxmann
Der philosophische Garten
dtv 20176

Michael Macrone
Heureka!
Das archimedische Prinzip und 80 weitere Versuche,
die Welt zu erklären
dtv 30673

Martin Morgenstern, Robert Zimmer
HinterGründe
Die Philosophie und ihre Fragen
dtv 30709

Frédéric Pagès
Frühstück bei Sokrates
Philosophen ganz privat
dtv 20040

Kostis Papajorgis
Der Rausch
Ein philosophischer Aperitif
dtv 30665

Philosophie jetzt!

Herausgegeben von Peter Sloterdijk
Ein Wegweiser zu den Texten der großen Philosophen,
sachkundig ausgewählt und kommentiert

Platon
Ausgewählt und vorgestellt von Rafael Ferber
dtv 30680

Aristoteles
Ausgewählt und vorgestellt von Annemarie Pieper
dtv 30682

Kant
Ausgewählt und vorgestellt von Günter Schulte
dtv 30683

Fichte
Ausgewählt und vorgestellt von Günter Schulte
dtv 30687

Hegel
Ausgewählt und vorgestellt von Günter Schulte
dtv 30685

Schopenhauer
Ausgewählt und vorgestellt von Peter Sloterdijk
dtv 30686

Marx
Ausgewählt und vorgestellt von Oskar Negt
dtv 30684

Sartre
Ausgewählt und vorgestellt von Thomas H. Macho
dtv 30681

dtv

Texte zur Philosophie

Texte zur Ethik
Herausgegeben von Dieter Birnbacher
und Norbert Hoerster
dtv 30096

Eine handliche Sammlung grundlegender Abhandlungen und zugleich eine ideale Einführung in die Probleme der Ethik.

Was ist Natur?
Klassische Texte zur Naturphilosophie
Herausgegeben von Gregor Schiemann
dtv 4697

Die ältesten Fragen des abendländischen Denkens, die um das Verhältnis des Menschen zur Natur kreisen, erhalten vor dem Hintergrund der ökologischen Krise neue Brisanz.

Zeichen über Zeichen
Texte zur Semiotik
von Charles Sanders Peirce bis zu Umberto Eco
und Jaques Derrida
Herausgegeben von Dieter Mersch
dtv 30653

Philosophische Texte von der Antike bis in die Gegenwart beschreiben den Wandel des Verhältnisses von Denken, Sprache und Welt und damit des menschlichen Selbstverständnisses schlechthin.

Klassische philosophische Texte von Frauen
Herausgegeben von Ruth Hagengruber
dtv 30652

Denken Frauen anders? Gibt es ein spezifisch weibliches Philosophieren? Aufschluß darüber geben Texte von Frauen aus sechs Jahrhunderten von der Renaissance bis heute.

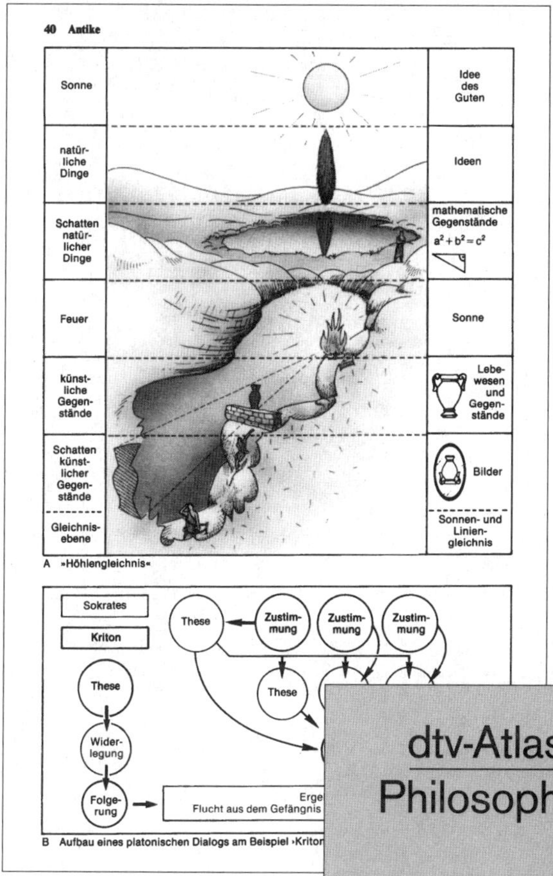
40 Antike
Sonne
natür-liche Dinge
Schatten natür-licher Dinge
Feuer
künst-liche Gegen-stände
Schatten künst-licher Gegen-stände
Gleichnis-ebene
Idee des Guten
Ideen
mathematische Gegenstände
$a^2 + b^2 = c^2$
Sonne
Lebe-wesen und Gegen-stände
Bilder
Sonnen- und Linien-gleichnis
A »Höhlengleichnis«
Sokrates
Kriton
These
Zustim-mung
Zustim-mung
Zustim-mung
These
These
Wider-legung
Folge-rung
Erge
Flucht aus dem Gefängnis
B Aufbau eines platonischen Dialogs am Beispiel ›Kriton

dtv-Atlas
Philosophie